L'arbre culturel

De l'animisme à l'altermondialisme

Collection Alchimie du Devenir
Version 1.6

Collectif Commudev

Copyright © 2018 Fabrice Lhériteau
All rights reserved.

ISBN-13: 978-1987554373
ISBN-10: 198755437X

REMERCIEMENTS

Cet ouvrage est un document de travail à la disposition de toutes les bonnes volontés souhaitant s'impliquer sur ce projet Commudev. Je remercie par avance tous ceux qui contribuent à son amélioration, et dont le cercle n'est pas limité. Ce travail n'aurait pas pu aboutir en particulier sans l'aide précieuse de Christine Jorge et Laurence Meyer qui ont nourri ce travail de leurs réflexions personnelles.

Avant propos

Elle est une des zones les plus enclavées au monde, loin des repères de nos civilisations modernes. Depuis une dizaine d'années, je vis dans une région à la pointe sud de Madagascar, l'Androy, le « pays des épines », à quatre heures de piste du premier port ou aérodrome. J'habite un grand village où l'on se déplace encore essentiellement en charrettes tractées par des zébus sur des pistes sablonneuses, au milieu d'un paysage de cactus et de dunes, sous un soleil accablant. La vie sociale y est ponctuée de cérémonies qui semblent d'un autre âge, avec des sacrifices d'animaux, des nuits de chants et de danses, éclairées par de petits feux de bois. Je travaille ici dans un cadre humanitaire, pour une ONG internationale[1], dans l'espoir de contribuer au développement d'une zone régulièrement touchée par des famines. L'environnement dans lequel je baigne est aux antipodes de ma culture d'origine par tous ses repères et son univers de sens. Au milieu des clans animistes, j'ai mesure chaque jour la distance qu'il peut exister dans les manières de penser et comprendre le monde. Eloigné des repères dans lesquels j'avais grandi, j'ai pu ainsi au fil des ans, mieux cerner les particularités de ma propre culture.

Je vais vous raconter ici une petite anecdote qui vous éclairera sur ce point peut-être mieux qu'un long discours. Il s'agit d'une histoire survenue en 2016, un dramatique accident. Un soir, plusieurs personnes de mon équipe sont venues m'alerter du décès d'un piéton victime d'un accident de voiture avec un de nos véhicules. D'après les témoins, au détour d'un chemin, deux personnes auraient sauté incognito dans la partie arrière d'un pick-up du projet, sans que le chauffeur ne s'en rende compte. La route étant jonchée de nids de poule, les véhicules roulent souvent à moins de 20km/h, ce qui rend effectivement possible ce genre de pratique. La partie arrière du véhicule est par ailleurs bâchée et le chauffeur ne peut voir ce qui s'y passe avec les rétroviseurs.

Tout aurait pu aller sans encombre, si les deux passagers n'avaient pas sauté du véhicule à une croisée de chemin, alors qu'il était lancé « à pleine vitesse », si tenté qu'on puisse encore parler de vitesse. Quoi qu'il en soit, l'un des fugitifs eut la malchance de chuter et cogner sa tête contre une pierre. Il en décéda. La population locale et le chauffeur eurent à s'expliquer. Bien entendu, en tant qu'employeur du chauffeur, notre organisation fut impliquée.

De notre point de vue, a priori, nous nous considérions dégagés de toute responsabilité puisque la victime était montée sur le véhicule en toute clandestinité, sans notre autorisation et qu'elle était tombée en sautant du

---

[1] le Groupe de Recherches et d'Echanges Technologiques, Gret, « Professionnels du développement solidaire » : www.gret.org

véhicule de sa propre initiative, sans prévenir et sans que l'on n'ait rien remarqué. Tout avait été fait dans notre dos, sans notre consentement et l'on ne pouvait nous reprocher d'avoir commis la moindre faute, ni même négligence. La famille de la victime ne l'entendait pour sa part pas de cette oreille. Son interprétation des faits était la suivante : « s'il n'y avait pas eu votre véhicule passant par-là, l'accident ne serait pas arrivé, et maintenant qu'il faut organiser les funérailles, c'est donc à vous de les prendre en charge. Cette prise en charge comporte la construction du tombeau, la nourriture pour les invités et, suivant la tradition, le don de plusieurs zébus. »

Mes collègues de la région me déconseillèrent très fortement de tenter de débattre sur la question des responsabilités des uns et des autres. Cette attitude risquait d'apparaître comme une offense grave. Les discussions devraient porter simplement sur la négociation de la hauteur de la contribution aux funérailles, en fonction de nos moyens. Finalement, nous avons consenti à une participation de quelques sacs de ciments, de riz et deux zébus. L'incident fut clos.

On peut mesurer à travers cette histoire que notre conception du droit qui se réfère à la « responsabilité des personnes » n'avait rien à voir avec la conception locale de la justice basée sur « la gestion des réparations ». En d'autres termes, ce qui importe pour nous est le respect de principes définis et de règles absolues alors que ce qui comptait dans notre contexte était l'apaisement social, basé sur la négociation d'un accord pour le financement des funérailles. Ce genre d'histoire peut sembler déconcertant, car nous considérons le droit comme universel et devant être appliqué avec équité, ce que contestent en toute bonne foi d'autres peuples pour qui l'harmonie sociale est plus importante que l'équité. Les uns se placent du point de vue des coupables et les autres de celui des victimes. Loin d'être une absurdité, il s'agit d'un mode de fonctionnement qui évite les rancunes entre familles, prévient les risques de vengeances plus ou moins collectives et les règlements de compte sanglants. Compte tenu de la force des liens de solidarité au sein des clans, ce mode de fonctionnement est très approprié dans son contexte. Évidemment, lorsqu'il est confronté à des situations comme celle que nous venons de décrire, l'occidental que je suis, pétri de son éducation modèle, peut se sentir très perturbé, voire agacé, persuadé d'être dans son bon droit… de son point de vue culturel.

Cet exemple illustre une réalité bien connue des anthropologues qui ont distingué différents types de logiques de justice dans les diverses cultures. Il n'est pas excessif de parler de gouffre tant les différences peuvent être profondes. Il convient donc d'être très prudent lorsqu'on interprète des évènements dans d'autres contextes que ceux qui nous sont familiers. De la même manière, le regard que nous portons sur l'histoire est facilement biaisé par notre manière de penser actuelle. C'est ce que l'on nomme l'ethnocentrisme : voir le monde à travers sa propre lorgnette. C'est malheureusement ce que l'on subit sur les bancs d'école quand on nous raconte les temps passés et l'interprétation qu'on doit en faire. De là où je suis, ces déformations ont un caractère évident.

Par mon parcours professionnel à travers une multitude de contextes géographiques variés, j'ai souvent été confronté aux différences culturelles. Au cours de plusieurs années d'expatriations, j'ai éprouvé des difficultés à comprendre comment pensaient les gens des différentes cultures. L'obstacle de la langue n'est pas seul en cause. Dans les pays francophones, et même sur certaines îles du territoire français, l'appropriation de la culture locale s'avère beaucoup plus compliquée que les apparences ne le laissent supposer. Au détour d'une multitude de petits évènements, on découvre que les mentalités « locales » sont très éloignées de la nôtre. Dans certaines cultures proches de l'animisme, on considère par exemple souvent que la gentillesse est une faiblesse, une marque de soumission ou de vulnérabilité à la sorcellerie appliquée par ceux qui profitent de cette générosité. Loin d'attirer le respect, la douceur suscite une forme de mépris et il convient de faire preuve de force, de courage et d'autorité pour s'affirmer.

Par curiosité, par goût pour le mystère, peut-être ou pour d'autres raisons que j'ignore, j'ai souvent été très attiré par les cultures éloignées de la mienne et voulu les comprendre. À force de tentatives décevantes, le résultat auquel je suis parvenu a finalement été de découvrir à quel point ma culture occidentale est spécifique, et que l'universalisme que je lui prêtais est la traduction d'une présomptueuse arrogance. À ce titre, le recul que m'a apporté mon enclavement au milieu des cactus m'a considérablement aidé à mesurer combien nous sommes tout aussi empêtrés dans nos croyances que les peuples d'autres cultures. Nous nous sommes certes libérés de quelques peurs d'esprits défunts, de divinités et malédictions, mais nous sommes bien prisonniers d'une certaine conception de la réalité qui nous tenaille tout un chacun, transmise de génération en génération. Le drame est que nous ne nous en rendons pas compte, et que nous sommes complètement enfermés dans une vision du monde que nous considérons à tort universelle parce qu'elle s'est apparemment imposée avec succès dans les territoires sous domination occidentale.

Ce qui nous conforte dans l'idée que nous sommes matures est que nous avons l'impression d'avoir beaucoup évolué. Le temps où le peuple se laissait manipuler par la promesse d'un paradis ou la menace d'un enfer, tels que les chrétiens se l'imaginaient durant les siècles passés est bien révolu. Au-delà de ces fables, notre esprit reste pourtant moulé par le modèle qui leur est sous-jacent, dans la mesure où nous persistons à croire que la vie que nous menons est sous l'emprise de forces extérieures. Certains continuent de nommer ces forces extérieures « Dieu », le « Grand Architecte » ou encore le « Destin ». D'autres rangent ces influences sous le mot « hasard ». Les deux camps s'opposent avec d'un côté des croyants et de l'autre des athées, sans être conscients qu'ils sont moulés dans la même logique anxiogène. Leurs conceptions distillent toutes deux un sentiment d'impuissance et de désespoir dont on mesure très mal la profondeur. Elles nourrissent en effet la conviction que notre vie nous échappe et, finalement, qu'elle ne prend son sens que si on la considère comme un temps d'épreuve en attendant la mort, étape sur laquelle on s'interroge avec angoisse.

On peut remarquer que les cultures asiatiques reposent sur un modèle beaucoup plus rassurant. Le modèle de pensée y est dominé par l'idée de la réincarnation et le fait que tout ce qui arrive aux individus est le résultat de leurs actes passés. Pour reprendre une formule très usitée : tout ce qui nous arrive serait la conséquence de nos actes, paroles et pensées, qu'ils soient de cette vie-ci ou passée. Chacun contrôlerait donc sa destinée pleinement et comprend l'intérêt de faire des efforts pour améliorer sa vie et celle des autres. Cette vision se complète avec la possibilité de finalement sortir du cycle des réincarnations et passer dans une autre dimension mystérieuse, un nirvana dont on ne sait pas grand-chose, si ce n'est qu'il nous épargnerait les souffrances terrestres.

On peut supposer que l'attrait pour les religions orientales repose en partie sur leur cadre de pensée, d'évidence plus cohérent et rassurant que le nôtre. Un rapprochement s'est d'ailleurs opéré depuis quelques décennies. Depuis l'avènement de la psychanalyse et la découverte du pouvoir de notre inconscient, on reconnaît en occident que la vie des personnes est bien plus dépendante de leur psychologie qu'on ne l'avait cru. Beaucoup de difficultés qu'on croyait provoquées par des éléments extérieurs se sont révélées être la conséquence de nos espoirs, de nos peurs et de nos complexes. De temps à autre, les médias s'aventurent encore à nous expliquer que les destins des peuples reposent sur leurs spécificités culturelles, leur attrait pour telle ou telle forme religieuse : Le sort de certains pays du Proche Orient est lié de manière évidente aux questions religieuses et au radicalisme. Les massacres d'étudiants aux États-Unis sont liés de manière toute aussi évidente aux rapports aux armes dans ce pays. Les germes des crises résident en grande partie dans les mentalités. Finalement, cette idée suivant laquelle ce qui nous arrive émanerait de nous-mêmes davantage que des circonstances extérieures est prise beaucoup plus au sérieux qu'autrefois. Nous avons d'ailleurs déjà consacré un ouvrage sur ce sujet pour préciser comment la plupart de nos problèmes individuels et collectifs reposent d'abord sur nos croyances et ensuite sur les mécanismes émotionnels qui en découlent[2].

La plupart de nos problèmes sont en effet la conséquence de conceptions héritées depuis des générations sur le sens de la vie, de la souffrance, de la vieillesse et des difficultés de l'existence. Cette idée toute simple qu'il existerait d'un côté le bien et de l'autre le mal, aussi surprenant que cela puisse paraître, est à elle seule à l'origine d'une quantité invraisemblable de paradoxes, aboutissant notamment à la culpabilisation de nos instincts les plus fondamentaux, tels que le désir sexuel. La sexualité est en effet associée à

---

[2] « Le pouvoir de vos émotions et de vos croyances », 2013, Createspace.

l'agressivité, l'agressivité au conflit, le conflit au chaos, à la désobéissance et au mal. Si la sexualité est à associer au mal, cela signifie qu'une partie en nous serait mauvaise, condamnable et qu'il faut la réprimer. Malheureusement, il se trouve qu'en réprimant la sexualité, on perturbe le fonctionnement naturel de notre corps, on dérègle nos systèmes hormonaux avec pour conséquences des déséquilibres dangereux.

Une autre idée dévastatrice est celle suivant laquelle le monde serait ordonné hiérarchiquement, avec une domination naturelle de l'homme sur la femme, qui impliquerait qu'elle doive lui obéir. La liberté des femmes, lorsqu'elle s'oppose aux désirs de l'homme est ainsi interprétée comme « désobéissance ». Elle provoque logiquement la colère des hommes, avec son lot de violences verbales, voire physiques.

Ce genre de conceptions restrictives sur la sexualité ou le rôle de la femme se sont transmises pendant des siècles jusqu'à nous. Les conséquences en sont lourdes avec des frustrations et des désordres émotionnels conduisant à des tensions fortes, des violences conjugales, des traumatismes absorbés par les enfants, dont le sain développement est perturbé. Nous sommes ainsi piégés par un ensemble de faux repères qui minent notre confiance en nous, prédisposent aux conflits et perturbent profondément notre équilibre. Les deux exemples que nous avons cités sont loin d'être isolés et nous y reviendrons dans la dernière partie de cet ouvrage.

Ces repères sont d'autant plus dangereux qu'on les adopte souvent inconsciemment. Ils nous sont transmis par notre éducation, par nos parents, par la société et nourrissent des complexes vis-à-vis du sexe, de nos émotions, de l'argent, de l'ambition et du pouvoir, de l'agressivité et de l'affirmation de soi. En conséquence, nous profitons à peine de la vie à la laquelle nous aspirons, une vie épanouie pourtant accessible à la plupart d'entre nous. Nous vivons sur fond de crainte de la maladie, de la vieillesse et de la mort, la frustration et le découragement. Nous concevons la vie comme une lutte épuisante qui nous use psychologiquement et physiquement. Toutes ces idées et les émotions qu'elles alimentent sont des chaînes culturelles invisibles, chaînes qui nous tenaillent et enchaînent aussi entre elles les générations.

Bien qu'il ne soit pas indispensable de connaître l'origine des systèmes de croyances qui nous tenaillent pour s'en libérer, il parait important de traiter la question de notre héritage culturel. Il est intéressant de comprendre comment nous avons hérité de nos parents et de la société dans laquelle nous avons grandi, tous les repères qui sont les nôtres. Il est aussi intéressant de connaître leur origine, leur cheminement, leur parcours débuté il y a plusieurs millénaires jusqu'à nous.

Cette histoire est le résultat d'interactions continuelles entre des individus, la société dans laquelle ils sont nés et des défis de leur temps. Pour comprendre l'histoire, il est donc nécessaire de se plonger dans la psychologie des personnes, la sociologie et l'anthropologie des groupes dans lesquelles elles vivaient et connaître quelles furent les contraintes politiques, démographiques, et économiques de leurs époques. Ces trois cercles, individus-groupes-environnement sont la clé des dynamiques de l'histoire. Les hommes et les femmes se sont transformés, comme les sociétés et le monde.

Cette coévolution peut sembler complexe à appréhender, nécessitant une quantité de connaissances difficilement accessible. Elles sont difficilement accessibles pour l'esprit d'une seule personne, en raison de la multitude des compétences requises : la connaissance de l'humain, du fonctionnement des sociétés, des évènements historiques étalés sur des dizaines de siècles. Ces connaissances sont difficiles à synthétiser aussi parce ce qu'elles sont fragmentaires ; nous ne connaissons pas si bien que cela l'humain et la psychologie, pas plus que nous ne connaissons comment fonctionnent les dynamiques sociales. Quant à l'histoire proprement dite, elle est emplie de vides et de points d'interrogation en raison de manques d'informations, de sources contradictoires, de zones d'ombres et de secrets qui ont conservé leurs mystères. Au vu de ces difficultés, toute tentative pour retracer raisonnablement notre histoire peut sembler utopique. Personne n'est en mesure de le faire de manière rigoureusement satisfaisante aujourd'hui.

L'idée d'un travail transdisciplinaire avec un collectif de spécialistes émane de cette réflexion. Cette première édition constitue un support de travail qui doit lui permettre d'avancer. Au fil d'éditions successives correspondant en réalité à des versions de travail successives, cet ouvrage doit pouvoir mûrir, sans nécessairement s'enrichir de détails ou d'annexes, mais en gagnant en unité, cohérence, sur la base d'un consensus plus ou moins général.

Pour cet exercice de synthèse, le plus difficile a été de trouver un fil conducteur. Il a fallu tracer un chemin entre ce que nous sommes aujourd'hui en tant que personnes et nos différentes origines culturelles. Cela implique déjà de comprendre qui nous sommes, quels sont nos repères et nos particularités.

Ma situation personnelle et professionnelle m'a placé dans une situation privilégiée pour cette réflexion. Le milieu de l'aide au développement dans lequel j'ai travaillé est assez particulier puisqu'il ne consiste pas à imposer les modèles des pays développés mais à accompagner des populations à trouver leur voie en leur évitant de reproduire nos erreurs. Après avoir vécu et travaillé en Amérique du Sud, en Afrique, dans l'Océan Indien et un peu en Asie pour des organismes de recherche ou des organisations non gouvernementales, plusieurs particularités des repères occidentaux me sont apparues avec évidence.

Le long travail d'analyse pour reconstituer l'historique de nos repères culturels a nécessité ensuite un patient investissement de recherche documentaire. Reconstituer la généalogie de nos manières de penser est un exercice sans fin. Lorsqu'on croit avoir trouvé un modèle satisfaisant, il faut le mettre à l'épreuve et vérifier s'il n'est pas contredit par des faits, ce qui conduit parfois à se questionner aussi sur les évènements eux-mêmes et leur interprétation. Il faut sans cesse renouveler l'exercice consistant passer du télescope au microscope, c'est-à-dire du général au particulier et des schémas historiques aux psychologies individuelles. Cette gymnastique conduit à réinterpréter sans cesse la même histoire sous des angles différents. On ne sort en réalité jamais du champ des hypothèses pour aboutir à des certitudes. Ce livre, écrit et réécrit à un grand nombre de reprises, reste donc une ébauche, un ensemble de propositions. Il a néanmoins déjà le mérite, en tout cas je l'espère, de nous sortir d'idées préconçues et de nous libérer de bon nombre de certitudes illusoires sur ce que nous sommes.

Fabrice Lhériteau, avril 2018

Introduction

Un entrepreneur malgache avec qui je négociais le prix d'une construction pour un projet me dit un jour : « A l'école, j'ai bien retenu les leçons de grammaire française : d'abord JE, ensuite TU, et après seulement IL ». C'était sa façon de justifier de se soucier davantage de ses propres intérêts que des miens dans notre négociation, et en troisième lieu seulement, des bénéficiaires de la construction. Cette manière de présenter sa vision des priorités m'avait amusé. Sur le fond, il est vrai que le langage permet de distinguer le soi, celui à qui l'on parle, celui dont on parle, etc. Suivant les langues, ce découpage est plus ou moins fin, beaucoup plus riche par exemple dans le malgache que dans le français. Dans toutes les langues cependant, on peut distinguer trois niveaux concentriques correspondant au « Je, nous, ils » : L'individu, le groupe dans lequel il vit et le monde qui l'entoure. Ce sont les trois niveaux de notre existence, objet de nos préoccupations quotidiennes et d'un équilibre à trouver. Nous avons besoin de nous sentir bien dans notre peau, bien avec nos proches et avec ce qui les environne ; le « reste du monde ».

Les humains ont ainsi trois besoins intellectuels fondamentaux : **besoin de repères pour conduire leur vie personnelle et y trouver un sens malgré toutes les épreuves qu'ils traversent, besoin de repères pour organiser la vie de leur groupe, besoins de repères pour régir les relations avec les autres peuples.**

Au fil de l'histoire de l'humanité, différents modèles de pensée se sont développés pour satisfaire ces besoins, tels que les religions ou les grandes théories philosophiques, voire politiques. Ces modèles ont évolué en permanence, dans l'espace et dans le temps. Le védisme, le brahmanisme, l'hindouisme et le bouddhisme sont des religions orientales qui se sont succédé dans leur apparition au fil du temps en Inde. Le judaïsme, le christianisme et l'islam sont nés dans le proche et Moyen-Orient, dérivant les uns des autres et diffusant à travers le monde au gré des conquêtes militaires liées aux porteurs de ces religions. L'anarchisme, le communisme, le socialisme, le libéralisme, sont aussi de grands mouvements, qui sans s'attaquer fondamentalement à la question de ce qui existe après la vie, ont proposé des cadres de vie, des règles et des manières de vivre.

Tous ces modèles sont le fruit de l'Histoire. Ils résultent de rencontres et d'interactions complexes. On peut les comprendre aussi comme des étapes. À toutes les époques et dans tous les contextes géographiques, certains individus ressentent le besoin de fixer de nouveaux repères, changer notre manière de penser et d'agir, changer les règles sociales. Ils sont les créateurs d'idées, prophètes ou intellectuels, se prétendant messagers des dieux ou libérateurs des chaînes du passé. Ces créateurs, bien intentionnés, diffusent des idées accueillies par d'autres, qui se les approprient et les mettent à leurs services d'une manière toujours plus partisane. Ainsi les belles et grandes idées des rêveurs finissent elles toujours par être instrumentalisées par de petits intérêts de pouvoir. Entre le discours initial d'un homme ou d'une femme et sa traduction collective, les idées se transforment et passent de l'état de rêves à celui d'instruments de pouvoirs. Aussi longtemps que ces instruments parviennent à se draper d'idéalisme, ils permettent au pouvoir de régner. Lorsqu'ils sont démasqués soufflent les élans révolutionnaires de la contestation : de nouveaux créateurs émergent alors et un nouveau cycle reprend : nouvelle religion ou idéologie, nouvelles réceptions, nouvelles instrumentalisations, nouvelles déceptions …

Les visions sur le sens de l'existence et la manière dont nous devons vivre ensemble et avec le reste du monde finissent ainsi toujours par décevoir. De l'espoir porté par les idées nouvelles découlent des systèmes de pouvoir « nouveaux », mais qui ne tiennent pas leurs promesses. Le christianisme fut le support de l'Empire romain comme l'islam celui d'empires arabes, perses et ottomans. Les beaux idéaux révolutionnaires d'égalité des droits et de liberté furent convertis en France en libéralisme économique au service de la classe bourgeoise, tout comme les idéaux communistes en Russie ou en Chine conduisirent à des dictatures d'appareils.

Les mécanismes en jeu dans ces évolutions font intervenir des données culturelles, des rivalités, des évènements, des personnalités, des réflexions, des espoirs… Ces processus sont passionnants à comprendre. Comment se sont formés les différentes religions et courants de pensée en lien avec leurs contextes d'origine ? Comment ils ont été utilisés et se sont transformés au fil des circonstances ? Nous allons tenter de répondre à ces questions.

Nous allons tenter de répondre à ces questions non simplement par curiosité et pour le plaisir d'explorer les dessous de l'histoire, mais surtout pour prendre conscience du caractère volatil des repères culturels. Ce en quoi nous croyons sur la famille, sur la société, sur la maladie, sur les épreuves de la vie, sur le sens de l'existence, sont des héritages transmis au cours de notre éducation. Ces héritages sont des produits de l'histoire, des produits de ces cycles que nous venons d'évoquer, partant de quêtes de sens, récupérés par les pouvoirs, entraînant des contestations… aboutissant à de nouveaux paradigmes, une nouvelle vision, qui finit par vieillir à son tour. En considérant nos croyances éphémères comme des vérités universelles nous nous réduisons à n'être qu'un maillon de la société de notre temps, un rouage, une pièce étroitement imbriquée dans une machine. Nous souffrons tous de cette limitation parce que nous sommes bien plus que cela.

Par ailleurs, dans le monde d'aujourd'hui, il n'est plus possible que les individus de chaque peuple continuent de se croire plus évolués ou plus purs les uns que les autres. Après des millénaires de guerres entre peuples endoctrinés, la communication rendue possible par la révolution numérique nous invite à sortir des particularismes et des identités meurtrières. Alors que nos ancêtres se faisaient la guerre pour s'éliminer les uns les autres, nous comprenons qu'il nous faut trouver une manière de vivre tous ensemble et donc de relativiser nos différences, de les comprendre et mesurer leur caractère artificiel. Nous devons surpasser nos héritages culturels, être capables de parler d'autres langues, d'autres langages, d'autres valeurs que celles qu'on nous a apprises.

Nous avons besoin de relativiser nos repères pour changer les relations entre les peuples, pour changer la manière dont fonctionnent nos sociétés et pour changer notre façon d'être. Tout commence et tout finit ainsi par chacun de nous, et par ce besoin naturel de vivre mieux en pensant mieux, besoin d'une paix intérieure, d'un épanouissement individuel et de relations harmonieuses.

L'objet de ce livre est de faciliter ce mouvement, mettre en lumière les incohérences dans lesquels nous avons été élevés pour nous permettre de vivre avec un esprit plus ouvert et plus créatif. En moins de 300 pages, il ne pourrait être question de couvrir le sujet, mais pour permettre une réelle compréhension, il était nécessaire de faire court. Les différents chapitres de ce livre doivent se concevoir comme les synthèses d'une série d'ouvrages plus détaillés qui auront j'espère la possibilité d'être écrits dans les années à venir, avec le concours de ceux qui partagent ce projet.

Plan du livre

L'histoire de notre culture peut se découper en quelques phases essentielles. Auguste Comte, père de la sociologie, proposait déjà au 19ᵉ siècle de distinguer trois grands stades : l'âge théologique où les hommes croyaient aux dieux, l'âge métaphysique où ils élaboraient des spéculations, puis l'âge positif ou scientifique où les hommes cessèrent de répondre au pourquoi pour se limiter à celle du comment. Ces âges correspondaient selon lui à une évolution vers la maturité, à l'image d'un être humain passant de l'enfance à l'adolescence puis l'âge adulte. Il aurait certainement revu sa conception d'un progrès rectiligne vers la sagesse s'il avait eu connaissance des tourments qui bouleversèrent le monde durant les temps écoulés entre lui et nous.

Au 21ᵉ siècle, nous allons adapter quelque peu son modèle en décomposant l'histoire de notre culture en trois grandes phases que nous appellerons plutôt des ères. La première pourrait s'intituler « l'ère de la foi », car elle couvre une période dominée par la naissance et le développement des religions et de leurs multiples ramifications sous forme d'écoles, sectes, hérésies ou branches. Nous la ferons commencer avec les premières formes religieuses animistes et s'étaler jusqu'à l'expansion des grands empires de l'islam jusqu'à la fin du « Moyen âge ». Cette ère fut dominée par l'idée qu'il existe un Dieu unique, des règles universelles et que tout ce qui arrive sur terre découle de sa volonté.

La deuxième ère consacre l'humain sur le divin. Nous pourrions la nommer « l'ère de l'esprit ». Elle commence avec la renaissance et l'humanisme et s'étend jusqu'à la Révolution française. Durant cette phase, les sociétés ont laissé une place à la diversité, offrant à chacun le choix de sa religion et de ses croyances. Les sociétés ont basculé sur des modes d'organisation avec des bases rationnelles au lieu de religieuses.

La troisième ère privilégie l'économie. Après la Révolution française, le moteur de la société devient le profit et l'argent, reposant sur les règles économiques. Elle commence avec l'abolition de toutes les entraves à la liberté d'entreprendre, se poursuit par l'émergence de petites fortunes, des conquêtes coloniales, de l'industrialisation, jusqu'à nos sociétés actuelles où les débats se limitent à la question de la répartition des richesses entre riches et moins riches, travailleurs et patrons. Nous appellerons cette période « l'ère du matérialisme ».

Ces trois grandes phases nous serviront à cloisonner les grands chapitres de ce livre. Si vous êtes familier du symbolisme, vous reconnaîtrez que chacune de ces ères peut aussi porter le nom d'un élément, ce qui peut être plus séduisant ou facile à retenir. L'ère des monothéismes peut se rapprocher de celle du feu qui symbolise la foi et la religion, la passion brûlante. L'ère des idées est à mettre en relation avec l'air, élément de la distance, de l'intellect, de la froideur rationnelle, de la parole. Enfin l'ère du matérialisme se rapporte naturellement à la terre, au concret, au solide, au formel, palpable et tangible.

Vous pouvez déjà pressentir qu'il nous manque l'eau, symbole de l'émotion et de la sensibilité et qui pourrait éventuellement représenter la prochaine phase de notre avenir, orienté vers la compassion, l'empathie et l'émotionnel… ou la noyade, mais n'anticipons pas pour le moment.

Tableau 1 : Les trois ères durant lesquelles s'est façonnée notre culture :

Eres	Feu : L'ère de la foi et des religions	Air : L'ère de l'esprit	Terre : L'ère du matérialisme
Phases ou principaux courants	Animisme Judaïsme Christianisme Islam	Humanisme (bourgeois) Impérialisme humaniste Protestantisme puis laïcité, Egalitarisme, Libéralisme	Matérialisme (bourgeois-travailleurs) Marxisme, anarchisme, bolchevisme Fascisme, Libéralisme, Socialisme Mondialisation, Altermondialisation

Avant de nous lancer dans l'exploration de ces phases de notre histoire et étudier comment elles ont fondé notre héritage culturel, nous commencerons par un regard sur le temps présent. Pour comprendre la construction de notre héritage, il est préférable en effet de commencer par savoir de quoi est constitué aujourd'hui notre référentiel et comment nos valeurs et nos croyances actuelles sont architecturées. Cet état des lieux nous fournira d'importants repères.

Inventaire de nos croyances et nos valeurs

Dans cette partie, nous dresserons une cartographie de nos valeurs et de nos croyances en soulignant le lien entre ces deux ensembles. La suite de l'ouvrage permettra de retracer la construction historique de ces repères.

Chapitre 1 : Valeurs, idéaux

La solidarité et le partage, Le bien et l'intérêt supérieur du collectif, La soumission à l'autorité, La soumission aux règles collectives, Le pardon, Le dénigrement des désirs individuels, Le principe de légitimité et le droit à la rébellion, L'opposition entre intérêt national et universel, Les valeurs individualistes et de liberté, La notion de progrès
Synthèse sur la cohérence et la complémentarité de nos valeurs

Chapitre 2 : Croyances, univers de sens

Le passage du temps et l'unicité du monde, Le cloisonnement entre soi et le monde, L'existence d'un ordre idéal, la soumission, l'importance du groupe, De l'importance du groupe à la définition du bien et du mal, De la notion de mal à celle de culpabilité,
De l'idée d'un ordre universel parfait à la croyance en une vie faite pour éprouver l'être humain , L'ordre universel et les lois de l'évolution, L'égalité
Conclusions sur les croyances progressistes
Les croyances taboues

Chapitre 3 : Conclusion sur la cartographie de nos croyances et de nos valeurs

Nous emploierons souvent dans ce livre le mot « culture ». Il est si utilisé de nos jours, que chacun lui donne un peu un sens personnel. Il est donc prudent de commencer par préciser sa définition. Nous proposerons celle d'un éminent spécialiste de la question : « Ensemble des représentations collectives propres à une société »[3]. Cette définition a l'avantage d'être synthétique, mais le défaut d'être aussi très abstraite. Moins précise, mais plus suggestive, nous allons la compléter par des évocations sous forme d'images, utilisées dans la littérature anthropologique.

La première pourrait être celle d'un iceberg, dont une petite partie superficielle est visible tandis que son support reste aux $9/10^e$ caché sous l'eau. Cette image rend compte que sous les manifestations visibles d'une culture, la langue et son écriture, l'héritage historique, les traditions, les arts, la religion, l'organisation sociale, etc, se cache une partie enfouie, un socle composé de croyances et de manières de penser particulières. Ce socle, bien que caché, demeure ce qu'il y a de plus important et vaste en termes de richesse et de force.

Une autre image pourrait être celle d'un oignon avec des couches superficielles et d'autres plus intérieures auxquelles on accède par étapes, en découvrant qu'il existe toujours des niveaux plus profonds. Cette image est volontiers utilisée dans les ouvrages sur l'acculturation (adaptation à une culture étrangère). Ceux qui se sont installés à l'étranger découvrent souvent au fil des années qu'ils ne connaissaient pas si bien leur pays d'accueil qu'ils se l'étaient imaginé après leurs premières années de présence. Il n'est pas rare d'entendre des expatriés affirmer qu'au bout de dix ans passés dans un pays étranger, ils n'avaient pas mesuré l'ampleur des différences profondes existant entre leur propre culture et celle dans laquelle ils baignent. Ces différences touchent aux mentalités, conceptions des droits et devoirs, à l'éthique ou aux manières d'analyser un problème (avec parfois des approches irrationnelles, ou des considérations sociales qui peuvent surprendre, telles que la confiance aveugle dans les rêves ou les paroles de conseillers spirituels supplantant toute analyse logique).

Enfin, une troisième façon d'appréhender une culture, celle que nous conserverons par la suite, est de la comparer à un arbre, avec ses racines, son tronc et son feuillage. « L'arbre culturel » est une représentation intéressante si l'on considère comment un arbre se développe et se reproduit.
Lorsqu'il est jeune, un plant croit à partir de ses racines qui s'étendent en profondeur et en largeur, en même temps que la partie aérienne émerge lentement. La croissance de l'arbre dépend en grande partie de facteurs environnementaux, tels que la profondeur du sol et sa richesse, l'importance des

---

[3] « L'histoire culturelle », Pascal Ory, PUF.

pluies, la pression des attaques d'insectes, et d'animaux qui peuvent en passant piétiner le plant ou le brouter. Les cultures, elles aussi, sont soumises à des facteurs environnementaux qui influencent de manière importante leur développement : ce sont les évènements historiques, le contact avec d'autres cultures qui ont parfois insufflé des idées ou des pratiques et d'autres fois provoqué des réactions hostiles d'opposition. En marge de ces facteurs extérieurs, certes très importants, l'arbre possède une dynamique interne, avec des parties souterraines et aériennes aux fonctions spécifiques :

Les racines sont ce qui alimente la plante et lui fournit sa base, un ancrage. Au niveau d'une culture, les racines sont les **croyances**, les conceptions sur le sens de la vie, de la souffrance, de la mort, des épreuves, de l'ordre et des équilibres du monde. Les croyances sont des idées auxquelles on adhère avec conviction et qui servent de pilier à notre représentation du monde (croyances en des mythes, en Dieu et sa justice, en l'existence d'un ordre universel, en l'existence du paradis...). Ces croyances sont enchevêtrées les unes dans les autres et peuvent se comparer à un tissu tant il est parfois difficile de les dissocier. Elles se complètent et forment un tout qui conditionne notre manière d'interpréter la réalité et même de la percevoir, agissant aussi comme un filtre.

Ces croyances, qui imposent une représentation du monde, sont le socle d'un deuxième niveau, le tronc et les branches de l'arbre culturel. Ils se composent **de valeurs**. Elles sont difficiles à représenter par de simples mots ou expressions car elles reflètent des modèles généraux qui peuvent prendre une multitude de formes. La valeur de respect de l'ordre peut ainsi se traduire à divers niveaux par l'obéissance des enfants aux parents, la soumission au chef de famille ou la subordination aux autorités. Nos croyances et nos valeurs sont intimement liées par deux types de relation : les croyances cautionnent et soutiennent nos valeurs et nos valeurs nourrissent aussi en retour nos croyances. Le mythe du jardin d'Eden inspire et justifie par exemple les valeurs liées à une hiérarchie entre l'homme et la femme, qui aurait été créée pour ses besoins. Parallèlement, ce type de valeur est la source même du mythe.

Le troisième étage de notre arbre est celui des **règles sociales**. Elles sont précises et détaillées afin de servir de références permettant d'organiser la société. Dès l'antiquité, elles furent formulées sous forme de codes (code d'Hammourabi, codes bibliques...). Elles précisent clairement les droits et devoirs de chacun et comment justice sera rendue en cas de transgression. Elles sont d'application pour l'ensemble de la société, mais ne sont pas nécessairement les mêmes en fonction des catégories sociales : au cours de notre histoire, les notables, les hommes libres, les femmes célibataires, les femmes mariées, les esclaves et les enfants ont ainsi souvent été soumis à des règles différentes, au moins au niveau des sanctions qui les concernaient. Un vol commis par un enfant n'est d'ailleurs toujours pas sanctionné de la même manière que s'il est commis par un adulte dans nos sociétés actuelles.

Les règles évoluent au fil du temps, en fonction des changements de la société et des défis qu'il lui faut affronter. Elles peuvent en particulier être affinées pour prendre en compte des cas particuliers (des nouvelles règles apparaissent souvent en cas de guerre par exemple). Contrairement aux valeurs, les règles peuvent se décréter. On peut ainsi définir et redéfinir les sanctions à appliquer pour un vol de tel ou tel type, mais la valeur associée, celle du respect de la propriété d'autrui, reste la même. Les valeurs sont moins formelles, mais plus stables que les règles sociales.

Enfin, le dernier niveau de l'arbre culturel, qui pourrait s'apparenter à son feuillage, représente des **motifs historiques récurrents**. On peut en effet observer que dans chaque culture, un certain nombre de situations ont tendance à se reproduire. Ce phénomène qui peut s'expliquer par le fait que la façon dont une société fonctionne génère certains types de déséquilibres qui aboutissent à des crises semblables.

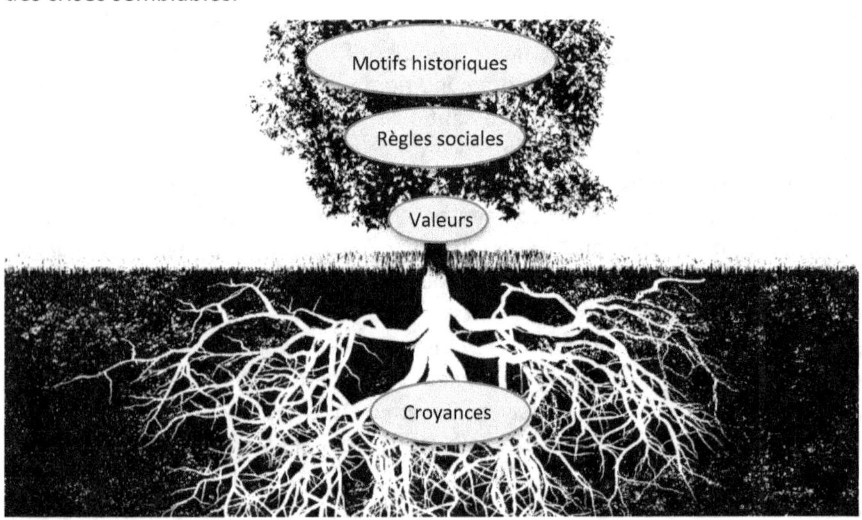

Représentation des repères culturels sous forme d'arbre.

À travers la définition de ces niveaux, nous venons de poser un cadre logique fondamental pour la compréhension des enjeux qui lient croyances et valeurs. Les idées (racines) sont le support de nos valeurs (tronc et branches principales) et nos valeurs inspirent les règles (branches plus fines). Mais cette relation est à double sens : Nous verrons ainsi qu'au cours de l'histoire, de nombreuses légendes ont été refaçonnées pour promouvoir des valeurs jugées utiles à ceux qui détenaient les pouvoirs. Nous pourrions appeler ce phénomène le « principe de la propagande culturelle » : tenter d'imposer de nouvelles croyances pour justifier de nouvelles valeurs et imposer plus facilement de nouvelles règles. A titre d'exemple, on peut citer les légendes qui ancrent la légitimité des prêtres dans des déclarations attribuées à Dieu.

Dans les deux chapitres suivants, nous allons à présent parcourir l'ensemble des valeurs et croyances fondamentales de notre culture.

Valeurs, idéaux

Les sociétés occidentales dans lesquelles nous baignons véhiculent un certain nombre de valeurs. Avant de retracer comment elles se sont construites tout au long de cet ouvrage, nous allons en faire un rapide inventaire. Le mot inventaire n'est sans doute pas le plus approprié, car nous n'allons pas dresser une liste ou faire un recensement. L'idée est plutôt de réaliser une cartographie, c'est-à-dire identifier les valeurs les plus fondamentales et voir comment elles s'articulent avec ensuite d'autres valeurs secondaires.

Précisons d'emblée que cette cartographie ne signifie pas que nous partageons tous exactement les mêmes valeurs. Elle signifie simplement qu'il existe des relations entre les différentes valeurs, des liens de renforcement ou d'opposition comme dans le cas du « respect de l'autorité » et de la « liberté », deux valeurs qui sont plutôt antagonistes. Le cinéma nous montre par sa diversité que les héros peuvent être parfois de bons petits soldats ou des rebelles révolutionnaires. De Robin des bois à James Bond, on pourrait même considérer que les héros sont souvent antisystèmes et semblent défier certaines valeurs dominantes, puisqu'ils volent, pillent, mentent et tuent à foison. Notre culture repose donc plutôt sur une palette de valeurs assez variées, qui entretiennent entre elles des relations complexes.

En première approche, nous pouvons discerner deux grandes familles de valeurs ; celles dites « traditionnelles » ou « conservatrices » et les autres, « modernes » ou « progressistes ». Comme leur désignation l'indique, elles se sont construites à des périodes distinctes de notre histoire. Nous allons logiquement commencer par les plus anciennes. La première d'entre elles est la valeur centrale sur laquelle ont reposé et reposent encore toutes les sociétés du monde : le partage.

La solidarité et le partage

Au 19e siècle, on pensait que le fondement de l'organisation sociale était le commerce. Adam Smith expliqua ainsi que les sociétés primitives devaient fonctionner sur la base de troc : « tu me donnes le poisson de ta pêche et je te donne en échange les fruits que j'ai cueillis », par exemple. Son modèle servit de référence à des générations d'économistes et de sociologues.

Pourtant, nous savons aujourd'hui que ses hypothèses sont fausses et que la base de l'organisation des sociétés n'est pas le commerce, mais le partage. Les produits de la chasse, de la pêche, les récoltes sont distribués dans les sociétés archaïques à tous les membres. Les maisons sont construites collectivement, les repas sont pris ensemble, etc. En réalité, à y bien réfléchir, le concept même de société repose sur le rassemblement de personnes prêtes à partager entre elles le fruit de leur travail. Le commerce est un moyen d'échange qui prend surtout son sens dans une relation avec l'extérieur : les autres tribus par exemple.

Avec l'augmentation de la taille des groupes de population et l'apparition de la propriété privée, chaque famille a ensuite gardé pour elle de plus en plus de biens et les échanges ont commencé à se réguler par le troc, puis l'usage de monnaies (assez tardivement dans l'histoire de l'humanité). Les inégalités sociales ont ainsi commencé à exister et s'amplifier avec des familles plus riches que d'autres. Pour éviter les conflits de jalousie et les vols pouvant se dégrader en agressions physiques ou des empoisonnements, les sociétés ont mis en place des mécanismes formels de redistribution. Ils se sont combinés à des stratégies de stockage des récoltes et d'investissement. Ce fut l'invention des taxes et impôts, qui furent destinés à assurer le train de vie des rois et des prêtres, mais surtout à être redistribués en cas de besoin, en particulier pour les plus vulnérables. Accumulation et redistribution furent des stratégies de survie pour les premières sociétés qui devaient se protéger des aléas climatiques et des risques de mauvaises récoltes.

Le partage est ainsi une valeur fondamentale de toutes les sociétés, constituant à la fois leur première raison d'être et une condition nécessaire à leur maintien. Les modalités de ce partage reposent fondamentalement sur une idée de ce que sont la justice et le bien. Comme nous allons le voir, la conception de ce qu'est le bien, même si elle a torturé des générations de philosophes, demeure assez simple dans son application pratique.

Le bien et l'intérêt supérieur du collectif

Toute morale repose sur des notions de bien et de mal, qui servent à définir ce qu'il convient de faire ou ne pas faire. Il est assez aisé de comprendre que d'un point de vue social, ces repères reposent sur un principe assez simple : **Ce qui sert les intérêts collectifs relève du bien et ce qui leur porte préjudice est mauvais**[4].

Le socle de notre morale est ainsi l'**intérêt supérieur du groupe sur l'individu**. Il constitue la valeur pilier de toutes les cultures et notamment de la culture occidentale. « L'union fait la force » : pour triompher de ce qui menace chacun,

---

[4] Cette définition du Bien qui peut surprendre par sa simplicité, nécessite évidemment quelques compléments. Remarquons notamment certaines subtilités découlant des relations complexes qui peuvent exister entre l'intérêt individuel et l'intérêt collectif ; Dans certains cas en effet, les deux se rejoignent : la bonne santé des personnes sert à la fois l'intérêt de chacun et de tous, par exemple. Dans d'autres cas en revanche, intérêt individuel et collectif s'opposent frontalement : en cas de guerre ou de danger, on attend par exemple de l'individu qu'il accepte de se sacrifier pour les autres. Dans tous les cas de figure, il demeure que « bien = intérêt collectif » (nous y reviendrons en détail dans le prochain chapitre).

il est nécessaire que tous s'allient. Ce principe est évident, mas l'idéalisation du collectif va cependant beaucoup plus loin : Chacun doit accepter de s'effacer pour le salut du groupe, quitte à se sacrifier pour sauver ceux qu'il aime : sa famille, son peuple voire l'humanité. L'éducation des enfants commence très tôt à inculquer ce modèle avec la transmission des valeurs d'obéissance, de dévouement, de fierté, de solidarité et de partage, de goût pour la discipline et l'effort, puis le don de soi aux autres (solidarité, générosité, charité, sacrifice…). De l'intérêt supérieur du groupe découle une autre valeur traditionnelle fondamentale : la soumission à l'autorité.

La soumission à l'autorité

Toutes les sociétés animales, de la colonie d'abeilles aux clans de primates, sont organisées suivant des liens hiérarchiques. Nous portons, nous aussi, instinctivement ce modèle en nous. L'obéissance à un chef ou un groupe de dominants est un principe naturel et logique. Pour qu'un collectif fonctionne, il est en effet nécessaire que chacun accepte de se soumettre à une instance de pouvoir. Cette discipline sert à la fois des objectifs internes et externes :

- Elle est nécessaire d'abord pour permettre de régler les conflits au sein de la société et les oppositions entre personnes. Si untel prétend être le propriétaire d'un morceau de terrain cultivé par un autre, il est nécessaire de faire appel à l'arbitrage de l'autorité du groupe pour trancher la question (le chef ou une assemblée). Chacun devra se plier à la décision prise par l'autorité pour mettre fin au conflit.
- L'obéissance joue aussi un rôle pour faire face aux menaces extérieures, c'est-à-dire aux agressions, aux dangers, aux guerres. La cohésion du groupe est vitale pour lutter contre les ennemis, comme pour faire face aux catastrophes naturelles.

On mesure ici que l'autorité est nécessaire aussi bien pour les arbitrages entre individus, que pour fédérer les énergies d'un groupe dans les situations hostiles. Voilà pourquoi la soumission au pouvoir est une valeur fondamentale. Sans elle, pas de cohésion sociale, ni de survie, donc pas de société.

Plusieurs exemples illustrent l'importance de cette valeur : Les héros font allégeance à Dieu, au roi bienfaiteur, au président de la République ou ses services secrets, à un père qui a transmis une mission, un but, ou à un idéal. La **fidélité** à ses engagements est aussi une valeur très importante qui découle de l'idéalisation de l'intérêt commun et du dévouement aux responsables qui y veillent. Sans cette valeur de fidélité, on pourrait craindre d'avoir des armées insuffisamment motivées, avec des déserteurs, et risquer la défaite dans les guerres.

Ces valeurs tiennent lieu de référence aussi bien au niveau de la collectivité dans son ensemble qu'au sein des familles où l'autorité traditionnelle du père correspond à celle du chef[5]. Lui aussi joue le rôle de protecteur et de juge auprès des siens. Cette soumission à l'autorité s'étend au respect des règles qui en émanent.

La soumission aux règles collectives

Nous l'avons vu, un des rôles des autorités est de faire régner l'ordre, maintenir l'équilibre entre les divers individus du groupe. Pour cela, elles peuvent s'appuyer sur des règles admises collectivement, que chacun doit respecter, qui précisent les droits et devoirs et les sanctions qui seront appliquées pour chaque type de transgression.

Un ensemble de principes généraux fondamentaux guident ces règles. Il s'agit d'abord des valeurs d'intégrité, et d'honnêteté. Elles se déclinent en une multitude de formes liées au respect de la hiérarchie sociale et en particulier les parents, le respect d'autrui (avec l'interdit du meurtre, du viol, de l'agression physique) et de ses propriétés (ne pas voler et ne pas jalouser ce que possèdent les autres). Cela concerne aussi le respect des contrats et, pour éviter les trahisons d'une manière générale, l'absence de mensonges.

Ces principes, que l'on retrouve dans les fameux dix commandements de la Bible, nous sont si familiers que certains d'entre nous s'imaginent qu'ils sont universels, qu'ils s'appliqueraient aux relations entre tous les humains. Pourtant, ce n'est pas tout à fait exact, dans la mesure où ces valeurs servent à défendre les intérêts d'un groupe. **Leur application se limite donc à la communauté à laquelle on reconnaît appartenir.** Les valeurs morales que nous venons de citer, nous le savons inconsciemment, ne s'appliquent pas aux voisins hostiles : En temps de guerre, il apparaît moral de voler l'ennemi, le tromper et le tuer. À titre d'illustration de ce principe général, signalons que dans certaines sociétés d'éleveurs, le vol de troupeau est souvent considéré comme un acte de bravoure, et tient lieu d'épreuve avant de demander la main d'une femme à ses parents. Il s'agit ici de voler des troupeaux n'appartenant pas à son clan. Aujourd'hui encore, un espion qui vole des informations confidentielles à un pays ennemi est considéré comme brave et courageux. Il est essentiel de garder présent à l'esprit que, fondamentalement, les valeurs ne s'appliquent pas hors du groupe social auquel on s'identifie.

L'idée qu'il faille étendre le respect des valeurs à des groupes extérieurs à la société dont on fait partie est une notion universaliste récente sur laquelle nous reviendrons plus loin.

Le pardon

L'application des lois, qui sont des principes plutôt abstraits et froids, a ses

---

[5] Dans quelques sociétés matriarcales, ce sont les femmes qui occupent la position dominante, mais cela ne correspond pas au modèle occidental dominant auquel nous nous référons ici.

limites. Les lois doivent être sévères pour être dissuasives, mais peuvent justement par ce caractère sévère, apparaître injuste. La peine de mort pour une faute ou une autre n'est pas destinée à supprimer des individus, mais les terrifier pour qu'ils ne commettent pas ces fautes. Si cela ne suffit pas, doit-on effectivement systématiquement appliquer la sanction suprême ? L'empathie et la compassion tendent à nous préserver de tels comportements. Les êtres humains, comme d'ailleurs au moins une grande partie des mammifères, ressentent les émotions de leurs semblables et cherchent plutôt à apaiser les souffrances qu'ils ressentent que les aggraver. Certes, nos comportements ne sont pas toujours bienveillants, mais nous gardons néanmoins en chacun de nous cette part de fraternité qui nous pousse à protéger ceux que nous aimons. Voilà qui explique pourquoi, en marge des lois, le pardon est aussi une valeur fondamentale de l'organisation sociale. Le pardon est aussi nécessaire aux sociétés que l'huile qui lubrifie les rouages d'une mécanique. Sans lui, les sociétés exploseraient. Au sein des familles, on pardonne aux enfants leurs égarements qui font partie de leur apprentissage de la vie. Au sein de la société, les tribunaux et les juges atténuent la sévérité des sanctions en fonction des circonstances « atténuantes ». Plus informellement, la justice est très souvent contournée ou esquivée : les contentieux sont réglés d'abord à l'amiable avant d'aller devant la justice, et même face à la justice, il existe encore des contournements en faisant jouer ses « relations » voire en soudoyant les hommes de loi.

Partage, respect de la hiérarchie et des lois, et pardon sont les valeurs fondamentales des sociétés, qui se complètent et s'équilibrent pour leur permettre de bien fonctionner. Ces valeurs sont partagées à tous les échelons, de la famille à la communauté jusqu'à la nation.
D'autres valeurs secondaires en découlent dans notre culture, telles que la dévalorisation de l'argent et du sexe, ou encore le devoir de rébellion. Nous allons les aborder à présent.

Le dénigrement des désirs individuels

Nous l'avons déjà évoqué : intérêts individuels et collectifs ne sont pas forcément opposés, mais ce qui porte atteinte au collectif émane exclusivement des intérêts individuels. Pour défendre l'intérêt collectif, il est donc cohérent d'atténuer les tendances et comportements individualistes. Ce principe se traduit dans les valeurs traditionnelles par une culpabilisation du goût pour l'argent et le sexe.

L'idéalisation du partage s'oppose en effet implicitement à l'accumulation individuelle des richesses. Le goût pour l'accumulation d'argent est assimilé à un défaut : l'avarice. Notre culture dénigre l'attirance de la richesse et du luxe, qui sont associés à la bassesse, superficialité. Par extension, l'affirmation de soi, la fierté individuelle sont également considérées avec suspicion (luxe

« ostentatoire », « arrogant ») tandis que l'humilité et le renoncement sont jugés nobles. Nous verrons comment la religion a exploité ces valeurs avec une relative hypocrisie, encourageant les plus démunis à se satisfaire de leur triste sort. Nos sociétés continuent aujourd'hui d'entretenir un idéal opposant l'argent à la fraternité pour des raisons liées à l'histoire de notre société. Nous y reviendrons en détail.

Le sexe fait également l'objet d'un tabou. Le sexe d'une manière générale, exprime une logique de compétition entre individus, une rivalité entre mâles cherchant à s'imposer comme reproducteurs. Probablement pour réduire les querelles de rivalité, le mariage s'est imposé très tôt comme un modèle d'organisation, formalisant l'attachement d'un père et sa descendance à une ou plusieurs femmes lui appartenant exclusivement. Dès l'antiquité, la sexualité a été encadrée par des lois strictes qui ont permis de protéger les jeunes filles contre les grossesses sans pères. La sexualité en soi n'était pas vue comme méprisable, mais sa fonction reproductrice était socialement considérée avec beaucoup plus d'importance que sa fonction de plaisir. Nous retracerons en détail l'évolution des conceptions liées au sexe, mais signalons déjà que sa dévalorisation s'est particulièrement intensifiée dans le judaïsme lorsqu'il a été confronté à la civilisation ennemie grecque. La fonction reproductrice de la sexualité s'est alors affirmée pour s'opposer aux valeurs de l'occupant. Le plaisir sexuel est devenu coupable. Cette radicalisation s'est ensuite accentuée avec le christianisme qui chercha à dominer les habitudes païennes, avec leurs cultes de la fertilité et les pratiques orgiaques qui les accompagnaient

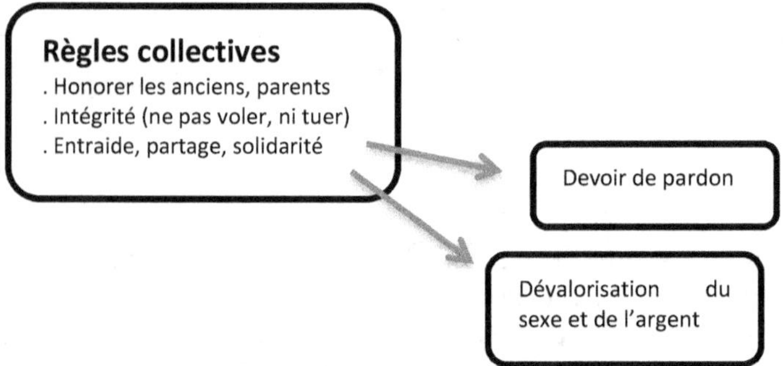

Les valeurs d'entraide et solidarité ont alimenté les valeurs liées au pardon, ainsi qu'à la dévalorisation du sexe et de l'argent envisagés comme prédisposant à l'individualisme.

Le principe de légitimité et le droit à la rébellion

Nous l'avons vu ; la définition du bien est liée à l'intérêt collectif : des autorités qui desservent l'intérêt collectif sont donc « mauvaises » et perdent leur légitimité. Si un dirigeant dérive en abusant de son pouvoir ou en nuisant au groupe, il doit donc être remplacé. Dans les mythes et légendes de l'antiquité, on associait l'idée du nécessaire renouvellement du pouvoir avec le cycle de la vie et le remplacement des anciens par les jeunes. Dans la mythologie gréco-romaine, les dieux Chronos ou Saturne, vieillard à l'origine du monde sont ainsi renversés par Zeus ou Jupiter, jeunes dieux ambitieux symbolisant la force et la puissance. Ces mythes rejoignent l'idée de nécessaires renouvellements et nourrissent l'idée qu'il est légitime de se retourner contre un pouvoir usé, rongé par la corruption et ne rendant plus justice.

Ce devoir de révolte apparaît dans tous les films où un jeune ambitieux soulève le peuple contre un tyran pour le renverser. Il justifie l'usage de la ruse (donc du mensonge) du vol et même du meurtre contre la menace d'un pouvoir abusif.

Cet idéal de rébellion est évidemment plutôt en opposition avec les valeurs traditionnelles de soumission. En fait, il traduit l'idée d'une hiérarchie des valeurs avec un principe de légitimité supérieur au devoir d'obéissance : Les idées priment sur les personnes qui incarnent le pouvoir (le roi appartient à la couronne et non l'inverse). Il apparaît ainsi légitime de contester l'autorité si elle ne rend pas justice, si elle trahit le peuple ou si elle use de son pouvoir pour son seul intérêt propre. Ce principe de légitimité se prolonge dans notre culture par deux systèmes valeurs opposés : le nationalisme et l'universalisme. Le premier situe l'intérêt de la patrie au-dessus de tous les autres, tandis que l'universalisme place l'humanité et certains principes au-dessus des intérêts particuliers.

L'intérêt national et universel

Nous avons tous une patrie, mais chacun peut se percevoir plutôt comme citoyen d'un pays ou comme citoyen du monde. La différence entre nationalisme et universalisme tient à la manière dont on s'identifie en priorité, en tant que membre d'un collectif limité aux personnes de sa culture (et qui parlent notamment la même langue) ou bien en tant qu'être humain devant faire preuve de solidarité avec tous ses semblables, et les traiter équitablement.

Ces deux valeurs semblent s'opposer, mais on peut les considérer comme complémentaires dans la mesure où l'universalisme peut être un moyen de mettre fins aux guerres entre nations. S'il permet d'atteindre la paix, alors il profite indirectement aux nations et d'une manière bien plus forte que le nationalisme. L'universalisme peut ainsi se comprendre comme une forme de prolongement de la notion d'intérêt supérieur au-delà du périmètre national.

Dans le détail, il convient de distinguer deux formes d'universalisme. Historiquement, la première forme fut celle de l'impérialisme, c'est-à-dire l'ambition d'absorber tous les peuples et les soumettre à son propre modèle culturel, économique et politique. Le prétexte à cet élan fut généralement de se considérer comme mandaté par Dieu pour appliquer sa loi, ou bien comme « race supérieure » méritant de disposer d'un plus grand « espace vital », pour reprendre l'expression choisie par les nazis. L'impérialisme est un système de valeurs qui remonte à l'antiquité, au-delà même du temps des pyramides, et qui a continué de dominer le monde jusqu'à la fin de la deuxième guerre mondiale. Cet universalisme prône également le respect de valeurs prétendument universelles : le respect de la vie (concrétisé par l'interdiction de la peine de mort), la liberté sexuelle (et notamment le droit à l'homosexualité), la liberté d'expression (et le droit à critiquer publiquement le pouvoir), le droit à l'information (laisser les journalistes faire leur travail), le respect des minorités (avec le droit à l'autodétermination), etc. Le caractère universel de ces valeurs est évidemment discutable dans la mesure où elles sont contestées par un certain nombre de cultures.

L'autre forme d'universalisme repose sur la reconnaissance des droits des différents peuples à leur liberté, leur autonomie et leur indépendance. Il prône l'égalité entre tous les groupes humains libres de se déterminer dans la limite d'un respect mutuel. On peut qualifier cet universalisme de multilatéralisme, dans le sens où il implique un dialogue équilibré entre nations. Il requiert la reconnaissance d'un droit supérieur, lié à notre avenir commun. Concrètement, il porte sur la préservation de notre planète contre la pollution, le réchauffement climatique, l'épuisement des ressources fossiles, etc.

Il existe donc deux formes d'universalisme : l'un orienté vers l'uniformisation et l'autre vers la préservation de la diversité et le respect des différences culturelles.

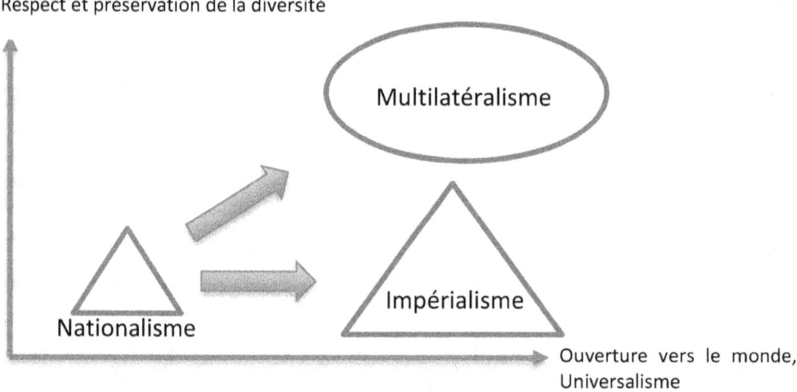

Oppositions/complémentarités entre valeurs nationalistes/universalistes. L'ouverture sur le monde des idées nationalistes aboutit soit à l'impérialisme (sans respect de la diversité) qui revient à phagocyter les cultures des autres ou au multilatéralisme, qui respecte la diversité et met en dialogue les différentes cultures.

Les valeurs individualistes et de liberté

Nous venons de distinguer deux types d'universalisme qui tendent l'un vers l'uniformisation et l'autre vers la diversification. Ces orientations reprennent une opposition entre les partisans d'une morale fortement contraignante et ceux qui aspirent à davantage de liberté et de tolérance.

Au-delà du seul sujet de la contestation du pouvoir et son étendue, notre culture défend ainsi des principes de liberté et de droits individuels forts. Ils se traduisent d'abord par la défense du droit de chacun à pratiquer la religion de son choix, à partir du moment où elle respecte les règles de la collectivité et ne se place pas au-dessus des lois. La plupart des formes religieuses modérées sont ainsi acceptées, voire encouragées comme éléments aidant à renforcer la cohésion sociale à petite échelle.

Le droit à la liberté se décline ensuite en une forme d'autonomie et indépendance poussée jusqu'aux limites compatibles avec le maintien de l'ordre social. Cet idéal se résume bien à travers la formulation : « la liberté de chacun s'arrête là où commence celle des autres ». Chacun peut disposer de son corps et consommer ce qui lui plaît, manger et boire selon ses choix, voire fumer et consommer des substances connues pour leurs risques comme l'alcool ou les drogues douces. Tout au plus doit-on veiller à protéger les enfants, qui ne sont pas capables de mesurer les risques qu'ils prennent en s'adonnant à certaines pratiques. Chacun peut disposer de temps « libre », une fois qu'il a apporté sa contribution au fonctionnement de la société, essentiellement par son travail. Ce temps libre ouvre la voie aux loisirs.

Nous savons tous que cet ensemble de valeurs, dans son principe, s'oppose à la soumission à un ordre établi codifiant tous les aspects de la vie et condamnant tout ce qui s'écarte des anciennes traditions. Les idéaux de liberté et d'individualisme s'opposent notamment aux approches morales de la sexualité.

Un autre point d'opposition frontal avec les valeurs traditionnelles porte aussi sur la notion de progrès :

La notion de progrès

Tout le monde s'accorde à l'idée que la société est perfectible et qu'il faut chercher à l'améliorer en apportant davantage justice sociale, en réduisant la pénibilité de la vie, en augmentant l'harmonie.

La manière dont doit se conduire cette amélioration ne fait en revanche pas consensus. Du côté des valeurs traditionnelles, on penche vers un retour aux sources, une restauration d'idéaux dégradés ou pervertis par une dérive au fil des générations. Cela traduit un retour vers davantage d'autorité à tous les niveaux (chef de famille, État).Du côté des valeurs progressistes, l'idéal est celui d'un pouvoir plus à l'écoute de la société, voire même transféré directement à des organisations civiles. En cohérence avec l'idéal de liberté individuelle, les valeurs progressistes visent à ce que la société soit conduite suivant les aspirations des personnes et non suivant des règles morales héritées du passé. Liberté sexuelle et égalité homme-femme font partie des enjeux de prédilection.

Synthèse sur la cohérence et la complémentarité de nos valeurs

La cartographie des valeurs que nous venons d'établir nous amène à distinguer plusieurs ensembles. Le premier, le noyau dur de notre culture, le bloc qui fait consensus depuis les temps les plus reculés, porte sur des valeurs de solidarité et de respect des règles d'intégrité. Nous idéalisons l'honnêteté, la loyauté, le respect de la vie d'autrui et ses possessions, la solidarité… Il s'agit de principes directeurs cohérents destinés à préserver l'équilibre social. Tout le monde s'accorde au sein de notre culture sur la validité de ces valeurs.

Le deuxième ensemble est plus hétérogène, traitant de la relation au pouvoir. On y distingue deux courants opposés qui reflètent grossièrement les stades de développement par lesquels nous passons au cours de notre existence :

L'enfant apprend d'abord à obéir à ses parents, qui lui transmettent les règles du comportement en société. Puis il s'affranchit d'eux, prend son indépendance, apprend à penser par lui-même, se détache. Parvenu à l'adolescence, il doit sortir du noyau familial pour se marier avec quelqu'un « d'extérieur ». L'autorité des parents s'affaiblit et un esprit de rupture prend l'ascendant. Le jeune adulte prend alors son envol.

Nous idéalisons ainsi à la fois la soumission et l'affranchissement, que nous jugeons nécessaires l'un comme l'autre, ce qui justifie qu'il faille osciller entre elles en fonction des contextes.

Ce parallélisme entre dynamiques familiales et sociales au sens large peut s'expliquer par le fait qu'une société est d'abord un ensemble de familles et qu'il est cohérent que le modèle de valeurs d'une société reflète celui de chaque famille. Il n'est donc pas étonnant de retrouver à l'échelle sociale deux grands ensembles de valeurs que l'on peut rattacher d'un côté aux intérêts du pouvoir des autorités ou traditionnellement du père, et de l'autre à l'aspiration à la liberté de la jeunesse. Ces deux ensembles sont complémentaires :

La soumission à l'autorité est une question de sécurité et de survie, qui se justifie dans toutes les situations menaçantes. Les abus du pouvoir nous poussent néanmoins à nous défendre aussi contre lui et exiger qu'il se conforme aussi aux attentes de la collectivité, surtout en tant de paix ou quand aucune menace d'origine extérieure particulièrement grave ne pèse sur la société.

Cette situation complexe justifie nos conceptions sur la légitimité du pouvoir et le devoir de se rebeller le cas échéant. Dans notre culture, le pouvoir est légitime s'il est validé par le peuple. Il doit le servir et lui rendre compte. Son mandat est temporaire et ses composantes sont divisées (séparation des pouvoirs).

Cette notion de légitimité se prolonge par deux systèmes de valeurs antagonistes, liés à l'attachement à l'intérêt du groupe (repli nationaliste, patriotisme) ou à l'ouverture sur l'intérêt du genre humain (universalisme). L'universalisme est un concept qui n'est pas sans ambiguïtés. Il peut alimenter des ambitions de nature impérialiste, justifiant comme cela a été le cas au cours des guerres religieuses et de colonisations, la soumission de l'ensemble des peuples à un modèle unique (modèle culturel, politique et économique). Il s'assimile dans ce cas à un super-nationalisme. D'un autre côté, l'universalisme ouvre à un nouveau questionnement sur la légitimité des pouvoirs, intégrant les questions de la paix dans le monde, l'importance de l'harmonie et la préservation des équilibres écologiques conditionnant le devenir de l'humanité.

Nous avons représenté cette architecture sur la figure ci-après :

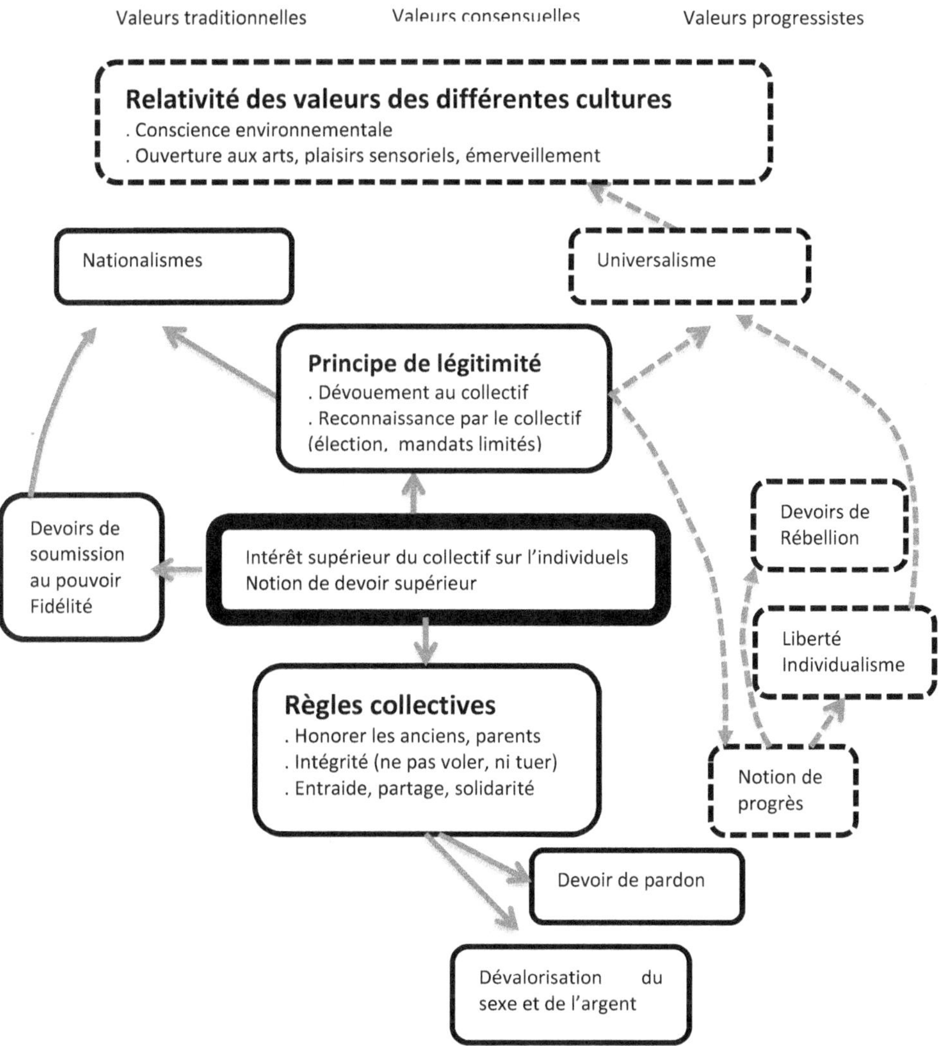

Socle des valeurs occidentales. Au centre, les valeurs consensuelles. A gauche, les valeurs se rattachant aux conceptions traditionnelles de soumission. A droite, les valeurs progressistes de rébellion et d'ouverture.

Dans le détail, on peut noter l'existence d'étranges contradictions entre nos systèmes de valeurs qui se rejoignent parfois pour des raisons opposées. Le tabou de l'argent qui est un des produits de nos valeurs traditionnelles est ainsi aussi un tabou pour certains progressistes qui voient en lui un outil du pouvoir et un facteur de division de l'unité sociale. Pour les conservateurs, le mépris de l'argent est une sorte de couverture hypocrite qui vise à étouffer les critiques contre un inégal partage des richesses. Pour les progressistes, c'est surtout l'argent accaparé par ceux qui détiennent le pouvoir qui est critiqué, leur vénalité et le fait qu'ils exploitent les travailleurs.

Nous baignons donc dans un système dynamique complexe avec deux ensembles de valeurs dominants : celui de la morale traditionnelle articulé autour de la nécessité de la soumission et la stabilité, et celui des valeurs progressistes animé d'un esprit de contestation, liberté, rébellion.
Ces valeurs peuvent aisément être associées à des intérêts divergents entre groupes sociaux. Les détenteurs des pouvoirs ont intérêt à ce que domine les valeurs de soumission (les grandes fortunes, les représentants religieux, les hommes) tandis que les autres ont plutôt intérêt au changement (les plus défavorisés, les jeunes, les femmes).
En fonction des circonstances, la société doit s'adapter plus ou moins rapidement aux évolutions. Les changements démographiques, l'évolution des classes sociales, les crises économiques ou les guerres sont autant de facteurs qui déséquilibrent les rapports de force entre partisans de telles ou telles valeurs. Notre société oscille ainsi entre des périodes où dominent les valeurs traditionnelles ou progressistes. Nous avons heureusement construit au fil du temps des mécanismes qui permettent une gestion fluide de ces alternances, avec des États organisés en démocraties.
Notons qu'au fil du temps, les valeurs « progressistes » ont globalement pris une ascendance croissante pour diverses raisons (crises économiques, réchauffement climatique, accidents écologiques, saturation des discours nationalistes…). Fondamentalement, remarquons que la frustration engendrée par la pauvreté, les souffrances dues aux guerres et même le refoulement de nos instincts a alimenté un désir de liberté croissant. Ce désir a nourri un esprit de rébellion, alimenté un désir de liberté. Il est donc assez logique que les valeurs traditionnelles aient globalement reculé. Il demeure qu'elles reprennent de la vigueur dans les temps où des menaces extérieures sont ressenties.

Bien qu'il soit tentant de le faire, il n'est pas nécessaire de prendre position de manière définitive dans le débat entre conservateurs et progressistes, nationalistes et universalistes. On peut considérer ces oppositions comme saines, sources d'une dynamique qui permet de faire face aux priorités spécifiques des différentes époques et contextes. On peut aussi supposer que cette alternance débouchera probablement un jour à un nouveau système de valeurs, basé sur une synthèse ou d'autres repères, que nous nous risquerons à évoquer dans la dernière partie de ce livre. Mais avant d'en arriver là, commençons par identifier les racines qui soutiennent nos valeurs aujourd'hui : nos systèmes de croyances. Ce sera le sujet du prochain chapitre.

Croyances, univers de sens

Les valeurs d'une société sont d'abord et avant tout le fruit d'intérêts ; Les valeurs de soumission servent à garantir une cohérence sociale et le contrôle du pouvoir, tandis que les valeurs progressistes visent à l'inverse, à davantage de libertés, une sortie de l'étreinte du pouvoir. Les valeurs nationalistes visent à défendre les intérêts d'un peuple aux dépens des autres tandis que les idéaux universalistes visent une harmonisation globale qui peut s'exprimer suivant des ambitions aussi bien impérialistes qu'égalitaires. Dans la mesure où les valeurs servent des enjeux, il n'est pas étonnant que chaque classe sociale ou catégorie de la population soient orientées sur des valeurs correspondant chacune à leurs intérêts propres.

Néanmoins, au-delà de ces formes d'appartenances, les valeurs ont besoin d'un socle d'idées solide, capable de s'intégrer dans une vision globale du monde. Nos sociétés ont toujours eu besoin de justifier leurs valeurs pour convaincre de leur bien-fondé. Ces justifications sont généralement très simples et relèvent même de l'évidence. Il s'agit de croyances basées sur des interprétations basiques sur la vie. Nous allons détailler une dizaine d'entre elles, en prenant le soin de souligner à chaque fois leurs faiblesses, pour que nous soyons bien conscients de leurs limites et les conséquences négatives qu'elles peuvent avoir, leurs effets secondaires en quelques sortes.

Pour évidentes qu'elles soient, les croyances fondamentales qui soutiennent nos valeurs sont, dans une large mesure, fausses. Plusieurs impasses dans lesquelles nous sommes engagés aujourd'hui trouvent leur explication dans ces errements.

Il existe logiquement deux grands ensembles de croyances, le premier soutenant le modèle des valeurs traditionnelles et le second celui des valeurs progressistes. Quelques croyances sont aussi communes à ces deux ensembles et nous commencerons par décrire celles-là :

Les croyances consensuelles

Admises depuis la nuit des temps, les êtres humains ont interprété le monde à travers ce qu'ils en percevaient avec leurs yeux et leurs oreilles, sans réellement se demander si ces apparences ne les trompaient pas. Un certain nombre de croyances ont ainsi traversé les âges sans être jamais soupçonnées d'imposture, du moins jusqu'à des temps récents…

1 Le passage du temps et l'unicité du monde

« Extravaguant » ; ce mot n'a cessé de ponctuer l'histoire des connaissances !
L'astronomie en offre l'illustration la plus évidente : Durant des millénaires, les
hommes ont pensé que la terre était plate et les railleries n'ont pas manqué
quand les premiers audacieux affirmèrent qu'elle était une sphère. Si tel était le
cas, alors ceux qui ont la tête à l'envers devraient tomber pensait le grand
nombre. Puis on admit que la Terre était un globe, mais on pensait encore qu'elle
était immobile et que les autres astres gravitaient autour d'elle. Il fallut attendre
Copernic pour démontrer que la Terre n'était pas le centre du monde. Plus tard
encore, on découvrit que le système solaire n'était pas unique, mais qu'il en
existait des milliers d'autres dans notre galaxie. Puis on découvrit que notre
galaxie n'était qu'une parmi d'autres. À chaque fois, ces découvertes parurent
délirantes, jusqu'à ce qu'elles deviennent des évidences. Et depuis un siècle,
notre amour propre est à nouveau mis à mal par la science qui nous conteste ce
que nous avons toujours considéré comme irréfutable : l'existence d'un temps
qui serait le même pour tous et de l'unicité de l'univers.

Commençons par le concept du temps qui passe. Isaac Newton lui-même
affirmait encore à son époque que le temps s'écoule à la même vitesse partout
et pour tous. Quelques siècles plus tard, Albert Einstein remit les pendules à
l'heure, si l'on peut dire, en découvrant que le temps ne s'écoule pas de manière
uniforme en tout point de l'univers, mais qu'il est lié à la gravité et à la vitesse.
Le temps s'écoule ainsi moins vite au sommet d'une montagne qu'au niveau de
la mer et il s'écoule moins vite pour quelqu'un qui se déplace en avion que pour
quelqu'un restant immobile. Des expériences scientifiques confirmèrent sa
théorie, et lui donnèrent raison en dépit du sens commun. C'est d'ailleurs sur
cette base que certains auteurs de science-fiction ont composé des histoires de
voyages dans le temps, tels que « la planète des singes » pour ne citer qu'un
célèbre exemple. Dans ce roman, les passagers d'un vaisseau spatial revenant sur
terre trouvent la planète gouvernée par des primates. Ils comprennent, en
consultant leur tableau de bord, qu'ils ont fait un voyage dans le futur, car leur
vaisseau ayant atteint des vitesses de déplacement extrêmes, aurait voyagé dans
un espace-temps différent de celui de la Terre. Leur voyage de quelques jours
dans l'espace aurait duré des dizaines d'années du point de vue terrestre. Aussi
étonnant que ce scénario puisse paraître à première vue, il est conforme à ce que
l'on sait de la relation entre le temps et la vitesse.
À coup d'équations, Einstein poussa encore plus loin la provocation, allant
jusqu'à déclarer que « la distinction entre présent passé et futur n'est qu'une
illusion obstinément persistante ». Selon le modèle physique des « trous de
verre », il serait même possible de voyager dans le passé, et remonter notre
histoire. Notre imagination se choque de telles possibilités en opposant des
scénarios comme ceux que les auteurs de sciences fiction ont mis à l'écran dans

les films de voyage dans le temps, des adaptations des romans de Jules Vernes à Terminator. Si l'on remontait dans le passé, nous pourrions en théorie changer le cours des évènements et éventuellement provoquer la mort de nos ancêtres, ce qui rendrait impossible notre existence ! Nous nous heurtons là à une deuxième évidence fondamentale, que les scientifiques nous contestent encore : l'unicité de l'univers.

Si nous sommes en effet persuadés de vivre dans le seuil univers qui soit, les scientifiques ont aujourd'hui démontré que cette hypothèse contredit à la fois ce que nous savons de l'infiniment petit et de l'infiniment grand. Trois grands ensembles théoriques vérifiés par des expérimentations[6] cautionnent actuellement l'idée qu'il existerait une quasi-infinité d'univers parallèles. Suivant ces hypothèses, dans certains de ces univers pourraient exister d'autres versions de nous-mêmes, ayant suivi des trajectoires historiques différentes de la nôtre. Pour reprendre une expression en vogue, la guerre de Troie a pu ne pas avoir lieu dans d'autres versions de notre réalité.

« Extravaguant », serions-nous amenés de conclure à nouveau. Ces éléments nous laissent perplexes. Nous ne pouvons malheureusement pas nous étendre davantage sans risquer de dévier de notre sujet[7]. Retenons simplement de tout ceci deux éléments : D'abord que l'unicité de la réalité et l'écoulement unidirectionnel du temps ne sont que des croyances et non des réalités incontestables. Ensuite, retenons aussi que ces croyances ont des implications extrêmement lourdes puisqu'elles nous incitent à penser le monde comme une séquence déterminée par avance, injuste et subie, avec pour perspective la mort comme destruction de nous-mêmes. L'espoir de pouvoir continuer à vivre dans un autre monde est la seule perspective positive pouvant découler de cette interprétation du monde, une perspective à vrai dire peu exaltante dans le sens où elle déprécie notre existence présente.

2 Le cloisonnement entre soi et le monde

Nous allons à présent discuter une autre évidence que considérée comme incontestable dans notre culture : celle d'une séparation et d'une indépendance entre le monde extérieur et ceux qui l'observent. Nous admettons en effet que le monde existe par lui-même, que l'on soit là où non pour le percevoir.

Avec l'avènement de la physique quantique, cette évidence fut pourtant remise en question. Einstein lui-même avait du mal à accepter l'idée que l'état de la matière dépende du fait qu'on l'observe. « J'aime à penser, disait-il, que la lune

---

[6] La théorie des cordes qui unifie les grandes lois de la physique, la théorie de l'inflation qui explique le mouvement d'expansion de notre univers, et la théorie sur la matière noire qui la complète.

[7] Plusieurs documentaires grand public sont accessibles sur youtube, tels que la série d'Arte, « La magie du Cosmos » en quatre volets, basée sur l'ouvrage du même nom de David Greene.

est encore là quand je ne la regarde pas ». Et pourtant, les expériences dans les accélérateurs de particules ont montré qu'à l'échelle de l'infiniment petit, la lune n'existe effectivement pas avant lorsqu'on l'observe. Nul ne sait pourquoi les évènements auquel nous assistons ne suivent pas les mêmes lois que celles des particules qui nous composent. Nous devons simplement admettre que le pouvoir de nos sens ne limite pas à celui de la perception, mais qu'ils ont aussi le pouvoir d'agir sur la réalité. En poussant la réflexion, nous pourrions aboutir à l'idée d'un monde qui serait une hallucination collective, le produit de la rencontre de tous les esprits[8]. Cette conception de la réalité à laquelle nous invite la science rejoint d'ailleurs des modèles de pensée de certaines branches du bouddhisme.

Sans aller jusqu'à ces hypothèses extrêmes, qui restent des spéculations, nous savons aujourd'hui que ce pensent les individus est en mesure de provoquer ou de déclencher des évènements. Ces mécanismes sont appelés « prophéties auto-réalisatrices », et sont considérés comme des dynamiques très importantes en économie, en sociologie, en santé et en psychologie. En économie, on sait que la « confiance » des marchés est un moteur essentiel de leur fonctionnement. Lorsqu'une crainte survient suite à un évènement ou une décision politique jugée menaçante, les investisseurs peuvent paniquer et déclencher un mouvement de récession. Ils peuvent inversement faire s'emballer la bourse par excès de confiance ou d'optimisme quand ils estiment que l'avenir économique se présente sous des signes favorables.

En médecine, on sait qu'un médicament même faux peut guérir un malade s'il a

---

[8] L'idée que la pensée puisse agir sur la matière a toujours fasciné les humains. On parlait autrefois de sorcellerie, aujourd'hui de psychokinésie, sans qu'on n'ait jamais pu prouver que de tels phénomènes existent. On est en droit effectivement d'être sceptique sur ces éventuels pouvoirs. Ce qui a été constaté en revanche, et nous allons encore devoir faire un détour par la physique quantique, est que la matière existe non seulement sous une multitude de formes, tels que les états gazeux, liquides et solides, mais qu'elle possède une dimension probabiliste.

Pour représenter cette idée, prenons l'exemple d'un simple atome avec un électron qui gravite autour de son noyau. À chaque instant, on s'attendrait à ce que cet électron occupe une position donnée et ait une vitesse définie. Pourtant, en réalité, ce n'est pas le cas : l'électron est « éparpillé » dans un nuage, avec un degré de présence variable en différents endroits. Nous pourrions le considérer comme sorte de fantôme de matière. Il en est de même pour la lumière, composée de particules d'énergie qui se comportent parfois comme une onde rayonnant dans toutes les directions et parfois comme une particule qui se matérialise en un point. Au niveau de l'infiniment petit, la matière reste à l'état de probabilité, jusqu'à ce qu'une interaction avec un système plus grand n'apparaisse.

Ces phénomènes, extrêmement déconcertants ont abouti à un débat scientifique, incarné par le paradoxe du chat de Schrödinger, que nous détaillerons pas ici. Retenons que ce débat nous invite à prendre en considération l'hypothèse selon laquelle le monde physique serait en partie la conséquence de notre perception.

confiance en ce médicament (effet placebo). En psychologie, on sait que des paroles valorisantes permettent à chacun de renforcer sa confiance et ses qualités alors que des brimades conduisent à des replis sur soi, découragement qui peuvent pousser jusqu'à des troubles mentaux. L'euphorie et la confiance génèrent ainsi des situations favorables qui justifient l'optimisme tandis que le pessimisme prédispose aux échecs par tout un ensemble de mécanismes complexes. Le monde qui nous entoure repose donc en partie sur la manière dont on l'interprète. Ce que l'on pense et ce que l'on croit exerce une forte influence sur ce que l'on vit et conditionne notre existence.

Pourtant, dans la culture occidentale, nous raisonnons fondamentalement d'après la croyance que ce que nous pensons serait sans influence sur la réalité extérieure[9]. Nous pensons que ce sont les seules règles du monde extérieur qui nous conditionnent. La conséquence directe de cette croyance est cette idée fondamentale que notre devenir serait dépendant de forces extérieures à nous-mêmes. De là découlent des croyances en des dieux ou des éléments extérieurs qui contrôleraient nos vies.

Si nous faisons le lien avec les deux premières croyances que nous avons décrites (temps unidirectionnel et unicité de la réalité), nous aboutissons à un schéma très fataliste où l'individu n'a quasiment aucun pouvoir. Il se sent à la merci de ce qui arrive, considérant que sa marge de manœuvre dans l'existence est très limitée. Au lieu de se sentir maître de son avenir, il se sent dépendant des autres, des dieux ou du hasard. Le débat qui s'impose à l'humanité devient alors celui de l'existence ou non de dieux ou d'un Dieu, de l'étendue de leurs influences, etc. Des siècles d'histoire de la philosophie ont été englués dans ce genre de réflexions. Nous n'avons pas encore trouvé de sortie au labyrinthe des théories reposant sur ces postulats. Il n'y en a probablement pas. Ces réflexions ont en effet fait l'erreur d'une économie fatale dans le questionnement sur la nature du temps et de la réalité. Nos croyances consensuelles sont basées sur une

---

[9] Chacun connait cette expression couramment employée « moi, je ne crois ce que je vois ». Ceux qui emploient cette formule ne soupçonnent généralement pas que ce qu'on voit est étroitement lié à ce qu'on croit et que l'on est disposé à connaitre. Pour exemple : Les enquêtes auprès des personnes ayant subi un coma dans les hôpitaux ont pu ainsi révéler une multitude de témoignages concordants sur ce qu'ils avaient vécu, bien que la plupart aient aussi avoué ne pas oser en parler de peur de passer pour fou. Le même phénomène existe pour les gens qui ont des flashs de voyance, évènements très perturbants, généralement incontrôlables, et dont peu osent parler par crainte d'être taxés de folie. Il en va encore de même pour les rêves prémonitoires. Tout ce qui va à l'encontre du système de croyances dominant est passé sous silence, donnant l'illusion d'un consensus absolu sur ce qui existe ou n'existe pas. Comme nous venons d'en donner quelques illustrations, de nombreuses expériences personnelles contredisent la vision du monde adoptée collectivement, mais, restant cachées, elles demeurent ignorées.

interprétation erronée du temps, de l'espace, de la relation entre soi et le monde. Sur ces erreurs se sont développés deux autres grands ensembles de croyances. Nous poursuivons à présent avec le premier ensemble constitué des croyances traditionnelles.

Les croyances traditionnelles

3 L'existence d'un ordre idéal, la soumission, l'importance du groupe

L'idée d'un ordre contrôlé par ce qui nous est « extérieur » a pris plusieurs formes au cours des siècles passés. Pendant longtemps, on a pensé que des dieux contrôlaient les évènements du monde. Les conflits entre divinités expliquaient le chaos de l'existence. Une multitude de légendes expliquait le fonctionnement de la vie par des histoires mettant en scène des dieux favorables ou défavorables aux humains. Puis, avec l'avènement des monothéismes, on a prétendu qu'un Dieu unique avait créé et contrôlait le monde. Les malheurs et fléaux découlaient selon cette interprétation de la désobéissance à ce Dieu qui, ayant laissé le libre arbitre aux humains, se gardait néanmoins le droit de sanctionner tous ceux dont les comportements lui déplaisaient. Le mal s'expliquait dans ce cadre par la colère de Dieu qui avait décidé de punir ses créatures.

Puis les sciences ont pris le relais des religions pour expliquer que la vie obéissait à des lois, notamment celles de la physique, de la chimie, et de la biologie. Inconsciemment, nous acceptons encore l'idée que les évènements sont la conséquence de mécanismes logiques reposant sur les règles du monde qui nous entoure.

À partir de cette hypothèse, nous déduisons qu'il existe un comportement idéal en accord avec des règles fondamentales. Ces règles nous les avons reçues par les conseils de nos parents et de ceux qui font autorité. Les uns et les autres nous ont naturellement répondu que la première de ces règles était de les écouter et de leur obéir. Au sein d'une famille, il est admis universellement que les enfants doivent apprendre en écoutant leurs aînés et en se soumettant à eux. Nos parents nous ont éduqués pour savoir comment nous comporter dans la société, et nous transmettrons à nos enfants les comportements à adopter, qui sont généralement proches de ceux que nous avons reçus.

Globalement, retenons que notre fonctionnement psychologique repose sur un modèle d'écoute de nos parents et d'écoute des autorités. Les règles qu'ils nous ont transmises sont d'abord celles de l'obéissance, nécessaire à l'éducation des enfants. La vision de l'ordre qu'ils nous ont transmis est celle de la soumission à la famille, et la soumission des familles à la société. Un ensemble de valeurs communes nous a été légué ; des valeurs familiales et sociales calquées sur une idée de l'ordre du monde. Leur fond commun est l'idée que l'individu doit servir la collectivité, que la famille et la société sont plus importantes que l'individu.

4 De l'importance du groupe à la définition du bien et du mal

Tout comme l'enfant apprend ce qu'il faut faire et ne pas faire, l'adulte est soumis à des règles, des devoirs et des interdits. La notion de bien et de mal sert de repère commun à toutes les règles. Nous l'avons déjà exposé ; ces notions sont définies par rapport à un seul principe fondamental : l'intérêt collectif. Pour mieux nous en rendre compte, prenons quelques exemples. L'interdit du meurtre n'a de sens que dans le périmètre d'une société. La vie repose en effet en grande partie sur chaîne alimentaire où chacun tue pour se nourrir. Les insectes sont consommés par les oiseaux ou les reptiles, eux-mêmes consommés par des prédateurs, qui ont eux-mêmes d'autres prédateurs... Nous n'utilisons pas le terme de meurtre pour tous ces agissements et nous comprenons qu'il s'agit de mécanismes naturels qui sont dans l'ordre des choses. Défendre son territoire est aussi un comportement naturel. Nous trouvons normal que des animaux s'affrontent et que triomphent les plus forts pour régner sur un domaine. Quand des groupes d'hommes s'affrontent pour une question de territoires, nous ne qualifions pas non plus ces actes de meurtres, mais plutôt d'actes de bravoure, voire de patriotisme. On peut donc tuer des êtres vivants et des humains sans que cela ne choque la morale : la règle est de ne pas tuer des personnes de sa propre communauté. Le même principe s'applique pour le vol : on peut dérober des œufs dans le nid d'un oiseau sauvage. Si cet oiseau est une poule qui est la propriété d'un membre de notre groupe, cet acte devient un vol, acte condamnable. Tout ce qui porte ombrage à la cohésion du groupe, à son harmonie, à sa protection et sa survie est ainsi considéré comme mauvais. Tout ce qui est favorable au groupe relève du bien.

Les raisons d'une distinction entre bien et mal, on le comprend donc, sont directement liées à l'opposition entre l'intérêt individuel et l'intérêt collectif. Comme nous le savons tous, ces intérêts ne s'opposent pas forcément. Concrètement, nous devons considérer deux types de situations :

Le premier cas de figure, celui où l'intérêt du groupe rejoint celui de l'individu peut s'illustrer par l'image d'une petite pirogue avec une poignée de rameurs. Plus les rameurs sont en forme, plus la pirogue est conduite avec assurance. Ils ont chacun intérêt à veiller les uns sur les autres, pour que tous soient au mieux quand il faudra affronter des passages difficiles sur la rivière.

Mais si au lieu d'une petite pirogue, on passe à une grande embarcation avec des dizaines de rameurs, la logique peut subtilement basculer. Quelques-uns peuvent discrètement forcer un peu moins dans l'effort sans que cela ne se voit, et finalement représenter plus une charge qu'un atout pour l'équipe de piroguiers. L'intérêt de chacun peut être de ne pas se fatiguer et de laisser les autres produire davantage d'effort à sa place. On peut même imaginer qu'un piroguier paresseux se permette de manger plus que les autres et se comporte en parasite social.

On comprend à travers cet exemple, que c'est ce deuxième cas de figure qui pose problème aux sociétés humaines, quand en raison de l'étendue d'un collectif, des individus profitent ou abusent des autres. Pour cette raison, la morale oppose volontiers l'intérêt collectif et l'intérêt individuel. Cette opposition se traduit dans notre langage par la qualification des comportements répréhensibles en « égoïsme », « avarice », « égocentrisme », etc. Quand une personne se soucie trop d'elle-même au détriment du groupe, on la culpabilise, on la conditionne en quelque sorte pour qu'elle change ses habitudes. Ceci nous conduira dans la partie suivante à analyser la notion de culpabilité, mais avant cela, continuons nos développements sur cette notion centrale de bien et de mal.

Nombre de grands philosophes ont disserté sur l'existence de règles fondamentales comme le fait de toujours devoir dire la vérité, avec les problèmes que cela pouvait poser. Chacun sait qu'un mensonge peut sauver de bien des situations et même des vies. La rigidité d'un comportement idéalement droit est d'autant plus absurde que le bien, nous l'avons vu, se définit par rapport à l'intérêt social, intérêt qui dépend de circonstances variées.

La critique la plus pertinente de la conception de bien et de mal est cependant d'un autre registre : la difficulté à juger ce qui est profitable ou pas. On ne peut pas toujours prédire en effet les conséquences à long terme d'une action. **Ce qui apparaît comme bon à une période donnée peut être ainsi la cause d'autres événements négatifs à plus long terme et inversement.** Un poème chinois de Lao Tseu illustre à merveille cette idée. Il y raconte l'histoire d'un vieillard qui détenait un magnifique cheval blanc, que tout le monde lui enviait, mais qu'il ne voulait pas vendre. Quand le cheval finit par s'échapper, les habitants lui firent remarquer qu'il aurait mieux fait de vendre cet animal qui maintenant ne lui apporterait plus rien. Mais quelques jours plus tard, le cheval revint avec douze chevaux sauvages qui l'avaient suivi. Les habitants se dirent que finalement le vieillard avait bien de la chance. Puis quelque temps plus tard, un de ses fils qui tentait de dresser un de ces chevaux sauvages fut piétiné par l'un d'entre eux. Les habitants revinrent une nouvelle fois sur leur jugement en se disant que le cheval blanc était à l'origine d'un grand malheur. Le temps passa, puis une guerre éclata. Tous les jeunes furent enrôlés dans l'armée à l'exception du fils invalide. Les habitants à nouveau se ravisèrent en estimant que le cheval blanc avait finalement été une bénédiction.

Dans ce poème Lao Tseu fait s'opposer l'opinion changeante des habitants qui à chaque évènement donnent l'impression de girouettes, et la sagesse du vieillard qui lui se refuse à juger ce qui est bon ou mal et se contente de constater les faits.

Lao Tseu nous suggère ainsi que la sagesse n'est pas d'affirmer qu'une chose est bonne ou mauvaise, car comme il l'écrit « la vie se présente par petits bouts ... qui peut connaître le contenu d'un livre en ne lisant qu'une phrase ? ».

Nous pouvons illustrer la logique de Lao Tseu à travers plusieurs exemples d'actualité récente. Vous savez qu'encore à notre époque, les livres d'histoires continuent d'être remaniés pour mettre en valeur ou déprécier des personnages historiques au gré de l'évolution des mentalités. Un exemple récent pourrait être celui de Gorbatchev, ex-président de l'URSS qui est passé d'une image de libérateur à celui de responsable du déclin de la Russie dans les livres d'histoire de son pays. Pour prendre un autre exemple d'actualité, nul ne peut aujourd'hui prétendre que la recherche ayant abouti à la bombe atomique fut une bonne ou mauvaise initiative. Tant qu'il n'y a pas de 3e guerre mondiale, on peut estimer que l'effet dissuasif de la bombe atomique nous a épargné un nouveau conflit planétaire. Si demain une guerre nucléaire éclate et aboutit à la destruction de la planète, ceux qui seront encore là pour y réfléchir se rangeront à l'idée que la conception de l'arme nucléaire fut finalement une terrible erreur.

Des choix accompagnent donc le développement des sociétés sans que l'on puisse nécessairement affirmer définitivement qu'ils sont bons ou mauvais, car seul le regard que porteront les générations à venir permettra d'en juger, à supposer qu'ils parviennent à s'accorder encore entre eux.

5 De la notion de mal à celle de culpabilité

On ne fait pas ce qui blesse l'autre parce que l'on ressent en partie la peine qu'on lui inflige. Ce principe s'applique bien au-delà des seules relations humaines et l'empathie est un mécanisme qui fonctionne aussi entre les humains et les animaux, du moins une partie d'entre eux, comme les animaux de compagnie. Dans les sociétés, ce mécanisme naturel est en partie perturbé. L'enfant n'éprouve pas seulement de l'empathie, mais aussi de la culpabilité inculquée par l'éducation. Les parents lui apprennent en effet les comportements modèles nécessaires à son intégration dans la famille et la société. Très souvent, cet apprentissage est conduit avec une très grande maladresse provoquant des traumatismes plus ou moins graves. Au lieu de condamner les gestes, comme celui de désobéir, les parents condamnent l'enfant lui-même en lui envoyant une image négative de sa personne[10]. Au lieu de lui dire qu'il s'est mal comporté vis-à-vis de ses parents, on peut ainsi l'accuser d'être un mauvais enfant, un enfant au sale caractère, etc. Cette confusion a des répercussions lourdes. L'enfant construit en effet son identité soit sur un complexe d'infériorité (« je suis mauvais », « je suis nul » ...) ou sa réaction, le complexe de supériorité (« je ne suis pas nul, mais supérieur aux autres, voire incompris »). La souffrance qu'il peut ressentir et qui s'accompagne d'un repli sur lui-même accentue l'idée qu'il serait mauvais.

---

[10] Savoir distinguer les gestes des personnes qui les commettent est le principe de base des techniques de communication non-violente. Trouver les bonnes formules pour s'exprimer peut bouleverser les relations entre personnes. Ainsi, déclarer « Tes résultats scolaires sont insuffisants, il faut que tu les améliores » est radicalement différent de « Tu es un mauvais élève, il faut que tu changes ».

C'est probablement ce dérapage qui, au fil des générations, a banalisé l'idée qu'il existerait des personnes bonnes et d'autres mauvaises. C'est aussi probablement sur cette base que s'est conceptualisée la nature ambivalente de l'homme, divisé en une part orientée vers le bien et l'autre vers le mal. Nous verrons qu'au cours de notre histoire, ces idées se sont radicalisées de plus en plus, jusqu'à la conception chrétienne suivant laquelle nous comporterions en nous une part liée au bien (« angélique ») et l'autre liée au mal (« diabolique »). Au vingtième siècle, une formulation rationnelle de ce modèle fut propagée par la psychanalyse, avec une théorie divisant la psychologie humaine en pulsions instinctives et en des forces mentales capables de les maîtriser ou les canaliser. Culturellement, nous avons intégré ce modèle, en acceptant de croire que les instincts, les désirs et les « pulsions sexuelles » sont inférieurs et doivent être maîtrisés par la partie supérieure de l'humain.

Cette interprétation sur notre nature ambivalente mine la confiance que l'on devrait avoir en soi et limite par conséquent aussi la confiance que l'on peut accorder aux autres et à la vie en général.

De la conception du bien et du mal posés comme des repères liés aux respects des règles sociales, nous avons dévié vers une conception opposant l'individu au collectif, puis en la culpabilité de la nature humaine avec ses « bas instincts ». Un concept complémentaire permet d'inscrire ce schéma dans un modèle de représentation du monde : l'idée d'un ordre universel parfait et la croyance en une vie faite pour éprouver l'être humain :

6 De l'idée d'un ordre universel parfait à la croyance en une vie faite pour éprouver l'être humain.

Les gens honnêtes sont-ils récompensés par un destin plus enviable que celui des personnes malhonnêtes ? Les vertueux ont-ils davantage de chance que les malfrats ? Il semble bien que non et cela pose un problème ; celui dit de « la rétribution des justes ». S'il existe un ordre universel sous le contrôle d'un Dieu omnipotent ou d'une force créatrice, comment expliquer que des enfants innocents puissent périr dans des accidents ou catastrophes tels que les tremblements de terre ou les tsunamis ? Comment se fait-il que des personnes se consacrant entièrement à la vertu soient touchées par des maladies, que des soldats dévoués à une cause « juste » soient vaincus par leurs ennemis ? La réponse logique à ces questions a été de supposer que le monde fut autrefois parfait, mais qu'il fut perverti par la désobéissance de l'homme à Dieu (le péché originel). Depuis lors, la vie terrestre devint une mise à l'épreuve avec la récompense possible d'une vie éternelle après la mort, à la suite d'une forme de jugement.

Nous verrons le lent cheminement des constructions religieuses qui a abouti à l'idée de l'existence d'un paradis ou d'un royaume parfait dans l'au-delà. Signalons d'emblée que cette interprétation est propre à l'occident et n'est absolument pas partagée en Asie où la réincarnation est le modèle de référence sur la question de l'après-vie. L'idée que chaque homme ne dispose que d'une seule vie terrestre aboutit dans notre culture à la conclusion que la vie d'un humain n'a, par elle-même, qu'une valeur insignifiante. Elle serait une simple épreuve.

Intuitivement, beaucoup d'entre nous pressentons que la vie mérite d'être vécue et qu'elle n'est pas qu'un temps d'examen. On pressent que le plaisir véhicule dans la plupart des cas un message qui nous encourage à poursuivre dans une voie donnée : On éprouve du plaisir à s'aimer parce que cela est bon, on éprouve du plaisir à manger et boire parce que cela est bon pour notre corps, on éprouve du plaisir à réussir, à surprendre, à émerveiller… Le plaisir nous guide généralement vers des comportements sains et aller contre lui en le dépréciant, en le condamnant, est assez paradoxal.

Cependant, intellectuellement parlant, nos croyances nous imposent de considérer qu'il faut accepter la souffrance avec grandeur. Les arguments qui justifient cette attitude sont d'une part que le plaisir nous entraîne parfois à des excès, par exemple avec l'alcool ou les drogues[11]. Ce manque de fiabilité a justifié une défiance envers le plaisir. Ensuite et surtout, nous pouvons observer que la vie terrestre est remplie d'apparentes injustices qui n'ont de sens que si nous les considérons comme des épreuves. Ces épreuves viseraient à tester notre loyauté envers Dieu et/ou notre fidélité aux principes moraux. Parmi ces épreuves figure le fait d'accepter l'apparente injustice de la hiérarchie sociale (le fait de naître pauvre). Respecter l'ordre social, avec au sommet les puissants, fait partie de cette logique. Dans la culture occidentale, cet ordre plaça les chrétiens au-dessus des autres, les religieux au-dessus de la masse du peuple, les hommes au-dessus des femmes, et l'esprit au-dessus de la chair.

Sur le schéma ci-dessous, nous avons représenté les croyances que nous venons de décrire jusqu'à présent et qui forment un bloc consistant, celui des croyances soutenant les valeurs traditionnelles. Les flèches montrent les liens existants entre ces croyances et les interprétations de la réalité. Nous y visualisons comment la hiérarchisation, la culpabilité, et l'idée de l'existence comme une épreuve sont intimement liées.

---

[11] On peut cependant remarquer que l'usage de produits transformés tels que l'alcool, les aliments cuits ou les substances que l'on fume, ne sont plus des produits naturels et échappent logiquement à nos mécanismes biologiques de régulation. L'instinctothérapie repose à l'inverse sur le recours à une alimentation crue qui permet au corps de se réguler et orienter nos choix alimentaires de manière appropriée, notamment par une restauration du sens olfactif et de l'aliesthésie.

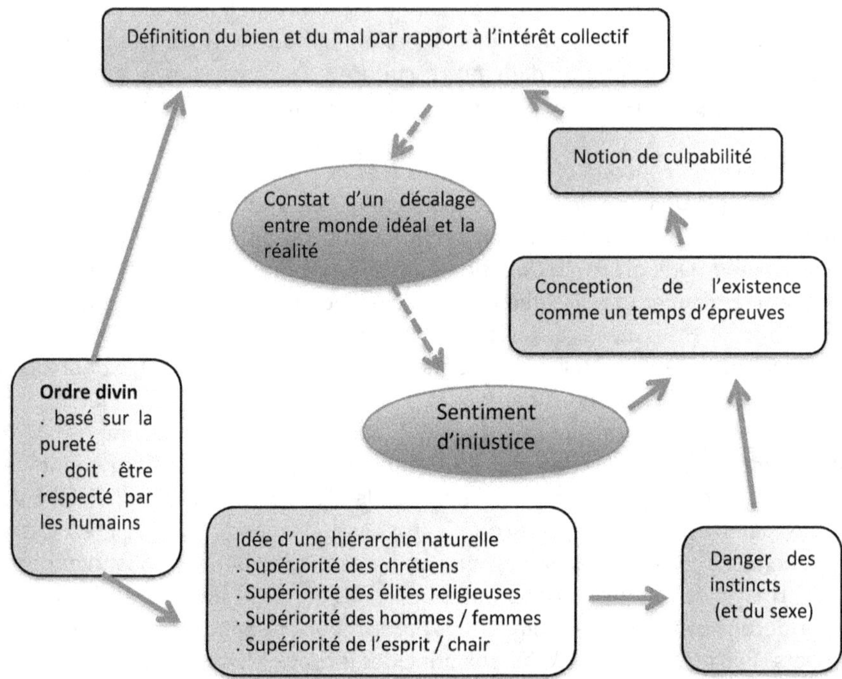

Liens entre les principales croyances soutenant la morale traditionnelle.

Nous allons à présent nous intéresser aux croyances soutenant les valeurs progressistes.

Les croyances progressistes

7 L'ordre universel et les lois de l'évolution

Depuis plusieurs siècles, l'idée de la création du monde par un Dieu en sept jours, la création du premier homme à partir de l'argile et de la première femme à partir d'une de ses côtes est passée en désuétude. Les découvertes scientifiques ont largement démontré que cette histoire relevait du mythe et une autre vision s'est popularisée, celle de l'évolution des espèces. Suivant cette hypothèse, les formes vivantes auraient évolué au cours de millions d'années donnant naissance à une multitude d'espèces dont l'homme serait la forme la plus évoluée. Outre l'aspect « évolutif » expliquant que les espèces avaient dérivé les unes des autres et qu'elles n'avaient donc pas été créées telles quelles par un dieu, le darwinisme défendit aussi l'hypothèse d'un mécanisme naturel ne faisant pas intervenir de « volonté extérieure ». Avec l'idée que des variations naturelles aient conduit par sélection à la transformation des espèces, cette théorie permet de se passer presque totalement de l'idée d'un dieu ayant façonné les êtres vivants.

Cette hypothèse s'est affirmée avec d'autant plus de force qu'elle permettait de renvoyer les idéologies religieuses dont on peinait de se libérer, au rang d'obscurantismes. Une idéologie s'est ainsi enracinée dans notre culture : celle suivant laquelle la vie serait une compétition permettant aux plus forts de survivre, et d'améliorer ainsi leur espèce.

Remarquons que cette construction mentale pose un problème de taille à notre morale. Si la loi de la vie repose sur la compétition, cela suggère que certaines races sont supérieures à d'autres et logiquement que les races humaines ayant développé les meilleures technologies peuvent/doivent légitimement supplanter les autres. L'histoire nous a montré, notamment avec le nazisme, que ce genre de raisonnement pouvait emporter l'adhésion de peuples entiers et conduire à des situations dramatiques. Aujourd'hui, les scientifiques affirment qu'il n'existerait plus de races humaines en raison de brassages importants des populations et ont cru le démontrer par des analyses génétiques. Voilà une bien curieuse manière de lutter contre le racisme, pourrait-on s'étonner. Si en examinant de près ces travaux scientifiques on en venait à déceler l'existence de quelques races en certaines parties du monde (et c'est en réalité le cas[12]), devrait-on en déduire qu'elles seraient donc inférieures ? Et dans ce cas, leur destin naturel serait-il de disparaître ? Ces questions sont très embarrassantes. On évite soigneusement de les aborder, mais il demeure que les idées du modèle darwinien nous poussent à de tels débats.

Ce sont aussi ces raisonnements qui conduisent à l'idée que la femme et l'homme sont biologiquement complémentaires en termes de rôles et donc de devoirs. Dans bien des situations, les familles fonctionnent sur ce modèle, parce que l'organisation des sociétés a reposé sur cette conception. L'éducation a conditionné les individus à se conformer à ces rôles et l'on a fini par croire à l'existence de fortes différences entre les hommes et les femmes, différences qui peuvent effectivement être constatées : Les hommes sont effectivement davantage représentés dans les métiers liés à une formation scientifique et les femmes dans les métiers liés à la couture, mode... Cependant cette situation peut

---

[12] Un article du magazine La Recherche de juillet 2004 reprenant un autre article de la revue nature « Race: a genetic melting-pot » 2003 originellement paru en 2003 dans Nature déclare ainsi : « Contrairement à l'idée défendue depuis le milieu du XXe siècle, on peut définir scientifiquement des races dans l'espèce humaine. La connaissance du génome humain permet en effet de regrouper les personnes selon les zones géographiques d'où elles sont issues. En revanche, les usages que l'on prétend faire en médecine d'une classification raciale sont sujets à caution ».

s'interpréter comme une conséquence de notre modèle culturel et non pas comme sa justification.

La croyance en un monde régi par la compétition, la sélection des plus forts ou des mieux adaptés cautionne donc à la fois les projets impérialistes, la hiérarchisation sociale et les valeurs de soumission à un pouvoir fort. Mais d'un autre point de vue, le modèle darwinien, en tant qu'alternative au modèle biblique contribue aussi à défendre des principes « humanistes ». Il constitue le socle d'une vision du monde où des lois naturelles permettent d'expliquer rationnellement comment arrivent les évènements et comment s'est constitué le monde, sans accorder une place importante à Dieu et donc à la morale traditionnelle.

8 L'égalité

Si Dieu n'intervient pas dans la destinée des hommes et que les lois scientifiques suffisent à expliquer les phénomènes naturels, alors il n'y a plus de raison d'accorder aux prêtres un statut social plus élevé que celui des autres personnes. La hiérarchisation sociale perd en grande partie sa justification et la transmission héréditaire de privilèges de droit divin perd aussi sa légitimité. Les idées scientifiques soutiennent par ce biais un concept égalitaire général.

Elles se déclinent ensuite ou se transposent à divers niveaux : aucun privilège lié à naissance ne tient plus. Ceci implique l'égalité des droits entre tous les descendants de riches comme de pauvres, fils de prêtres, de notables, d'ouvriers ou de paysans. Le statut d'esclave n'a plus sa place non plus. Hommes et femmes peuvent théoriquement disposer eux aussi de droits égaux.

Cette émancipation féminine s'accompagne aussi de l'émancipation sexuelle, avec une déculpabilisation du plaisir. La fonction ludique de la sexualité retrouve la place qu'elle avait perdue à cause de l'interprétation purement symbolique du sexe comme moyen de reproduction. Le corps, élément de matière est considéré comme un tout produisant la pensée par ses neurones, produisant du plaisir et de la douleur par des réactions chimiques hormonales.

Conclusions sur les croyances progressistes

Nous avons donc ici un ensemble de croyances en grande cohérence, qui soutiennent une vision du monde où Dieu n'intervient quasiment plus, sinon pour avoir créé les conditions initiales ayant permis au monde de se construire et d'évoluer. Cet ensemble, aussi solide soit-il d'apparence, comporte plusieurs fragilités.

En premier lieu, chacun pressent qu'il ne s'agit pas de croyances innocentes, découlant d'une simple quête de vérité. Elles servent un dessein politique et c'est leur principale raison d'être. Un soupçon de manque d'impartialité pèse sur elles et elles peuvent facilement être assimilées, du point de vue traditionnel, à une ruse du mal, une perversion pour détourner l'homme de Dieu.

Ensuite, les théories sur l'évolution des espèces souffrent d'insuffisances et peinent à expliquer comment des organes aussi complexes que l'œil, par exemple a pu apparaître par un jeu de mutations aléatoires. Mieux nous connaissons la complexité de la biologie et plus l'idée d'une évolution mue par une combinaison de hasard et de nécessité paraît difficilement tenable. La découverte du code génétique, langage biologique commun à tous les êtres vivants, semble difficilement compatible avec l'idée d'une absence « d'intelligence » ayant soutenu le vivant et ses évolutions.

Enfin, ce modèle de croyance évacue la question du sens de la vie, et c'est là sa plus grande faiblesse. Que devient l'humain après que son corps physique ait dépéri ? L'idée d'un néant est une réponse par défaut, qui ne satisfait personne. L'idée qu'il n'y a pas de but à la vie est déprimante et n'apporte pas le réconfort dont ont besoin ceux qui souffrent et cherchent des raisons d'espérer. Les êtres qui se sentent découragé suite à un échec ou de la perte d'une personne qui comptait pour eux ont besoin d'un réconfort psychologique. L'idée d'un néant ne répond pas à leur besoin. Les idées progressistes ne peuvent leur convenir.

Croyances traditionnelles et progressistes comportent chacune leurs limites, mais restent suffisamment structurées pour servir de repère. Sur la figure ci-après, nous avons représenté ces ensembles : à gauche le référentiel des croyances traditionnelles et sur la droite celui des croyances progressistes, en détaillant la relation entre les concepts clés sur lesquels ils sont construits.

Ci-dessous : Ensembles de croyances traditionnelles (trait pleins) et progressistes (pointillés)

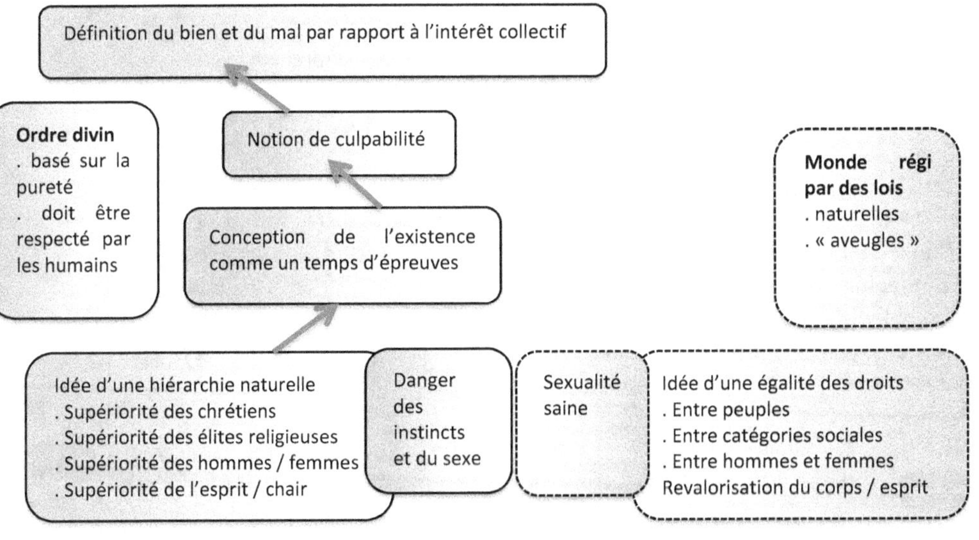

Les croyances taboues

Notre cartographie des croyances principales de notre culture est à présent tracée. Néanmoins, il n'y apparaît pas un ensemble pourtant important : celui des croyances taboues, qui nous pilotent en partie par leur effet répulsif. Elles sont importantes, car elles nous privent en réalité de certains repères relativement naturels et partagés très largement dans d'autres cultures que celles des Occidentaux. Ces repères sont liés à ce que l'on qualifie d'anormal ou paranormal, étymologiquement : « à côté du normal ». Le paranormal regroupe un ensemble de phénomènes connus de tous, mais non reconnus par la science et socialement décriés. Il touche à tout ce qui relève de la communication avec une réalité invisible et qui ne peut être perçu autrement que par l'esprit de certaines personnes. Nous y rangeons la médiumnité, la voyance, la télépathie, la communication avec les esprits des défunts par la possession ou par les rêves. Nous verrons que tous ces phénomènes ont été à la base des premiers systèmes religieux et qu'ils ont ensuite fait l'objet d'une répression extrêmement forte depuis l'avènement des monothéismes jusqu'à notre époque, pour des raisons… tout à fait rationnelles.

Conclusion sur la cartographie de nos croyances et valeurs

En quelques pages très denses, nous venons d'esquisser une représentation de l'organisation de nos différentes valeurs et croyances en détaillant les liens étroits qui les relient.

Nous avons identifié **le moteur de l'unité sociale : le partage et la solidarité**. Le fonctionnement de la société repose ensuite sur un principe moral fondamental: l'intérêt supérieur du collectif sur l'individuel. Il justifie des valeurs d'intégrité assez générales, mais **limitées à la communauté à laquelle on appartient**. Gardons à l'esprit ce principe clé : l'intérêt du collectif se limite toujours au groupe auquel on s'identifie, en particulier pour l'interdit du meurtre. Quand l'identité d'un groupe est celle d'une ethnie, le génocide d'autres ethnies peut y être jugé moral. Quand l'identité est celle d'une civilisation, les individus se sentent légitimes à coloniser et envahir le reste du monde, par tous les moyens. Quand l'identité est celle du genre humain, tous les comportements sont encore permis envers les animaux et la nature. Seule la conviction d'appartenir au monde vivant nous invite à appliquer les règles morales d'une manière universelle.

Nous avons vu que les valeurs de notre société se sont développées sur plusieurs bases :

- Des intuitions liées à des comportements instinctifs comme l'empathie,
- Des nécessités organisationnelles (pour gérer notamment les questions de propriété)

- Des frustrations liées aux inégalités (ayant conduit aux valeurs progressistes égalitaires)

Initialement, elles se sont concrétisées par un ensemble de règles de bon sens ; le respect de la hiérarchie, l'entraide, le respect de la vie, de la propriété et de la parole donnée y occupent une place importante.

La valeur dominante associée au respect de ces règles fut celle de la soumission et de l'allégeance au pouvoir. Elle donna lieu à l'ensemble des valeurs traditionnelles, soutenues par un jeu de croyances découlant d'une observation naïve de la réalité : l'écoulement du temps, l'unicité de la réalité, la séparation entre soi et le monde extérieur, l'existence d'un ordre naturel et structuré qu'on pensa sous le contrôle de Dieu.

Les contradictions internes à ce modèle, avec son lot d'injustices, y sont expliquées par la chute de l'être humain, un accident aux origines de l'imperfection du monde. Suite à la transgression des règles divines, la vie terrestre serait devenue une épreuve imposée par celui qui serait au sommet de la hiérarchie du monde : Dieu. Cet ensemble porte évidemment au fatalisme et à l'acceptation de son sort. Il a la faveur de tous ceux qui détiennent les pouvoirs, qu'il s'agisse des dirigeants à l'échelle de la société dans son ensemble, comme des pères de famille au sein des ménages. Au fil du temps, ce système de valeur a conduit à une société profondément inégalitaire et coercitive qui a fini par imploser.

Un autre système de valeurs complémentaire s'est alors développé. Il est lié à un rejet de la soumission aveugle et de la hiérarchisation sociale en classes. Il s'appuie sur le **principe de légitimité** qui permet de remettre en cause le pouvoir en place, au nom de l'intérêt général. Ces valeurs, qui incitent à voir du bon dans le changement et le « **progrès** », s'appuient sur une conception du monde accordant peu de place à la volonté divine. Elles reposent sur des idées d'égalité entre groupes sociaux, entre hommes et femmes, entre le corps et l'esprit. La faiblesse de cet ensemble est principalement son manque de consistance et de profondeur. Il n'apporte pas de réponses satisfaisantes à la question du sens de la vie et des souffrances auxquelles nous devons faire face.

Valeurs traditionnelles et progressistes s'opposent par les modèles de croyances auxquelles elles sont associées et débouchent sur deux grandes familles idéologiques. La première prolonge le concept de hiérarchie et de priorisation de l'intérêt du groupe par le **nationalisme**. La seconde étend le concept d'égalité à l'échelle mondiale à travers un **universalisme** qui transcende les identités de groupes, et conduit jusqu'à des préoccupations d'ordre planétaires, la quête d'un équilibre entre les peuples et entre l'humanité et son environnement.

Nous avons représenté cette structuration ci-après sous forme d'arbre culturel, avec ses croyances racinaires et les valeurs qui reposent sur elles :

Relativité des valeurs des différentes cultures
. Conscience environnementale
. Ouverture aux arts, plaisirs sensoriels, émerveillement

Nationalismes

Universalisme

Principe de légitimité
. Dévouement au collectif
. Reconnaissance par le collectif (élection. mandats

Devoirs de Rébellion

Devoirs de soumission au pouvoir Fidélité

Intérêt supérieur du collectif sur l'individuels

Liberté Individualism

Règles collectives
. Honorer les anciens, parents
. Intégrité (ne pas voler, ni tuer)
. Entraide, partage, solidarité

Notion de progrès

Devoir de pardon

Dévalorisation du sexe et de l'argent

Définition du bien et du mal par rapport à l'intérêt collectif

Ordre divin
. basé sur la pureté
. doit être respecté par les humains

Notion de culpabilité

Monde régi par des lois
. naturelles
. « aveugles »

Conception de l'existence comme un temps d'épreuves

Idée d'une hiérarchie naturelle
. Supériorité des chrétiens
. Supériorité des élites religieuses
. Supériorité des hommes / femmes
. Supériorité de l'esprit / chair

Danger des instincts et du sexe

Sexualité saine

Idée d'une égalité des droits
. Entre peuples
. Entre catégories sociales
. Entre hommes et femmes
Revalorisation du corps / esprit

Remarquons que l'opposition de fond entre « conservateurs » et « progressistes » semble fondée non seulement sur des prises de positions antagonistes, mais aussi sur des argumentaires de nature différente : les croyances en Dieu sont basées sur un questionnement sur le sens de notre vie, tandis que les idéologies « progressistes » s'appuient essentiellement sur des revendications sociales et quelques brides d'explications scientifiques.

Nous avons souligné à plusieurs reprises que les systèmes de valeurs servaient des intérêts liés à des groupes sociaux (classes, tranches d'âge) mais correspondaient aussi à des modèles familiaux. Les repères traditionnels sont affectionnés par les familles où la hiérarchie revêt un rôle important, ce qui est plus fréquemment le cas lorsqu'elles sont nombreuses ou étendues (quand l'habitat est partagé avec les parents, frères et sœurs, voire cousins). Les repères progressistes semblent plus en vogue dans les familles plus restreintes et où la communication est donc plus facile. On peut surtout mettre en relation le choix de ces modèles avec le sentiment de danger perçu : plus la solidarité doit être forte, plus l'ordre et la hiérarchie s'imposent. En temps de paix les idées progressistes ont ainsi tendance à s'affirmer, tandis que les périodes de guerre et de crise favorisent le retour des traditionalismes.

La forme que prend une société traduit généralement la dominante des modèles familiaux de sa population. Nous pourrions prendre pour image celle d'un champ de fleurs dont la couleur est verte lorsque qu'elles sont encore recroquevillées ou jaune quand leurs pétales sont déployés. Si une majorité de fleurs sont fermées, le champ semble vert, mais il tendra vers le jaune si un plus grand nombre s'ouvrent au cours de la journée. En fonction des circonstances, la dominante culturelle de notre société oscille ainsi en fonction des modèles que choisissent les familles. La couleur d'une société, son système dominant de valeurs, semble correspondre aux choix des familles qui la composent. La synthèse harmonieuse entre ces modèles complémentaires n'a pas encore vu le jour et semble difficilement envisageable. On peut supposer que les sociétés ont besoin de disposer de forces antagonistes comme un pilote a besoin d'accélérateur et de frein.

Signalons néanmoins que les modèles de référence de notre culture comportent tous de graves insuffisances ou biais qui requièrent une prise de conscience :

Nous avons d'abord signalé la dérive du concept de bien et de mal, initialement au service pratique de l'intérêt collectif, mais qui s'est ensuite théorisé par rapport au respect de l'ordre divin ou naturel dans un monde stable. Notre culture n'a jamais vraiment remis en cause le principe d'un bien et d'un mal se définissant par rapport à un comportement idéal respectant des règles morales définitives. **Notre culture a toujours accepté l'idée qu'il serait possible de juger si une chose est bonne ou mauvaise en soi**, sans envisager comme le faisait Lao Tseu, que les interprétations positives ou négatives peuvent alterner selon la perspective que l'on a et changer radicalement au regard des évènements successifs. Notre culture est basée sur une conception statique du bien, rejetant l'idée qu'il devrait être compris comme un principe relatif, et qu'il prend son sens par rapport à des éléments contextuels en perpétuelle évolution. Les intellectuels considèrent encore, pour le grand nombre, qu'il est choquant d'affirmer que le bien est une notion relative et cherchent à culpabiliser ceux qui prétendent le contraire en s'indignant avec véhémence[13].

Nos repères font également abstraction de la possibilité d'un lien direct entre le monde qui nous entoure et notre psychologie individuelle, plaçant donc systématiquement l'humain en position de victime dépendant des aléas extérieurs. **À l'opposé de plusieurs modèles asiatiques, le modèle occidental ne voit pas le monde extérieur comme un reflet de notre intériorité**. Il n'incite donc pas à une quête de paix intérieure pour rétablir une harmonie perturbée, mais plutôt à une relation de force avec ce qui nous entoure, c'est-à-dire au conflit.

Enfin **notre culture rejette l'existence d'autres réalités avec lesquelles nous pourrions avoir des échanges** et ne considère pas l'hypothèse selon laquelle nous pourrions vivre simultanément dans plusieurs mondes, croyance qui comme nous le verrons fut pourtant dominante à l'aube de nos civilisations.

Ces insuffisances peuvent être mises en relation avec les idées qui minent l'épanouissement individuel de chacun. La croyance selon laquelle la vie serait faite pour éprouver l'être humain incite à la résignation. Cette interprétation du monde affecte l'enthousiasme et la confiance en soi. Si l'on croit que l'être humain porte en lui une culpabilité naturelle, on perturbe la relation à la sexualité et donc au sexe opposé. La croyance au bien et au mal pousse à juger au lieu de faire preuve de compréhension, à s'opposer aux autres par la violence au lieu d'apaiser les tensions. Les préjugés homme-femme en sont des illustrations débouchant sur des violences conjugales, qui se répercutent ensuite sur l'équilibre psychologique des enfants en les prédisposant à la délinquance... la liste des conséquences est longue et nous y consacrerons un chapitre.

Ce premier travail de cartographie de nos principales croyances et valeurs étant établi, nous allons à présent entrer dans leur histoire. Pour cela, nous allons actionner la machine à remonter le temps et retracer comment cet édifice culturel s'est constitué. Un long parcours nous attend, car nos origines culturelles remontent à des temps qui précèdent même l'écriture.

---

[13] On peut comprendre leur inquiétude, puisque la relativité des valeurs expose au risque de pouvoir tout légitimer, y compris des atrocités. Cependant l'empathie reste un moyen de prévenir ces dérives. La relativité des valeurs signifie simplement que l'on ne peut affirmer ce qui est bon ou non sur la base de repères absolus sans prendre en compte la complexité des situations et réfléchir aux conséquences à long terme. C'est ce que font en réalité déjà la plupart des dirigeants sans le révéler, même dans les démocraties, sous couvert de la raison d'État ou de la « real politique ».

L'ère de la foi aveugle

Dans cette partie, nous allons retracer comment se sont affirmés les repères de la morale traditionnelle de notre culture à travers le développement des divers modèles religieux depuis les temps préhistoriques jusqu'au Moyen-Age.

Chapitre 4 Le socle des premières formes religieuses de croyances et les valeurs associées

Chapitre 5 Le terreau du Proche Orient ancien

Chapitre 6 L'émergence du judaïsme, une religion au service de rois puis de prêtres
Les séquences historiques, Les étapes idéologiques, Les croyances clés,
Les valeurs et l'organisation sociale

Chapitre 7 Le schisme chrétien et l'avènement des valeurs de mérite individuel
Les séquences historiques, Les étapes idéologiques, Les croyances clés, Les valeurs et l'organisation sociale

Chapitre 8 L'Islam, entre régénération du christianisme et retour aux sources du judaïsme
Les séquences historiques (L'émergence , L'expansion arabe (Omeyyades), L'ouverture perse (Abbassides), La percée en Europe), Les étapes idéologiques, Les croyances clés , Les valeurs et l'organisation sociale

Chapitre 9 Synthèse sur l'ère de la foi aveugle
Rappel sur les grandes étapes ayant conduit aux monothéismes, Les motivations des élites qui gouvernent, Les motivations des masses populaires, L'éternel recommencement

L'histoire de l'Europe, de l'Afrique du Nord et du Proche Orient a été dominée par l'avènement des grandes religions monothéistes sur une période d'environ deux mille ans. L'hégémonie de ces religions déclina ensuite à partir de la Renaissance. L'autorité religieuse commença en effet alors à s'effacer pour laisser la place au rationalisme, à la laïcité et à la démocratie dans un certain nombre de pays.

La construction de ces monothéismes, des idées qui leur ont servi de support et qui ont évolué au fil des évènements, suit une logique historique assez simple dans ses principes. Pour la comprendre, nous ne devons pas nous contenter de recoller les morceaux de textes laissés çà et là et encore moins nous fier aux récits laissés par les « historiens » du passé. Dans l'antiquité, les scribes travaillaient sur commande et les récits soi-disant historiques étaient avant tout des œuvres de propagande pour leurs commanditaires ; les rois, les empereurs ou les prêtres.

L'histoire objective du monde nous échappe donc encore aujourd'hui comme elle a toujours échappé aux hommes et aux femmes de toutes les époques. Ce dont les humains ont toujours disposé sont simplement des versions et des interprétations de l'histoire de leurs sociétés. Ces versions ont constamment évolué, se sont transformées et sont un des principaux moteurs de l'histoire elle-même. Cela peut nous sembler étrange, mais nous verrons, que ce que l'on pensa de l'histoire fut précisément un des principaux moteurs de son évolution concrète : A une époque, on croyait que le monde était gouverné par un ensemble de forces divines, puis qu'un nombre limité de dieux pouvaient protéger les peuples qui les vénéraient, puis qu'un dieu unique régnait sur le monde[14]. Ces croyances ont servi d'ancrage à des idéologies mises à profit par les rois et les empereurs pour diriger leurs territoires, motiver leurs troupes, gouverner leur population. Ces croyances furent instrumentalisées pour défendre les valeurs sociales nécessaires au fonctionnement des sociétés suivant un modèle d'organisation avec au sommet un chef protecteur et en bas ceux qui lui doivent obéissance. Comprendre l'histoire, c'est mettre à jour le lien logique entre tous ces éléments en évitant les pièges des récits romantiques qui séduisent l'imaginaire sans refléter la réalité des processus en jeu.

L'évolution des formes religieuses n'a pas grand-chose à voir avec une réflexion sur le sens la vie qui aurait mûri au fil du temps depuis des conceptions primaires jusqu'à des formes d'une grande maturité. Nous verrons que ce ne sont ni les prophètes, ni bien entendu les philosophes qui ont été les réels architectes des systèmes religieux.

---

[14] Le philosophe Karl Jasper puis l'éminent sociologue Yves Lambert ont théorisé l'enchaînement de ces successions au fil du temps, notamment dans « Origine et sens de l'histoire », Plon, 1954 et « La naissance des religions : de la préhistoire aux religions universalistes », Armand Collin, 2007 .

Reprenant le modèle de l'arbre culturel que nous avons présenté, nous allons enquêter sur l'histoire des formes religieuses en utilisant une grille de lecture à quatre niveaux :

- Les **séquences historiques** (les évènements et leur enchaînement)
- Leur interprétation en termes de **croyances**, aux différentes époques/lieux
- Leur formulation en termes de **valeurs**
- Le modèle de normes et d'**organisation sociale** qui en découla

Dans notre reconstitution de l'histoire de la naissance des monothéismes, nous allons successivement traiter ces quatre aspects. Cette approche devrait vous permettre de constater que malgré la complexité apparente du monde, les ressorts fondamentaux de son évolution sont peut-être plus simples qu'on pourrait le suspecter.

Le socle des premières formes de croyances et les valeurs associées

L'histoire commence avec l'usage de l'écriture, ou plutôt, devrions-nous dire, ne commence qu'avec l'usage de l'écriture. Lorsqu'elle fit son apparition, les formes religieuses avaient en effet déjà connu d'importantes évolutions. Ces étapes sont importantes à cerner et comprendre, bien qu'elles soient délicates à retracer.

Par chance, à l'image des Galapagos ayant permis à des tortues d'un autre âge de ne pas disparaître, certaines îles ont conservé des formes religieuses quasi identiques à ce que devraient être les premières religions. On en trouve également des exemples dans des tribus d'Amazonie, des clans d'éleveurs en Sibérie et d'autres cultures vivant dans une forme d'isolement culturel fort et ayant conservé leurs plus anciennes traditions.

Les anthropologues, encore aujourd'hui, ont beaucoup de difficulté à comprendre ces modèles, butant sur des obstacles à la fois linguistiques et liés à notre difficulté à entrer dans des logiques qui nous sont totalement étrangères, qui s'apparentent à celles d'il y a plusieurs dizaines de milliers d'années. Longtemps, ces cultures dites « animistes » ont été caricaturées comme des versions simplifiées de nos conceptions actuelles. En fait, c'est exactement le contraire : Comme nous le verrons, les conceptions religieuses ont au fil du temps évolué vers la simplification, jusqu'à prendre des formes extrêmement réductrices et bien moins riches, en réalité, que leurs modèles originaux. À plusieurs reprises, au cours de l'histoire, les approches animistes ont d'ailleurs été réactivées pour « réouvrir » les systèmes religieux repliés sur eux-mêmes.

> **Qu'est ce que l'animisme ?**
>
> Le mot animisme est utilisé pour qualifier toutes les formes de religions archaïques qui ne font pas partie des grandes religions de référence. L'animisme n'est donc pas une religion en soi, mais un ensemble de religions au contour mal défini. On considère que les religions animistes ont en commun la conception selon laquelle tous les êtres vivants (et aussi les éléments naturels et certains objets) sont des véhicules d'esprits invisibles. Les corps physiques sont donc considérés comme des enveloppes que les esprits peuvent occuper ou quitter, notamment pendant le sommeil ou à la mort. Les religions animistes acceptent souvent l'idée de l'existence de multiples divinités et d'un dieu créateur. Elles ne constituent donc pas une forme primitive qui conduirait au fil du temps à des formes plus « élaborées » que seraient le polythéisme, puis le monothéisme, comme on l'avait supposé au 19ᵉ siècle. Il est cependant exact que l'animisme est essentiellement associé aux peuples les moins développés d'un point de vue occidental ; principalement en Afrique Subsaharienne, en Amazonie, dans les tribus d'Australie, dans la partie arctique de l'Amérique du nord et la Sibérie[15]. Dans les pays colonisés, l'animisme a souvent survécu comme fond culturel, et bon nombre de personnes l'ont conservé tout en adoptant aussi de nouvelles religions monothéistes.

Dans les sociétés animistes, nous devons d'abord avoir à l'esprit que la principale préoccupation collective est celle de la survie. La valeur la plus importante, liée à cet objectif, est la solidarité et le dévouement au groupe. Elle repose en partie sur l'affection que se portent les personnes qui ont le sentiment d'appartenir à une même famille, et en partie sur l'autorité des anciens qui prennent les décisions auxquelles le groupe doit se plier. Le bien et le mal sont des notions qui ont peu de sens dans ces formes d'organisation. Il est plutôt question de devoirs, de respect et d'obéissance, un peu à l'image de la relation entre un enfant et ses parents. L'enfant ne se dit pas qu'il est bien ou mal d'écouter ses parents. Dans une société animiste, on ne réfléchit pas davantage au fait qu'une décision des anciens soit bonne ou mauvaise. Leur volonté n'est pas à discuter ou contester. Il serait grave de la contrarier.

Pour décrire la représentation du monde qui domine les cultures animistes, je vous propose une petite fable ou allégorie qu'un ami antandroy[16] m'a contée il y a quelques années. Il s'agit de la rencontre entre un caïman et un poisson

---

[15]Une cartographie sommaire est disponible sur le site du « dessous des cartes » : http://ddc.arte.tv/cartes/64

[16] Les antandroy sont un peuple à dominante animiste du Grand sud malgache, localisé en majorité dans la région Androy (« le pays des épines »), une zone semi-aride réputée pour l'abondance de cactus.

bavardant dans les eaux d'une rivière. Le petit poisson, gonflé d'orgueil, voulait impressionner le caïman et l'épater par l'étendue de son savoir. « Moi, je connais tous les secrets de la rivière, affirma-t-il fièrement ; Je connais la surface des eaux où viennent se poser les insectes que j'attrape avec habileté et je connais les fonds obscurs où je sais comment fouiller la terre pour y trouver des vers. Je connais les eaux calmes et limpides aux abords des joncs et les courants rapides qui traversent les rochers jusqu'aux cascades. Tout cela je le connais par cœur et le monde n'a pas de mystères pour moi ». Le caïman lui répondit alors calmement : « Tu crois tout connaître petit poisson, mais le monde que tu connais n'est qu'une toute partie du vrai monde. Aux abords de la rivière, il y a des arbres, des oiseaux et quantités de plantes et d'animaux que tu ignores. Moi j'ai vu tout cela et je n'en vois pas même pas les limites. Tu crois tout connaître, petit poisson, mais tu sais bien peu du vrai monde ».

Cette petite histoire ne se destine évidemment pas aux Occidentaux que nous sommes, mais je ne peux m'empêcher de m'y référer pour évoquer la différence entre la culture du petit poisson, la nôtre, et celle du caïman, des peuples animistes. Nous avons en effet tendance à penser qu'en raison de l'étendue des connaissances apportées par les sciences, le monde n'a pour ainsi dire plus de secrets pour nous. De la composition des atomes à la vie des étoiles, du code génétique au fonctionnement des écosystèmes, nos connaissances sont prodigieuses... mais elles se limitent au monde matériel. Les animistes considèrent, pour leur part, que le monde visible ne dévoile qu'une petite partie de la réalité. Lorsque la nuit tombe et que le sommeil nous gagne, notre esprit s'évade ; il quitte la rivière pourrait-on dire. Grâce aux souvenirs des rêves, l'être humain peut se remémorer certains éléments de cet autre monde à son réveil. Il comporte une part d'inconnu considérable, mais n'en demeure pas moins important, et même plus important, selon les animistes, que le monde visible.

Concrètement, l'animisme repose sur une représentation du monde en plusieurs étages, dont le plus superficiel est la réalité physique. En simplifiant, nous pouvons considérer que cette réalité, imparfaite et fragile, est nourrie ou alimentée par des énergies provenant du monde invisible. C'est dans ce monde caché que résideraient les connaissances et les forces de la vie. Ce monde invisible se divise lui-même en deux parties : l'une correspond au monde souterrain de tous les dangers et l'autre au monde céleste des forces protectrices. Ils sont généralement subdivisés en plusieurs strates ou étages (vous connaissez l'expression « être au septième ciel », qui renvoie à ce concept, le 7ᵉ ciel étant le plus élevé). Ces mondes communiquent le long d'un axe, « l'axe du monde », généralement représenté par un arbre cosmique, dont les racines plongent dans le monde souterrain et dont la cime s'élève jusqu'aux étoiles. Cet arbre cosmique est souvent figuré par des arbres sacrés ou des pieux, comme les fameux totems. Il est souvent considéré comme l'origine des esprits qui, soit bourgeonnent de ces racines, ou se multiplient sur ses branches sous forme éventuellement de petits oiseaux.

Dans les cultures animistes, chaque être humain vit simultanément dans ces réalités visibles et invisibles. Il dispose donc d'un corps matériel et d'un ou de plusieurs doubles ou esprits, parfois plus d'une dizaine. Le plus important de ces doubles spirituels est l'âme ou « l'égo des rêves », qui comme son nom l'indique est la partie de nous qui vit dans les rêves, forme d'activité dans le monde immatériel[17]. Cet égo des rêves reste en notre compagnie durant toute notre existence et survit à la mort physique. Il s'adresse d'ailleurs souvent aux siens dans leurs rêves juste après le décès de son corps physique, pour les rassurer ou leur transmettre des messages.

On considère dans presque toutes les cultures animistes que l'égo des rêves entre dans le corps de l'enfant lorsque celui-ci commence à grandir, mais qu'il le quitte aussi de temps en temps, même lorsqu'il est éveillé. Son éloignement trop grand peut être interprété d'ailleurs comme la cause d'affaiblissement et de maladies.

Lorsqu'une personne meurt, son égo des rêves passe par plusieurs phases. Il est d'abord agité, surtout si la mort a été brutale. Dans ce cas, il peut même s'en prendre à des personnes encore vivantes et tenter de les entraîner avec lui, c'est-à-dire provoquer leur mort. Ensuite l'égo des rêves s'apaise et entreprend un voyage pour tenter de rejoindre un lieu réservé aux ancêtres. Pour l'atteindre, il faut affronter généralement un certain nombre d'épreuves, comme traverser des rivières, escalader des montagnes, franchir des coulées de lave, résister à la faim et à la soif… Si les épreuves sont passées avec succès, l'âme pourra séjourner dans le monde supérieur, sinon elle sombrera dans le monde souterrain avec les esprits maléfiques. Pour aider le défunt dans ce voyage, on laisse certains objets dans sa sépulture, objets dont le double spirituel pourra être utilisé par le défunt ; parfois de l'argent pour payer un passeur (gardien à l'entrée du territoire des ancêtres) et on sacrifie éventuellement des animaux ou même des personnes dont le double spirituel pourra accompagner l'égo des rêves dans son cheminement. Il est généralement aussi nécessaire que les funérailles aient été dignes et que l'on ait suffisamment honoré les ancêtres par le respect des traditions pour que le défunt puisse les rejoindre. S'il parvient à destination, l'égo des rêves devient à son tour un ancêtre. Ce changement de statut est parfois célébré par un deuxième rituel funéraire, ensevelissement secondaire, au cours duquel les os du mort sont transportés dans un lieu sacré. L'ancêtre, dont la mémoire est partiellement effacée, perd alors une grande partie de ses liens avec ceux qu'il connaissait. Il dispose d'un pouvoir lui permettant de châtier ceux dont le comportement lui déplaît et surtout d'intercéder auprès des divinités qui régissent le fonctionnement du monde et de la nature (les ancêtres sont donc

---

[17] Cette appellation est reprise du travail de Lothar Käser (« Animisme, Introduction à la conception du monde et de l'homme dans les sociétés axées sur la tradition orale », 2010, Excelsis).

des intermédiaires avec les détenteurs des pouvoirs absolus). Un ancêtre peut exiger certains sacrifices pour renforcer son prestige et sa force dans l'au-delà, faisant connaître ses besoins en communiquant par rêves aux vivants. À titre d'exemple, un ancêtre peut réclamer qu'on lui sacrifie quelques têtes de zébus du berger untel. Dans ce cas, il convient d'appliquer la requête apparue en rêve, qu'il s'agisse des animaux du rêveur ou de ceux d'autres personnes du groupe[18]. À l'exception de la période d'instabilité juste après la mort, l'égo des rêves est donc un esprit bienveillant qui protège, qui prévient des dangers et qui peut aussi guérir. Cet égo des rêves est sensible aux odeurs, et fuit ce qui pue ou a une odeur désagréable. Voilà pourquoi dans les traditions animistes, les femmes, durant leurs règles, doivent être tenues à l'écart. C'est aussi pour cette raison, suppose-t-on, que certains morts sont embaumés (afin que l'esprit du mort ne quitte pas les lieux où réside sa communauté).

À la mort d'un individu, un autre double se libère également, considéré comme un esprit malveillant. Ce double, qui était prisonnier du corps, s'échappe quand la personne meurt comme une bête dangereuse sortant de sa cage. Laid et stupide, il erre et cherche souvent à nuire. On peut le faire fuir en faisant du bruit ou avec des miroirs qui lui renvoient son image effrayante. On cherche à s'en protéger, car il peut mordre ses victimes, provoquant des douleurs en certaines parties du corps. Les maux de dents ou les maux de tête sont interprétés comme telles morsures, ce qui a du sens évidemment, compte tenu des sensations ressenties.

Cela nous conduit à aborder à présent les interprétations liées aux maladies. Dans l'animisme, toute forme de dépérissement est interprétée soit comme l'action d'un esprit qui introduit par exemple un objet dans le double spirituel (un « caillou », cause supposée des douleurs) ou à une baisse d'énergie liée à un éloignement de l'âme ou égo des rêves, porteur de la force qui anime la vie. Les guérisseurs agissent donc soit directement sur le corps spirituel pour le débarrasser des objets qui y ont été introduits, soit en ramenant les égos des rêves à proximité du corps qu'ils doivent protéger. L'âme peut s'être égarée, mais peut aussi avoir été enlevée par des esprits qui l'ont entraîné dans le monde souterrain. Nous aborderons plus en détail le sujet du chamanisme un peu plus loin, mais signalons déjà qu'un des rôles du chamane consiste à retrouver les

---

[18]Cette pratique demeure encore fréquente chez les Antandroy du Sud malgache. Des querelles éclatent parfois entre des personnes qui prétendent avoir reçu la demande d'un ancêtre de sacrifier les animaux d'un propriétaire donné. Des jalousies peuvent en effet être la cause réelle de ces affirmations.

Un épisode historique majeur de la colonisation est également associé à cette tradition chez les Khoïsans (pointe de l'Afrique du Sud). Suite à un rêve d'une prêtresse, tous leurs troupeaux avaient en effet été précipités dans la mer, à la demande des ancêtres. Ce sacrifice causa un affaiblissement majeur de l'ethnie, alors en guerre contre les Anglais.

esprits grâce à ses pouvoirs magiques lui permettant de voler dans le monde invisible, en s'orientant à l'aide d'esprits auxiliaires, qu'il a appris à apprivoiser. S'il parvient à retrouver l'âme enlevée, il essayera de négocier son retour ou affronter les forces hostiles qui la retiennent. S'ils ne parviennent pas toujours à de tels exploits, les chamanes seront en revanche généralement en mesure d'apporter des explications à ceux qui font appel à eux. En interrogeant les esprits, Ils peuvent expliquer par exemple que l'égo des rêves s'est éloigné, contrarié par des gestes commis (par exemple l'intrusion d'une personne dans un espace sacré, ou un geste irrespectueux à proximité d'une tombe).

Pour les Occidentaux que nous sommes, ces conceptions sont difficiles à intérioriser, car nous nous identifions à notre conscience. Nous avons du mal à interpréter nos actes et nos états de santé comme le résultat d'interactions entre différentes enveloppes qui se superposent, de la plus matérielle à la plus volatile. Nous éprouvons aussi de grandes difficultés à nous représenter les esprits comme pouvant circuler entre le monde « céleste » et le monde « souterrain », car notre conditionnement nous conduit plutôt à des repères de types paradis/enfer totalement disjoints, associés aux royaumes du Bien et du Mal. Il nous paraît absurde que l'âme puisse circuler librement entre différents mondes et encore plus qu'elle puisse s'égarer ou être kidnappée. Notre réflexe, qui fut celui des premiers anthropologues, est de considérer ces croyances comme des délires de l'imagination. Une imagination en vaut une autre, mais celle des populations animistes ne repose pas simplement sur des concepts abstraits :

Quels sont les fondements des croyances animistes ?

Un proverbe créole réunionnais dit qu'il faut dormir avec la poule pour savoir comment elle ronfle. Le sens de ce proverbe est qu'il ne faut pas se fier à l'apparence des personnes qui nous sont familières, car elles ont parfois une part cachée qu'elles ne dévoilent que dans la plus profonde intimité.

Cet adage vaut particulièrement pour la compréhension des peuples animistes, à l'organisation clanique, et qui ne partagent pas publiquement leurs secrets intimes et surtout pas avec des étrangers. Certains anthropologues ont eu la patience d'apprendre la langue des cultures qu'ils étudiaient et ont pensé avoir pu pénétrer la pensée de ceux avec qui ils partageaient une grande partie de leur temps. On peut douter que cette simple proximité ait été suffisante, à en juger par les interprétations proposées sur le fondement des pratiques animistes. Plusieurs anthropologues ont défendu par exemple l'idée que les peuples animistes s'imaginaient le monde suivant leurs modèles d'organisation sociale et notamment l'autorité des anciens, ou encore projetaient des comportements humains sur des forces naturelles et des dieux. Les peuples animistes croiraient donc en la puissance des ancêtres d'après des suppositions devenue au fil du temps des certitudes. Une réalité qui est dissimulée aux chercheurs étrangers est cependant la suivante : les échanges avec l'autre monde, là où séjournent les défunts, sont permanents, certainement pas quotidiens pour tous, mais fréquents au moins pour certains. Les individus se souviennent d'avoir reçu en rêve des messages, des instructions, des conseils et des révélations de personnes décédées. Ils ressentent physiquement la présence de défunts qui parfois les saisissent et les tirent parce qu'ils veulent les entraîner. Ce sont d'évidence ces expériences secrètes, mais régulières, qui soutiennent le plus activement le culte des ancêtres. Cette partie intime et cachée sert de repère essentiel dans la vie des peuples animistes.

La culture occidentale peine à admettre ces réalités et cela s'explique aisément au regard de notre héritage culturel construit sur la répression des croyances « païennes ». Nous refoulons inconsciemment nos perceptions éventuelles d'autres réalités. On ose jusqu'à prendre pour fou ceux qui aujourd'hui prétendent avoir vu ou entendu des défunts ! Il demeure que toutes les enquêtes conduites en milieu hospitalier confirment que ces expériences sont fréquentes et aucunement liées à la santé mentale de ceux qui les rapportent. Il est bien possible que, loin d'être victimes de conceptions arriérées, les peuples animistes aient une représentation spirituelle du monde plus proche de la réalité que celle de ceux qui les étudient ! Le rôle qu'ils attribuent aux ancêtres sur les évènements est pour le moins discutable, mais la négation de leur existence et de leur influence l'est tout autant.

Les repères de la morale qui émanent des conceptions animistes sont relativement éloignés des nôtres. L'égo des rêves est en effet considéré comme fondamentalement bienveillant et ne punissant pas. Le mal ne peut venir que d'ancêtres ou dieux contrariés, d'esprits malveillants ou de l'absence/éloignement de l'égo des rêves. En conséquence, les seules punitions spirituelles reconnues dans l'animisme s'appliquent dans le monde matériel. Il est inconcevable que les esprits supérieurs fassent du mal dans l'au-delà. La notion d'une sélection morale entre des « âmes justes » et « infidèles » après la mort (fondement de la morale judéo-chrétienne) est donc relativement étrangère à l'animisme. Plusieurs pasteurs ont d'ailleurs fini par prendre conscience de ces différences culturelles déconcertantes pour un Occidental[19].

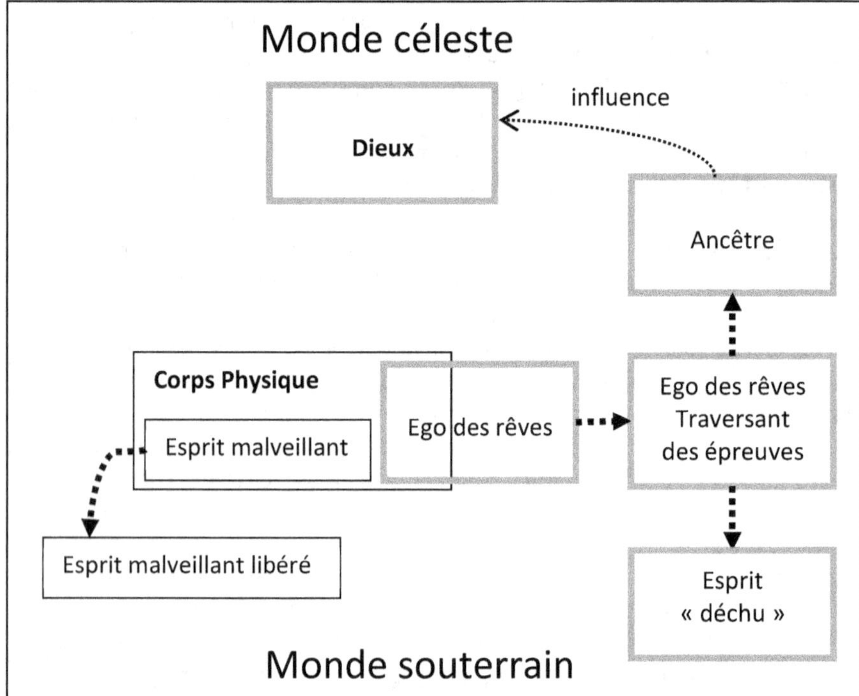

À la destruction du corps, plusieurs doubles sont libérés : l'esprit malveillant qui était emprisonné dans le corps et l'égo des rêves qui a toujours été plus ou moins libre, tout en apportant sa vitalité au corps. Après la mort, il pourra devenir un ancêtre s'il passe avec succès les épreuves qu'il doit affronter. Sinon, il sombrera dans le monde souterrain.

---

[19] À Madagascar, les écrits du pasteur Norvégien Lars Vig (1845-1913) font encore référence pour ses travaux sur ce sujet, notamment «Croyances et mœurs des Malgaches » (premières éditions en norvégien : 1897, 1901, et 1910) et « Les conceptions religieuses des anciens Malgaches » (premières éditions en norvégien : 1893).

Dans ces formes religieuses, certains individus ont le privilège de pouvoir communiquer avec le monde invisible. Il nous faut distinguer ici deux cas de figure ; celui des éleveurs et celui des populations sédentaires à dominante agricole.

Dans les sociétés d'éleveurs, ceux qui communiquent avec l'au-delà sont les chamanes. Leur pouvoir est soit hérité de leur père, soit révélé par des exploits ou des évènements survenus dans leur jeunesse, des guérisons miraculeuses, des rêves particuliers… Ils doivent suivre une formation, une initiation, pour apprendre l'usage des plantes et aussi la topographie du monde invisible. Les chamanes utilisent généralement des drogues pour entrer en transe, quitter leur corps physique et ensuite voyager dans le monde invisible pour aller à la rencontre des égos des rêves ou d'esprits auxiliaires (des esprits de défunts ou d'animaux). Il leur arrive ainsi de devoir s'aventurer dans le monde souterrain pour aller chercher une âme qui y a été enlevée (on retrouve ici la racine du mythe d'Orphée). Durant ces voyages, ils peuvent être attaqués par des esprits malveillants et leur vie est donc en danger.

Si les premiers anthropologues avaient eu le toupet de défendre l'idée que les chamanes étaient des personnes atteintes de maladies (épileptiques notamment), les études ultérieures ont montré qu'il n'en était rien et que ces personnes sont douées de facultés supérieures à la moyenne, tant au niveau intellectuel que de la résistance physique[20]. Leur pouvoir thérapeutique démontre à lui seul qu'ils ne sont pas des malades, mais des guérisseurs capables d'expliquer de manière intelligible leurs méthodes. Le chamanisme est d'autant plus intéressant que ses composantes fondamentales se retrouvent dans tous les endroits du monde, aussi bien chez les peuples de l'arctique, de l'Amérique du Nord, des îles d'Asie du Sud Est, d'Océanie et du pacifique, que les peuplades australiennes. On retrouve par exemple toujours les mêmes motifs pour identifier les futurs chamanes et des rites d'initiation étrangement similaires. Il est ainsi toujours question d'une mort symbolique (en rêve ou par des rituels comme un isolement forcé ou un long exil dans la forêt) et d'une initiation au cours de laquelle le corps du chamane est démembré par des esprits puis reconstitué, morceau par morceau, avec souvent l'ajout de pierres ou cristaux magiques dans son corps. Il meurt dans le monde invisible et y renaît donc plus puissant. Cette règle est commune à tous les chamanismes connus à ce jour et constitue un repère extrêmement fort. Très souvent, on devient d'ailleurs chamane après avoir eu un grave accident ou maladie dont on est sorti victorieux. Généralement l'initiation a lieu dans un espace qui symbolise la communication

---

[20] « Le chamane, apparemment semblable aux épileptiques et aux hystériques, font preuve d'une constitution nerveuse plus que normale : ils réussissent à se concentrer avec une intensité inaccessible aux profanes : ils résistent à des efforts épuisants, ils contrôlent leurs mouvements extatiques, ect. » Mircea, Eliade, « Le chamanisme et les techniques archaïques de l'extase »

avec l'autre monde, comme une grotte.

Le fait que le chamanisme remonte au paléolithique, c'est-à-dire à nos racines les plus profondes et qu'il se soit développé partout dans le monde avec les mêmes caractéristiques fondamentales conduit certains grands spécialistes à conclure qu'il n'a pas d'histoire, mais doit être mis en relation avec une connaissance naturelle de certaines réalités auxquelles les êtres humains ont universellement accès[21].

Dans les sociétés de sédentaires, historiquement postérieures à celles des tribus nomades de chasseurs/éleveurs, on a plutôt à faire à des médiums que des chamanes. Les médiums ne quittent pas leur corps, ni ne voyagent dans le monde invisible avec leur double spirituel, mais se contentent de recevoir les informations communiquées par les esprits, soit en rêve, soit au cours de cérémonies. Ils apportent des réponses sur les causes des problèmes, proposent des remèdes, rapportent les volontés des ancêtres... Le médium se doit ainsi d'être accueillant pour les esprits : avoir un corps qui sent bon et n'est pas « pollué » par des aliments impurs. Les médiums doivent donc souvent jeûner, se laver et se parfumer.

Un élément fondamental à retenir des traditions animistes est donc l'existence des doubles spirituels, aussi bien pour les objets qui peuvent être chargés d'énergie, et c'est le cas des objets magiques (fétiches, statues, masques) que pour les êtres vivants. Les doubles spirituels peuvent être multiples, notamment pour les chamanes ou médiums qui dans certaines cultures sont même supposés avoir plusieurs cœurs. Il existe pour chacun au moins un esprit identifié à l'égo des rêves qui vit généralement hors du corps et un esprit malveillant, pris dans la chair et qui se libère à la mort.

Vous l'avez compris également, les rites funéraires tiennent une place considérable dans le fonctionnement de la société, puisque l'avenir du défunt dépend en grande partie de la qualité des funérailles, qui lui garantissent d'autant plus de chance d'accéder à un rang supérieur parmi les ancêtres qu'elles auront été belles. En contrepartie, une âme qui ne parviendrait pas à s'élever pourrait hanter sa famille, provoquer des malheurs (au minimum des maladies).

Les funérailles sont au cœur de la vie sociale des sociétés animistes pour également d'autres raisons qu'il est important de comprendre. La première

---

[21] « Nous avons désigné l'expérience extatique comme un phénomène originaire parce que nous ne voyons aucune raison de la considérer comme un moment historique, c'est-à-dire provoqué par une certaine forme de civilisation. Nous sommes plutôt enclins à la considérer comme constitutive de la condition humaine et, par conséquent, connue par l'humanité archaïque en sa totalité ; ce qui se modifiait et changeait avec les différentes formes de culture et de religion, c'était l'interprétation et la valorisation de l'expérience extatique », Mircea Eliade, « Le chamanisme et les techniques archaïques de l'extase ».

d'entre elles est naturelle : les décès sont extrêmement fréquents. Il ne se passe pas un mois sans que chacun ne soit convié à de grandes funérailles et la mort se rappelle de manière constante, toute l'année, tout au long de l'existence. Elle est si familière qu'elle ne fait en réalité pas aussi peur que dans nos sociétés modernes. Chacun se sent proche de la mort et ne cherche pas à refouler l'angoisse qui pourrait y être associée. Les individus y sont déjà résignés et l'appréhendent avec une « relative » sérénité.

Une deuxième raison pour laquelle ces funérailles sont essentielles est la force de la charge affective liée à leurs célébrations. Ces évènements ne sont pas périphériques à la vie sociale : la vie sociale y gravite autour. Ils mobilisent de grands nombres de personnes, celles du clan, et durent plusieurs jours, avec des repas collectifs, des hommages, des rituels, des chants, des lamentations, des processions... La charge affective collective est forte, avec notamment l'expression d'un grand chagrin par les femmes (souvent avec des « pleureuses »), tandis que les hommes essaient au contraire de faire preuve de maîtrise et de force en contenant leurs émotions. S'en suivent des périodes de deuil pour la famille proche, jusqu'à l'apaisement des souffrances.

La troisième raison pour laquelle les funérailles sont importantes est leur fonction structurante de la société. Ces évènements sont l'occasion de raviver les liens de solidarité et de hiérarchie par les systèmes de dons. Chacun doit contribuer aux funérailles selon son rang et son lien social avec le défunt. Ces dons peuvent représenter une valeur très forte[22], avec des sacrifices d'animaux prestigieux tels que des zébus. Se soustraire à ses devoirs de contribution serait extrêmement grave et pourrait conduire à des ruptures familiales qui mettront des années ou des générations à être pardonnées. Il est ici question de faire allégeance aux aînés et de prouver que l'on se soumet à l'ordre traditionnel. Celui qui rompt ces règles encourt logiquement l'exclusion sociale, qu'il soit de bonne volonté ou non. Mieux vaut s'endetter jusqu'au cou que de manquer à ses devoirs funéraires. Il faut avoir présent à l'esprit que le respect des traditions est aussi une garantie des règles de solidarité. S'il s'effrite, alors on court le risque que ceux qui dans la famille sont partis travailler dans des villes lointaines, ne partagent pas ou peu les richesses qu'ils y accumulent. Le respect des traditions assure aussi que les règles d'entraide soient respectées lors des périodes de disette. Il ne faudrait pas en effet que chacun ne se soucie que de ses propres

---

[22] Dans la culture antandroy (Madagascar), chaque gendre doit apporter un zébu lors des funérailles des parents ou de sa/ses femmes. Chaque groupe d'invité aux funérailles doit aussi apporter un zébu. En échange, chaque groupe reçoit une chèvre en contre-don, qui peut être consommée immédiatement ou emportée (parfois on la découpe pour la partager et chacun en rapporte chez soi). Le troupeau du défunt (s'il s'agit d'un homme) peut être sacrifié également, parfois en intégralité (même si cette situation est rare). Le coût économique des funérailles pour la société est donc considérable, avec un nombre élevé d'animaux sacrifiés.

besoins et laisse dépérir les autres, d'autant qu'ultérieurement, ils pourraient lui apporter à leur tour un soutien.

Nous voyons ici que représentation du monde, respect des rituels, pouvoir et hiérarchisation sociale sont intiment liés.

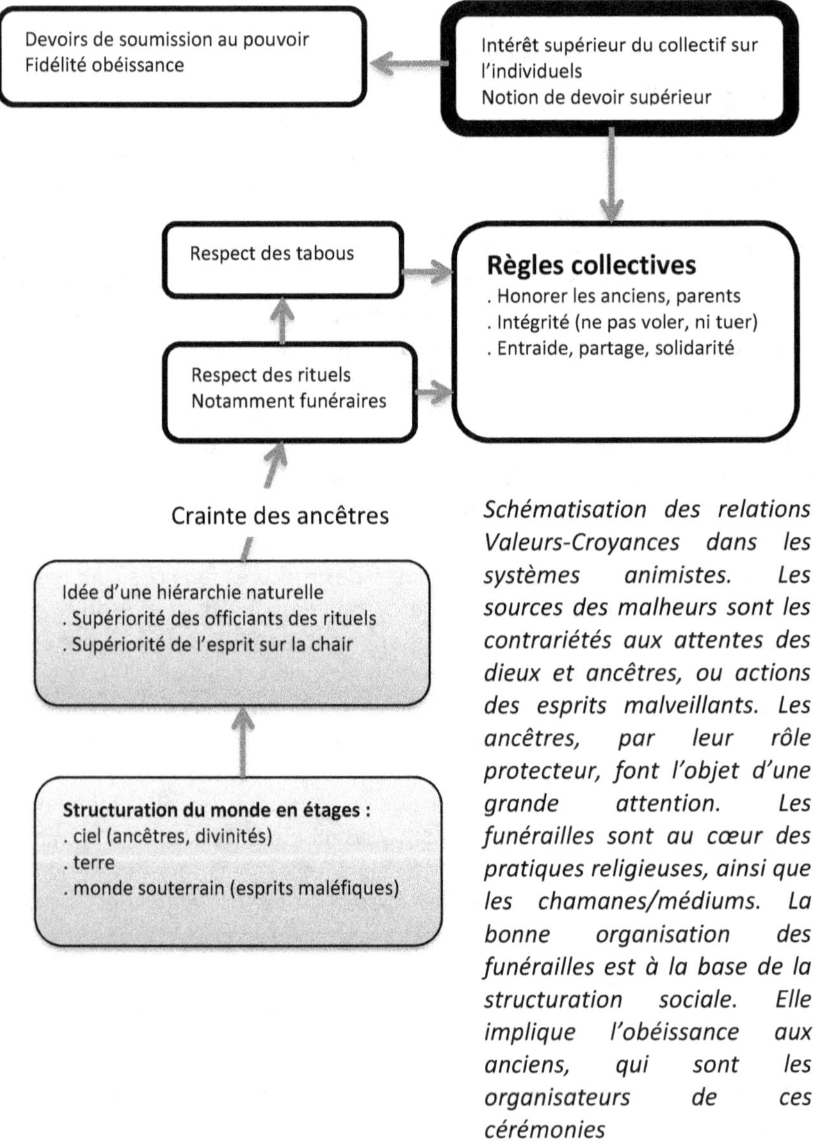

Schématisation des relations Valeurs-Croyances dans les systèmes animistes. Les sources des malheurs sont les contrariétés aux attentes des dieux et ancêtres, ou actions des esprits malveillants. Les ancêtres, par leur rôle protecteur, font l'objet d'une grande attention. Les funérailles sont au cœur des pratiques religieuses, ainsi que les chamanes/médiums. La bonne organisation des funérailles est à la base de la structuration sociale. Elle implique l'obéissance aux anciens, qui sont les organisateurs de ces cérémonies

Loin des idées qui circulent à son sujet, l'animisme est un système d'une grande souplesse et diversité. Sa souplesse repose sur le fait que le pouvoir est entièrement remis à des êtres humains et non des dogmes, des textes figés ou des règles définitives. Les êtres humains sont des personnes sensibles, qui attachent de l'importance à la souffrance des leurs et qui sont capables de s'adapter en fonction des circonstances. Un chef animiste est d'autant plus apprécié qu'il fait preuve d'humanité, une humanité qui transparaît d'ailleurs souvent à travers son éloquence et sa capacité à discourir devant tous.

Outre cette souplesse dans les prises de décisions, les systèmes animistes sont d'une grande diversité et abondent en différentes formes de croyances : certaines sont liées aux ancêtres, d'autres aux forces de la nature, d'autres à des dieux, le tout combiné dans des mythes continuellement remaniés. Dans l'animisme, la frontière entre ancêtres et divinités n'est d'ailleurs pas étanche et il arrive que certains ancêtres soient divinisés (un roi ou un grand guerrier par exemple). La limite entre le culte d'un ancêtre et le culte d'un dieu est donc floue. L'idée même d'un créateur universel fait souvent partie de ces mythes, même si l'on explique généralement qu'il se soit retiré des affaires terrestres.

Si certains historiens avaient autrefois supposé que les animismes étaient des formes primaires ayant mûri jusqu'au concept abstrait de l'existence d'un Dieu unique, nous savons qu'il n'en est rien. Le monothéisme apparaît plutôt comme une épuration conceptuelle, réduisant l'animisme à une seule de ses croyances (celle du Dieu créateur), et évinçant tous les concepts liés aux esprits, forces naturelles et multiples divinités. Cette restriction a fait perdre une forme d'équilibre. Car c'est là un aspect très intéressant : l'animisme est un système profondément équilibré entre la prise en compte des besoins des individus et les nécessités organisationnelles collectives. Il assure une perspective rassurante aux personnes, avec l'espoir d'une félicité après la mort tout en associant cette promesse au respect de la solidarité. Cette solidarité se traduit à la fois par l'entraide, le partage et par la transmission d'un pouvoir entre générations, par le biais des anciens. Ceux qui prennent les décisions ne sont pas les « fils de », suivant un modèle généalogique, mais ceux désignés par la société en vertu de leur maturité. Les anciens, qui sont les plus proches des ancêtres puisqu'' ils vont très prochainement les rejoindre, disposent de l'autorité spirituelle. On peut leur adresser des requêtes, leur demander des faveurs, mais à eux seuls revient de décider. Contrarier les anciens expose à des conséquences semblables à celles de contrarier un ancêtre : Un ancien peut maudire une personne et sa descendance si elle s'est mal comportée, lui a manqué de respect ou lui a gravement désobéi. Cela permet de comprendre pourquoi on ne discute pas les décisions dans les cultures animistes et que le concept de vote s'y applique très mal[23].

---

[23] À tel point, qu'il arrive que les villageois à qui l'on demande de voter se tournent volontiers vers leur chef traditionnel pour lui demander ses consignes. Cette situation que

Pour des raisons qu'il est difficile de déterminer, le modèle animiste s'est transformé avec le développement des sociétés. Nous ne savons pas si cela est dû à des facteurs démographiques liés au développement de cités, avec un brassage des populations rendant impossible la gestion de l'intérêt commun par les chefs de lignage ou à d'autres facteurs comme les guerres, ou la nécessité de mieux structurer l'organisation sociale. Quoi qu'il en soit, un déséquilibre s'est instauré au bénéfice du pouvoir des gouvernants par rapport à celui de la multitude.

Les rituels religieux se sont transformés, portant davantage sur les offrandes faites aux dieux communs à tous qu'aux ancêtres des différentes familles. La religion est passée d'un stade familial à un stade social plus large rythmé non plus par des décès de personnes, mais par le cycle des cultures et des saisons. Les rituels se sont codifiés, et les fonctions jouées par les chamanes se sont diversifiées ou spécialisées. La communication avec les esprits et les fonctions de guérisseurs ont été transférées à certaines personnes (prophètes, devins, guérisseurs), tandis que les fonctions de sacrifices rituels ont été attribuées à d'autres : les prêtres sacrificateurs. Ce passage de l'animisme au polythéisme se caractérise donc par un déplacement : les dieux sont devenus prééminents sur les « esprits ». Cette évolution s'est opérée par une réduction de la sphère spirituelle et non par une ouverture à de nouveaux concepts. Ces prêtres ont pris un ascendant social considérable et se sont approprié les objets sacrés. Les équipements qui servaient aux chamanes à voyager dans le monde céleste et dans le monde souterrain ont été remplacés par des statues représentant les dieux, et pouvant être habitées par eux.

Telle était la situation dans le contexte dans lequel nous allons nous projeter à présent, dans le Proche Orient ancien et ses cités.

Les cités du Proche Orient ancien

L'environnement culturel du Proche Orient ancien nous est assez bien connu grâce à la découverte de très nombreuses tablettes d'argile gravées avec la première forme d'écriture de cette époque.

Nous savons ainsi que les sociétés étaient organisées en classes hiérarchisées avec à leur sommet le roi. Les classes proches du pouvoir avaient des droits supérieurs, puis venait la classe des prêtres, des notables, des hommes libres et des esclaves. Les rangs de ces derniers étaient constitués soit par les prisonniers de guerre, soit par des personnes endettées et ne pouvant plus rembourser qu'en se vendant elle-même, pour une période limitée. Les esclaves disposaient de droits restreints, mais restaient protégés par les lois.

---

l'on rencontre dans le Sud de Madagascar reflète une profonde différence entre des cultures reconnaissant une légitimité incarnée par le statut social et la nôtre, égalitariste, où c'est le vote de tous qui détermine celui à qui revient le pouvoir pour une durée limitée.

Au sein de chaque classe, les familles étaient elles-mêmes hiérarchisées avec des droits différents pour les hommes et les femmes. Il nous faut comprendre les véritables raisons qui supportent cette inégalité et qui ne sont pas liées à des histoires d'héritage culturel remontant à des temps primitifs où les hommes chassaient et combattaient tandis que les femmes s'occupaient des enfants. Ces clichés simplistes sont bien loin de logiques sociales bien plus subtiles.

Dans les premières sociétés du Proche Orient, la femme fut considérée par rapport à son pouvoir de donner des enfants et assurer la descendance non seulement du père, mais aussi de son clan. Ses enfants étant les héritiers des terres et troupeaux, elle jouait un rôle clé dans le maintien de l'intégrité territoriale. Si après un adultère, une femme avait un fils issu d'un autre père que son mari, pouvait se poser la question de la transmission de l'héritage. Il existait donc une logique d'unité sociale entre l'appartenance d'un homme à son clan, l'appartenance de la femme à son mari et la transmission des terres/troupeaux aux garçons.

La femme avait la responsabilité d'assurer la pureté des liens familiaux, ce qui impliquait une fidélité sans faille à son mari. Comme par ailleurs la sexualité féminine n'est pas limitée comme celle de l'homme dont le désir s'éteint après l'éjaculation, les premières sociétés ont souvent fait le choix de cantonner les femmes dans leurs foyers et les isoler pour limiter les risques de relations extra-conjugales. Cela nous permet de comprendre que l'adultère n'avait de sens que par le risque d'une descendance illégitime. Il ne concernait donc pas les hommes fréquentant les prostituées. La femme était considérée à travers son rôle de mère : comme ses enfants, elle était la propriété du père de famille. Elle n'était pas nécessairement considérée comme inférieure, comme en témoigne l'existence de prêtresses et de femmes d'affaires célibataires.

Les droits des hommes et des femmes appartenant aux différentes classes sociales étaient précisés par des règlements dont le plus célèbre est le Code d'Hammourabi, roi régnant sur Babylone près de trois mille ans avant notre ère. Plusieurs centaines d'articles précisaient déjà les sanctions à appliquer pour les transgressions aux règles sociales. La justice pouvait être rendue par des juges, des assemblées ou par ce que l'on nomme des ordalies. Elles consistaient à mettre en danger une personne, comptant sur l'intervention divine pour la sauver si elle n'était pas coupable. Dans ce cas, on pouvait jeter une personne dans un fleuve en remettant son jugement la divinité des eaux qui la sauverait de la noyade si elle était innocente (c'est ce qui attendait notamment les femmes accusées d'adultère). Comme ce dernier cas de figure l'illustre, la croyance en l'intervention des dieux dans la vie des humains était forte. Cela nous amène à décrire le fond religieux et la relation entre le divin et le profane.

Les humains étaient perçus comme des créatures au service des dieux dont il fallait satisfaire les exigences. On expliquait en effet les évènements funestes comme des interventions divines. Les mauvaises récoltes, les accidents et de nombreuses maladies étaient interprétés comme des punitions infligées par les dieux. Pour connaître leur volonté, les prêtres prétendaient être en mesure d'interpréter des signes de la nature. Cela explique le développement de l'astrologie, art d'interpréter la symbolique de la position des planètes au milieu des étoiles et des signes du ciel. Une éclipse totale était par exemple signe de l'imminence de la mort du roi. À l'annonce de ces présages, les Mésopotamiens avaient pour coutume de remplacer le roi par un condamné à mort ou un fou. Une fois la période néfaste passée, soit le « substitut royal » avait péri soit on le condamnait à mort afin que l'ancien roi retrouve sa place. Cette pratique est assez significative des croyances de cette époque.

Les dieux étaient pour la plupart considérés comme de tempéraments semblables à ceux des hommes, avec éventuellement un côté animal qui pouvait se traduire par des représentations mi-homme, mi-bête (représentation très répandue dans la mythologie égyptienne). On les considérait comme immortels, mais avec des traits de caractère qui n'en faisaient pas des modèles de bienveillance. Souvent jaloux et possessifs, ils pouvaient punir les hommes pour les avoir contrariés ou dérangés. Le mythe mésopotamien du déluge met ainsi en scène un dieu agacé par le tapage des habitants des villes et qui aurait décidé de noyer l'humanité. Notre salut aurait été dû à l'intervention d'un autre dieu ayant prévenu un homme afin qu'il construise une grande arche où il accueillerait toutes les espèces animales pour repeupler le monde après sa destruction (mythe de Enuma Elish).

La crainte des dieux et l'idée de leur puissance conduisirent chaque ville à se placer sous la protection d'une divinité qui lui était propre. Un effectif assez important de prêtres était au service du culte. La population leur apportait de nombreuses offrandes. La partie réservée aux dieux était l'odeur tandis que la partie solide pouvait être consommée. Le travail des prêtres consistait à honorer les dieux et choyer particulièrement la statue de la divinité tutélaire de leur cité. Elle était abritée dans une chambre sacrée, avec éventuellement celle de sa compagne et d'autres divinités secondaires. Au moins une fois par an, cette statue était promenée dans la cité au cours d'un grand défilé.

Ces villes, dont il nous faut dire quelques mots, étaient beaucoup plus développées qu'on ne se l'était imaginé jusqu'à récemment. Elles commerçaient entre elles en utilisant notamment les voies navigables, pour échanger du bois, des pierres, des métaux et bien entendu des produits agricoles comme les céréales, l'huile et même le vin et la bière. La production agricole était abondante dans les zones à proximité des fleuves où de grands ouvrages d'irrigation permettaient à l'agriculture de prospérer. L'élevage était lui aussi bien développé avec des vaches, moutons et chèvres en abondance.

Ces cités furent aussi en concurrence jusqu'à ce que des guerres ne conduisent à la constitution de petits royaumes les unifiant. Ces petits royaumes s'affrontèrent à leur tour jusqu'à la constitution d'Empires. Ces empires se disloquèrent à plusieurs reprises et le Proche Orient ancien connut une alternance de domination par différents peuples assyriens, babyloniens, perses... Une des conséquences de ce brassage étalé sur des centaines d'années fut le développement d'une religion de synthèse : le judaïsme.

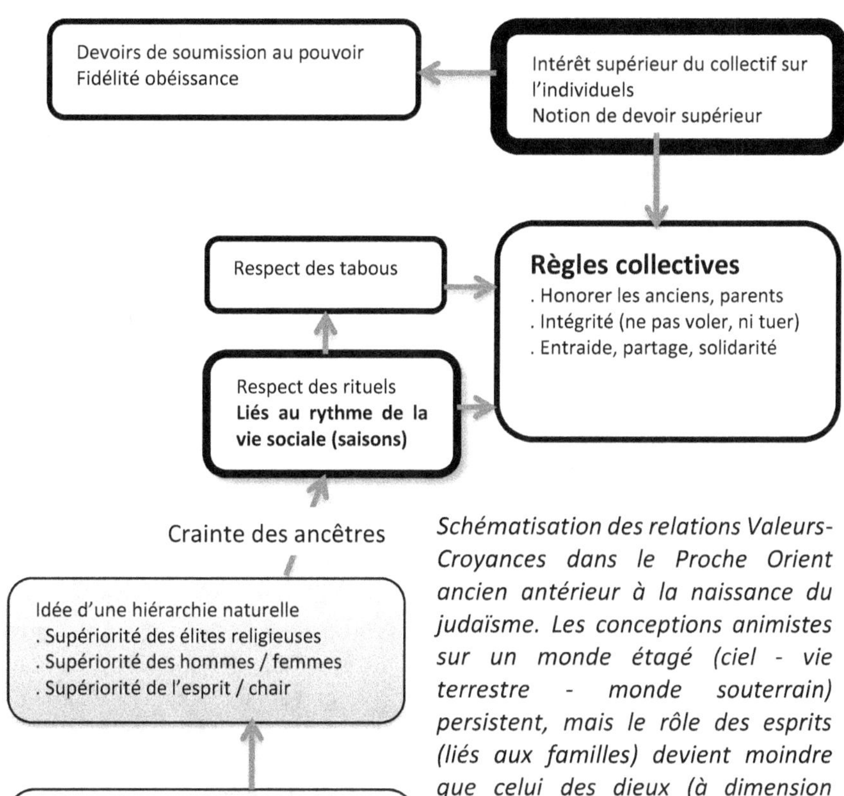

Schématisation des relations Valeurs-Croyances dans le Proche Orient ancien antérieur à la naissance du judaïsme. Les conceptions animistes sur un monde étagé (ciel - vie terrestre - monde souterrain) persistent, mais le rôle des esprits (liés aux familles) devient moindre que celui des dieux (à dimension collective plus large) : Les rituels funéraires, centrés sur le devenir des défunts destinés à devenir des ancêtres, ont évolué vers des rituels religieux dédiés aux dieux et effectués périodiquement. Les règles collectives ne sont plus sous l'autorité des anciens, mais d'un pouvoir royal centralisé.

L'émergence du judaïsme, une religion au service de rois puis de prêtres

Le judaïsme est une religion qui est aujourd'hui pratiquée par une proportion assez faible de la population mondiale. Considérer que l'importance d'une religion se mesure au nombre de ses adeptes serait cependant une erreur. Considérer que l'importance d'une religion se limite à ce qu'elle représente aujourd'hui en est une autre. Si le judaïsme est une religion de première importance et qui mérite une grande attention, c'est parce qu'il fut la source des principaux monothéismes qui dominent aujourd'hui le monde et des références culturelles occidentales qui en ont émané. L'influence du judaïsme peut se comparer à celle qu'ont eue nos parents au cours de notre vie. Nous étions conscients de leur importance durant notre jeune âge et puis nous avons pensé qu'ils n'exerçaient plus grande influence sur nous le jour où nous avons pris notre indépendance. Et pourtant tous les psychologues s'accordent à reconnaître que leurs marques sur notre personne sont profondes et fortes. Nos parents nous ont légué des repères et des valeurs que nous conservons toute notre existence. Ainsi en est-il du judaïsme, qui plusieurs millénaires après sa naissance imprègne de ses repères la plus grande partie de l'humanité, des repères assez différents de ceux qui dominent en Asie, signalons-le au passage, où le principe de la réincarnation est au cœur des croyances.

Comprenons que l'étude de l'émergence du judaïsme est celle de nos origines culturelles et celle de la majorité des habitants de la planète. Ces origines ne sont pas à mettre en relation directe avec ce qu'est le judaïsme aujourd'hui, ce que représentent les juifs aux yeux de certains, ou ce qu'est la politique israélienne. Plusieurs millénaires après sa genèse, le judaïsme d'aujourd'hui n'est pas plus proche de ce qu'il était que la ville moderne de Jérusalem n'est proche du village de 6000 habitants qu'elle était sous le règne du roi David. Effaçons donc toute idée sur le judaïsme liée à sa forme présente, et remontons les âges. Essayons d'entrer dans l'esprit de ceux qui conçurent une vision du monde et de la société dans le contexte du Proche Orient ancien.

Les séquences historiques

L'histoire du judaïsme est complexe et très éloignée du récit qui en est donné dans la Bible. Dans les quelques pages qui suivent, sa description sera réduite à ses éléments essentiels, ce qui pourrait apparaître comme une façon maladroite de la résumer. J'ai consacré un ouvrage beaucoup plus fouillé pour ceux qui souhaiteraient approfondir ce sujet passionnant, et dont les pages suivantes forment une synthèse très condensée[24]. Ces précautions étant prises, entrons à

---

[24] « Et ils créèrent Adam, Abraham, Moïse… de la naissance du judaïsme à l'émergence d'une morale traditionnelle », Fabrice Lheriteau, Createspace, 2017.

présent dans le vif du sujet.

Durant le premier millénaire avant notre ère, le Proche Orient était un espace que l'on peut banalement décomposer en cinq ensembles géographiques : le Centre, le Nord, l'Est, l'Ouest et le Sud. De ces espaces ont afflué successivement une série d'envahisseurs qui, choc après choc, ont provoqué l'évolution des formes religieuses. Nous allons les passer en revue et décrire ces évolutions successives, jusqu'à la formalisation du judaïsme des origines.

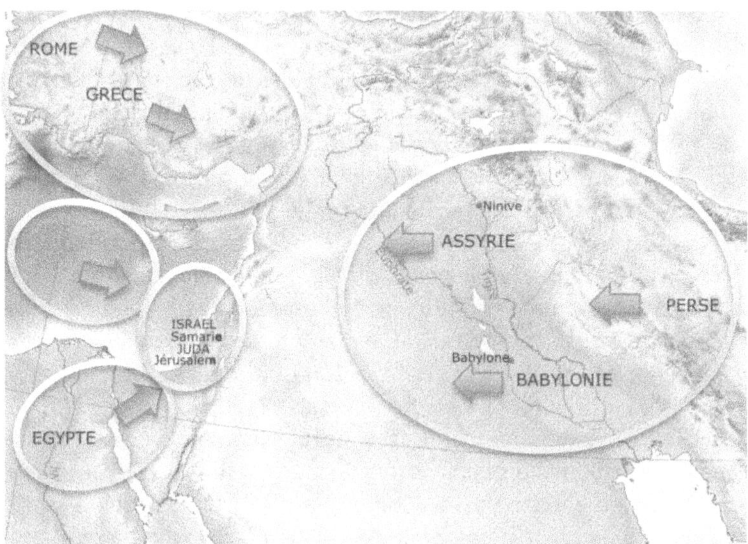

Les zones les plus influentes du Proche Orient Ancien sur la création du judaïsme : Au sud l'Égypte, au Nord la Grèce et l'Empire romain, à L'Est la Méditerranée (peuples de la mer), à l'Ouest l'Assyrie, la Babylonie et la Perse, au Centre Le pays de Juda et Israël.

Au sud se trouvait l'Égypte, puissante civilisation auréolée de prestige, pays fertile et riche grâce à la générosité du Nil. L'Égypte domina un temps l'ensemble du Proche Orient ancien. Ce pays représentait une zone refuge où l'on partait chercher du travail en cas de difficulté et où les commerçants pouvaient espérer prospérer. Elle était aussi une grande puissance militaire qui étendit son influence jusqu'à l'Euphrate. Elle a soumis toute la zone de l'actuel Israël.

L'Égypte fit de nombreux esclaves durant des phases de conquêtes et imposa ensuite des régimes de vassalité, c'est-à-dire d'obligation pour tous les rois locaux de payer des « taxes » et satisfaire divers besoins des Égyptiens (comme héberger l'armée en déplacement). Cette situation, dans une zone relativement aride, où l'agriculture était aléatoire et où les mauvaises récoltes créaient des épisodes de difficulté alimentaire de manière récurrente, conduisit les plus pauvres à rallier des bandes nomades de « brigands » vivant à l'écart des cités.

Ces exclus s'organisèrent. Ils pratiquaient des attaques pour s'approvisionner en nourriture, troupeaux et biens. Les bandes rebelles ainsi constituées, qui terrifiaient les administrateurs égyptiens, étaient appelées Apirou ou Abirou, dont le nom a donné le mot « Hébreu »[25]. Malgré quelques victoires, leurs assauts ne triomphèrent pas des forces égyptiennes. Beaucoup d'Hébreux furent capturés et réduits en esclavage, comme cela se pratiquait habituellement. Ces esclaves furent utilisés en divers sites et une partie d'entre eux envoyés en Égypte pour servir de main d'œuvre domestique ou pour des travaux divers.

Les Hébreux formaient donc initialement des ensembles de guerriers nomades, rebelles à la domination égyptienne. Au sein de ces groupes s'affirma le culte d'un dieu appelé Yaho, s'écrivant HYWH en langue hébraïque et qui donna le mot Yahvé. À partir de ressources archéologiques et d'une lecture attentive de la Bible, les historiens sont parvenus à reconstituer en partie l'histoire de ce dieu. Un faisceau d'indices suggère qu'il est apparu dans la zone carrefour entre Arabie, Israël et Égypte actuels, dans ce que l'on appelait la région d'Edom. Il fut un dieu associé aux montagnes et à l'orage, manifestations de puissance, ainsi qu'à la lune et à la guerre. Il s'affirma comme dieu protecteur que les groupes nomades invoquaient lors des batailles dans la zone sud de l'actuel Israël, qui formait autrefois le pays de Juda (dont le nom donna « la Judée » sous l'Empire romain, et d'où est tiré le mot judaïsme). L'attribut guerrier de ce dieu est encore manifeste dans la Bible où l'expression Yahvé Sebaot, c'est-à-dire « Yahvé des armées » est très largement employée. Comme la plupart des dieux à cette époque, Yahvé avait l'apparence d'un homme assis sur un trône avec à ses pieds des gardiens protecteurs mi-homme, mi-animal : les chérubins.

L'Égypte déclina brusquement vers le début du premier millénaire avant notre ère sous l'effet d'invasions de « peuples de la mer », dont on suppose qu'il s'agit de peuples survenus de la méditerranée et qui débarquèrent sur la frange ouest du Proche Orient. Ils donnèrent naissance à deux peuples d'une grande importance dans l'histoire du judaïsme : les Philistins au Sud et les Phéniciens au Nord. Nous devons en toucher quelques mots.

---

[25] L'étymologie du mot du mot Hébreu est encore sujette à controverse dans la communauté scientifique. Une large majorité d'expert s'accordent néanmoins à l'associer aux Apirous. Dans la Bible, l'usage du mot « Hébreu » est par ailleurs limité à un faible nombre de récits de la période de domination Egyptienne.

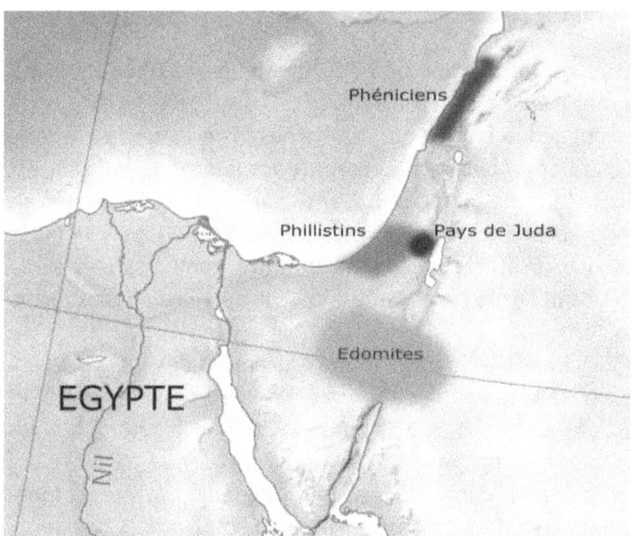

La zone édomite est la zone considérée par les historiens comme celle où le dieu Yahvé s'affirma. Son culte diffusa vers le nord. À la chute de la domination égyptienne, Philistins et Phénicien s'imposèrent. Le pays de Juda fut un État vassal des Philistins. Il fut de religion yahwiste, en opposition avec la religion baaliste phénicienne.

Les Philistins ont donné leur nom à la zone aujourd'hui appelée Palestine. Ils ont longtemps représenté les ennemis d'Israël et formaient, selon la Bible, le seul peuple entre l'Égypte et l'Euphrate qui ne descende pas du patriarche Abraham (ce qui en dit long sur l'hostilité des rédacteurs de la Bible vis-à-vis d'eux). Selon certains historiens[26], les Philistins ne devraient pas être considérés comme un peuple à part entière mais plutôt comme un ensemble de peuples localisés dans la zone de l'actuelle Palestine. C'est en luttant contre eux que le roi David aurait conquis son territoire, ralliant les forces hébreux que nous avons déjà évoquées. Son armée de rebelles et d'esclaves échappés serait venue à bout de ces Philistins, selon la Bible. La plupart des historiens considèrent cependant qu'il aurait plutôt été leur vassal, c'est-à-dire que bien qu'étant roi, il aurait été soumis à leur autorité, devant s'acquitter de taxes. D'après les fouilles archéologiques, et contrairement à ce qui est affirmé dans la Bible, le roi David, n'aurait régné que sur un royaume de faible de dimension, sa capitale, Jérusalem ne comportant à cette époque que 6000 habitants. Néanmoins, il est possible que, comme le prétend la Bible, il ait été le premier roi local ayant régné sur le pays de Juda.

L'autre grande puissance du littoral était formée par les Phéniciens, le peuple qui diffusa dans le Proche Orient une invention majeure : l'alphabet. Alors que

---

[26] Voir les cours du Collège de France de Thomas Römer.

l'écriture reposait en effet sur l'utilisation de petits symboles, l'alphabet permit de représenter chaque mot avec un ensemble limité de caractères, ce qui rendit l'utilisation de l'écriture beaucoup plus aisée. Les Phéniciens dominèrent la zone au nord de Jérusalem que l'on appelait la Samarie (dont le mot Samaritain est tiré) et rendirent populaire leur dieu Baal, représenté par un veau. Ce dieu avait des attributs assez comparables à ceux de Yahvé dans le pays de Juda : dieu des orages et de la guerre, dieu protecteur invoqué lors des combats. La grande différence avec Yahvé reposait sur sa représentation, le veau au lieu d'une forme humaine.

Naturellement, lorsque la Samarie et le pays de Juda furent unifiés, sans doute à l'époque du roi David, se posa la question de la rivalité entre les cultes de Baal et de Yahvé. La querelle dura plusieurs générations. L'histoire fit triompher les prêtres yahvistes grâce à une purge menée par un roi débarqué de Syrie qui s'imposa en Israël[27] et qui considérait le pouvoir religieux baaliste comme menaçant son autorité. Il balaya donc le pouvoir religieux du Nord et prit appui sur le courant rival : le yahwisme. Depuis cette période, le yahwisme du Sud devint la religion dominante sur toute la zone de l'actuel Israël, le baalisme étant désormais associé à un culte minoritaire et d'opposition. Signalons au passage que la représentation que l'on se fait aujourd'hui du diable, avec ses cornes et ses sabots, est un héritage de cette dévalorisation du dieu bovin qui concurrença Yahvé. Yahvé, dès cette période devint le dieu protecteur du peuple israélien, mais pas encore le seul autorisé. Cette forme religieuse où un dieu domine les autres s'appelle hénothéisme. Nous avons déjà vu qu'il s'agissait d'une forme courante dans les cités du Proche Orient ancien.

Quelques décennies plus part, un autre grand empire s'affirma dans le Proche Orient : l'empire assyrien, dont le cœur se situait dans l'Irak actuel. Il s'agit de la troisième zone majeure d'influence que nous allons décrire. Les Assyriens disposaient d'une armée et de techniques militaires puissantes qui leur permirent de régner sur l'ensemble du Proche Orient ancien pendant quelques siècles. Ils appliquèrent le modèle de pacte de vassalité soumettant tous les rois à des obligations de « taxes » ou tributs. Ce modèle, les historiens en ont la preuve, inspira la notion de pacte entre Yahvé et son peuple, notion pilier du judaïsme. Elle fut formulée dans la Bible en reprenant, presque à la lettre, un traité assyrien et en transposant le devoir d'allégeances non plus à un roi, mais au dieu protecteur Yahvé. Ci-après, nous avons reproduit en partie le texte assyrien mis en parallèle avec le code biblique (livre du Deutéronome) et surligné en gras les formulations communes, qui mettent en évidence le lien entre ces deux sources.

---

[27] Le général Jehu, allié des Syriens, qui prit le pouvoir en Israël et que la Bible présente comme le sauveur du yahvisme.

Traité d'Assarhaddon (-672)	Code du Deutéronome (Bible)
(266-68) **Tu aimeras Assurbanipal**…roi d'Assyrie, ton seigneur, **comme toi-même.** (195-97) **Tu te tiendras à tout ce qu'il dit et feras** tout ce qu'il commande, et tu ne te chercheras aucun autre roi ou seigneur contre lui. (283-91) Ce traité…**tu le diras à tes fils** et petits-fils, ta semence et la semence de ta semence qui naîtra dans l'avenir. Que les dieux nommés dans cette tablette du traité rendent ton sol aussi étroit qu'une brique… **De même que la pluie ne tombe pas d'un ciel d'airain**… au lieu de rosée, que **des charbons ardents pleuvent sur ton pays**… Que Ninurta, le premier parmi les dieux, t'abatte de sa flèche féroce ; qu'il remplisse la plaine de ton sang, qu'il **nourrisse de ta chair l'aigle et le vautour** Que Sin, l'éclat du ciel et de la terre, **te vête de lèpre** et t'interdise l'accès aux dieux et au roi. Erre dans le désert comme l'âne sauvage et la gazelle. Que Shamash, la lumière du ciel et de la terre, ne te juge pas avec justice. Qu'il **te prive de la vue. Marche dans l'obscurité.**	**Tu aimeras Yahvé ton Dieu de tout ton cœur**, de toute ton âme et de tout ton pouvoir. *(Deutéronome 6,5)* **Que ces paroles que je te dicte aujourd'hui restent dans ton cœur** ! *(Deutéronome 6,6)* **Tu les répéteras à tes fils**, tu les leur diras aussi bien assis dans ta maison que marchant sur la route, couché aussi bien que debout ; *(Deutéronome 6, 7)* **Les cieux au-dessus de toi seront d'airain et la terre sous toi sera de fer.** *(Deutéronome 28, 23)* **La pluie de ton pays, Yahvé en fera de la poussière et du sable ; il en tombera du ciel sur toi jusqu'à ta destruction.** *(Deutéronome 28, 24)* Ton cadavre sera la **pâture de tous les oiseaux du ciel** et de toutes les bêtes de la terre, sans que personne ne leur fasse peur. *(Deutéronome 28, 26)* **Yahvé te frappera d'ulcères** d'Égypte, de bubons, de croûtes, de plaques rouges dont tu ne pourras guérir. *(Deutéronome 28,27)* Yahvé te frappera de délire, **d'aveuglement et d'égarement des sens**, au point que tu iras à tâtons en plein midi comme l'aveugle va à tâtons dans les ténèbres, et tes démarches n'aboutiront pas. Tu ne seras jamais qu'exploité et spolié, sans personne pour te sauver. *(Deutéronome 28, 28-29)*

Dans le modèle assyrien, la rupture du pacte de vassalité était associée à la malédiction de tous les dieux qui chacun devait frapper de sa puissance le roi et le peuple qui l'auraient trahi. Dans le judaïsme naissant, la désobéissance aux règles dictées par Yahvé conduisait à la punition de son peuple suivant exactement les mêmes châtiments.

Parmi ces règles apparut celle de l'exclusivité du culte, c'est-à-dire l'interdiction d'adorer d'autres dieux. Il ne s'agissait pas encore de monothéisme (l'idée qu'un seul dieu existe), mais de monolâtrie (un seul dieu est reconnu légitime). Cette nouveauté, instaurée pour écarter toute rivalité et centrer la religion autour du roi, se justifia en expliquant la défaite face aux Assyriens par la colère de Yahvé qui aurait envoyé ces armées ennemies pour punir le manque de loyauté de son peuple. Le roi fit agrandir le principal temple de Jérusalem consacré à Yahvé et lui conféra une dimension nouvelle, celle d'un temple central, cœur de la pratique religieuse et du prélèvement des impôts destinés à financer les ambitions royales. Les raisons réelles qui ont motivé l'interdiction des cultes autres que celui de Yahvé, sont probablement plus politiques que spirituelles. Nous savons que le culte d'un dieu unique avait déjà été pratiqué en Égypte par la décision du pharaon Akhenaton en conflit avec une partie de la classe religieuse. Cette décision lui permit de mieux asseoir son pouvoir et s'assurer l'exclusivité des dons de nature religieuse (qui représentaient des sommes colossales dont les prêtres avaient la libre utilisation). Sur la zone qui nous concerne, nous savons aussi que dans le contexte de la domination assyrienne, un flot massif d'immigrés originaires des régions baasistes du nord se réfugièrent à Jérusalem et qu'il est fort vraisemblable que la décision d'interdire les autres cultes que ceux de Yahvé soit liée à cette situation. La population de Jérusalem passa en effet de 6 000 à 60 000 habitants à cette période, ce qui apparut comme une invasion par des personnes pratiquant une religion concurrente. **C'est à ce moment précis que débutèrent l'interdiction et la destruction des lieux de cultes autres que ceux de Yahvé.** La persécution des autres cultes porta en priorité sur celui de Baal, porteur d'une religion rivale, mais aussi sur le culte de l'arbre cosmique nourricier, héritage des temps animistes, et avait pris la forme de compagne de Yahvé (Ashera). Nous ne l'écrivons qu'en quelques lignes, mais cette explication sur l'origine du culte d'un dieu unique est d'une importance capitale. Elle contredit les interprétations qui sont souvent faites en considérant que les croyances auraient « naturellement » évolué vers le concept d'un Dieu universel et unique. Le culte du Dieu unique fut un acte politique de domination, à l'image de ce que les dictateurs imposent aujourd'hui sous forme de parti unique. Ce ne fut pas une avancée intellectuelle et encore moins un choix collectif.

Comme tout empire, celui des Assyriens finit par décliner. Le royaume d'Israël put alors disposer d'une autonomie pendant quelques années et commencer à rêver de constituer à son tour une grande puissance sur un territoire étendu de l'Égypte jusqu'à l'Euphrate. Le roi Josias fut le grand porteur de cette volonté. Nous lui devons aussi une importante avancée religieuse dans la mesure où c'est sous son règne que la religion juive commença à se structurer autour d'une histoire expliquant l'origine de ses pratiques[28]. Mais après quelques conquêtes militaires sur le front Est, l'ambition de Josias fut brisée. Il décéda en effet lors d'une bataille contre les Égyptiens à Meggido, dont le nom fut plus tard repris comme celui de Maggedon, lieu de la bataille finale entre le bien et le mal dans la mythologie (la bataille d'Armageddon).

Ce revers fut succédé par l'invasion par autre peuple venue de l'Est : les Babyloniens. Après avoir pris possession de la ville de Jérusalem, et détruit le temple réputé imprenable, ils déportèrent les élites et une partie de la population dans leur capitale à Babylone. Cet évènement constitua un traumatisme extrême, notamment parce que le temple de Jérusalem, construit sur le mont Sion et que l'on considérait comme l'invulnérable demeure de Yahvé, avait été détruit. Comment expliquer aux fidèles qu'un tel évènement ait pu se produire ? Fallait-il admettre que Yahvé était plus faible que le dieu des Babyloniens ?
Les élites religieuses, lors de la fameuse « captivité de Babylone », entreprirent donc de reformuler la religion. Durant cette période qui s'étala sur environ deux générations, la religion devait notamment pouvoir fonctionner sans temple. Pour remplacer ce lieu spatial de rendez-vous religieux, on instaura un rendez-vous temporel : le jour du Shabbat. Il est utile de préciser comment ce temps de repos hebdomadaire s'instaura dans le judaïsme naissant :
Dans la société babylonienne, il existait des jours « néfastes » pour le travail, des jours réputés comme maudits durant lesquels on considérait qu'il ne fallait rien entreprendre et qui furent donc déclarés « fériés ». Ces occasions permettaient aux membres de la communauté juive de se retrouver périodiquement. Or ces jours étaient associés au cycle lunaire, divisé en 4 périodes de 7 jours. Tous les 7 jours, il était donc possible pour les captifs plus ou moins réduits à l'esclavage de se rassembler. Ces jours « maudits » dans la culture babylonienne devinrent ainsi des jours « sacrés » dans la culture judaïque, jours d'unité autour de la religion et donc dédiés à Yahvé et lui seul.
D'autres règles permirent de préserver l'identité des exilés et notamment des interdits alimentaires. De nombreuses prescriptions ont, de fait, créé une situation d'exclusion culturelle puisqu'il ne devenait plus possible de partager les

---

[28] Martin Noth (1902-1968) fut l'historien qui formula le premier la théorie du modèle Deutéronomiste aujourd'hui largement acceptée, suivant laquelle l'histoire du peuple juif commença à être façonnée sous le règne du roi Josias, puis fut retravaillée à au moins deux époques ultérieures, après la première destruction du temple et au retour de l'exil à Babylone.

repas avec d'autres personnes que celles de culture juive. La liste d'aliments et de pratiques culinaires interdites ont donc été utilisées à des fins de cohésion et repliement identitaire. Ce cloisonnement des repas peut surprendre, car rien ne semble plus innocent que de partager un couvert. Pourtant, dans les cultures traditionnelles, le repas en commun est ciment, un lien. Plus encore, on le considère comme un prélude amoureux (encore aujourd'hui, la séduction passe souvent par un dîner romantique).

Enfin, une troisième pratique majeure fut instaurée comme rituel : la circoncision des enfants. Plusieurs peuples du Proche Orient Ancien pratiquaient la circoncision, mais pas les Babyloniens. Ce rite fut donc encore une occasion de se distinguer de la population et, par sa nature, de créer une marque indélébile, empêchant la possibilité de s'extraire de la communauté et d'abandonner ses rangs. Le fait que le rite s'applique dès les premiers jours constituait également une pratique distincte de celle des autres peuples pratiquant la circoncision comme un rite de passage de l'enfance à l'adolescence.

La période de l'exil babylonien fut donc essentielle dans la constitution de nouveaux repères. Durant cette phase, le judaïsme s'imprégna aussi de nombreuses légendes mésopotamiennes qui s'intégrèrent dans une tentative de narration de l'histoire du peuple juif depuis la création du monde. Parmi ces légendes, on peut notamment citer celle du jardin d'Eden, de la tour de Babel et celle du déluge[29]. Le temps de l'exclusion à Babylone conduisit à la refondation de la religion sur une épopée articulée autour du personnage de Moïse et de rituels renouvelés, c'est-à-dire un nouveau socle.

Toujours en provenance de l'Est, une autre civilisation intervint ensuite : celle des Perses, originaires de la zone de l'Iran actuel. Comme les Assyriens et les Babyloniens avant eux, les Perses constituèrent un immense empire qui domina tout le Proche Orient ancien. La culture perse se distinguait cependant par de nombreux points de celles des empires précédents. Sa grande originalité était d'abord religieuse, avec son modèle monothéiste : le zoroastrisme. Il nous faut en rappeler quelques éléments.

---

[29] L'Assyriologue George Smith révéla en 1872 la première traduction de tablettes trouvée à Ninive et datant du 7e siècle avant notre ère, qui relatait l'épisode du déluge avec nombre de détails correspondant de manière étroite au récit biblique. Cette légende s'insérait dans une épopée dont on connait aujourd'hui bien les détails et qui ne laissent planner aucune ambiguïté sur leur influence dans la rédaction de la Bible.

D'autres légendes mésopotamiennes peuvent être mise en étroite relation avec des textes de la Genese comme celui de Ninhursag pour le récit sur le jardin d'Eden.

Zoro est arrivé

Vers le 6ᵉ siècle avant notre ère, sans que l'on en comprenne les raisons, la plupart des grandes religions qui dominaient le monde furent contestées par l'émergence de nouvelles formes : les religions du salut. Elles opposèrent l'introspection à la pratique des rituels, l'expérience personnelle à la croyance aux dogmes, le cœur à la pensée. Ce fut le cas en Inde avec l'apparition du jaïnisme et du bouddhisme, en Chine avec le taoïsme et le confucianisme, en Grèce avec les poussées démocratiques. Dans tous ces exemples, les nouvelles formes contestatrices de la prééminence des rituels sur l'éthique furent portées par les personnages historiques devenus des célébrités. Ils proposèrent chacun une totale révision sur la morale et de nouvelles interprétations du monde. L'historien qui le premier remarqua cette étrange synchronicité de l'avènement des religions du salut conduit par des rebelles idéologiques employa le terme « de personnages paradigmatiques », c'est-à-dire qui changèrent la manière d'interpréter le monde[30]. L'un d'entre eux exerça une influence déterminante dans le Proche Orient : Zoroastre. Dans la Perse, zone de l'actuel Iran, ce berger dont on suppose l'existence entre le 6ᵉ et le 9ᵉ siècle avant notre ère, donna naissance au Zoroastrisme.

Dérivé des religions originaires d'Inde, polythéistes et dominées par des ensembles de divinités « bienfaisantes » en conflit avec des « démons », le zoroastrisme fut une des premières religions à contester l'autorité de la classe sacerdotale. Il affirma que le comportement des individus était plus important que leur soumission à des rituels et l'obéissance aux élites religieuses. Le berger prophète Zoroastre proposa une nouvelle vision de l'existence où les divinités occupaient une importance secondaire (et donc les rituels qui leur étaient associés) ; ce qui comptait était l'usage du libre arbitre, notre choix de suivre l'esprit du bien ou l'esprit du mal. Zoroastre replaça donc l'individu au centre de la religion, individu qui après sa mort, serait jugé et gagnerait soit le paradis, soit l'enfer. Quant aux différents dieux, Zoroastre les considéra comme les facettes d'un dieu unique : Ahura Mazda. Cette interprétation monothéiste du monde cassait le fonds de commerce des prêtres, comme l'avaient fait déjà en Inde le bouddhisme et le Jaïnisme qui proclamaient également que la moralité reposait sur des valeurs de bienveillance et de compassion et non sur le respect de la hiérarchie sociale et l'obéissance aux prêtres. Le zoroastrisme aspirait à l'égalité des hommes, condamnant entre autres l'esclavage. Il condamnait aussi l'idolâtrie, c'est-à-dire l'attachement à

---

[30] Karl Jaspers (1883-1869) développa le concept de la « période axiale », basculement simultané des religions vers le 6ᵉ siècle avant notre ère, notamment dans l'ouvrage « Origines et sens de l'histoire » (Plon, 1954). Son modèle est très largement repris par les historiens.

des représentations matérielles plutôt qu'à des valeurs morales. Les enjeux sociaux autour de cette révolution religieuse sont évidents : le zoroastrisme fut une religion au service d'un renversement de la classe des prêtres, légitimant une égalité entre tous les hommes.

On peut considérer que le zoroastrisme marque un retour vers les approches animistes qui plaçaient l'individu au centre de la religion (l'âme des défunts voyageant dans le monde invisible et devant y affronter des épreuves pour atteindre les sphères supérieures, ou bien échouer et finir dans le monde souterrain). Il est assez logique que les influences nomades aient conservé des repères chamaniques qui aient fini par séduire des peuples sédentaires étouffés par les évolutions cléricales, de plus en plus prédatrices.

Finalement le zoroastrisme, religion née d'une rébellion, devint malgré tout religion d'État, celle du roi perse. En passant sous le contrôle royal, le zoroastrisme se transforma et devint à son tour un instrument du pouvoir. Néanmoins, il véhicula de nouvelles idées dans tout l'empire : celle d'un Dieu unique, celle d'un jugement des individus à leur mort en fonction du bien ou du mal qu'ils ont commis. Le zoroastrisme diffusa aussi le mythe d'une proche fin du monde précédée par la venue d'un messie roi et d'un messie prêtre. Cette destruction serait le prélude d'un temps nouveau où revivraient les justes. Tous ces éléments furent probablement considérés avec intérêt par les exilés israélites demeurant encore à Babylone. Ils les intégrèrent quoi qu'il en soit à leur religion révisée.

Le zoroastrisme fit passer le judaïsme de religion n'autorisant le culte que d'un seul dieu à une religion ne reconnaissant l'existence que de ce dieu. Ce tournant constitue le passage de la monolâtrie au monothéisme.

Les idées des Perses furent accueillies avec autant d'enthousiasme qu'en vainquant les Babyloniens, ils libérèrent les exilés juifs. Ils leur permirent de retourner sur leur terre d'origine et recouvrer le pouvoir. Ce fut là une grande innovation politique : le respect de la diversité religieuse, innovation stratégique qui fut ensuite reprise par d'autres grands empires comme celui des Grecs. Le roi perse Darius fut ainsi considéré comme le libérateur du peuple juif et bénéficia d'une reconnaissance extrêmement forte, jusque dans les textes religieux qui le couvrent de flatteries. Nous ne disposons pas de sources extra testamentaires qui confirment la version exposée dans la Bible, mais elle semble très plausible : le roi perse aurait mandaté quelques notables juifs libérés de Babylone pour administrer leur pays d'origine. Cela correspond à la pratique des Perses, gérant les territoires conquis suivant une assez large diversité de mécanismes, dont cette forme de délégation de pouvoir politico-religieuse.

Le retour des exilés sur la terre de leurs ancêtres marqua un tournant dans l'évolution du judaïsme, un des plus importants, avec une nouvelle recomposition de l'histoire du peuple juif, une nouvelle phase réécriture de la religion, axée sur la légitimité des exilés par rapport à celle des autochtones qui n'avaient pas connu la déportation.

Malgré les faveurs de l'autorité perse, les exilés de retour durent faire face à une forte résistance de la part des populations locales qui n'acceptèrent pas de bon cœur cette nouvelle situation. Pourquoi payer l'impôt à ces élites de retour de Babylone ? Pourquoi leur restituer des terres ? Pourquoi se soumettre à une religion si austère et différente de celles qu'ils pratiquaient ?

Un régime assez autoritaire fut alors imposé avec une application ferme de la religion rénovée, l'interdiction de mariages entre juifs et non-juifs et l'annulation des mariages mixtes déjà établis. Au cours de cette nouvelle étape, les textes religieux furent retravaillés en tentant de formuler une version de synthèse entre tous les textes déjà rédigés : ceux des écoles du Nord (Samarie), ceux des écoles du Sud (du pays de Juda), ceux rapportés de Babylone avec leur ajout de légendes mésopotamiennes et aussi ceux d'exilés de retour d'Égypte. Cette synthèse aboutit au final à la compilation de six livres rapportant l'histoire du peuple juif de la création du monde à la formation du premier royaume. Cet ensemble fut complété par d'autres textes rassemblés au final en trois corpus : les textes de la Loi, les textes des Prophètes et les Écrits. Ils formèrent une collection : la Bible hébraïque. Au cœur de cette composition, deux grands récits centraux servirent de fil directeur : celui d'Abraham et de Moïse. Profondément remaniés, les récits autour de ces personnages furent finalement assez éloignés des versions initiales. On leur inventa notamment une origine extra territoriale pour créer un parallèle avec le pouvoir juif qui de retour de l'exil, cherchait à se présenter comme pouvoir légitime suivant les traditions liées à Yahvé. On prétendit qu'Abraham était originaire de Mésopotamie[31] et que Moïse était né en Égypte. L'élaboration de ces histoires est en soi une histoire passionnante, mais que nous n'allons pas redévelopper ici. Les historiens ont pu retracer leur composition et découvrir par exemple que Moïse ne figurait initialement pas dans le récit de la sortie d'Égypte ou encore que le récit de sa naissance fut inspiré par la légende de celle du roi Sargon d'Akkad[32].

---

[31] De nombreux spécialistes de la Bible, comme Thomas Römer, professeur au collège de France sur les milieux biblique, soutiennent que le personnage d'Abraham est une figure ancestrale qui, s'il a existé, n'a probablement jamais quitté la région qui lui est associée, autour d'Hébron. Tous ses déplacements, ses migrations de la Babylonie à l'Egypte, ont un sens purement symbolique pour définir son l'héritage territorial tout en créant un parallèle entre lui et ceux de retour d'exil.

[32] Des tablettes d'argiles, datées du 8e-7e siècle avant notre ère, décrivent comment le roi Sargon fut caché dans une corbeille de roseaux livrée à un fleuve, puis élevé dans l'anonymat avant de devenir roi. Il existe deux rois Sargon ayant eu un destin royal dans le proche Orient ancien. Le premier est Sargon d'Akkad, qui a régné entre -2334 et -2279 en Mésopotamie et le second fut un roi Assyrien ayant régné de -722 à -705.

Retenons simplement que la rédaction de la première Bible fut un processus qui s'étala sur plusieurs générations, et qui continua d'évoluer après sa première formalisation. Ce travail visait plusieurs objectifs :

- Établir une version de référence de l'histoire pour tous les juifs,
- Légitimer le nouveau pouvoir religieux en place,
- Fixer les repères idéologiques majeurs tels que les rituels et les fêtes, les principes sociaux et moraux, et les valeurs qui les soutiennent.

La Bible devint le pilier de la culture juive. Le concept central de cet ensemble de textes fut l'idée de l'existence d'un Dieu unique, créateur du monde. Cette conception nouvelle obligea à une révision de tous les récits sur les légendes antérieures.

On exposa que Yahvé aurait passé un pacte avec Abraham, ancêtre des juifs, mais aussi des Arabes, en lui promettant une terre pour sa descendance en échange de sa fidélité. Le peuple juif aurait ensuite été conduit par Yahvé qui le libéra de l'esclavage en Égypte où il aurait émigré, jusque sur les terres du pays de Canaan. On expliqua que Yahvé ne s'était véritablement révélé qu'à Moïse. Avant lui, les lois divines n'étaient pas encore connues, et la diversité religieuse des premiers âges aurait été la source de tous les maux. Le lien entre israélites et le Dieu unique fut expliqué par le pacte passé d'abord avec Abraham puis Moïse (les tablettes des dix commandements représentant le «contrat » entre Yahvé et le peuple israélite). Ce que l'on appelle monothéisme juif prit donc forme à cette époque. Dans le détail, mentionnons qu'il évolua d'une forme exclusive où Yahvé était d'abord le Dieu des Juifs et secondairement celui de tous les hommes, à une forme inclusive où il fut considéré d'abord comme le Père de l'humanité avec une simple préférence pour le peuple juif.

La classe des prêtres marqua en profondeur la rédaction des textes, en instillant un principe clé : toute activité devait être régulée suivant la volonté divine et les desseins de Dieu. Le symbolisme fut une clé fondamentale pour interpréter cet ordre. Ainsi, les prêtres définirent les critères suivant lesquels un aliment pouvait être consommé ou non, quelles étaient les pratiques sexuelles autorisées, comment les rituels devaient être effectués ...

Dans l'ensemble, tous ces textes furent rédigés suivant une esthétique particulière qui n'apparaît pas forcément à la première lecture et surtout pas dans les versions traduites de l'hébreu vers d'autres langues. La plupart des textes comportent une construction symétrique de type ABBA ou ABCCBA (chiasme) et l'usage répété de mots ayant une racine commune, comme pour créer un effet d'écho, à l'image des rimes. Les études des textes bibliques ont permis de redécouvrir ainsi une forme de musicalité qui fut certainement utilisée à des fins de fascination des auditoires. Cette combinaison des idées et d'une forme artistique d'expression est une des clés de toutes les religions.

Comme tous les empires précédents, celui des Perses ne dura qu'un temps. Une nouvelle puissance déversa son armée sur le Proche Orient ancien, venant cette fois du Nord : la Grèce. Guidée par Alexandre le Grand, elle étendit son influence plus loin qu'aucun autre Empire précédent, jusqu'en Inde. Avec la colonisation grecque, une culture riche et fascinante se propagea. Les juifs, qui jusque-là pouvaient se considérer comme d'une certaine supériorité culturelle grâce à la richesse de leurs textes et traditions codifiées furent confrontés à un modèle ouvert à la science, à la raison, à la philosophie et à l'art et dont le pouvoir de séduction était difficile à surpasser. En lisant les textes de la Bible rédigés à cette période, on remarque cette forme de jalousie. On peut mentionner à titre d'exemple les critiques sévères sur la construction des gymnases où s'entraînaient les athlètes nus et où il est écrit que certains juifs se rendaient après s'être fait refaire des prépuces pour dissimuler leur circoncision. Les jeux Olympiques qui consacraient les champions indépendamment de leur statut social et de leur origine représentaient une forme d'égalité des chances tout à fait novatrice. Le discours d'ouverture au plaisir promu par les Grecs s'opposait aussi aux règles austères du judaïsme qui brimait tout ce qui détourne de Dieu. Une partie des juifs se laissèrent séduire. Cette rivalité culturelle amena les autorités juives à durcir les pratiques religieuses et mettre l'accent sur des oppositions aux valeurs grecques. Les textes furent ajustés et l'idéologie religieuse évolua. La circoncision prit à cette période une importance plus forte, devenant une règle dont la transgression était punie d'exclusion. Dans la Bible, l'alliance entre Yahvé et Abraham fut associée à cette pratique (la circoncision), comme pour en faire le symbole du judaïsme. L'homosexualité, largement acceptée et de pratique courante dans la culture grecque fut diabolisée par le pouvoir juif qui retravailla le texte sur Sodome et Gomorrhe et renforça les règles religieuses homophobes. La pratique de la sexualité à d'autres fins que la reproduction fut blâmée et qualifiée de fornication, pratique évidemment coupable[33]. La masturbation fut classée dans le même registre[34].

La tension entre culture grecque et autorité religieuse juive s'intensifia au fil du temps et finit par déboucher sur une révolte et un conflit armé : la guerre des Macchabées. Cette guerre sanglante est à l'origine du mot français macchabée, synonyme de cadavre. Elle fut initiée par un certain Judas Macchabée et poursuivit par plusieurs personnes de sa famille, d'où la dénomination de cette guerre. Cet épisode se traduisit par un affrontement entre le peuple juif d'un côté et de l'autre les armées grecques. Le rapport de force semblait inégal aussi bien

---

[33] Dans la Bible hébraïque, le terme fornication apparaît dans les livres de la Sagesse (rédigés à la période hellénistique selon les experts) et l'Ecclésiaste où la femme « tentatrice » est dénoncée.

[34] Voir le mythe d'Onan (dont le nom a donné onanisme) dans la Bible, condamné pour avoir laissé sa semence sur la terre (Genese 38, 4-12).

du point de vue des qualifications militaires que du nombre de combattants. Et comme la victoire semblait échapper aux juifs tombant les uns après les autres, le pouvoir religieux ne put pas se contenter de prétendre comme à son habitude que Yahvé soutiendrait son peuple s'il tenait ses engagements de fidélité. C'est à cette période qu'une facette particulière du judaïsme prit de l'importance : le discours apocalyptique. Il reprenait les conceptions zoroastriennes qui prétendaient que surviendrait la fin du monde à l'issue de laquelle le Bien triompherait et qui serait suivie du retour (résurrection) des justes[35]. Ce discours permit de motiver la résistance face aux Grecs en idéalisant le martyre et promettant la venue prochaine d'un messie libérateur.

La victoire tant espérée finit par arriver. Un nouvel État juif, l'État hasmonéen, fut constitué, remettant au goût du jour l'espoir de reconstituer le grand royaume que l'on prétendait avoir existé du temps du roi David. On aurait pu s'attendre à une période d'apaisement, mais ces temps furent en fait ceux de la discorde. Paradoxalement, cette période conduisit à un délitement de l'autorité religieuse avec la scission en plusieurs courants. Les trois principaux furent les pharisiens, sadducéens et esséniens représentant respectivement des mouvances progressistes, conservatrices modérées et fanatiques. Le sort de ces trois courants se scella lors la confrontation avec un nouvel envahisseur venu du Nord : l'Empire romain.

La colonisation romaine s'exprima de manière plus autoritaire que celle de Grecs. Néanmoins, une nouvelle fois, les juifs obtinrent la possibilité de se gérer eux-mêmes, en contrepartie du paiement des taxes et du respect des règles romaines. Cet accord permit aux branches modérées du judaïsme de se maintenir au pouvoir et conduisit les « intégristes », en l'occurrence les esséniens, à fuir. Une résistance à la domination romaine s'organisa, en relation avec la mouvance essénienne, rebelle à la domination romaine et ennemie des « collaborateurs » pharisiens et saducéens. Au cours de ces années, le courant essénien donna naissance à la secte baptiste, résolument opposée aux prêtres et rejetant l'autorité du temple. Les Baptistes orientèrent leur mouvement sur une démarche individuelle de relation entre chacun et Yahvé, sans l'intermédiaire de la classe sacerdotale. D'abord guidée par Jean le Baptiste, cette école semble ensuite avoir été conduite par Jésus, leader charismatique sur lequel nous reviendrons. De son vivant, il incarna le rejet de la soumission aux prêtres et fut traqué en tant que tel. La classe sacerdotale obtint de le faire condamner par

---

[35] Le concept de fin du monde était en lui-même issu d'interprétations sur les cycles cosmiques, caractérisés par des alternances de pouvoir entre les forces du bien et du mal dans la religion mazdéenne. Voir « Zoroastrisme » dans le « dictionnaire des religions » de Mircéa Eliade et Ioan P. Couliano, Plon, 1990.

crucifixion, sort réservé aux criminels suivant le droit romain. L'application de cette sanction suggère que les Romains le jugèrent en tant que rebelle à leur autorité et fauteur de troubles.

Le message que Jésus diffusa contenait de nombreux éléments, mais deux d'entre eux en particulier eurent un effet déterminant sur l'histoire du judaïsme. Le premier portait sur l'idée d'une rénovation de la Loi, sa remise en cause ainsi que celle de la légitimité de la classe sacerdotale (idée que le zoroastrisme avait déjà véhiculée). Le deuxième message clé fut l'annonce d'une imminente fin du monde suivie du jugement de tous humains par Dieu qui déciderait qui garder dans son royaume et qui en exclure définitivement (concept lui aussi propagé par le zoroastrisme). Jésus se présenta ainsi comme le messie tant attendu, cité dans les récits apocalyptiques. Il fut l'inspirateur du christianisme naissant, une nouvelle secte juive.

Or quelques années après sa mort, une nouvelle révolte du peuple juif contre l'autorité romaine fut sévèrement matée et suivie de l'incendie du temple de Jérusalem, en l'an 70. Comme cela avait été le cas sept siècles plus tôt, cet évènement constitua une crise majeure, qui ne pouvait se comprendre que comme le désaveu de Yahvé. Ce désaveu pouvait cependant s'interpréter de deux manières diamétralement opposées : Pour les uns, Yahvé avait puni à nouveau son peuple pour ses infidélités incarnées par le christianisme naissant. Pour les autres, Yahvé venait de montrer son rejet de la classe sacerdotale, confirmant le message de Jésus. La rupture, déjà consommée entre chrétiens et les autres écoles juives, devint alors définitive.

Par la force des choses, le judaïsme dut se renouveler en trouvant le moyen, à nouveau, de s'organiser sans le temple, centre de gravité de la religion, centre de collecte de fonds et centre politique. Il commença alors à se pratiquer dans des synagogues animées par des rabbins.

Puis, à nouveau, mais pour la dernière fois, une révolte juive contre le pouvoir romain éclata en l'an 132. Cette fois-ci, Rome réagit en faisant interdire la religion juive. Ceux qui souhaitaient continuer à la pratiquer durent soit se cacher, soit fuir. La plupart essaimèrent à travers le monde pour constituer une diaspora qui dura dix-huit siècles. En 1948 que le territoire d'Israël fut officiellement reconnu comme pays des juifs, permettant à tous les descendants des exilés de retourner sur la terre de leurs ancêtres. Comme cela avait été le cas lors du retour de la captivité de Babylone, le conflit avec les populations « restées » fut important, d'autant plus que l'Islam était devenu entre-temps prédominant dans tout le Proche Orient. Un conflit israélo-arabe s'installa, conflit qui perdure encore aujourd'hui, mais nous débordons là de notre sujet.

Les étapes idéologiques

L'histoire du judaïsme naissant que nous venons d'exposer, bien que complexe, peut se résumer à quelques phases majeures.

La première forme religieuse associée à Yahvé était tribale et se développa dans une zone comprise entre l'Égypte, l'Arabie et l'actuel Israël. Yahvé y trônait en tant que divinité de la guerre, de la lune et de l'orage. Vénéré pour son pouvoir protecteur, il fut adopté par un large ensemble de tribus nomades jusque dans le pays de Canaan. Plusieurs chocs majeurs firent évoluer cette première forme religieuse.

1) L'invasion assyrienne tout d'abord. Elle a conduit à un repli identitaire et à l'hégémonie politico-religieuse du pays de Juda. Le concept de lois divines, d'un culte rendu à un seul dieu et d'une alliance remonte à cette période.

2) Ensuite l'invasion babylonienne a conduit à l'exil des élites religieuses et d'une part importante de la population. La religion juive dû se recomposer alors pour être compatible avec une absence de temple et de terre. L'importance de rites identitaires ségrégationnistes s'est alors développée (circoncision, interdits alimentaires, Shabbat).

3) Le troisième choc majeur se produisit au retour de l'exil, pendant la période perse. Durant cette phase, le cœur de la Bible fut rédigé à l'image d'un grand récit unificateur avec Abraham et Moïse comme héros centraux. Le premier incarna l'unité des peuples descendant de cet ancêtre commun, originaire de Babylonie. Le second, lui aussi exilé, mais d'Égypte, fut un prophète, un chef de guerre, un guide pour le peuple. Le judaïsme passa aux mains d'une classe sacerdotale s'imposant comme autorité légitime sur le peuple israélite. Elle codifia notamment la notion de pureté et de monothéisme. Yahvé fut élevé au rang de Dieu unique de l'humanité, ayant établi une relation privilégiée avec le peuple juif à qui il aurait promis le pays de Canaan.

4) Le traumatisme suivant fut celui de la confrontation avec la civilisation grecque, qui polarisa le judaïsme sur des valeurs antagonistes des siennes, rejetant le rationalisme, le culte du corps, de la nudité et du plaisir. Ce repli identitaire se prolongea par une guerre de libération sanglante durant laquelle se développa une idéologie du sacrifice de soi avec pour compensation la promesse d'une résurrection des justes à la fin des temps.

5) Enfin, sous la domination romaine, après la seconde destruction du temple, la diaspora fut quasi définitive, conduisant à la transformation d'une religion privée de terre et de temple, et devant permettre à ses adeptes de vivre sous des autorités politiques étrangères. Le choc de la destruction du temple eut aussi pour conséquence l'affirmation d'une branche anticléricale du judaïsme, celle de la secte baptiste dont émergea le christianisme, un judaïsme dépouillé de ses codes identitaires et porté davantage par des valeurs morales de solidarité que des règles d'obéissance à la hiérarchie religieuse.

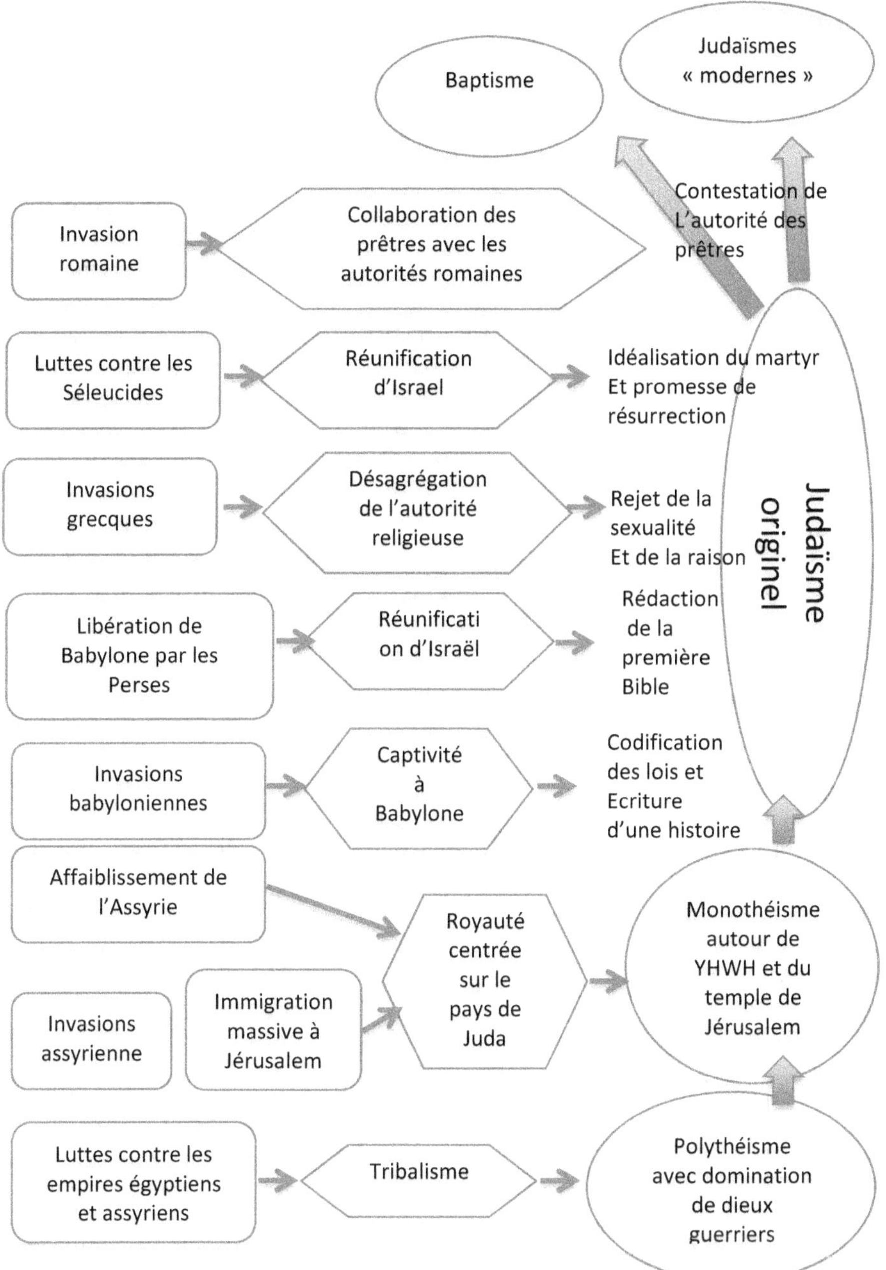

De gauche à droite : évènements, situation politique et mouvement religieux successifs détaillant les étapes évolutives du judaïsme depuis ses origines polythéistes jusqu'à l'émergence du christianisme (en bas les temps les plus anciens et en haut les plus récents)

La religion juive est donc le produit de l'histoire d'un peuple. Elle s'est continuellement transformée au gré des épreuves traversées, soit durant des phases de repli, soit au cours de phases de conquête/reconquête. Ces métamorphoses successives ont laissé dans la Bible plusieurs traces de contradictions que les rédacteurs ont tenté d'estomper sans jamais pouvoir néanmoins parvenir à les dissimuler parfaitement. Les plus importantes de ces contradictions portent sur la nature exclusive de Yahvé, c'est-à-dire le monothéisme. Le passage d'une religion comportant plusieurs divinités à une religion ne reconnaissant que l'existence d'un seul a laissé dans les textes de nombreuses traces. Le polythéisme des origines, l'hénothéisme, la monolâtrie, le monothéisme exclusif puis inclusif sont autant d'étapes ayant nécessité de retoucher les textes de la Bible et notamment au sujet des formes de culte. Les stèles, les statues, les temples lunaires/solaires, les parèdres[36], sont des éléments qu'il a fallu évacuer de la religion soit en niant leur existence passée, soit en les inscrivant comme antérieurs à la connaissance de Yahvé, soit encore en les associant à des déviances religieuses. L'aniconisme, grossièrement inséré dans le texte des 10 commandements, apparaît par exemple comme une évolution relativement récente, difficile à dater avec précision, mais, en tout cas, postérieure à la destruction du temple par les Babyloniens.

Une autre source majeure de contradiction porte sur les conceptions liées à la justice. Des concepts tribaux à ceux de la royauté puis de l'universalisme, les logiques juridiques religieuses se sont elles aussi transformées. Le sens même de l'existence, les concepts sur la mort et l'après vie sont passés des conceptions traditionnelles du Proche-Orient ancien, avec un royaume des morts sous la tutelle d'un dieu des Enfers (Sheol) à celle du zoroastrisme et la promesse d'une résurrection des justes après la fin des temps.

Les croyances clés

Nous avons vu que le judaïsme s'est constitué au cours de multiples phases, qu'il s'est transformé, qu'il a évolué, qu'il a basculé entre différents modèles. À l'issue de ce processus, un certain nombre de croyances complémentaires se sont affirmées.

La principale de ces croyances fut l'existence d'un Dieu unique et omnipotent qu'il faudrait craindre, et qui aurait choisi le peuple juif comme messager. Il en découla la nécessité de se conformer à ses règles, définissant ce qui constituerait

---

[36] Les parèdres étaient les compagnes des dieux masculins, représentant des aspects complémentaires. La parèdre de Yahvé était Ashera, déesse symbolisant la féminité, la fertilité et la reproduction. Figurée par un pieu (« arbre cosmique ») elle était représentée aux côtés de Yahvé, jusqu'à la décision de l'évincer et de faire de Yahvé le seul dieu autorisé, sous le règne du roi Josias.

le bien et le mal. Comme dans toutes les religions monothéistes, bien et mal se définirent par rapport au respect des règles divines, résumées en 10 commandements, et que les instances religieuses ont tenté de hiérarchiser et développer constamment. Certaines de ces règles ont repris les lois traditionnelles du Proche Orient ancien, qui nous sont connues en particulier grâce à la stèle d'Hammourabi, roi mésopotamien qui fit graver ses codes de loi sur une immense stèle érigée au centre de Babylone. On y trouve les lois sur la propriété et les vols, la gestion du foncier, les animaux, les prêts, les atteintes physiques, les règles familiales, le traitement des esclaves… D'autres règles avaient pour fonction la soumission au modèle religieux : les règles sur l'adoration d'un seul dieu, l'interdiction de le représenter par des statues, l'obligation de respect du shabbat, de la circoncision, les interdits alimentaires… Toutes ces règles précisaient ce qu'était l'ordre voulu par Dieu qu'il fallait craindre tout en ayant foi en lui. Les respecter constituait le bien et les enfreindre constituait le mal. Notons qu'il s'agit d'une évolution majeure de la morale : au lieu de se définir suivant l'intérêt collectif, le bien et le mal sont précisés par rapport à une idée de la volonté divine.

Cette notion permit ensuite d'expliquer le sens de la vie et de la souffrance, qu'il faudrait parfois interpréter comme une punition et d'autres fois comme une épreuve. Toutes les défaites militaires étaient ainsi expliquées par le manque de fidélité à Dieu, ainsi que les sécheresses, les fléaux comme les attaques de sauterelles, certaines maladies comme la lèpre… Lorsque quelqu'un d'innocent semblait frappé sans avoir enfreint les règles divines, on pouvait soit prétendre qu'il payait le prix des fautes de ces ancêtres (Dieu punissant parfois jusqu'à la 4e génération) ou bien que Dieu mettrait à l'épreuve la foi, la crainte et la fidélité des siens. Et même si cette épreuve allait jusqu'à la mort, quoi qu'il en soit, à la fin des temps, un jugement devait récompenser les justes d'une vie éternelle.

Les valeurs et l'organisation sociale

Les croyances que nous venons de décrire ont servi de support à tout un système de valeurs. Parmi elles, le respect de l'ordre et d'une structuration de la société en couches fut centrale. L'ordre du monde fut conçu suivant un système pyramidal avec en bas l'animalité et les instincts et au sommet Dieu, sa loi et ses prêtres. Dans le détail, trois grandes classes sociales étaient définies : celle des esclaves, celle des hommes libres et celle des prêtres. À l'intérieur de ces classes, la femme occupait un statut inférieur à celui de l'homme dont elle devenait la propriété à partir de la consommation du mariage. Le respect de la hiérarchie fut une valeur centrale garante de l'ordre social.

Une certaine conception de la pureté servit à préserver le maintien de distances entre ces catégories/groupes sociaux. Les règles s'appliquant aux prêtres étaient plus strictes et le simple fait d'avoir un membre cassé était par exemple considéré comme source d'impureté. Pour officier auprès de Dieu, les prêtres devaient être purs. Cette qualité les distinguait du reste de la population. Une distance entre juifs et non juifs était également instituée, avec un marquage obligatoire des enfants mâles par la circoncision et une condamnation des mariages mixtes, traités comme une infidélité à Dieu.

Le concept de responsabilité est également intéressant à analyser. Dans la plupart des textes, la justice s'applique à l'échelle collective et non individuelle. Dieu punit son peuple pour ses infidélités, sans faire de détails, poussant les Assyriens à vaincre et soumettre son peuple, puis les Babyloniens à le terrasser, détruire son temple et déporter sa population. Il punit également les descendants des coupables, sur plusieurs générations. Ce n'est qu'avec l'émergence du concept de résurrection que s'affirme la notion de jugement individuel. Cette nouvelle orientation, d'inspiration zoroastrienne comme nous l'avons vu, sera le point de vulnérabilité le plus fort du système idéologique judaïque. À partir du moment où le jugement individuel prédomine, il devient alors possible de critiquer les prêtres officiant au nom du peuple. En se basant sur la condamnation de leurs comportements et leur valeur morale, il fut possible de remettre ensuite en cause leur légitimité. Le christianisme fut un courant qui joua sur cet argumentaire.

Remarquons que parmi les croyances et valeurs qui persistent dans notre culture, une bonne partie repose sur le leg du judaïsme des origines. Nous avons figuré ci-après cette trame.

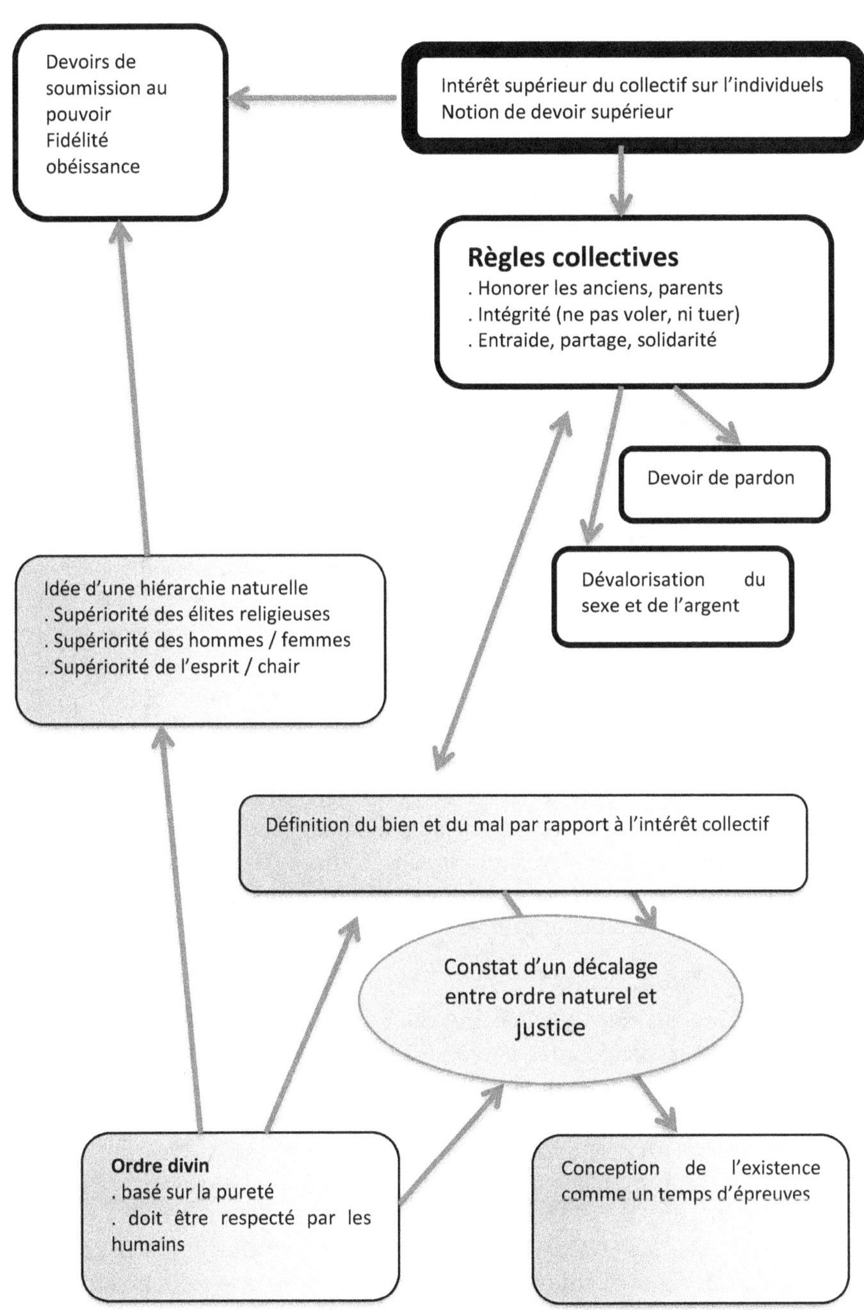

Devoirs de soumission au pouvoir
Fidélité
obéissance

Intérêt supérieur du collectif sur l'individuels
Notion de devoir supérieur

Règles collectives
. Honorer les anciens, parents
. Intégrité (ne pas voler, ni tuer)
. Entraide, partage, solidarité

Devoir de pardon

Idée d'une hiérarchie naturelle
. Supériorité des élites religieuses
. Supériorité des hommes / femmes
. Supériorité de l'esprit / chair

Dévalorisation du sexe et de l'argent

Définition du bien et du mal par rapport à l'intérêt collectif

Constat d'un décalage entre ordre naturel et justice

Ordre divin
. basé sur la pureté
. doit être respecté par les humains

Conception de l'existence comme un temps d'épreuves

Si le judaïsme était au départ la religion d'un peuple, nous avons vu qu'il devint l'outil d'une classe sociale, celle des prêtres. Ils ont façonné et codifié le judaïsme pour ancrer leur pouvoir et y ont réussi par la construction d'un redoutable modèle idéologique : La légitimité des prêtres reposa sur l'idée d'une société devant être hiérarchisée avec la classe la plus pure au sommet et le reste de la population lui obéissant. Dès lors, le sort du peuple pouvait sembler scellé. Pourtant, les incohérences de cette religion et les rivalités au sein du pouvoir ont conduit à la division en divers courants, puis différentes écoles et sectes, comme celle des pharisiens, des sadducéens et des esséniens. Ces sectes s'affrontèrent essentiellement sur des arguments idéologiques. La secte des esséniens, plus radicale eut un avenir plus singulier comme nous allons le détailler dans le chapitre suivant.

Le schisme chrétien et l'avènement des valeurs de mérite individuel

Nous pouvons faire remonter les origines du christianisme à la mouvance apocalyptique du judaïsme, annonçant la fin du monde. Bien que ce concept ait pu servir la cohésion du peuple juif durant les temps où il fallait affronter les armées grecques séleucides, il fut aussi à l'origine d'une division. Il favorisa en effet une forme d'opposition à l'autorité sacerdotale dans la mesure où le jugement individuel des hommes à la fin du monde s'opposait au discours habituel d'une relation entre Yahvé et son peuple. Si Dieu jugeait chaque homme suivant ses actes, les rituels collectifs perdaient de leur importance et les prêtres ne se révélaient plus aussi indispensables. On peut supposer que le prélèvement des taxes par les prêtres et la corruption ont aussi accentué la dévalorisation de l'autorité religieuse traditionnelle. Sous la domination romaine, la collaboration de la classe religieuse avec l'ennemi fut sans doute aussi perçue comme une forme de trahison. Cet ensemble de facteurs a nourri un ressentiment fort et une contestation de la légitimité des prêtres.

Les séquences historiques

La secte des esséniens constitua une branche du judaïsme axée sur la logique de salut individuel et d'abandon des traditions sacerdotales. Ses adeptes, vivant en communautés isolées, plaçaient leurs espoirs en un messie prêtre et un messie roi dont l'attente se fit plus que vive. Comme les esséniens vivaient suivant la pratique du célibat chaste, l'arrivée d'un messie parmi eux se heurtait à une difficulté pratique puisqu'il est difficile d'avoir des enfants sans relations sexuelles. On imagine aussi que des jeunes filles tombées enceintes aient pu tenter de dissimuler leur transgression aux règles en prétendant n'avoir pas eu de relations sexuelles. Ces enfants de naissance « miraculeuse » ont pu être plus ou moins naïvement être reconnus comme des progénitures de Dieu, nés de vierges, potentiels messies !

La notion de miracle et de pouvoir divin fut mise à l'honneur chez les esséniens par l'usage de pratiques de guérison venues d'Orient, à base d'imposition des mains. Le pouvoir du magnétisme fut redécouvert très tardivement en Europe et reste d'un recours encore assez rare en médecine, probablement par le malaise que nourrit une technique échappant à toute explication rationaliste/scientifique. Il demeure que l'imposition des mains permet de soigner de nombreux maux et en particulier de soulager les douleurs. Ces techniques assez simples étaient connues en Orient depuis des millénaires. Elles semblent avoir été pratiquées par les esséniens.

Un autre élément remarquable fut l'usage de la purification par l'eau. Elle fut ritualisée par les esséniens. La symbolique du lavage en tant qu'acte purificateur se passe de commentaires. Nous devons aussi songer que l'eau est un fluide porteur de vie, rare et précieux dans les milieux arides. La purification par l'eau s'opposait frontalement à celle par le feu et les sacrifices d'animaux. On devine que cette opposition avec le judaïsme traditionnel en fit une marque identitaire.

Les esséniens

Les esséniens vivaient en communautés d'ascètes qui mettaient en commun leurs biens. Ils pratiquaient le renoncement aux richesses et l'abstinence de plaisirs. Habillés de blanc, ils s'adonnaient à des bains rituels avant de partager en silence un repas de pain et de vin. Excepté le pain, leurs aliments n'étaient pas cuits et la viande était exclue de leur régime alimentaire. Ils rejetaient les sacrifices d'animaux autant que l'emploi des armes (ce dernier point ne fait cependant pas consensus). Cherchant dans les textes des sens cachés, ils s'adonnaient à la divination et tentaient de mettre à jour des annonces prophétiques dissimulées. Ils croyaient en la venue de deux messies qui viendraient avant la fin du monde, l'un de rang royal et l'autre de rang sacerdotal, ainsi qu'en la résurrection des justes. Les esséniens étaient imprégnés des conceptions iraniennes et considéraient que le monde était le champ de bataille entre deux esprits : l'esprit de vérité d'une part et l'esprit du mal d'autre part (Satan). Ces esprits s'affrontaient non seulement dans le monde, mais aussi dans l'esprit de chaque homme.

Ils croyaient au déterminisme et à la prédestination et s'opposaient ainsi aux pharisiens et sadducéens qui affirmaient l'existence du libre arbitre. Ils pratiquaient l'immersion de manière quotidienne et furent probablement à l'origine du mouvement baptiste, qui fut le point de départ du christianisme. Ils étaient établis loin des villes considérées comme des lieux de perdition et s'exilèrent en particulier durant l'occupation romaine sur les rives du Jourdain et la bordure de la mer Morte. Les esséniens constituèrent la branche la plus radicale du judaïsme rejetant à la fois le système clérical et sa compromission avec l'autorité romaine.

Le mouvement essénien finit par sortir de ses enclaves. On ignore pour quelles raisons exactes il essaima et se propagea. Les esséniens supposèrent peut-être qu'il fallait hâter l'arrivée du messie en augmentant le nombre de fidèles prêts à l'accueillir. La secte baptiste joua probablement ce rôle. Elle fut guidée par le personnage de Jean le Baptiste, un leader qui remporta un grand succès et que la Bible présente comme l'annonciateur de Jésus dans tous les sens du terme. Plusieurs historiens estiment que Jésus reprit effectivement son flambeau à sa mort.

Hormis dans les évangiles, nous n'avons pas de traces historiques du personnage de Jésus, à peine signalé par l'historien juif Flavius Josèphe dans ces écrits pourtant abondants. Nous en sommes réduits à devoir travailler sur la base d'hypothèses. Si nous tentons une synthèse des éléments rapportés dans les évangiles, nous pouvons résumer le personnage à quelques traits saillants : Jésus est présenté comme un personnage envoyé par Dieu, né d'une vierge, accomplissant des miracles, divulguant des révélations et lois nouvelles, à la tête d'un mouvement de fidèles. Nous pouvons tenter d'interpréter chacun de ces éléments.

Concernant la naissance miraculeuse, il s'agissait d'un motif très fréquent dans le judaïsme, un moyen de distinguer les figures prophétiques du commun des mortels[37]. Le cas de Jésus s'inscrit dans cette tradition. Nous avons signalé par ailleurs que le cas particulier du célibat chaste, de mise chez les esséniens, avait pu conduire à interpréter certaines grossesses « accidentelles » comme des miracles, hypothèse d'autant plus plausible que l'attente d'un messie était au cœur des croyances des communautés. La mère biologique de Jésus a donc peut-être simplement profité de ces circonstances pour dissimuler une relation sexuelle. L'espoir de la communauté a pu faire le reste.

Passons aux miracles attribués au prophète. Ils sont de plusieurs types, mais tous reprennent des motifs déjà précédés d'exemples dans la Bible. Rappelons qu'Elie, celui qui fit triompher Yahvé sur Baal au mont Carmel, avait été décrit dans la Bible, comme accomplissant guérisons, multiplication de nourriture et « réveil » d'un mort, trois signes témoignant de la suprématie de Yahvé sur Baal, le dieu des Samaritains. Dans le cas de Jésus, les guérisons sont particulièrement fréquentes et généralement précédées du geste de toucher. Compte tenu des pratiques esséniennes d'imposition des mains, il est hautement probable qu'il ait effectivement fait usage de ses mains pour accomplir des actes de guérison. Pour ceux qui ignoraient ces méthodes, ses gestes ont semblé miraculeux. On peut supposer qu'ayant appris à pratiquer cette forme de médecine, le personnage de Jésus ait été en mesure d'obtenir quelques résultats spectaculaires, le faisant apparaître comme un personnage d'exception, émanation du pouvoir divin.

Véhiculant l'idéologie essénienne/baptiste avec conviction, porté par l'espoir de

---

[37] Voir « Et ils créèrent Adam, Abraham, Moïse… » où le thème récurrent de la naissance des prophètes d'une femme stérile est étudié.

ceux qui l'entouraient, accomplissant ce qui s'apparentait à des miracles, le message de Jésus a pu facilement être surinterprété. Il est manifeste cependant que l'essentiel de sa légende s'est construit à sa postérité. Une grande partie de la puissance du mythe de Jésus repose en effet sur sa prétendue résurrection. Penchons-nous donc sur cet épisode clé :

Si l'on se base sur les explications des évangiles, la condamnation de Jésus à la crucifixion fut commandée par des représentants de la classe sacerdotale juive (rappelons que Jésus lui-même était juif) et appliquée par l'ordre romain. Puisque la crucifixion était une peine réservée à des actes extrêmement graves, nous pouvons déduire que les reproches adressés par les juifs ont dû correspondre à des actes sévèrement condamnés par la justice romaine. De ce point de vue, présenter l'accusation de Jésus comme se limitant au fait de s'être prétendu « roi des juifs » ne semble pas crédible. Dans le contexte que nous avons décrit, il est plus cohérent de supposer qu'il fut accusé de rébellion contre l'autorité romaine, accusation soutenue par les autorités juives qui lui reprochaient probablement d'être surtout rebelle à leur propre autorité. Jésus fut considéré comme la tête du mouvement Baptiste, tête à abattre, au moins pour l'exemple.

La figure de Jésus

Personnage central du christianisme, Jésus, qui est présenté comme le rassembleur par excellence, fut une source de division inépuisable parmi ses fidèles, qui continuent aujourd'hui de se quereller au sujet de sa nature.

Nous pouvons retenir plusieurs identités de référence et nous interroger sur leur compatibilité.

La première manière de concevoir Jésus est celle d'une incarnation de Dieu. Ne sachant pas *a priori* ce qu'est Dieu, cette hypothèse peut sembler acceptable. Si l'on envisage Dieu de manière impersonnelle, comme la force de la vie par exemple, on peut concéder que Jésus puisse être « consubstantiel » à Dieu comme l'affirme le dogme catholique.

Une autre manière d'interpréter le personnage est de voir en lui un simple prophète, « le verbe de Dieu », pour citer, par exemple, la conception qu'en présente l'Islam. Depuis les premiers chamanes jusqu'aux médiums de notre temps, les personnes qui présentent de surprenantes capacités à exprimer des messages qui leur semblent inspirés par des entités invisibles, ont toujours existé. L'abondance des charlatans et déséquilibrés qui prétendent posséder des pouvoirs qu'ils n'ont pas n'est pas un argument qui permet de réfuter l'existence du prophétisme. Quelques cas de médium de grand renom comme Edgar Cayce ou Jane Roberts nous incitent plutôt à considérer la réelle possibilité d'accéder à des informations extérieures à nous-mêmes ou communiquées par des entités invisibles. On peut donc raisonnablement envisager que Jésus ait été un messager de ce type.

En nous éloignant des approches surnaturelles, une troisième hypothèse nous conduit à l'idée d'un personnage simplement inspiré, passionné, souhaitant aider ses semblables et guidé par une vision nouvelle du monde qu'il tenta de partager. Suivant cette hypothèse, les textes des Évangiles auraient simplement romancé et accentué certains traits du personnage authentique et l'auraient même enrichi de légendes comme ce fut le cas pour de très nombreux roi ou prophètes de l'antiquité.

Enfin, une dernière façon d'envisager Jésus est celle d'un rebelle politique dressé contre le pouvoir des prêtres et la classe religieuse compromise avec le pouvoir romain. Certains considèrent ainsi qu'il aurait appartenu au mouvement zélote.

Ces quatre interprétations possibles sont évidemment très différentes les unes des autres, mais à y bien réfléchir, demeurent néanmoins conciliables, compatibles. On peut en effet penser qu'il fut une incarnation de Dieu (avec toute l'ambiguïté de l'idée qu'on peut se faire de Dieu), un prophète communiquant avec d'autres réalités, un philosophe révolutionnaire et un opposant politique. Ces portraits ne s'opposent pas nécessairement.

Dans la pratique, ces différentes approches ont cependant divisé les communautés et mouvances, qui n'ont pas cherché la conciliation. Cette réalité historique nous incite une nouvelle fois à envisager les religions comme des instruments de pouvoir manipulé par des intérêts particuliers. Les interprétations sur le personnage de Jésus ont été instrumentalisées à des fins de contestation et non de réconciliation. Puisque les différentes écoles chrétiennes ont souvent été rattachées à des territoires, nous pouvons leur associer soit des volontés politiques d'indépendance régionale (comme ce fut le cas pour la séparation des Églises d'Occident et d'Orient, puis pour les princes des provinces au début du protestantisme), soit de simples ambitions dissidentes. Il semble évident en tout cas que ce n'est pas guidés par l'amour de son prochain que les êtres humains ont cherché à comprendre qui fut réellement le personnage de Jésus, en particulier parmi ceux qui se réclament de lui.

La mort effective de Jésus, comme nous le savons tous, n'eut pas l'effet escompté par ses bourreaux. Elle fut le point de départ de son succès. La rumeur de sa résurrection, suite à la découverte de son tombeau vide, permit d'interpréter sa mort comme un acte volontaire, un sacrifice pour effacer les péchés des descendants d'Adam avant la fin du monde qu'il avait annoncée. Nous ne nous appesantirons pas dans ce livre sur les détails du récit construit autour de Jésus, mais signalons tout de même que la date de sa mort fixée à la Pâque, permettant de l'assimiler à l'agneau de Dieu, est manifestement une construction idéologique[38]. Elle semble aberrante d'un point de vue historique et fait l'objet de récits contradictoires dans les évangiles. Comme ce fut le cas pour tous les personnages emblématiques des idéologies, l'histoire de Jésus fut étoffée, romancée, idéalisée et enrichie de plusieurs anecdotes empruntées à diverses traditions. La crucifixion, sanction humiliante, subie par Jésus aurait pu apparaître comme révélant qu'il n'avait rien de divin. L'idée de réinterpréter sa mort comme un sacrifice volontaire, signe de dévouement pour racheter les hommes fut une pirouette qui permit de renverser totalement la symbolique de sa mort. L'opportunité du tombeau trouvé vide pour prétendre qu'il aurait ressuscité, permit à une autre idée géniale de s'affirmer : celle du miracle d'une résurrection.

À la suite de sa résurrection supposée, Jésus incarna la réalisation de l'attente des esséniens et baptistes. Notons bien, que la lecture attentive des Évangiles montre que jamais Jésus n'est présenté comme fils unique et que l'expression fils de Dieu n'est pas utilisée dans un sens exclusif. Il fut considéré comme un messie, mais pas comme LE fils de Dieu, du moins pas de son vivant.

Les adeptes du mouvement continuèrent de se rassembler et constituer une forme de résistance à l'autorité juive. Ils furent donc pourchassés. On peut penser que leur succès risquait d'affaiblir le pouvoir du temple qui, perdant des contributeurs financiers, dut se sentir menacé. Il est également possible que les Romains aient fait pression sur les autorités juives en leur demandant de contenir la contestation à l'ordre romain. Cet intérêt commun des autorités juives et romaines s'incarne parfaitement dans le personnage de Paul de Tarse, juif et romain, qui fut l'un des persécuteurs zélés des rebelles chrétiens, réputé pour sa cruauté implacable. Il rapporte lui-même avoir participé au moins à une lapidation (celle d'Étienne, qui refusa de renier sa foi chrétienne). Sa trajectoire dévia ensuite complètement. Deux ans après la mort de Jésus, au cours d'une de ses expéditions punitives, sur le chemin de Damas, il s'effondra et fut aveuglé par une lumière. Il aurait perdu l'usage de la vue puis aurait entendu une voix qui s'adressa à lui, celle de Jésus. Il resta encore trois jours sans manger ni boire, jusqu'à ce qu'un chrétien (« envoyé par Dieu ») ne lui impose les mains et le guérisse. Suite à cet événement, le bourreau tortionnaire bascula totalement. Cet épisode, « la conversion de Paul », marqua le début d'une nouvelle phase de sa vie, consacrée désormais à propager la parole de Jésus ou du moins ce qu'il en avait compris.

D'après les historiens, les Evangiles n'étaient pas encore rédigés et chaque communauté propageait sa version de la vie de Jésus avec d'inévitables variations. Dans certaines communautés, une vision particulière de Dieu s'affirma, avec l'idée d'un lien intime avec le cœur de chaque individu. L'idée que

---

[38] Voir les interprétations proposées par un panel d'experts sur le christianisme dans le coffret DVD « Corpus Christi » de Mordillat et Le prieur, aux éditions Arte.

Dieu soit présent en chacun de nous ouvrait à une forme de religion révolutionnaire, qui idéalisait l'amour et la bienveillance et qui s'opposait fondamentalement aux notions de pureté et d'une hiérarchie naturelle entre différentes classes sociales et entre hommes et femmes.

Paul, pour sa part, interpréta le message du messie d'une manière très personnelle, marquée par l'extrémisme qui le caractérise et sa violence coutumière. Suivant l'interprétation de Paul, Jésus était venu pour annoncer la fin du monde et effacer par le pardon le péché originel transmis depuis Adam. Notons bien que Paul apporta par cette idée une conception qui n'était ni juive, ni exposée dans les Evangiles. Il prôna aussi l'idée que l'ordre du monde, émanant de la volonté de Yahvé, impliquait la nécessite de se conformer et respecter l'ordre établi. Il opposa la foi à la raison, l'homme à la femme, la spiritualité à la sexualité, le plaisir à l'obéissance. En conséquence, il traita les femmes et la sexualité comme une source de perversion. Il fit l'apologie de la souffrance, de la douleur endurée, se basant sur le modèle du Christ, qui se serait sacrifié et aurait donc purifié l'humanité en prenant sur lui la punition des hommes. Paul poussa donc le concept de persécution à son extrême, en l'idéalisant.

Il encouragea les adeptes à renoncer à leurs richesses et en faire don à leurs communautés religieuses en attendant la proche fin du monde. Mais puisque cette fin tardait, les réserves s'épuisaient et les communautés religieuses étaient condamnées à convertir toujours davantage d'adeptes pour engranger des revenus leur permettant de subsister. La conversion des seuls juifs s'avéra constituer un facteur contraignant, alors que les candidats à la nouvelle religion ne manquaient pas. Paul amorça logiquement une ouverture du mouvement aux païens, mais se heurta rapidement au problème des règles discriminantes, en particulier des interdits alimentaires. Il était difficile de concilier ces interdits avec le partage de repas avec des personnes n'acceptant pas ces règles.

Paul prétendit alors que les règles juives n'étaient pas aussi fondamentales que la foi et il considéra les interdits traditionnels comme un frein à dépasser. Pour statuer sur cette question, une rencontre fut organisée avec plusieurs figures du christianisme naissant. En l'an 49, Paul réussit partiellement à imposer sa vision. Il obtint la possibilité de propager un christianisme sans obligation de circoncision, règles alimentaires et respect du Shabbat auprès des communautés qu'il constituerait en direction de Rome, tandis que les règles traditionnelles resteraient appliquées dans les zones à forte présence juive, à Jérusalem, Alexandrie, et en Mésopotamie.

Une rupture idéologique était, de fait, consommée. À force de liberté d'interprétation, Paul avait en fait sapé d'importants piliers du judaïsme. L'ouverture du mouvement aux païens avait évincé le principe de filiation et de pureté préservée par les liens de sang. L'abandon des rituels discriminants prolongeait cette logique. Sur la question du temple, dont Jésus semblait avoir condamné les déviances, on aboutissait encore à une remise en cause de principes fondateurs, centralisateurs. Finalement, le concept de « terre promise » lui-même perdait son sens. Un tel vide fut déstabilisant. Après avoir balayé tous ces repères, Paul dut les remplacer par d'autres. Le baptême prit la place de la circoncision en tant que signe d'alliance avec Dieu. L'eucharistie, repas symbolique de pain et de vin, reprise d'un rite païen associé à la résurrection devint un rituel central[39]. Finalement, Paul avait créé une nouvelle religion, centrée sur la foi et ouverte à tous, relativement distante du judaïsme. La rupture était inévitable et le rejet d'une grande partie de la communauté juive aussi. Paul venait de créer le christianisme. Il poussa son discours jusqu'à renier la validité du pacte entre le peuple juif et Dieu, pacte rompu et qui ouvrait désormais le christianisme à l'ensemble de l'humanité.

Plusieurs évènements allaient propulser son succès. À la mort de Paul en 62, le christianisme s'était étendu jusqu'à Rome et suscitait une méfiance qui n'est pas sans rappeler la persécution à laquelle les juifs avaient été habitués. Leur monothéisme s'opposait à la religion romaine polythéiste perpétuant les rituels de sacrifices pour apaiser les dieux. Leur idée d'une proche fin du monde les rendait également peu sympathiques. Or en l'an 64, un incendie de grande ampleur brûla Rome. L'empereur Néron, soupçonné de ne pas y être étranger, chercha à faire porter l'accusation sur les chrétiens, qui avaient peut-être voulu précipiter la fin du monde en y contribuant. Le christianisme fut installé dans une posture d'opposition à l'autorité romaine, jouant un rôle de bouc émissaire. La tension entre l'autorité romaine et les monothéistes s'accentua notamment au Proche Orient.

Dans les années qui suivirent, les juifs de Jérusalem, Judée et Samarie tentèrent de se soulever contre l'empereur. Le conflit se poursuivit durant quatre années et Rome finit par envoyer l'armée dans le temple de Jérusalem. On ne sait pas si ce fut un acte délibéré ou non, à l'initiative d'un individu ou de l'armée dans son ensemble, mais le résultat fut l'incendie de ce temple. Cette seconde destruction ne fut pas accompagnée d'une déportation organisée comme cela s'était produit avec les Babyloniens, mais le pouvoir sacerdotal juif fut considérablement affaibli. Symboliquement, ce traumatisme pouvait s'interpréter comme un désaveu de Yahvé, ce qui cautionnait donc le discours des chrétiens remettant en cause le judaïsme traditionnel. Par ailleurs, le pouvoir sacerdotal ne disposait plus de son centre de collecte d'impôt, clé de son financement. Ce fut donc un coup extrêmement dur, qui fut suivi d'une nouvelle adaptation majeure du judaïsme, reposant sur de nouveaux textes compilés dans le Talmud.

Les chrétiens eux aussi commencèrent à utiliser l'écrit. Les quelques textes qu'avait rédigés Paul furent complétés par une multitude d'autres, rédigés par

---

[39] Le christianisme semble avoir emprunté ce rituel au culte de Mithra, pratique qui fut elle-même fut probablement hérité du culte de Dionysos, figure emblématique de la résurrection (trois fois tué et ressuscité).

des auteurs qui n'avaient pas non plus connu Jésus de leur vivant. C'est seulement entre l'an 70 et l'an 90 que les évangiles prirent la forme qu'on leur connaît aujourd'hui. Comme c'est souvent le cas pour les religions émergentes, le christianisme intégra tout un ensemble de traditions locales préexistantes. Le culte de Mithra, divinité protectrice des armées pour les Romains, fournit en particulier plusieurs repères importants, notamment la résurrection au bout de trois jours (correspondant aux trois jours qui au solstice d'hiver font passer de la phase où les jours raccourcissent à celle où ils s'allongent, symbolisant le retour de la lumière). Contrairement aux premiers textes du judaïsme ou de l'islam, ceux du christianisme furent composés en plusieurs langues. Les règles poétiques appliquées habituellement aux textes religieux n'apparaissent donc pas de manière évidente. On peut simplement relever que les paroles attribuées à Jésus comportent de nombreuses paraboles et que son message s'est diffusé à travers de petites histoires imagées (environ une quarantaine parmi lesquelles : le berger et son troupeau, la bonne semence et l'ivraie, les deux fils, l'ami qui vient au milieu de la nuit, le fils prodigue…)

Plusieurs cultes fusionnèrent, donnant lieu à des formes variées de christianisme. Comme souvent, la différentiation et la diversification des cultes permit de satisfaire une multitude d'appétits de pouvoir : autant d'orientations cautionnant autant d'autorités différentes, mais aussi autant de désordre et de confusion. La nécessité d'une formalisation se fit sentir. Plusieurs corpus de textes furent compilés. Un débat de fond s'instaura aussi entre ceux qui comprenaient le christianisme comme une nouvelle religion ou comme une évolution du judaïsme. Pour des raisons pratiques, il fut préférable de faire assimiler le christianisme à une secte juive, lui permettant de disposer de l'espace légal accordé aux juifs, alors que les autres religions étaient interdites d'exercice. On peut penser que ce facteur joua un rôle non négligeable dans l'affirmation du judéo-christianisme : fusion du judaïsme et du christianisme, matérialisé par la juxtaposition de deux ensembles de livres : le Nouveau et l'Ancien Testament.

Se structurant et gagnant en importance, le christianisme se diffusa, mais fut combattu par le pouvoir romain à travers plusieurs lois. Cette persécution se prolongea jusqu'au quatrième siècle. Pour les Romains, le fait de ne pas honorer leurs dieux n'était pas un comportement acceptable. Cette attitude des chrétiens pouvait provoquer la colère de leurs divinités et d'un autre point de vue, représentait aussi une forme de rejet inadmissible.

Le dernier épisode majeur que nous évoquerons ici fut la prise du pouvoir de Rome par Constantin. L'immense Empire romain était en effet encore instable au 4ᵉ siècle et cette bataille entre deux grands généraux en est l'illustration. Constantin, ayant rallié les armées de la partie germanique, alla affronter son rival Maxence qui régnait sur Rome. Le vainqueur de l'affrontement allait hériter de l'Empire romain et l'enjeu de cette bataille était donc capital. L'un et l'autre placèrent leur armée sous la protection de religions rivales : l'un la religion romaine traditionnelle et l'autre le christianisme, à la suite d'une vision qu'il aurait eu quelque temps avant l'affrontement[40]. En remportant la victoire, Constantin porta ainsi le christianisme au pouvoir. Beaucoup d'historiens estiment qu'il favorisa cette religion surtout par calcul politique, dans la mesure où le christianisme disposait d'un réseau très bien structuré de communautés pouvant être utilisé comme support à son administration. Quoi qu'il en soit, par étapes et en plusieurs siècles, le christianisme devint religion d'État et se codifia en une institution centralisée ; l'Église.

Le succès du Christianisme

La prise de pouvoir par Constantin et sa préférence pour le christianisme furent déterminantes dans la diffusion de cette nouvelle religion dans l'Empire romain. Il serait cependant abusif de n'attribuer un tel succès qu'à des circonstances politiques. Si Constantin fit le choix de s'appuyer sur cette religion, c'est aussi parce qu'elle avait déjà pu suffisamment se développer pour lui permettre de l'utiliser.

Il est assez complexe d'exposer l'ensemble des facteurs qui ont rendu populaire cette alternative à la religion traditionnelle romaine. Pour cet exercice, nous devons remonter à la propagation des pratiques religieuses perses en Grèce, à la faveur de leur domination passée. Un culte en particulier remporta un grand succès : celui de Mithra. De la Perse, il fut transmis à la Grèce qui la diffusa ensuite dans l'Empire romain. Plusieurs grands historiens affirment qu'il y prépara la voie du christianisme[41]. Le culte de ce Dieu, associé

---

[40] Signalons que le christianisme dont Constantin se fit l'adepte était associé à un culte solaire lui-même en lien avec le culte de Mithra, dieu des armées. La vision de Constantin, telle que décrite par Eusèbe de Césarée, son autobiographe de l'époque, fut celle du sigle chrétien dans la lumière du Soleil. Il écrivit au sujet de la vision de l'empereur :

« Il assurait qu'il avait vu en plein midi une croix lumineuse avec cette inscription : « Vous vaincrez à la faveur de ce signe », et qu'il fut extrêmement étonné de ce spectacle, de même que ses soldats qui le suivaient. Cette vision fit une si sorte impression dans l'esprit de Constantin qu'il en était encore tout occupé la nuit suivante. Durant son sommeil le Sauveur lui apparut avec le même signe qu'il lui avait montré en l'air durant le jour, et lui commanda de faire un étendard de la même forme, et de le porter dans les combats pour se garantir du danger ». Histoire de la vie de l'Empereur Constantin, Eusèbe de Césarée.

[41] Selon Pierre Grimal (La civilisation romaine, Arthaud), le culte de Mithra aurait contribué à « préparer les voies au christianisme, non seulement en répandant le monothéisme qui, jusqu'à lui, demeurait une doctrine essentiellement philosophique non partagée par la masse du peuple, mais aussi en popularisant la démonologie orientale et en opposant au principe du Bien représenté par Mithra, les puissances du Mal en lutte contre lui ».

Pour Ernest Rénan (Histoire des origines du christianisme-Livre VII) : « Si le christianisme eût été arrêté dans sa croissance par quelque maladie mortelle, le monde eût été mithriaste ».

à la puissance solaire, fut pratiqué suivant des rituels particuliers de sacrifices de bovins censés régénérer la nature. Une des particularités notables de ce culte est qu'il entrait dans la catégorie des cultes à mystères, c'est-à-dire des cultes fermés, limités à des initiés. Dans les mystères, dont il existait plusieurs formes (Isis, Éleusis, Dionysos, Cybèle…), on retrouvait en partie les approches remontant au chamanisme, et focalisées sur les épreuves individuelles permettant un salut de l'âme. Les mystères s'opposaient à la religion des prêtres, à dimension collective et niant la valeur des individus. Tous les mystères étaient pratiqués « en secret », comme des religions dissidentes du pouvoir. À l'intérieur d'un mystère, la hiérarchie était basée sur le niveau d'élévation de chacun, suivant les épreuves qu'il avait traversées. Dans le cas du culte de Mithra, 7 grades d'élévation existaient. Cette opposition de système de valeurs entre l'ordre hiérarchique en classes sociales à transmission héréditaires et les grades acquis par le mérite fut une justification de la pratique secrète des mystères, dont le modèle était une véritable provocation à l'ordre social officiel.

Les mystères ont logiquement eu la faveur de tous les exclus de la société et de ceux en bas de la pyramide sociale. À l'époque durant laquelle l'Empire romain se développa, le culte de Mithra fut affectionné à la fois par les soldats romains (Mithra fut le Dieu de l'armée romaine) et par les couches populaires des villes et notamment tous ceux qui n'avaient pas encore la nationalité romaine. Les uns furent séduits par la puissance attribuée au Dieu et les autres par le salut individuel promis par le mérite.

D'une manière qui nous est inconnue, le christianisme naissant mêla ses conceptions aux repères de ce culte si populaire en en reprenant plusieurs éléments : naissance du sauveur le troisième jour après le solstice d'hiver, résurrection au bout de trois jours depuis son tombeau de pierre puis ascension au ciel, repas sacré de pain et de vin comme symbole du sang sacrifié. Dans les premiers siècles du christianisme, cet héritage fut à peine dissimulé. Songeons que la Basilique Saint Clément de Latran à Rome fut construite sur une grotte aménagée pour le culte de Mitra (grotte que l'on peut visiter aujourd'hui encore).

Au bilan, le christianisme profita donc d'une autre religion relativement proche (religion de salut individuel) dont elle absorba plusieurs composantes et qui lui assura un large succès populaire. L'organisation mise en place par Paul sur la base du modèle de communautés (les Ecclésias) offrit une architecture de pouvoir que Constantin mit ensuite à profit.

Le pouvoir centralisé du christianisme, dans ses premiers siècles d'existence, fut établi à Byzance. Malgré la dislocation de l'Empire romain, au 5e siècle, le mouvement religieux continua de se développer. À cette période, Byzance s'opposait à la Perse et le nord du Proche Orient était donc en proie à des conflits.

Plus au sud, la péninsule arabique bénéficia de conditions plus stables qui favorisèrent son développement économique. Une ville importante se développa grâce à son activité commerciale : La Mecque. Ici prit racine une autre forme religieuse inspirée du christianisme ; l'islam.

Les étapes idéologiques

Nous pouvons dégager un certain nombre d'étapes dans le développement du christianisme naissant.

La première fut incarnée par la branche essénienne qui s'imprégna de nombreuses idées d'origine zoroastrienne et chercha à se développer à l'écart des villes. Plusieurs éléments d'opposition au judaïsme apparurent : l'importance de l'eau comme facteur de purification au lieu du feu, le rejet de la consommation de viande (rejet des sacrifices d'animaux), le rejet de l'autorité de la classe sacerdotale, l'importance accordée au jugement individuel suivant le respect du bien, l'imminence de la fin des temps précédée par la venue de deux messies.

L'idéologie essénienne diffusa évidemment à proximité des points d'eau et donna lieu ensuite au mouvement Baptiste. Le succès de cette secte fit ombrage à l'autorité sacerdotale aussi bien d'un point de vue politique que financier, puisque les Baptistes ne cotisaient plus au temple.

Jouant sur le caractère contestataire de cette secte, les autorités juives parvinrent à faire condamner et exécuter son plus éminent leader, Jésus. Ses successeurs convertirent cet échec en victoire, faisant passer la crucifixion pour un sacrifice et propageant l'idée d'une résurrection sur la base d'un tombeau qui aurait été trouvé vide le lendemain de la mort de Jésus.

L'imaginaire collectif s'embrasa dans un immense espoir de changement, dont on ignore s'il portait sur la libération de l'autorité romaine ou de celle des instances religieuses contestées (peut-être les deux). Frappé d'illumination, le juif et Romain portant le nom de Saul, persécuteur des premiers chrétiens, bascula d'un extrême à l'autre. Il se convertit et prit le nom de Paul, défenseur d'une réforme du judaïsme basé sur la foi et reniant l'importance des rites. Plus ou moins naïvement, Paul intensifia la rupture avec le judaïsme de son temps. Il remplaça la circoncision par le baptême, fit abstraction des interdits alimentaires, instaura l'eucharistie et mit en place une nouvelle organisation basée sur des communautés.

En 70, la révolte matée des juifs par l'armée romaine et la seconde destruction du temple affaiblit considérablement les porteurs de la tradition juive. En 132, à la suite d'une dernière révolte, le judaïsme perdit son droit d'exercice dans la société romaine, permettant au christianisme de s'affirmer pleinement.

L'absence de centralisation fut préjudiciable au mouvement qui se diversifia en de nombreuses sectes portant diverses interprétations notamment au sujet de Jésus, sa nature humaine ou divine, ce qu'il fallait penser de sa mère Marie, de la place de Jésus par rapport à Dieu.

La centralisation finit par arriver par là où il semblait le moins probable qu'elle survienne : le pouvoir impérial romain. Le général Constantin, qui, après avoir eu une illumination, avait placé son armé sous la protection du dieu chrétien, s'imposa comme pilier du christianisme, père du Césaro-papisme. En quelques générations, le christianisme s'affirma, ses canons furent formalisés ainsi que sa doctrine de référence. De nombreuses sectes marginales se perpétuèrent néanmoins en conservant des références « hérétiques ».

Nous pouvons remarquer que le terme christianisme recouvre donc plusieurs courants idéologiques relativement différents : le premier, celui de Jésus, fut un mouvement d'émancipation s'adressant aux juifs et basé sur l'attachement aux valeurs davantage qu'à la hiérarchie sociale. Le second christianisme, celui de Paul, s'étendit à l'ensemble du bassin méditerranéen et s'organisa en petites communautés « fraternelles », avec une progressive structuration hiérarchique. Le troisième christianisme, celui de Constantin, fut une appropriation politique du mouvement religieux destiné à affirmer un pouvoir centralisé. Ce troisième christianisme réactiva les concepts ancestraux de clergé et de division sociale.

Les croyances clés

Le christianisme naissant conserva le socle idéologique monothéiste juif tout en l'épurant. Si dans le système de croyances chrétien le monde est toujours l'œuvre d'un Dieu unique définissant le bien et le mal, il n'est plus le protecteur d'un peuple privilégié, ni d'une caste de prêtres. Avec Paul s'affirma l'idée d'une égalité des humains face à leur créateur. Dieu n'est plus l'inaccessible tyran exigeant d'être craint et punissant par des défaites militaires, mais un bienfaiteur demandant à être aimé et attendant de ses progénitures qu'elles soient bienveillantes entre elles.

L'idée du bien et du mal se définit encore par rapport aux attentes de Dieu, mais rejoint aussi l'attention aux humains à travers les notions centrales de bienveillance et d'amour.

L'idée que Dieu est en chacun de nous est une conception d'origine asiatique qui diffusa dans un certain nombre de courants chrétiens. Elle rassura dans la mesure où Dieu n'était plus considéré comme une force qui s'opposait aux individus et qui pourrait leur faire du mal de manière impitoyable (faire du mal aux humains revenant à se faire du mal à lui-même). Au contraire, Dieu attendrait des humains de se pardonner entre eux, comme il leur aurait lui-même pardonné.

Nous pouvons relever certaines contradictions dans ce modèle de croyances, qui découlent des évolutions internes du christianisme. Ce courant s'appuie en effet d'une part sur une vision universaliste tendant à considérer l'humanité comme un tout, mais il soutient également l'idée d'une obéissance nécessaire à Dieu et son sens de l'ordre, pouvant être instrumentalisé dans le cadre de guerres religieuses. Cette contradiction entre le christianisme originel (fraternel) et celui de Rome (hiérarchique) sera le point d'ancrage de déviance en des idéologies guerrières dirigées autant contre les musulmans que contre les hérétiques.

Les valeurs et l'organisation sociale

Puisque les humains sont considérés comme égaux face à Dieu, l'obéissance à la classe des prêtres se trouve dénuée de fondement. Ils perdent le rôle central qu'ils occupaient et les rituels dont ils détenaient le monopole perdent de leur influence. Le christianisme déplace le centre de la pratique religieuse du collectif à l'individu. Dieu ne punit plus des peuples (comme il l'avait fait en faisant errer une génération dans le désert du Sinaï, lors de la prise de Jérusalem par les Assyriens, puis les Babyloniens...), ni les familles (en faisant porter ses sanctions sur plusieurs générations), mais sur les individus, jugés sur leurs actes propres et leur mérite. Le christianisme marque ainsi l'entrée de l'individualisme dans notre culture[42].

Cette transformation déplace aussi la pratique religieuse de la sphère publique à la sphère intime, de l'apparence à l'intériorité. Montrer aux yeux de tous que l'on est un serviteur de Dieu est dénoncé comme une hypocrisie tandis que les actes, les paroles et les pensées sont les gestes auxquels Dieu serait sensible. Le christianisme naissant substitue ainsi la prière, un acte de communication directe avec Dieu, aux sacrifices et rituels organisés par les prêtres. Cette pratique, qui doit être effectuée dans la discrétion, marque une authentique révolution dans la relation au divin.

Certains sociologues associent ce changement au passage d'une société collectiviste à une société individualiste. Dans une société collectiviste, où les intérêts de la communauté écrasent ceux des individus, les personnes raisonnent en effet constamment par rapport aux jugements des autres sur ce qu'elles font, ce qu'elles apportent au groupe. Ce que l'individu pense en lui-même est sans véritable intérêt du moment qu'il se conforme et se soumet au groupe. Dans une culture individualiste, en revanche, la cohérence entre ce que l'on pense et ce que l'on fait devient essentielle et toute divergence est qualifiée d'hypocrisie. On parle également à ce sujet du passage d'une motivation extrinsèque à une motivation intrinsèque : les personnes n'agissent plus sous la contrainte de la collectivité, mais d'après leurs propres convictions. En conséquence, la morale ne repose plus sur une multitude règles sociales contraignantes, mais sur une motivation intérieure, des convictions basées sur la foi et l'amour.

Bien entendu un tel changement n'a pas été radical pour tous. Certains chrétiens ont continué à suivre un modèle de valeurs collectivistes et le retour de ces valeurs fut favorisé ensuite par l'utilisation du christianisme comme religion d'État. Le christianisme conserva néanmoins toujours l'idée d'une responsabilité individuelle face à Dieu, indépendamment des fautes de ses parents ou des autres personnes du groupe. Chacun est jugé à sa mort sur la base de son respect d'une valeur centrale : l'amour. L'égalité, le partage, le pardon, la solidarité sont

---

[42] Voir le chapitre V du tome II de « Histoire de la vie privée » de P.Aries et G. Duby, consacré à l'émergence de l'individualisme.

d'autres valeurs qui en découlent.

Dans le contexte de persécution qui fut celui des premières heures du christianisme, la foi a également été fortement idéalisée avec un encouragement à la résistance. Le sacrifice de soi, à l'image du dernier acte du Christ, fut mis à l'honneur. Le christianisme a ainsi fait émerger des valeurs de renoncement s'opposant aux idéaux guerriers du judaïsme, dont la conquête de la terre promise par les armes fut un symbole fort. Cet effacement de soi pour servir les autres se confondit ensuite avec un dévouement total à Dieu, idéal de soumission déviant jusqu'au masochisme, avec une idéalisation de la souffrance endurée, prenant comme modèle le martyre. Cette confusion constitua le terreau d'un nouveau courant monothéiste où la foi et l'obéissance reprirent l'ascendant sur l'idéal d'amour : l'Islam.

L'Islam, entre régénération du christianisme et retour aux sources du judaïsme

De par ses origines, son essence idéologique et son histoire, la culture islamique peut être comprise comme étrangère à la culture occidentale, et se constituer même en repère d'opposition. Néanmoins, elle a joué un rôle important dans le façonnement de notre culture et il est nécessaire de cerner ses ressorts. Connaître l'histoire de l'islam aide à mieux comprendre la genèse et l'évolution des idées religieuses monothéistes. Par ailleurs, l'islam a joué un rôle déterminant dans un échange de connaissances qui déboucha au final sur la renaissance en Europe.

Les séquences historiques

L'émergence

Direction la péninsule arabique, en bordure de la mer rouge. Une ville y prospéra durant les premiers siècles de notre ère : La Mecque.

Sa position géographique, à l'écart des zones de conflits entre Perses et Byzantins, et à la croisée des routes commerciales avec l'Égypte, ainsi que la sécurité dont elle jouissait, furent certainement des raisons de son essor. Cette sécurité reposait sur le caractère saint de la ville. La Mecque abritait en effet un sanctuaire antique : la Ka'ba, une pierre sacrée associée au Dieu Allah. D'autres idoles l'entouraient également, pour représenter le dieu de la guerre Hubal ou les trois filles d'Allah. Ce lieu saint polythéiste constituait un site sûr, dont personne n'osait profaner la quiétude. C'est dans cette ville que naquit Mahomet, autour de l'année 570.

Orphelin, il fut élevé d'abord par son grand-père puis son oncle maternel. À 25 ans, il entra au service de Khadija, une veuve aisée dont il fit prospérer les affaires par ses talents de commerçant. Il participa à ce titre à plusieurs voyages caravaniers en Syrie, ce qui lui permit de faire de nombreuses rencontres et se familiariser avec les religions du Proche Orient, en particulier le judaïsme, le christianisme et zoroastrisme. En 595, il épousa Khadija, d'une quinzaine d'années son aînée, qui lui donna sept enfants : quatre filles et trois fils. Tous ses fils moururent en bas âge, provoquant les souffrances que l'on peut imaginer et dont on peut penser qu'elles eurent un effet déterminant sur sa quête spirituelle. D'abord orphelin, puis père de plusieurs fils décédés, on imagine le besoin pour cet homme de trouver une source de réconfort à la hauteur de ses souffrances. Les années qui suivirent, Mahomet aurait pris l'habitude de se retirer dans des cavernes pour des activités spirituelles[43]. Remarquons que cette pratique fait écho aux initiations chamaniques dans lesquelles les grottes représentent un passage vers le monde invisible. Elle témoigne en tout cas d'une quête intérieure, d'une recherche, peut-être d'un besoin qu'il aurait cherché à combler par la spiritualité.

Pour comprendre la suite, nous devons songer au contexte religieux bien particulier de cette période. Le christianisme, alors en plein essor, se trouvait dans une situation de relative confusion, avec une multitude d'écoles défendant chacune sa propre interprétation sur le personnage de Jésus. Certains voyaient en lui une incarnation divine, d'autres le considéraient comme un messager, d'autres pensaient qu'il était mi-homme mi-dieu. Certains pensaient qu'il avait été crucifié, d'autres qu'un autre homme (Simon, qui l'aurait aidé à porter la croix selon les évangiles) avait été crucifié à sa place. Ces débats théologiques n'avaient pas réussi à se régler malgré les multiples conciles convoqués par les empereurs romains ou les papes successifs. Nous ne devons pas penser qu'il existait au proche Orient une doctrine faisant l'unanimité au sujet de l'histoire du Christ. Il régnait plutôt une large diversité de sectes, d'autant plus vaste au Proche Orient, que de nombreux religieux en désaccord avec le discours papal devaient avoir fui l'Empire romain pour se réfugier en Syrie. De cette diversité émanait logiquement un sentiment de confusion. C'est probablement, ce désordre qui a conduit Mahomet à l'idée d'une dégénérescence de l'enseignement de Jésus, et la nécessité de renouveler son message, perverti par ceux qui propageaient sa parole.

Selon le Coran, Mahomet fut instruit par un étranger non arabe[44] et il était en mesure de lire la Thora qu'il mentionne à plusieurs reprises. En observant la très bonne connaissance des textes du Judaïsme qui émane du Coran, il semble

---

[43] C'est ce que prétend le Coran et la tradition musulmane. Certains envisagent néanmoins qu'il ne s'agisse que d'une construction idéologique visant à auréoler les révélations reçues par Mahomet. Les textes sur l'origine des révélations des prophètes sont généralement imprégnés d'imaginaire.

[44] sourate 16, 103

logique de déduire que Mahomet fut non seulement initié aux doctrines monothéistes juives et chrétiennes, mais qu'il les étudia par lui-même. Le fait que la tradition musulmane ait tenté de le faire passer pour un analphabète ne doit pas nous égarer. La part de « révélation » a manifestement été exagérée en comparaison du travail de réflexion conduit par Mahomet. On a voulu faire croire que ne sachant pas écrire, ses textes ne pouvaient avoir été dictés que par Dieu, ce qui peut être mis en doute.

Le Coran reprit les fondamentaux du christianisme en consacrant Jésus comme le plus grand des prophètes et en reprenant le thème central de l'apocalypse précédant le jugement dernier avec le retour de Jésus. Les experts font remarquer que le christianisme dont s'inspire Mahomet rappelle celui qui prévalait en Syrie, avec un certain nombre de différences par rapport au christianisme romain. Dans le Coran, la naissance de Jésus n'est pas située dans une étable ou une grotte (tradition chrétienne romaine avec des emprunts au culte de Mithra), mais près d'une source au pied d'un palmier. D'après le Coran, les chrétiens croient en la trinité « Jésus-Dieu-Marie », ce qui reflète la position d'églises syriaques, mais pas celle de l'Église romaine où la « trinité » est « Jésus-Dieu-le Saint-Esprit ». La proximité avec le christianisme syriaque est si forte que l'islam fut traité par le chrétien Jean de Damas comme une des 103 hérésies qu'il décrivit dans ses écrits[45]. Dans une critique assez précise, il tente de démontrer que cette nouvelle religion (« l'ismaélisme »), était une déviance du christianisme. Si du point de vue chrétien, l'islam naissant fut interprété ainsi, c'est bien qu'une confusion était possible. Mahomet apparut à cette époque comme le père d'une secte chrétienne comme il en existait des dizaines.

Ses retraites spirituelles auraient débouché en tout cas sur un certain nombre de révisions des idéologies religieuses. Au cours de ses méditations, Mahomet aurait connu plusieurs expériences extatiques, sous forme de visions et de révélations auditives, qui correspondent assez fidèlement aux descriptions des voyages chamaniques que nous avons décrit un chapitre précédent. La plus importante révélation, qui marqua le début de sa vocation, aurait été sa rencontre avec l'ange Gabriel en 610, alors que Mahomet avait quarante ans (d'après le Coran). Mahomet aurait reçu ensuite un texte « dicté », dans un état de transe accompagné de secousses violentes, fièvres et sueurs froides.

Pendant trois années, il limita sa prédication à un cercle restreint, composé de sa femme et quelques amis. Après une interruption des révélations de l'ange, les visions et auditions auraient repris. En 612, il lui aurait été ainsi « ordonné » de rendre ses révélations publiques. Ici aurait commencé la diffusion effective de sa doctrine.

---

[45] « Des hérésies », Jean Damascène (676-749)

La manière dont elle est justifiée est intéressante : Mahomet inscrit son mouvement dans la continuité des monothéismes juifs et chrétiens. Il affirme que les prophètes sont envoyés par Dieu à chaque fois que la religion s'est dégradée et qu'elle doit être renouvelée. Le dernier d'entre eux, Jésus (Isa dans la tradition musulmane) fonda le christianisme qui aurait dégénéré avec notamment l'idée de la trinité et la déification de Jésus. Mahomet pense donc avoir été envoyé pour révéler ces errements et restaurer le message divin.

En conséquence, il se présenta comme le restaurateur du message de Jésus, le plus grand des prophètes auquel il ne se compare pas (selon le Coran, Jésus doit revenir à la fin des temps et non Mahomet). Il réfuta cependant l'idée d'une nature divine de Jésus et a fortiori de Marie. Il nia le rôle rédempteur du Christ, sa crucifixion, les sacrements tout comme la mystique chrétienne de la trinité. À la différence du christianisme qui avait conduit à la constitution d'une Église formée de prêtres et d'évêques, il ne laissa aucune place à des intermédiaires entre Allah et ses fidèles, ce qui était évidemment très séduisant pour tous ceux qui s'agaçaient des abus de pouvoir des instances religieuses. Pour couronner son interprétation, Mahomet se serait considéré comme le « sceau », c'est-à-dire l'ultime prophète envoyé par Dieu, celui qui devait fournir à l'humanité une forme parfaite et définitive du message divin. Il est possible cependant qu'il n'ait jamais tenu ce discours de son vivant (on peut se demander en effet pourquoi il aurait ressenti le besoin de se présenter comme le dernier des prophètes). L'intérêt d'un tel message apparaît davantage servir les intérêts postérieurs des califes ayant souhaité éviter l'émergence de nouveaux dissidents religieux. Ce point reste à éclaircir comme d'autres, très nombreux.

En effet, nous ne savons pas exactement comment se développèrent les concepts de l'Islam. En raison de la rareté de textes historiques, nous ne sommes pas en mesure de croiser les informations propagées par la tradition tant écrite qu'orale. Nous possédons moins d'informations sur la vie de Mahomet que sur celle de Jésus sur lequel de nombreux textes avaient été composés (évangiles canoniques et apocryphes, mais aussi d'autres références tels que les écrits de l'historien Flavius Josèphe). Nous ne connaissons donc pas l'islam tel que le concevait Mahomet à son origine, ni le détail des transformations qui ont abouti à la formulation des premières traditions. Si l'on se base sur les schémas généraux de développement des religions, nous pouvons supposer que Mahomet ait fait mûrir son modèle au fil de son développement, puis que ses successeurs l'ont à leur tour adapté à leurs besoins, selon leurs propres interprétations et leurs propres attentes. Cependant, le travail de reconstitution de cette évolution, et notamment le processus de création du Coran est beaucoup plus complexe à établir que pour le texte de la Bible hébraïque ou de la Bible chrétienne, en raison d'un manque de sources et en raison d'une certaine appréhension à être accusé de sacrilège pour un certain nombre de chercheurs. L'impressionnant travail d'analyse textuel effectué sur la Bible et qui a permis d'identifier plusieurs sources rattachées à plusieurs époques et écoles n'a pas encore son équivalent dans la recherche sur le Coran.

Faute de mieux, nous devons donc nous contenter d'exposer le contenu religieux de l'islam des origines tel qu'il est présenté par les théologiens. Selon eux, Mahomet formula sa religion autour de cinq doctrines fondamentales :

La première est l'unité et l'unicité de Dieu, parfait et régissant tous les aspects du monde. L'islam reprend ici le concept central commun à toutes les mouvances issues du judaïsme. Dans sa formulation, cette idée écarte l'idée d'un Jésus divin et le positionne comme un simple vecteur, le verbe de Dieu.

La deuxième doctrine de Mahomet est que Dieu manifeste sa volonté à travers les messages des prophètes et en particulier lui-même. Ces deux premiers éléments doctrinaires se retrouvent dans la fameuse affirmation « Il n'y de Dieu que Dieu et Mahomet est son prophète », même si du temps de Mahomet, celui-ci semble plutôt avoir souhaité s'effacer et que c'est davantage son entourage, qui tenta de rehausser sa position, après sa mort. On peut ainsi remarquer que Mahomet n'est cité que quatre fois dans le Coran et est loin d'y tenir une place aussi essentielle que Jésus. Ce point suggère que Mahomet n'ait pas cherché à se mettre en avant de manière personnelle de son vivant. Le culte développé autour de sa personne fut le résultat d'une évolution ultérieure, probablement à des fins de propagande, comme cela avait été le cas pour Jésus.

Le troisième élément doctrinaire est l'existence de créatures liées à Dieu, en particulier les anges et les génies (djinns) bons ou mauvais. Satan (appelé Eblis dans le Coran) fait partie de ces génies et son influence néfaste est explicitement détaillée : Lorsque Dieu créa Adam, il aurait présenté sa créature aux anges, mais « ... lorsque nous demandâmes aux Anges de se prosterner devant Adam, ils se prosternèrent à l'exception d'Iblis qui refusa, s'enfla d'orgueil et fut parmi les infidèles. » (2 :34). Par la suite Satan se serait consacré à corrompre l'humanité, ce qui expliquerait pourquoi l'homme se serait écarté de la voie de Dieu.

Le quatrième élément reprend le message apocalyptique de Jésus : l'imminence de la fin des temps, du jugement dernier qui précédera la résurrection des justes : « Lorsque le ciel se déchirera [...], lorsque la terre sera nivelée, qu'elle rejettera son contenu et qu'elle se videra [...], alors toi, l'homme qui se tournera vers son Seigneur, tu le rencontreras. Celui qui recevra son livre dans la main droite sera jugé avec mansuétude [...]. Quand à celui qui recevra son livre dans son dos, il appellera l'anéantissement et tombera dans un brasier. (84 :1-12) ». Ainsi, après sa mort, le fidèle est jugé par deux anges qui définissent s'il entrera au paradis ou en enfer. À la fin des temps, les justes seront ressuscités pour l'éternité. La description de cet épisode reprend fidèlement certaines images du zoroastrisme, avec notamment la description d'un chemin étroit, la « voie droite », large comme une lame de rasoir.

Enfin, Mahomet affirme que tout est décidé par Dieu, régissant les œuvres cosmiques et celles des hommes, dont les actes servent son dessein. Rien n'est donc indépendant ni libre, ce qui implique la prédestination.

Comme tout prophète révolutionnaire, Mahomet s'attira nombre d'ennemis parmi les autorités religieuses régnantes avec leurs repères polythéistes. Il menaçait à la fois leurs privilèges et leur suprématie sur le plan politique. Ceux-ci l'accusèrent donc d'être inspiré par des esprits maléfiques, les Djinns. Par ailleurs, ils soulignèrent que Mahomet n'avait accompli aucun miracle pouvant authentifier son statut de prophète.

Le considérant gênant, les dignitaires des tribus représentées à la Mecque demandèrent au clan de la famille de Mahomet d'exclure ce dernier. Dans un premier temps, sa tribu préféra dignement être exclue du commerce et se retira de la ville. Dans un deuxième temps, à la suite d'un changement de chef, le clan revint sur sa décision pour pouvoir réintégrer la Mecque. En 622, Mahomet dut prendre la fuite avec un groupe de 70-80 personnes pour la ville de Yathrib (Médine) où de nombreux monothéistes étaient installés (juifs et chrétiens). Cet évènement, une traversée du désert de 9 jours en 622 porte le nom d'hégire. Cette date historique marque l'an zéro du calendrier musulman, la naissance du mouvement islamique. On peut y voir une référence symbolique à la migration d'Abraham qui quitta sa région d'origine polythéiste après avoir rencontré Dieu pour entrer sur la terre promise.

À Médine, Mahomet commença alors un travail de formalisation du culte et des règles. Il s'imposa par ses talents dans cette ville alors divisée entre différents groupes chrétiens et juifs. On ne sait pas comment son autorité s'affirma, mais la piste la plus plausible ait qu'il ait pu jouer un rôle de conciliation entre les différentes communautés, n'appartenant à aucune d'entre elles, tout en partageant leur croyance commune en un Dieu unique. La tradition reconnaît qu'une partie des sources du Coran fut composée à cette période. Il est probable que de nombreux ajustements de sa doctrine furent effectivement opérés durant cette phase, durant laquelle il tenta de rallier à la fois juifs et chrétiens.

Héritant de responsabilités sociales, il combina dès le départ des règles purement religieuses et des règles d'organisation sociale, avec des devoirs et des interdits, sur le modèle des Codes de la bible hébraïque. Il établit sa religion sur plusieurs pratiques :

. **La profession de foi** (Il n'y a de Dieu que Dieu) est le cœur de l'identité musulmane, le monothéisme et l'affirmation de la supériorité de l'enseignement transmis par Mahomet sur celui des autres prophètes. Cependant, les « versets satanique », dans lesquels Mahomet justifia le culte de trois déesses, posent question. « Avez-vous considéré Al-Lat et Al-Uzza, et l'autre, Manat, la troisième ? Ce sont des déesses sublimes dont l'intercession est à implorer ». Selon le Coran, ces versets auraient été inspirés par Satan et Mahomet en aurait été averti par l'ange Gabriel. Selon certains critiques, ce passage suggère cependant que Mahomet aurait simplement prêché la suprématie de son dieu sur les autres, sans prétendre à son exclusivité, du moins durant la phase Médinoise de son existence.

. **La prière**. Mahomet ayant déclaré que celui qui prie est en relation avec Dieu, on comprend l'importance accordée à ce rituel. Elle commence logiquement par une purification symbolique sous forme d'ablutions. La prière proprement dite est composée de récitations répétées dans quatre positions : debout, incliné, prostré et assis (ce que l'on peut mettre en parallèle avec le rituel bouddhiste des salutations). Elles sont effectuées à cinq occasions dans la journée : à l'aube, à midi, dans l'après-midi, en soirée et au coucher du soleil. Dans sa rencontre avec Dieu, Mahomet aurait prétendument négocié le nombre de prières à accomplir quotidiennement.

. **L'aumône** est un devoir de contribution pour l'aide aux plus défavorisés. Il se traduit par une forme d'impôt prélevé en fonction des revenus de chacun.

. **Le jeûne du ramadan** est destiné à rappeler la souffrance des nécessiteux et représente une forme de renoncement. Chaque année, pendant 22 jours consécutifs, le fidèle doit s'abstenir de boire et manger entre le lever et le coucher du soleil, ainsi qu'avoir des relations sexuelles ou fumer. On associe ce jeûne à la commémoration de la rencontre entre Mahomet et l'ange Gabriel.

. **Le pèlerinage à la Mecque** (hajj) n'est obligatoire que pour ceux qui en ont les moyens. Cette règle reprend la tradition qui existait autour de la Ka'ba. Elle fut en réalité fixée par Mahomet un peu ultérieurement (en 630). Durant ce pèlerinage, le fidèle s'habille avec une tenue spécifique, blanche, symbole d'éloignement par rapport aux affaires terrestres. Il doit respecter plusieurs rituels dont le principal et de faire 7 fois le tour de la Ka'ba.

Les interdits furent précisés suivant un code, la charia (« voie prescrite »), qui définit sans distinction à la fois les pratiques liées à la relation avec Dieu et celles nécessaires au bon fonctionnement de la société. Elles portent sur tous les aspects de la vie pratique tels que le mariage, le divorce, l'adultère, les héritages… Les préceptes sont catégorisés en cinq types : ceux exigés, ceux recommandés, ceux permis (indifférents), ceux répréhensibles, et ceux qui sont strictement interdits.

La charia fut continuellement complétée au fil de l'évolution de la religion, sur la base du Coran et des hadiths (commentaires religieux). Les oulémas, savants désignés comme spécialistes du Coran, sont les autorités gardiennes de ces lois.

La discipline a été un élément très important dans l'idéologie propagée par l'islam, une discipline poussée jusqu'à la soumission, au renoncement. Les jeux furent ainsi bannis, les excès alimentaires, le chant, la danse, la sculpture et la peinture. Certains sociologues font remarquer que ces interdits relatifs à de nombreuses formes d'oisiveté procèdent d'une logique qui se retrouve dans les formes sectaires qui affaiblissent toute forme de créativité pouvant conduire à contester la domination idéologique.

Un grand défi posé à Mahomet fut d'unifier ses partisans et en particulier ceux originaires de Médine et ceux en provenance de la Mecque. Il essaya également d'attirer à lui les juifs, mais il échoua dans cette entreprise. La majorité des juifs dénigraient Jésus, responsable de la grande rupture de leur religion. Le Talmud allait jusqu'à prétendre que sa mère, Marie, devait avoir été prise de force par un soldat romain et que la naissance de Jésus n'avait donc aucun caractère divin, bien au contraire. Ces divergences au sujet de Jésus, prophète dont Mahomet lui-même affirmait la suprématie, ont pu être la cause ou le prétexte à une forte opposition avec les juifs.

Judicieusement, il désigna la Mecque comme le foyer de sa religion au lieu de Jérusalem où établir un nouveau culte aurait forcément été très délicat. La Ka'ba, la fameuse roche d'origine céleste au cœur des pratiques de sa nouvelle religion fit l'objet de révélations. Mahomet aurait prétendu qu'elle était l'œuvre d'Abraham et de son fils Ismaël, s'appropriant ainsi les traditions monothéistes juive et chrétienne. On peut remarquer l'habile révision de l'histoire des patriarches où le fils principal d'Abraham, celui qu'il était prêt à sacrifier en marque de soumission à Dieu, devin Ismaël, l'ancêtre des tribus arabes et non Isaac, l'ancêtre des tribus d'Israël. Le Coran posa par cette correction le peuple arabe en position de supériorité par rapport aux israélites.

Au-delà de ces éléments théologiques, Mahomet élabora un monothéisme puissant, régissant à la fois la communauté religieuse et la société, tenaillant ainsi les fidèles par un pouvoir ne tolérant aucune contestation. La communauté religieuse dont il était le chef, l'Oumma, était au service de Dieu. Les hommes y étaient considérés comme égaux, mais les différences sociales étaient acceptées ainsi que la condition d'esclave. Les femmes occupaient une place inférieure à celle des hommes, qui pouvaient compter jusqu' à quatre épouses (il aurait s'agit en fait d'une restriction si l'on se replace dans le contexte de cette période).

Hormis ces références abstraites, Mahomet usa des charmes de la langue arabe pour formuler une religion empreinte de poésie. Les légendes des premiers livres de la Bible furent réinterprétées en recourant à des reformulations qui en arabe (et seulement en arabe) suggéraient que tous les prophètes avaient été des musulmans. Plusieurs jeux de mots sur la paix (SaLam) ou la soumission à Dieu (iSLam) firent d'Adam, Noé, Abraham, Moïse et des autres prophètes non pas des figures juives, mais d'authentiques musulmans, dont la plupart auraient d'ailleurs systématiquement été maltraités par le peuple juif. La force de séduction de la poésie fut encore renforcée par la musicalité des appels à la prière.

La religion naissante disposa donc de solides fondations tant au niveau de ses concepts que de sa formulation poétique et captivante.

Contrairement au christianisme naissant qui idéalisa la crucifixion, l'islam s'appuya aussi sur des valeurs guerrières, conquérantes. Ce choix s'explique en partie par son histoire : Un des défis auxquels sont confrontées toutes les communautés est le financement de leurs activités et des besoins essentiels des adeptes. La plupart des mouvements religieux recourent au prélèvement de taxes, ce qui suppose des revenus, une activité économique et donc une intégration sociale. Sinon, une vie à l'écart de la société peut se concevoir dans un mode de vie ascétique avec un niveau de consommation réduit au minimum. Une troisième option est d'accaparer les richesses des autres par les conquêtes. Dans les zones désertiques, cette stratégie fut celle de groupes nomades, pratiquant les razzias[46]. Confronté à ses responsabilités de chef, Mahomet remit à l'honneur ces pratiques. Rapidement, ses troupes disciplinées obtinrent des succès en s'attaquant à de riches caravanes. Le mouvement religieux s'étoffa naturellement d'une dimension guerrière transcendant les discours apocalyptiques. Mahomet associa l'acte guerrier à la pratique religieuse, promettant l'accès direct au paradis à tous ceux qui mourraient en combattant au nom de Dieu. La pratique de la guerre s'auréola ainsi de prestige. À la différence de l'idéologie de la guerre sainte chez les juifs, celle des musulmans ne visait pas la destruction totale des ennemis et le sacrifice de leurs richesses à Yahvé. La confiscation des richesses de l'ennemi et leur récupération constituait l'objet même de la guerre. Mahomet institua ainsi que les 4/5ᵉ des trésors de guerre revenaient aux guerriers eux-mêmes et qu'un cinquième devait lui être remis, pour être redistribué aux pauvres et aux orphelins. Les prisonniers quant à eux n'étaient pas tués, mais revendus en tant qu'esclaves. Il ne s'agissait pas,

---

[46] Nous pouvons établir ici un parallèle avec les raids des Apirous (Hébreux) qui eux aussi se sentaient poussés à la nécessité des pillages, durant la phase de domination égyptienne au Proche Orient.

manifestement, d'une guerre basée sur un idéal de conquête territoriale, mais sur des nécessités économiques.

Dans un deuxième temps, la guerre prit une dimension plus affirmée. À force de pillages, les troupes de Mahomet devinrent des ennemis clairement identifiés par les populations des villes. Les affrontements avec le reste du monde arabe devinrent inévitables. L'idéal guerrier dut évoluer pour faire face à ces nouveaux défis. La guerre devint désormais un moyen de se protéger physiquement. Il fallait non plus seulement piller les ennemis, mais aussi les neutraliser définitivement. La solution idéologique fut d'assimiler les non-musulmans à des personnes à convertir. Le prétexte était tout trouvé, pour éliminer les polythéistes :

« Dieu et son prophète désavouent les polythéistes [...]. Après que les mois sacrés se soient écoulés, tuez les polythéistes partout où vous les trouverez [...]. Mais s'ils se repentent s'ils s'acquittent de la prière, s'ils font l'aumône, laissez-les libres. Dieu est celui qui pardonne, il est miséricordieux. Si un polythéiste cherche asile auprès de toi, accueille-le pour lui permettre d'entendre la parole de Dieu... » (9 : 3-6).

De son vivant, Mahomet s'empara de la plus grande cité arabe : la Mecque. L'islam triomphant comportait alors tous les atouts pour s'étendre et rayonner : une idéologie fédératrice, capable de surpasser les clivages entre tribus, des règles simples et fermes au service d'un pouvoir fort, une armée expérimentée, une base de population large permettant de disposer de ressources économiques conséquentes. Un point faible demeurait néanmoins : Mahomet n'avait pas préparé sa succession. Nous n'allons pas entrer dans les détails fort complexes des querelles qui ont tourné autour de cette question[47]. Retenons simplement que deux grands mouvements rivaux se sont développés jusqu'à notre époque : les sunnites majoritaires et chiites. Une multitude d'écoles sont également apparues, faisant de l'islam une religion riche de diversité. Comme dans le cas du christianisme, ces courants religieux devinrent les instruments de pouvoirs politiques au service de puissantes civilisations. Nous allons les évoquer à présent :

---

[47] À peine trente ans après la mort de Mahomet, trois mouvances s'opposèrent sur le thème de la succession. La principale dissension vint de l'interprétation du dernier discours du prophète et de l'éloge qu'il fit de son gendre Ali. Selon les sunnites, majoritaires, se réclamant de la tradition, il ne s'agissait que d'une simple recommandation. Selon les chiites, Mahomet aurait dans ce discours fait connaître sa volonté de voir Ali lui succéder. Les chiites se prétendent fidèles à la lignée du « vrai » calife Ali (Chiite dérivant de l'expression Shiat Ali : « disciple d'Ali ») et pensent que les Imams, infaillibles et sans péchés, prolongent une chaîne de prophètes, qui partant d'Adam, Abraham, Moïse, Jésus et Mahomet continueront de propager la parole divine. Leur succession légitime repose sur la désignation par chaque Imam de son successeur.
Les Kharijites (« sessessionistes ») considèrent pour leur part que seule la communauté est légitime à élire son chef avec la possibilité de le destituer le cas échéant.

L'expansion arabe (Omeyyades)

Sur le plan idéologique, le message de Mahomet nécessitait des références. Les paroles du prophète furent rassemblées sur la base de ce qu'il aurait dicté à ses compagnons pour composer un texte sacré : le Coran. Ce travail dura trois siècles et l'on suppose que le texte subit d'importantes évolutions durant cette période[48]. Les historiens considèrent qu'il exista au moins trois versions de référence, composées par Ali (chiite), Abd 'Allah Ibn Massoud et Othman[49]. Le Calife Othman imposa sa version et fit disparaître celles de ses rivaux. Son œuvre aurait visé, en ces temps de division, à rallier tous les fidèles autour d'un texte commun et unique, tout comme la Thora et les évangiles canoniques avaient en leur temps visé à renforcer une unité menacée. Les noms de 10 scribes ayant travaillé à cette tâche sont connus, parmi les douze qui auraient été mobilisés.

Rapidement, la nécessité de compléments s'affirma, en particulier pour rehausser Mahomet qui ne figurait quasiment pas dans le texte. Pour promouvoir une religion, il est nécessaire de disposer d'un imaginaire fort autour de son messager. Comme on avait placé Moïse en auteur du Pentateuque et Jésus en auteur des idées du christianisme, il fallut composer une histoire autour du personnage de Mahomet. Au Coran furent ainsi ajoutés les Hadiths, paroles de Mahomet rapportées par ses compagnons, une bibliographie (sira) et des récits de guerre (maghazi).

Des savants, les oulémas, furent chargés des interprétations des textes et de la formalisation des lois de la charia. Ces oulémas jouèrent un rôle considérable dans le développement de l'Islam où, rappelons-le, pouvoir religieux et politiques sont liés, comme cela avait été le cas avec le Césaro-papisme chrétien où l'empereur était à la fois guide politique et spirituel. Les Oulémas en effet, en tant que gardiens de la loi, ont joué à plusieurs reprises des rôles décisifs dans la conduite des affaires politiques.

Rapidement les oppositions entre chiites et sunnites s'ancrèrent dans des différences d'ordre religieux. Les chiites proclamèrent notamment que la succession de Mahomet serait assurée par la lignée de ses descendants, divinement inspirés, et qui continueront donc d'éclairer les fidèles suivant la volonté d'Allah.

---

[48] notamment grâce à diverses versions connues telle que la celle de Sanaa découverte en 1972, la plus ancienne découverte à ce jour et qui présente quelques variations par rapport au Coran canonique.

[49] Selon la tradition une bonne trentaine de versions du Coran furent composées par différents auteurs. Au moins sept ouvrages furent consacrés aux études des différences entre ces versions (auteurs : Kassâeï, Khalaf, Farrâ, Ibn Davoud Sédjestani, Madaéni, Ibn Amér Yahsébi, Ibn Abd al Rahaman Isphahanï)

Malgré ses querelles internes, l'Islam se propagea très rapidement. Son armée, galvanisée par la promesse du paradis pour tous ceux qui mourraient au combat, remporta d'éclatantes victoires, notamment sur Byzance en 636 puis sur les Perses en 637. Jérusalem passa sous contrôle musulman et on y construisit une mosquée qui fit référence dans le monde : le dôme du rocher. Elle fut bâtie là où, selon Mahomet, aurait eu lieu le sacrifice du fils d'Abraham. En Orient, l'Islam couvrit la Perse et s'étendit jusqu'à l'Indus. Plus à l'Est, il contrôla la Syrie et parvint aux portes de Byzance.

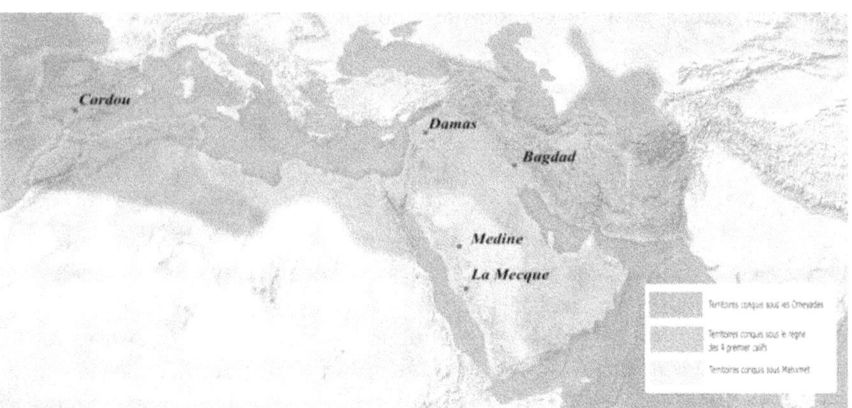

Limites de l'expansion de l'islam depuis sa naissance jusqu'à la dynastie des Omeyyades

L'avancée extrêmement rapide de l'Islam est expliquée généralement par la combinaison de plusieurs éléments, notamment l'absence d'adversaires à la hauteur d'un point de vue militaire. À cette époque, aucun État militairement solide n'était constitué aussi bien en Afrique du Nord que vers l'Asie[50].

Avec l'expansion géographique de l'empire, certains ajustements organisationnels s'avérèrent nécessaires. La capitale se recentra et fut établie à **Damas** où les chrétiens avaient été vaincus en 636. On y construisit une mosquée prodigieuse qui servit de modèle dans tout l'empire.

Puis l'expansion subit plusieurs coups d'arrêt. En 717, l'expédition navale contre Byzance échoua. En 733, Charles Martels mobilisa les francs et repoussa les

---

[50] La faiblesse militaire des États avait probablement une cause intrinsèque à leur organisation. Les hordes de guerriers nomades ont conquis le monde non seulement à l'occasion de l'expansion de l'Islam, mais aussi de l'Empire mongol. À chaque fois, un nombre extrêmement réduit de guerriers ont pris l'ascendant sur des populations plus de mille fois plus nombreuses. Une explication parmi d'autres serait que les souverains des villes auraient désarmé leur population pour s'assurer de leur soumission et le respect de la collecte d'impôts. On peut aussi penser qu'en l'absence d'entraînement régulier, les armées des grandes villes se sont affaiblies jusqu'à la pusillanimité.

Arabes hors des limites de la France. L'Islam limita donc sa présence en occident à la seule Espagne. En Afrique, son extension se poursuivit cependant.

Dans leurs conquêtes, les musulmans se laissèrent tenter par les avantages de la domination. Au lieu de chercher à convertir en fidèles comme cela était initialement le mobile des raids conquérants, ils préfèrent parfois soumettre les polythéistes et leur réclamer un tribut, suivant une longue tradition orientale. Par ailleurs, les convertis ne disposaient pas des mêmes droits que les musulmans « d'origine ». Ces inégalités, ces injustices nourrirent des contestations chez les non-Arabes.

L'ouverture perse (Abbassides)

En 750, la dynastie arabe des Omeyyades fut renversée. La dynastie perse des Abbassides lui succéda. Le deuxième Calife de cette dynastie, Al Mansour, écrasa les révoltes chiites et instaura de nouvelles règles en effaçant les différences entre anciens et nouveaux convertis, ce qui mit sur un pied d'égalité toutes les ethnies avec les musulmans arabes. Les Perses accédèrent aux responsabilités et donnèrent un nouvel élan à l'Islam. Une nouvelle civilisation prit son essor avec le développement de villes, d'administrations et le commerce fut florissant. Le Calife Al Mansour décida de créer une nouvelle capitale pour l'Empire, en zone perse évidemment. Cette ville fut construite en 3 ans suivant un plan circulaire symbolique. Son nom fut **Bagdad**, qui devint en 762 la nouvelle capitale de l'Empire. Elle fut gérée par des bureaucrates fonctionnaires.

Bagdad compta jusqu'à un million d'habitants, alors qu'on en dénombrait à Rome, pour avoir un ordre de comparaison, que 30 000 à la même période. La culture y fit l'objet d'un intérêt particulier. Le Calife Al Mamoun décida d'élargir la bibliothèque de son père pour en faire une maison de la sagesse, un centre culturel où une multitude de traducteurs travaillaient sur des manuscrits venus de toutes parts. Les savoirs de la culture grecque, perse et indienne furent ainsi rendus accessibles en langue arabe, aussi liés à la médecine et la science qu'à la philosophie. Bagdad devint le foyer de la connaissance et les savants se multiplièrent. À cette époque, les élites musulmanes considéraient normal de faire appel à la réflexion pour trouver des réponses qui n'apparaissaient pas dans les textes. La science ne s'opposait pas à la religion, mais servait à la compléter, car on estimait qu'il n'y avait aucune contradiction entre ces deux domaines (on pensait encore à cette époque que le soleil tournait autour de la terre. La science n'entrait donc pas encore ouvertement en contradiction avec les religions et leurs mythes expliquant les premiers âges de l'humanité). L'esprit logique et rationnel était donc valorisé et on croyait que l'homme pouvait accéder à la connaissance par son intelligence. La compilation des textes et l'apprentissage conduisirent également au développement d'un certain esprit critique avec le réexamen minutieux des diverses théories aussi bien philosophiques que scientifiques et notamment astronomiques. À la lisière de l'Asie, un savant adapta la méthode de représentation des chiffres utilisée par les Indiens et créa les chiffres arabes, dont l'usage est aujourd'hui universel. Cette innovation révolutionna le calcul en le rendant beaucoup plus simple qu'avec les chiffres romains par exemple. D'autres chercheurs s'intéressèrent aux mathématiques et créèrent l'algèbre, l'arithmétique, la trigonométrie. On inventa également des espaces où soigner les malades en les logeant dans des quartiers différents selon les maladies et en mettant en place un système de quarantaine : les hôpitaux. Ils étaient financés par l'État. La recherche médicale fut également à l'honneur avec des études anatomiques qui firent longtemps référence, et des pratiques sophistiquées comme l'opération de la cataracte.

Ces connaissances purent se propager dans tout l'empire grâce à l'utilisation d'une invention originaire de Chine : le papier, beaucoup plus économique et facile à produire que les parchemins qui étaient fabriqués à partir de peaux d'animaux.

La percée en Europe

Dès 711, les musulmans avaient traversé la méditerranée et entrepris la conquête de l'Espagne, alors soumise aux barbares Wisigoths. Avec 7000 hommes, le chef de guerre Tarik mena une guerre qui en 5 mois aboutit à une domination sur la moitié de la péninsule. Il donna son nom au détroit de Gibraltar (de « Gebel al Tarik » : le rocher de Tarik)

La facilité avec laquelle furent conduites ces avancées s'explique par une combinaison d'éléments qui s'ajoutent évidemment à l'efficacité de l'armée musulmane très bien préparée. Les Wisigoths n'avaient en effet pas pu compter sur le soutien de la population locale. Dans d'autres zones, où les chrétiens dominaient encore, la venue des musulmans a pu être considérée comme une forme de libération du poids de l'Église, avec ses impôts et ses persécutions contre les hérétiques.

Loin de Bagdad, les conquérants de l'Espagne cédèrent à la tentation de l'autonomie d'autant plus facilement qu'ils étaient attachés à la dynastie Omeyyade (arabe) alors qu'en Orient, les Abbassides (perses) avaient pris le pouvoir. Ils disposaient de richesses considérables. Une capitale rivale fut ainsi établie à Cordou. On y rassembla des manuscrits grecs de sciences et de philosophie, et des ouvrages d'origine lointaine pour concurrencer Bagdad et devenir une prestigieuse capitale intellectuelle. Une forme de tolérance religieuse s'instaura. Chrétiens et musulmans se partageaient par exemple l'usage d'églises, utilisées le vendredi par les musulmans et le dimanche par les chrétiens. Les juifs étaient également bien tolérés et même impliqués dans la défense des villes où ils étaient concentrés où il leur arriva de se battre aux côtés des musulmans. Il était en effet écrit dans le Coran que tous les gens du livre seraient sauvés ce qui justifiait une alliance des monothéistes. Aucune conversion forcée ne fut pratiquée. Les musulmans permettaient à ceux des autres cultures d'accéder à des fonctions administratives. La différence de traitement entre les fidèles d'Allah et les autres s'exprimait essentiellement sur la fiscalité. Cette différence importante, comme dans le reste de l'Empire sous les Omeyyades fut la source de contestations qui prirent de l'ampleur au fil du temps.

Au 10e siècle, Cordou pouvait être considéré comme un second Bagdad. Ses nombreux jardins, la gestion de l'eau dont l'accès était facile par la maîtrise des dispositifs d'irrigation, l'architecture, en faisaient une ville de lumière qui émerveillait tous les voyageurs. On prétend que sa bibliothèque comportait 400 000 volumes. L'enseignement primaire était fortement répandu et on parlait arabe dans toute l'Espagne. Les musulmans construisirent également des hôpitaux et mirent en valeur le pays. À Grenade, le palais de l'Alhambra représente un chef d'œuvre architectural sans précédent remontant à cette période. Plusieurs intellectuels rédigèrent d'importantes collections de volumes et proposèrent d'importantes réflexions sur le rapport entre l'homme et Dieu[51].

Les étapes idéologiques

Essayons de dégager les principaux éléments clés, leviers de l'histoire de l'islam des origines. L'œuvre de Mahomet fut d'abord une synthèse dans le contexte de confusion monothéiste du 6e siècle. Proche par certains aspects du christianisme syrien, sa doctrine reprit le modèle d'un Dieu unique dont le message fut diffusé par une série de prophètes et dont le dernier fut Jésus.

Après avoir échoué dans sa tentative de prédication à la Mecque, il s'échappa à Médine où son modèle religieux servit de pilier à l'exercice de son pouvoir politique. Il y formalisa une religion avec de nouveaux codes et rituels.

---

[51] Des érudits comme Avicenne (10e siècle) orientèrent l'islam vers une synthèse de la foi et de la raison et envisageaient la possibilité et la validité d'une connaissance purement humaine, c'est-à-dire sans passer par la révélation. Des réflexions s'engagèrent et des questionnements sur l'immortalité de l'âme individuelle, l'identification de l'Etre en soi… Avicenne rédigea une encyclopédie en 20 tomes et écrivit 292 titres. Le philosophe et mystique Al Farabi tenta, pour sa part, de rapprocher l'Islam des pratiques de la méditation. Le philosophe Averroes (12e siècle) commenta en Espagne les traités d'Aristote et les réinterpréta. Tout en reconnaissant l'importance fondamentale de la Loi et de l'ijma (consensus), il plaça la philosophie au-dessus de la théologie, affirmant que cette dernière devait être sous son contrôle. Averroes répondit à Al Ghazzali, auteur de la réfutation des philosophes, dans sa critique de la raison. Il critiqua aussi Al-Farabi et Avicenne, trop éloignées des traditions et proposa des conceptions nouvelles selon lesquelles la matière résultait de l'individualisation. Étant corruptible, il en déduit que l'individualisation était incompatible avec l'immortalité, qui devait donc être impersonnelle (ce qui induit une conception très particulière de l'après-vie).

Rapidement, Mahomet, le pourchassé qui avait dû fuir la Mecque devint un chef conquérant se vengeant des humiliations de ses anciens bourreaux. L'islam survécu d'abord par de petites attaques de caravanes qui s'enchaînèrent avec l'affrontement contre des villes. À la différence des Perses et des Grecs, Mahomet ne toléra pas de diversité religieuse et exigea la conversion des ennemis vaincus. L'efficacité de son idéologie dans un contexte local chaotique et de puissances en train de s'effriter permit à Mahomet et ses successeurs de constituer un immense Empire. En l'absence de traces historiques, de nombreuses hypothèses restent ouvertes sur la manière dont l'islam s'est formalisé. Au vu des évolutions connues du judaïsme et du christianisme, il est plausible que l'Islam fut initialement proche du christianisme originel, rebelle aux autorités qui utilisaient la religion comme outil de domination. À quel moment cette religion s'est-elle retournée à son tour pour asservir les masses ? Il est difficile de le préciser. Il semble peu probable qu'un courant religieux naissant impose d'emblée la soumission à ses adeptes, mais dans le cas de l'islam, la religion a rapidement pris une dimension militaire. Dès ses premières années, l'islam s'est donc durci et a pris la direction d'une idéologie assez dure. Cette orientation s'est confirmée avec les successeurs du prophète, qui ont eu intérêt à forcer le trait sur le thème de l'obéissance pour asseoir leur autorité. Il semble que la rédaction du coran ait été fortement influencée par ces visées de gouvernance.

Par la suite, l'extension géographique de l'islam et son unité linguistique autour de la langue arabe permirent d'importants échanges culturels et furent une source de progrès majeurs. Les chiffres arabes, le papier, les mathématiques, la médecine, la philosophie grecque, les réflexions venues d'Asie sont autant d'éléments qui combinés ensemble permirent à une civilisation brillante de se développer.

L'hégémonie arabe ne dura cependant pas. Les Perses puis les Turcs s'approprièrent l'islam pour affirmer successivement leur domination. La langue arabe, conservée comme référence, permit néanmoins d'assurer la continuité d'importants échanges jusqu'en Europe. Cette unité linguistique, avec la traduction d'ouvrages de diverses origines en une seule langue de référence, permit notamment de réactualiser la philosophie grecque. De par sa nature, cette philosophie se retourna ultérieurement en une arme idéologique utilisée par les élites intellectuelles pour combattre la domination des classes religieuses. Cette révolution intellectuelle et artistique se déploya par le sud de l'Europe sous le nom de Renaissance.

Les croyances clés

L'islam reprit l'ensemble des croyances clés du judéo-christianisme à savoir : l'idée d'un Dieu unique omnipotent et définissant par sa volonté ce qu'est le bien et le mal, punissant ou mettant à l'épreuve les humains avant de sélectionner ceux qui bénéficieraient de la vie éternelle au paradis. Bien qu'il y ait une certaine contradiction entre l'idée d'un dieu créateur omnipotent et l'existence de forces contestatrices, l'islam interpréta le mal comme émanant de l'influence d'esprits rebelles à son autorité et notamment Eblis (Satan). Ainsi personnifié, le mal fut considéré comme un ennemi et la religion s'imprégna donc fortement de repères dualistes.

Une idée centrale de l'islam fut aussi la croyance en une dégénérescence par rapport aux origines. La vision du temps propagée par l'islam est celle d'une dégradation continuelle, d'une forme de perdition compensée par le retour périodique de prophète rappelant le chemin à suivre. Les religions judaïques et chrétiennes auraient ainsi dérivé, notamment avec l'idolâtrie et la déification de Jésus. Cette idée de la perversion de la religion aboutit à une distinction entre les bons et les mauvais croyants, c'est-à-dire les musulmans et les autres.

Les textes mis à contribution pour soutenir les croyances sont inspirés de ceux du judaïsme et du christianisme avec une approche révisionniste relativisant la légitimité des juifs et chrétiens par rapport aux musulmans. Ce travail fut facilité par le fait que l'Ancien Testament, souvenons-nous-en, fut composé par une fusion de textes issus de plusieurs traditions, au retour des exilés juifs libérés par les Perses. Nous avions cité au moins quatre sources : celles des juifs de Samarie, celle des juifs de retour d'Égypte, celle des juifs de retour de Babylone, celle des juifs du pays de Juda. Cette dernière source comportait de fortes composantes arabes liées à la Saga d'Abraham et la ville d'Hébron. Il était donc aisé de retrouver dans la Bible des éléments de la culture arabe et d'accentuer leur importance. Dans le Coran, le remplacement d'Isaac (ancêtre des juifs) par Ismaël (ancêtre des Arabes) dans l'épisode du sacrifice du fils, illustre ce procédé.

Les valeurs et l'organisation sociale

Comme ce fut le cas avec Jésus, Mahomet apparut comme un rebelle à l'ordre religieux établi. On peut considérer qu'il condensa les trois étapes du christianisme naissant incarnées successivement par Jésus le libérateur, Paul le leader expansionniste, et Constantin le général qui devint empereur et pape. Au final, les valeurs qu'il chercha à privilégier furent donc celles d'une religion institutionnalisée, des valeurs favorables à un régime fort. Il restreignit logiquement le jeu de valeurs en trame de fond du christianisme qui idéalisait l'amour comme essence de la religion, l'amour qui vidait initialement la religion du besoin d'un cadre social hiérarchisé. L'idée d'une fraternité des hommes et des femmes et la valorisation du pardon avait, chez les premiers chrétiens, retiré aux prêtres toute autorité, avant la dérive impériale romaine, qui découla aussi de la nécessité d'une unité religieuse face à la multitude des écoles.

Avec l'islam, le risque des dérives d'interprétations fut verrouillé par la simplification du message religieux (en clôturant notamment le débat sur la nature divine du Christ) et la formalisation des règles de la vie sociale[52]. Cela n'empêcha pas l'émergence d'une grande diversité de courants islamistes, avec des divisions reposant sur les querelles de succession et les aspirations à l'autonomie de différentes régions. L'absence d'une centralisation réussie comme ce fut le cas avec l'Église catholique, déboucha sur un niveau de diversification assez élevé au final avec des écoles radicales fondamentalistes et d'autres assez proches de mouvances chrétiennes.

Globalement, durant ses premiers siècles d'existence, l'islam véhicula néanmoins des valeurs plutôt orientées vers la soumission, l'obéissance et le dévouement à Dieu. La conception d'un monde ordonné et sous l'emprise totale de Dieu favorisa une forte hiérarchisation sociale. Cette hiérarchisation s'exprima aussi bien au niveau de la famille avec pour la femme un statut équivalent à celle qu'elle avait toujours eu dans le Proche Orient ancien (propriété de son mari), qu'à un niveau plus large dans la communauté avec des classes d'esclaves, propriétés de maîtres.

Le dévouement à Dieu se manifesta aussi par des valeurs de conquêtes, la meilleure manière de prouver sa loyauté étant de s'exposer au combat pour lui. L'esprit de sacrifice, que l'on peut mettre en rapport avec le christianisme, nourrie par une interprétation idéologique de la mort de Jésus, fut aussi un élément qui renforça l'idéal guerrier.

Un côté positif de ces orientations est qu'elles poussèrent aussi à une quête d'universalisme qui alimenta une riche centralisation des connaissances et des réflexions issues de toutes les cultures, à toutes les époques. Paradoxalement, ce mouvement de concentration des sources permit une ouverture de la religion vers un questionnement. La confrontation avec les productions philosophiques de l'Inde et surtout de la Grèce antique permit la réactualisation d'une démarche philosophique oubliée, et l'avènement de dynamique de renouvellement. La foi en Dieu et la soif de le comprendre ont finalement conduit à promouvoir la raison, la science et l'art, jusqu'à déboucher sur la Renaissance dans les territoires d'Europe du Sud.

---

[52] A la différence des codes du judaïsme ou des principes chrétiens, les règles de l'islam ont pu être conçues sans concessions par rapport aux lois d'un empire dominateur. Ni les lois perses, ni les lois romaines n'ont fit obstacle à l'affirmation de règles propres à l'islam et pouvant s'étendre à l'ensemble des questions sociales.

Synthèse sur l'ère de la foi aveugle

Notre survol de l'histoire des monothéismes s'est limité aux phases clés de leur création jusqu'aux périodes où ils donnèrent chacun naissance à une nouvelle forme rivale d'une puissance comparable. Nous n'avons donc pas cherché à analyser ici les évolutions du judaïsme après la naissance du christianisme, ni les évolutions du christianisme après la naissance de l'Islam, et nous avons arrêté notre histoire de l'Islam avec la transmission de ce qui alimenta le mouvement de la Renaissance. Ce qui nous importe est de cerner la dynamique entre ces phases et comprendre le jeu des valeurs et croyances qui leur sont associées. Commençons par un rappel des différentes séquences, puis l'analyse de leurs dynamiques internes.

Rappel sur les grandes étapes ayant conduit aux monothéismes

Les organisations sociales des tribus ou clans isolés qui ont conservé leurs traditions depuis des millénaires nous ont permis de nous représenter ce que furent les premières formes religieuses, par extrapolation.

Elles reposaient sur une conscience aiguë des relations entre le monde visible et celui des esprits. Ces deux domaines étaient séparés : le corps d'un être humain était sous l'influence et la conduite d'esprits, dont le plus important est l'égo des rêves. Il insufflait l'énergie au corps.

À la mort du corps, l'ego des rêves était confronté à un certain nombre d'épreuves et d'obstacles à franchir. En cas d'échec, il sombrait dans le monde souterrain, mais s'il triomphait, il accédait au territoire des ancêtres. De là, il pouvait intercéder auprès des dieux pour qu'ils récompensent ou punissent les humains. Ces croyances étaient associées à des rites funéraires et une communication avec le monde invisible via les chamanes et médiums.

L'organisation sociale de ces cultures gravitait autour des familles et leurs ancêtres. Ces sociétés étaient relativement égalitaires et les enfants pouvaient être élevés par la communauté dans son ensemble, sans que les questions de filiation ne posent de problèmes particuliers. Les frères et sœurs d'une femme pouvaient s'occuper de ses enfants comme des leurs. Les valeurs centrales étaient celles liées au respect de l'ordre hiérarchique.

Avec l'apparition des citées, les rituels dominants n'ont plus porté sur les ancêtres de chaque famille, mais sur la vénération de dieux protecteurs de ces cités, dieux liés à l'agriculture, mais aussi à la guerre. Les rituels sont devenus périodiques au lieu des rites funéraires occasionnels, et ont permis de rythmer la vie sociale. La structuration de la société s'est traduite par la formalisation de règles collectives et notamment de transmission des héritages de terres et de troupeaux, de liens d'appartenance entre les individus. Les femmes sont ainsi devenues propriétés de leurs maris dès leur première relation sexuelle. Des règles sur la propriété des esclaves ont été formulées, ainsi que sur les privilèges des notables et des prêtres. Le chef de la cité, le roi, est devenu l'ambassadeur du dieu protecteur.

Ce modèle d'organisation sociale a dominé le Proche Orient ancien avec quelques tentatives de mise en place d'un culte unique afin de saper toute contestation pouvant s'appuyer sur la diversité religieuse. Ce fut notamment le cas dans le pays de Juda où émergea, le premier monothéisme rigoureusement formalisé, le judaïsme. Nous insistons sur ce point fondamental : **le monothéisme fut le fruit d'une réaction politique pour éliminer les cultes rivaux de ceux du roi**. Il ne s'agit ni du résultat d'une illumination prophétique, ni d'une innovation philosophique née d'une réflexion, ni d'un processus de maturation sociale.

Après plusieurs siècles d'adaptation, le judaïsme évolua en divers courants qui donnèrent naissance à d'autres religions concurrentes. La filiation entre ces monothéismes qui ont marqué notre histoire peut s'interpréter de manières très différentes, suivant les écoles de pensée. Elles ont un socle commun, un socle de croyances, de récits et de valeurs, mais comportent naturellement des différences de fond que nous allons discuter à présent.

Dans le judaïsme, la visée principale de la religion fut de cimenter l'unité du peuple juif et préserver son identité. Le judaïsme s'est développé dans plusieurs types de contextes allant d'une royauté conquérante à la résistance en exil, mais globalement, cette religion a servi à se préserver dans des circonstances de persécution aussi bien durant la période perse, grecque que romaine. Elle a initialement reposé en grande partie sur un ensemble de règles communautaires et quelques fêtes praticables en famille, sans nécessité ni de temples, ni de clergé.

Ses valeurs tournent autour de la soumission à un Dieu unique et au respect de l'ordre divin, c'est-à-dire le respect de la hiérarchie sociale, des codes et commandements de Dieu. Par réaction à la domination grecque, le judaïsme a aussi développé des valeurs de rejet sur plusieurs aspects liés à la sensualité et à la sexualité. Le judaïsme a visé à contrôler un peuple par un système religieux pouvant contourner l'autorité politique d'empires colonisateurs. Cette ambition de contrôle se traduisit par un marquage de la chair (circoncision des enfants) et une multitude d'interdits régissant toutes les formes de relations sociales : la sexualité, le mariage, l'alimentation, le rythme de vie (shabbat).

Les messages du judaïsme sont portés par un corpus de textes assemblés en grands mythes et centrés sur quelques personnages clés dont le principal est Moïse. Son histoire est le point d'ancrage des valeurs du judaïsme.

Dans le christianisme, la visée initiale semble avoir été la rupture avec l'autorité de la classe sacerdotale juive, compromise avec les autorités romaines. Cette séparation s'appuya sur un système de valeurs proche de celui du zoroastrisme originel, basé sur l'éthique individuelle et le rejet de l'autorité sacerdotale. Initialement courant de rébellion au sein du judaïsme, le christianisme fut ensuite constitué en une nouvelle religion, principalement par le travail de réinterprétation de Paul de Tarse. Il cassa les valeurs identitaires du judaïsme pour ouvrir la religion à l'ensemble de l'humanité et favorisa la constitution de communautés dans toute la zone sous influence romaine. Sa religion prit pour point d'ancrage l'histoire de Jésus, personnage ressuscité, déifié, qui se serait sacrifié volontairement pour le pardon de l'humanité avant la proche fin du monde.

Le christianisme, qui fut ultérieurement porté au pouvoir par l'empereur Constantin, devint religion d'État, et tomba aux mains de l'ordre impérial. Il prit une forme exactement opposée à ses principes originels, passant au service d'empereurs qui recréèrent un système clérical pour contrôler la population.

Néanmoins, l'idéal de compassion et d'amour a subsisté, conduisant le christianisme à former un ensemble de courants diffusant par séduction et ne s'imposant pas par la force (pendant ses premiers siècles d'existence bien entendu, puisque la suite fut plus coercitive). Une assez grande diversité de courants chrétiens se sont développés sur la base d'interprétations variées notamment au sujet de la nature du Christ. Etait-il purement divin ou mi-humain mi-divin, Père et Fils en même temps ou simplement fils ? Autant de questions, qui favorisèrent la multiplication des écoles chrétiennes, jusqu'à ce que les autorités romaines décident de centraliser fermement la religion autour d'un dogme unique contrôlé par une puissante classe religieuse.

Les valeurs fondamentales du christianisme sont celles de la responsabilité individuelle et du dévouement sincère aux autres. La soumission à Dieu est complétée par la bienveillance et l'idéalisation de l'amour entre humains.

Ces valeurs sont soutenues par le mythe d'un Jésus prophète, fils de Dieu, venu annoncer la fin du monde et ayant montré par l'exemple du sacrifice de lui-même, jusqu'où l'amour des autres devait aller. Un grand travail d'interprétation de sa vie et de son message fut accompli à travers des textes attribués à Paul de Tarse. Ces écrits réintroduisirent de nombreuses orientations traditionnelles juives dans l'interprétation chrétienne, notamment le devoir du respect de la hiérarchie sociale, c'est-à-dire le contrôle du peuple par une autorité religieuse.

L'islam s'est constitué et s'est formalisé en un espace de temps beaucoup plus réduit puisque moins d'un siècle sépare sa naissance de sa structuration et sa diffusion sur de larges territoires. Contrairement au christianisme qui a basculé progressivement sur de nombreux siècles d'une idéologie rebelle à celle d'idéologie au service d'un régime impérial, l'islam s'est constitué dès ses origines à la fois comme un mouvement d'opposition et de rassemblement, de réforme religieuse et d'organisation sociale. Cette ambition fut sa force par rapport à un christianisme empêtré dans les contradictions liées à son appropriation successive par des personnes aux objectifs contradictoires (de Jésus et son discours subversif à Constantin l'Empereur).

La visée initiale de l'islam est difficile à cerner. Elle a conduit à une opposition aux pouvoirs traditionnels polythéistes arabes, à leur renversement, puis à un mouvement de conquête foudroyant. On peut donc supposer que l'islam visa dès sa conception une grande réconciliation des monothéismes à la fois religieuse et politique. La synthèse idéologique fut logiquement rejetée par les différents groupes religieux et l'islam se radicalisa rapidement contre les juifs accusés de la condamnation de Jésus et contre les chrétiens, ayant déifié à tort celui qui n'était qu'un prophète. Par les armes, l'islam réussit à s'imposer en quelques siècles jusqu' au sud de l'Europe.

Les valeurs portées par cette religion sont celles de l'ordre, de la soumission et de l'obéissance. Elles sont soutenues par un conditionnement quotidien ponctué de prières et d'exigences poussées, telles que le jeûne du ramadan, ou encore une multitude d'interdits drastiques comme celui de la consommation d'alcool. La société est elle-même conditionnée par un ensemble de règles religieuses précises et une codification détaillée des relations entre hommes et femmes.

Le socle de croyances qui alimente ces valeurs est très proche de celui du judaïsme naissant à ceci près que l'arabe, langue du Coran, réoriente le caractère électif du Dieu unique non plus aux seuls juifs, qui auraient maltraité leurs prophètes, mais aux descendants d'Abraham. L'islam évacue l'idée que l'homme soit une incarnation de Dieu comme le prétendaient plusieurs écoles chrétiennes. La notion de quête intérieure est donc évincée et les textes « dictés » par Dieu doivent tenir lieu de référence absolue, avec une rigoureuse application de règles formalisées. Le Coran et quelques autres textes tiennent lieu de repère avec deux éléments clé : le récit de la vie d'Abraham et de celle de Mahomet.

Par ses valeurs et les croyances associées, l'islam a facilement pu être utilisé à des fins expansionnistes. Les Arabes, puis les Perses et enfin les Turcs ont largement instrumentalisé cette religion pour étendre et consolider leurs empires.

Ces différences étant établies, nous pouvons nous interroger sur le sens de cette diversité. Sur quoi repose-t-elle ? Peut-on y voir les étapes successives d'une quête philosophique ou simplement des instruments de pouvoir utilisés avec habileté voire cynisme en différentes régions et à différentes époques ?

Espérer une réponse simple serait naïf. Nous devons considérer l'évolution des monothéismes comme des processus complexes, avec **des mécanismes qui les font se maintenir, des mécanismes qui les font évoluer, se diversifier, puis des mécanismes de rupture**. Au cours de ces phases d'émergence, stabilité, diversification, dissolution, se combinent divers facteurs. Certains relèvent de la conviction et d'autres sont de l'ordre de l'intérêt calculé.

Ces deux moteurs (conviction/intérêt) s'expriment encore à plusieurs niveaux ; Celui de l'individu, celui de la famille, celui des masses populaires, celui des pouvoirs dirigeant les peuples. Nous allons par souci de simplification réduire ces ensembles à deux groupes : celui du peuple et celui des gouvernants.

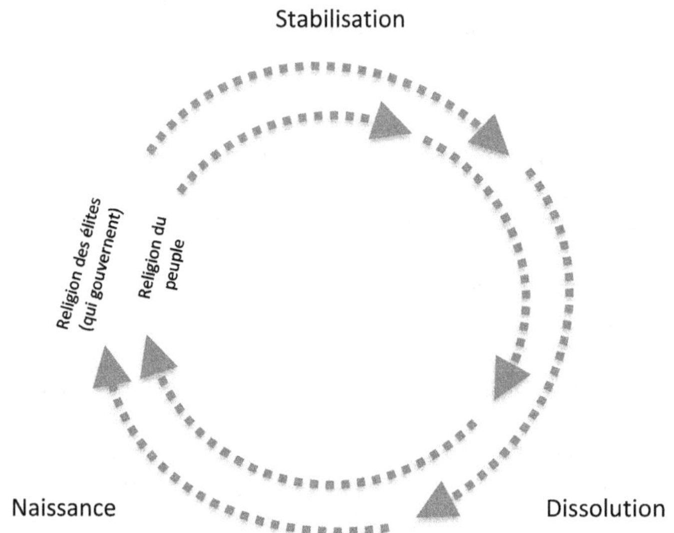

Dynamique générale des courants spirituels : trois étapes (naissance, stabilisation, dissolution) avec deux principaux niveaux (élites gouvernantes, masses populaires), eux-mêmes animés à la fois par des convictions sincères et des intérêts calculés.

Les motivations des élites qui gouvernent

Prenons d'abord le cas des dirigeants. Ceux qui sont en place peuvent se faire les gardiens des traditions et défenseurs de l'ordre établi parce qu'ils ont été convaincus, par l'éducation qu'on leur a transmise, que l'ordre du monde était bon. C'est évidemment très tentant de croire que la nature est bien faite quand on se trouve au sommet du pouvoir, dans une position privilégiée. Il y a plus ou moins d'hypocrisie à penser que les privilèges dont on dispose sont mérités, mais nous avons tous tendance à ne voir que ce qui nous conforte dans nos attentes. C'est un biais très humain.

Cependant, ils se trouve aussi des dirigeants frustrés d'un certain sentiment d'injustice parce qu'ils n'occupent pas le rang qu'ils souhaiteraient, encore un peu plus haut, ou estiment que ceux à qui ils doivent obéissance ne le méritent pas, surtout s'ils semblent corrompus. Ce sont ces insatisfaits qui font doucement sécession, se distinguent, créent des failles, font naître des ramifications qui donnent finalement lieu à des nuances idéologiques qui finissent en rivalités[53]. Ces rivalités, ces dissociations, aboutissent à des ruptures. Nous avons vu ainsi l'éclatement du judaïsme en sectes pharisienne, saducéenne et essénienne. La secte essénienne a abouti au christianisme. La dissémination du christianisme s'est traduite par une diversification aboutissant à la naissance de dizaines de courants. Au moins l'un d'entre eux semble avoir, dans une large mesure, inspiré l'islam, qui à son tour éclata en sunnisme, chiisme et kharijisme. Le cas de l'islam, il est vrai, peut sembler un peu particulier dans la mesure où Mahomet n'était pas encore un chef religieux lorsqu'il a pris l'initiative de fonder sa propre école, réinterprétant par lui-même le judéo-christianisme sur la base de « révélations ». Il incarne un autre facteur, cet élan individuel qui a porté de nombreux réformateurs religieux et qui se sont revendiqués messagers de Dieu : le prophétisme.

Plusieurs réserves s'imposent sur ce phénomène. Nous savons que les pouvoirs des prophètes ont été exagérés par les traditions. Il est manifeste que les prédictions attribuées à des personnages religieux dans les textes sacrés, sont des procédés d'écriture destinés à lier des récits et leur conférer un caractère merveilleux. Les exégètes ont facilement pu démontrer que les prophéties attribuées à Abraham sont ainsi une astuce rédactionnelle destinée à créer un lien avec les histoires associées à Moïse par exemple[54].

Selon de nombreux psychologues, les prophètes seraient à rapprocher des gourous dont l'existence n'aurait pas de dimension miraculeuse. L'étude de leurs profils psychologiques a en effet permis de mettre en évidence le point commun d'avoir subi de grands traumatismes affectifs (deuils). Cet élément laisse supposer une réaction de type psychologique, une compensation se traduisant par un basculement vers la foi accompagné d'un immense espoir, une image de soi démesurément grande, une conviction à toute épreuve. Il est également remarquable que l'histoire de l'humanité regorge de gourous qui se sont avérés être des escrocs ayant entraîné parfois de larges communautés dans des folies autodestructrices[55]. Tous ces éléments jettent le doute sur l'authenticité des prophètes.

---

[53] On peut interpréter cette rivalité de pouvoir dans le cadre de la théorie du « désir mimétique » de René Girard, selon laquelle les désirs des individus découlent d'un processus d'imitation instinctif, aboutissant à d'inévitables rivalités sur les objets désirés. S'agissant des gouvernants, ce désir porte naturellement sur le pouvoir.

[54] Lors de la rédaction de la Bible, un des moyens de relier les récits indépendants des diverses traditions juives fut de faire annoncer un récit par une autre sous forme de prophéties. Plusieurs experts s'accordent en effet pour affirmer que Moïse ne figurait pas dans les premières formes de récit sur l'Exode (Voir l'annexe XI de « Et ils créèrent Adam, Abraham, Moïse… »

[55] Dans son ouvrage « Feet of clay », Anthony Storr analyse les profils des plus célèbres gourous de notre histoire, dont certains ont encore sévi au 20e siècle.

Pour autant, cette attitude qui consiste à faire un amalgame entre ce qui échappe à la raison et le pathologique voire la folie, est très réductrice. Nous avons signalé que cette dérive avait déjà été celle des premiers anthropologues s'étant intéressés au chamanisme et n'ayant pas trouvé d'autres explications rationnelles que de prétendre que les chamanes étaient des malades mentaux d'un type particulier. Ces hypothèses se sont avérées complètement fausses et relever d'une grave confusion. Les pouvoirs des chamanes se révèlent effectivement souvent suite à des traumatismes ou chocs qui peuvent avoir été des maladies. Mais ce qui les caractérise est justement d'être ressortis plus forts ou dotés de nouvelles qualités ou pouvoirs à la suite de ces épreuves. Les chamanes sont parfois des êtres touchés par des difformités ou manifestent des symptômes proches de pathologies, mais font preuve aussi de qualités psychiques et physiques très supérieures à la normale. Certains possèdent effectivement des pouvoirs de guérison qui ne s'expliquent pas suivant nos modèles rationnels.

Une partie d'entre eux ont commencé leurs vocations suite à des évènements particuliers, qui semblent avoir provoqué une brèche entre ce monde-ci et un autre. Ces connexions, pour les chamanes comme pour les médiums ou les prophètes, apparaissent parfois dans des conditions inexplicables : La cécité puis la guérison de Paul sur le chemin de Damas ou les transes de Mahomet durant ses méditations en sont des illustrations.

L'étude du chamanisme a par ailleurs montré une convergence de modèles dans toutes les parties du monde, bien qu'on ait du mal à suspecter qu'elles se soient transmises entre elles leurs concepts. Un des plus éminents spécialistes du chamanisme, Mircea Eliade, vit dans la convergence entre toutes ces formes le signe d'une pratique avec un fondement qui va au-delà de nos constructions mentales. On peut suspecter que certains êtres humains aient effectivement la possibilité, suite à des formes de lésions, d'accéder à d'autres mondes. Les vocations des prophètes, dans toutes les religions, rejoignent par ailleurs les trames des récits sur l'élection des chamanes par des forces supérieures, y compris la figure d'Abraham, Moïse, des prophètes de l'Ancien Testament, de Paul et de Mahomet.

Il nous faut aussi reconnaître que certaines personnes, lorsqu'elles sont en transe, ont incontestablement accès à des informations provenant de sources inconnues de savoirs, parfois d'une fiabilité et d'une précision déconcertante (Nous développerons en fin d'ouvrage, les cas emblématiques de quelques médiums). Les traditions religieuses font mention d'anges, notamment l'ange Gabriel ou de paroles divines, mais personne ne sait exactement à quoi les esprits de chamanes, médiums et prophètes parviennent à se connecter. Il n'empêche que les visions médiumniques de l'avenir et les communications avec les « esprits » sont une réalité du passé comme du présent.

Il reste à éclaircir la relation entre ces personnages exceptionnels qui disposent de ces dons, souvent porteurs de ruptures religieuses et qui sont leaders de contestation contre le pouvoir, et les masses populaires. Cela nous conduit à réfléchir aux motivations qui animent non plus simplement les élites au pouvoir, mais les peuples. Eux aussi peuvent trouver leur compte de manières différentes durant les phases d'émergence, stabilité, diversification, rupture.

Les motivations des masses populaires

L'adhésion à la religion établie répond à une multitude de leurs besoins. D'abord, elle fournit un cadre social qui offre un modèle pour la gestion des affaires courantes, familiales comme sociales au sens large. Comme le dirigeant qui se complaît dans son pouvoir, le père de famille profite de sa position dominante et a tout intérêt au respect des valeurs traditionnelles. Il assoit son autorité sur le cadre religieux hiérarchisé et femmes et enfant se soumettent généralement de plein gré avec le sentiment de profiter d'une protection physique rassurante.

La religion répond aussi à un besoin de sécurité psychologique, au besoin d'être rassuré dans un environnement stressant où les menaces abondent. Elle donne un sens aux épreuves de la vie et aide à garder espoir malgré la perspective de la mort, que chacun sait inévitable. La mort est le sujet central de la religion parce que nous nous inquiétons de ce qu'elle nous réserve, mais aussi et surtout, parce que la mort de ceux qu'on aime est une source de souffrance considérable qu'il est indispensable d'apaiser par des idées rassurantes. Pour donner un sens réconfortant à la mort, les modèles religieux s'appuient sur une intuition profonde partagée par la plupart des êtres humains : celle de l'existence d'un autre monde inaccessible à nos sens où demeurent les défunts et éventuellement des dieux recélant de pouvoirs extraordinaires. De cet autre monde nous ne savons rien avec certitude ; tout au plus en recevons-nous quelques informations sous forme de rêves plus ou moins symboliques ou des messages attribués à des défunts. Les humains reconnaissent néanmoins une grande importance à cette autre facette de la vie et sont attirés par ce qui leur permettrait d'orienter leur vie présente en cohérence avec le monde invisible. Les religions permettent de répondre en partie à ce besoin, mais pas totalement.

Cette insuffisance se double aussi de pratiques qui apparaissent comme douteuses, voire excessives. Aussi, lorsque les abus de pouvoir des classes dirigeantes dépassent le seuil du supportable pour des raisons diverses (crises alimentaires, guerres…), l'intérêt des populations s'oriente vers les alternatives qui se présentent. La confiance se tourne vers ceux qui, animés de convictions profondes et d'enthousiasme nouveau, proposent une vision différente qui semble plus juste, plus authentique, ou simplement plus profitable. Se débarrasser de l'oppression des classes religieuses ponctionnant le peuple est en effet une bonne raison pour suivre un mouvement rebelle. Nous avons vu que les Apirous (Hébreux) étaient composés de dissidents ayant fui la domination des roitelets durant la période de domination égyptienne. Les esséniens ont fui les villes sous domination romaine pour mener une vie monastique à l'écart. L'islam a rallié les exilés de la Mecque ayant suivi Mahomet. Les populations les plus démunies, celles qui n'ont plus rien à perdre, rallient spontanément la contestation, surtout si elle laisse entrevoir un ordre plus égalitaire. Ce besoin d'une libération fut celui des esclaves hébreux face aux Égyptiens, celui des juifs sous la tutelle romaine, celui des chrétiens sous l'oppression du césaro-papisme romain, celui d'une partie des musulmans sous l'emprise arabe, puis perse, puis turque. Les mouvements de rébellion et fuite des opprimés ont été suivis du ralliement des masses. L'enthousiasme du nombre a catalysé la passion.

Dans ce cadre, les « dégâts collatéraux », les épisodes de martyre ont été instrumentalisés et utilisés à des fins de propagande. Nous pouvons les interpréter là encore sous deux angles totalement opposés : Les soi-disant martyres dévolus à leurs cause et cités en exemple furent généralement de simples victimes qui n'ont pas eu le choix de leur destin : Les résistants juifs à la répression grecque séleucide n'ont guère eu le choix que de prendre les armes une fois le point de non-retour atteint avec le déclenchement de la guerre des Macchabées. Nous avons vu aussi que la crucifixion de Jésus s'explique bien mieux par une analyse politique qu'un soi-disant sacrifice de soi. L'islam naissant n'a pas non plus eu d'autres choix que la guerre pour survivre. Mais pour ceux à qui ces situations sont rapportées, il s'agit toujours d'héroïsme, de situations voulues et non subies, comme lorsqu'on expliquait dans le judaïsme naissant que Yahvé avait voulu punir son peuple infidèle en le livrant aux Assyriens puis aux Babyloniens. Les masses se laissent emporter par le lyrisme et l'espoir, quitte à même se fier aux promesses d'un improbable paradis dont l'existence est aussi impossible à démontrer qu'à réfuter.

L'éternel recommencement

L'évolution des religions suit donc une sorte de cycle dont le contenu se renouvelle, mais dont la dynamique reste toujours la même. La figure suivante permet d'illustrer les trois phases (naissance, stabilisation, dissolution) où alternent la domination d'élites et des masses, animées par des intérêts évolutifs. Sous cette figure, nous avons construit un tableau qui détaille pour les grandes formes religieuses les faits marquants de ces phases clés :

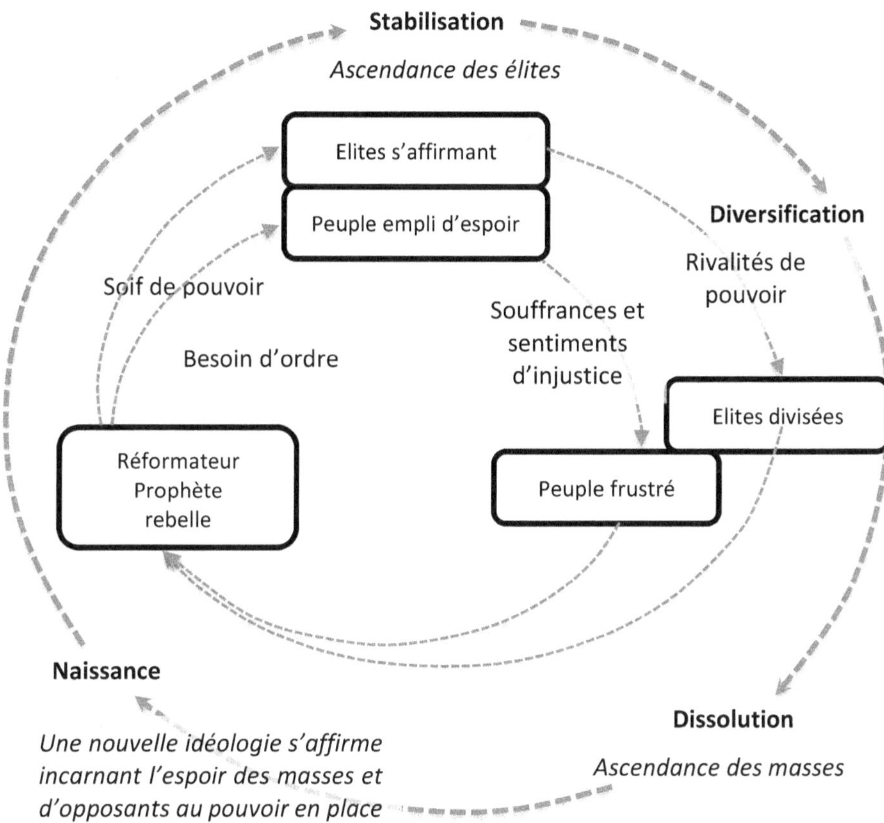

	Naissance	Stabilisation	Diversification-Dissolution
Zoroastrisme	Impulsée par Zoroastre	Récupération par les rois perses	Dissolution de l'empire perse
Judaïsme	Fusion complexe de concepts perses et de plusieurs traditions du Proche Orient ancien	Ecriture de la Bible	Eclatement en sectes dont l'une donne naissance aux esséniens puis au baptisme
Christianisme	Impulsée par Jésus	Formalisé par Paul de Tarse	Eclatement en multiples courants chrétiens dont l'un inspira l'islam (christianisme syrien)
Islam	Impulsée par Mahomet	Ecriture du Coran	Eclatement en plusieurs sectes sunnites et chiites

Les évolutions monothéismes s'insèrent dans des cycles où dominent d'abord des espoirs puis une soif de changement. L'émergence d'un nouveau mouvement est généralement conduite par un homme qui fédère les énergies à travers un message de justice, reprenant les idées d'un courant religieux dissident. En cas de succès, les élites qui lui succèdent idéalisent l'histoire du réformateur, formalisent son idéologie et la retournent pour la mettre au service de l'organisation du pouvoir. Le peuple finit par être déçu et aspire au changement, ce qui rejoint aussi les attentes de ceux qui, parmi les élites, ne sont pas encore au pouvoir et aspirent à y accéder.

Dans les phases d'évolution, les élites prennent l'ascendant sur le peuple. Cette tendance s'inverse lors de la phase de dissolution du modèle religieux ou la force des masses s'affirme par le mécontentement collectif et les désirs de changement. Ce cycle s'applique à toutes les transitions au sein des religions et entre leurs variantes ; zoroastrisme, judaïsme, christianisme et islam peuvent se comprendre en effet comme des phases d'une même histoire.

L'analyse de ces dynamiques nous montre que les siècles de monothéisme ont fait tourner en rond une partie de l'humanité, probablement parce que fondamentalement, **l'idée d'un Dieu unique est un concept de centralisation et d'unification. Immanquablement, il conduit à un pouvoir fort, aliénant le peuple.** Il est donc tout à fait logique que l'ère des religions ait abouti à des régimes absolutistes dirigés par des rois puissants. Qu'un Zoroastre, un Jésus ou un Mahomet se soient dressés contre les pouvoirs locaux de leur temps en proposant des modèles religieux plus égalitaires n'a pas empêché leurs mouvements de finalement être récupérés par les rois et les empereurs pour asseoir leur pouvoir. L'idée d'un Dieu unique conduit naturellement au pouvoir d'un représentant unique.

Emportés par leur passion, les croyants se sont fait instrumentaliser aussi bien par les discours d'une religion que d'une autre. Nous pouvons remarquer que des revendications d'indépendance ont souvent été associées à l'émergence des religions : le judaïsme s'est formalisé lors du retour des exilés pour reprendre le pouvoir en Palestine, le baptisme est né (au départ) d'un rejet des prêtres collaborant avec l'autorité romaine, l'islam s'est dressé contre les pouvoirs incarnés par les chefs de clans polythéistes… Les évolutions religieuses ont donc souvent servi à rallier des personnes cherchant à s'extraire de la domination, parfois sur des bases identitaires de type ethnique (judaïsme juifs, christianisme romain, islamisme arabe). Généralement, ces aspects politiques sont passés au second plan parce que les peuples ont eu davantage soif de discours religieux. Ces discours religieux peuvent même finir par dresser les peuples les uns contre les autres comme ce fut le cas durant les croisades.

Quelques penseurs et hommes d'action ont néanmoins eu le courage et la lucidité de vouloir sortir des simples querelles superficielles théologiques. Ils se sont recentrés sur la question de fond : celle de l'asservissement du peuple par les classes dirigeantes utilisant avec une hypocrisie flagrante des discours religieux centralisateurs. La source des problèmes était en effet moins liée aux idées qu'on pouvait avoir sur les messages de Moïse, Jésus ou Mahomet que l'organisation sociale en classes, ordres ou castes s'appuyant sur des considérations religieuses et imposant la soumission aux masses.

Pour sortir de cette aliénation et face à la puissance de la domination religieuse et politique, la simple rébellion ne pouvait suffire. Dans plusieurs pays d'Europe, l'alliance de la religion catholique et des pouvoirs royaux constituaient des systèmes puissants, bien structurés, bien rodés, disposant du pouvoir financier et de la force des armes. Pour se libérer de l'aliénation au pouvoir catholique et son clergé, il était nécessaire d'atteindre un haut niveau de mobilisation. Il nécessitait un discours fédérateur avec un projet de société exaltant, à la hauteur du défi d'une révolution. Il fallait concevoir un nouveau mode d'organisation sociale et de répartition des pouvoirs. Il fallait qu'une nouvelle logique de pouvoir et de comportement émerge. Ce travail de construction idéologique s'intégra dans une dynamique de réflexions étalées sur des décennies. Le processus s'engagea à partir du sud de l'Europe en s'appuyant sur la réactualisation de certaines valeurs qui avaient fait la grandeur de la Grèce antique. Nous voici au seuil de l'ère des idées et de l'esprit.

L'ère des idées et de l'esprit ; la renaissance et l'humanisme

Après l'ère des religions, notre culture est entrée dans celle des idées qui permirent de justifier d'importantes révolutions sociales. Elle se caractérise par l'affirmation de valeurs de progrès s'opposant à celles de conservateurs. Cette étape prépara le passage à une société essentiellement basée sur les questions économiques.

Chapitre 10 : Les séquences historiques
Le foyer Portugal-Espagne et les grandes découvertes,
Le foyer italien et le renouveau culturel,
L'effervescence intellectuelle européenne,
De l'alchimie à la science,
Le foisonnement intellectuel qui supplante le modèle biblique,
Le foyer allemand et le protestantisme,
Le foyer anglais,
La naissance des États-Unis et l'affirmation de la liberté économique,
L'esclavagisme,
La laïcité chrétienne,
Le carrefour français ; La période classique, Les lumières, Les constitutions maçonniques, La Révolution française
La filiation anti-monothéiste nordique

Chapitres 11 à 13
Les étapes chronologiques,
Les croyances clé,
Les valeurs

Chapitre 14 : Synthèse sur l'apport humaniste

Les séquences historiques

Le développement de l'humanisme et sa diffusion à travers le monde sont le résultat d'une combinaison de multiples influences. Elles sont variables du point de vue de leur origine géographique et de leur nature (scientifiques, philosophiques, économiques). Leurs conséquences sont immenses à la fois du point de vue social et politique.

Contrairement à ce qui était enseigné autrefois, nous savons aujourd'hui que l'humanisme n'est pas seulement issu d'une influence italienne. Le renouveau intellectuel en Europe et la redécouverte des auteurs de l'antiquité est un processus d'abord initié par la diffusion de la connaissance dans l'empire islamique, comme nous l'avons vu dans le chapitre précédent. Les connaissances et innovations d'origine indienne et chinoise tel que le papier et les chiffres « arabes » ont en effet été propagées par l'islam, à partir de l'Espagne. C'est encore cet islam qui a permis un développement important des mathématiques, de l'astronomie et des sciences d'une manière générale. Toutes ces connaissances d'abord diffusées en arabes, ont été reprises et commentées en latin par les intellectuels européens.

Les évolutions se sont ensuite développées à partir de différents foyers géographiques ;

- L'Espagne et le Portugal s'illustrèrent par l'essor de leur force navale et la constitution de nouveaux empires coloniaux. La découverte du Nouveau Monde secoua les esprits et porta ombrage à la crédibilité des autorités religieuses.
- Un mouvement intellectuel et artistique prit son essor depuis l'Italie pour se propager vers le nord.
- Dans les pays anglo-saxons, cette effervescence conduisit à une remise en cause de l'autorité religieuse catholique et à la naissance du protestantisme et ses dérivés.
- Dans les colonies britanniques d'Outre Atlantique, un mouvement d'émancipation conduisit à la naissance des États-Unis avec pour la première fois, un système politique sans roi.
- En France, à la confluence de toutes ces influences, un État puissant s'appuyant sur les conquêtes coloniales et le progrès des sciences se développa, mais fut ruiné par des dettes. Fragilisée par la diversité religieuse et l'anéantissement de la noblesse, la royauté succomba à l'alliance du peuple et de la bourgeoisie au cours d'une révolution chaotique, mais triomphante.

Cette révolution fit émerger un nouveau socle idéologique basé sur l'idée de l'évolution et du progrès. Nous allons explorer un à un ces foyers d'innovations pour comprendre comment chacun d'entre eux s'est développé et a contribué à une évolution globale des sociétés.

Le foyer Portugal-Espagne et les grandes découvertes

Dès le 11e siècle, les pays d'Europe avaient entrepris des mouvements de conquête en direction du Moyen-Orient, au motif de reprendre Jérusalem aux musulmans. Des ordres militaires s'étaient ainsi développés tels que les Templiers ou chevaliers teutoniques. Cependant, la domination islamique persista dans cette partie du monde et cela ne constituait pas seulement un problème d'ordre religieux. Le commerce avec l'Asie dont on avait découvert les richesses butait en effet sur l'obstacle musulman. La fameuse route des Indes découverte par Marco Polo, longue et semée d'embûches n'était pas très favorable au développement de relations commerciales avec des pays aussi éloignés que la Chine. Les perspectives commerciales, notamment avec la soie et les épices étaient pourtant très intéressantes. La soie intéressait les familles aisées et les épices l'ensemble de la population qui se devait de consommer jusque-là de la viande conservée par salaison ou fumaison, avec un goût qu'il était préférable de relever.

Une solution fut alors envisagée : passer par les mers. On ne savait pas encore si cela serait possible, mais il semblait qu'il y avait une chance de trouver un passage en passant par le sud de l'Afrique. Or justement, la navigation avait connu quelques avancées notoires. Elles portaient sur les outils de navigation avec l'usage généralisé de la boussole qui permettait de s'orienter avec une bonne fiabilité durant le jour. Elles concernaient aussi et surtout les progrès au niveau des embarcations. Les caravelles, avec leurs très hauts bords qui protégeaient des vagues, et leur système de voilure se déplaçaient désormais à près de 10km/h, soit deux fois plus vite que les bateaux habituels.

Ce sont les Portugais qui s'engagèrent les premiers avec Henry le navigateur. Ils descendirent le long des côtes Africaines et créèrent des « comptoirs », ports d'escale et de ravitaillement. Après avoir atteint le Cap de bonne espérance à la pointe de l'Afrique, ils poursuivirent encore la navigation et parvinrent en 1498 jusqu'en Inde (Vasco de Gama). Une route maritime fut ainsi tracée. Elle se prolongea jusqu'à Macao en Chine.

Les Espagnols s'engagèrent un peu plus tard. Il fallut en effet attendre l'unification du pays avant de se lancer dans les explorations lointaines. Dès que le pays fut unifié, Christophe Colomb put obtenir des fonds de l'État pour concrétiser son ambitieux projet. Puisque les Portugais étaient déjà fortement avancés dans l'ouverture d'un passage par les côtes africaines, il proposa une solution alternative. Si comme les récentes connaissances le confirmaient, la terre était ronde, il devait être possible d'atteindre les Indes en passant par l'Ouest. Christophe Colomb prit la tête de trois caravelles en 1492. En six semaines, il atteignit les Bahamas puis les côtes américaines qu'il crut être celles des Indes. Il fallut quelques années avant de comprendre qu'il avait découvert en réalité un nouveau continent, mais les expéditions étaient déjà été lancées à grands renforts.

Contrairement à ce qui c'était produit pour la route des Indes, la conquête des Amériques fut une colonisation de peuplement et d'exploitation. Cortez colonisa le Mexique jusque-là occupé par les Aztèques et quelques Mayas. Pizarro conquit la cordillère des Andes habitée par les Incas. Ces peuples autochtones qui ne connaissaient ni les chevaux, ni les armes à feu, ni la roue, ne résistèrent pas à l'armée espagnole pourtant en situation d'infériorité numérique importante. Les germes apportés par les conquistadors, auquel le système immunitaire des peuples locaux n'était pas préparé, fit une hécatombe. De 70 millions en 1500, le nombre de ces habitants chuta à 10 millions en 1600. Les colons se multiplièrent rapidement et devinrent plus nombreux que les autochtones.

Portugais et Espagnol se partageaient les terres qu'ils venaient de découvrir. Le pape scella des traités qui définirent les lignes de partages entre les zones octroyées aux uns et aux autres, en 1479 par le traité d'Alcaçovas-Toledo.

Cependant, les Français et les Anglais ne tardèrent pas à s'engager eux aussi sur les mers. François 1er envoya une expédition en Amérique du Nord tandis que les Anglais prirent possession des côtes où ils établissent 13 colonies. Alors que les colonies portugaises et espagnoles regorgeaient d'argent et d'or, les colonies anglaises et françaises d'Amérique du Nord furent mises en valeur avec les cultures du nouveau monde. On y développa des plantations de cacao, canne à sucre, café, maïs, et surtout coton, qui furent toutes découvertes sur place. Les richesses d'outre-Atlantique eurent un impact considérable sur les économies et bouleversèrent les anciens rapports. Ainsi, les ports de méditerranée déclinèrent au profit des ports d'Atlantique : Cadix en Espagne, Lisbonne au Portugal, Nantes, Anvers, Londres et Amsterdam prospérèrent. L'empire musulman ottoman, déjà sur le déclin en raison d'invasions par les hordes mongoles, ne survécut pas à cette concurrence. Au niveau social, une classe profita en Europe de la ruée vers l'Atlantique : celle des grands marchands et des grands banquiers. Eux seuls pouvaient en effet soutenir les investissements nécessaires aux longs voyages et à la mise en valeur de grandes exploitations.

Le foyer italien et le renouveau culturel

L'Italie, c'est d'abord Rome et son héritage de pouvoir religieux qui rayonna sur le nord du bassin méditerranéen tandis que l'islam dominait la partie sud. L'effervescence intellectuelle portée par l'Islam, carrefour des connaissances d'Asie et d'Europe et à qui on doit la redécouverte des auteurs grecs, se propagea jusqu'en Italie. Elle stimula l'activité artistique, culturelle et commerciale de ce pays.

Cette renaissance italienne débuta au 14e siècle pour s'épanouir au 15e. Il fallut encore attendre le 16e siècle pour qu'elle traverse la frontière et parvienne en France. Le mécanisme de cette transmission reposa en grande partie sur des oppositions avec l'Italie, un contact brutal dû à des revendications territoriales de la France notamment sur le royaume de Naples et du duché de Milan. Il y eu également des acquisitions, formes de conquêtes culturelles, par la récupération d'œuvres d'art et l'accueil d'artistes, réfugiés politiques et intellectuels de talent, dont le plus éminent représentant est évidemment Léonard de Vinci, accueilli à la cour de roi de France, François 1er.

Rapidement la culture italienne envahit la France. Près de 2 000 mots d'origine italienne entrèrent à cette période dans notre vocabulaire. En réaction, l'élite française organisa une forme de résistance. Des auteurs comme Henry Estienne et Joachim du Bellay défendirent l'usage du Français. Des efforts furent d'abord faits pour unifier les différents dialectes du pays en une seule langue pour tenir lieu de référence. À partir de 1539, les actes administratifs furent ainsi rédigés en français et non plus en latin. De nombreux mots nouveaux furent créés à partir de racines grecques et latines, en particulier dans ces domaines en plein essor que furent les sciences et notamment la médecine. L'étude du grec et du latin fut mise à l'honneur et François 1er créa également le collège des lecteurs royaux, qui devient plus tard le Collège de France. Le système éducatif évolua aussi. L'enseignement scolaire, qui était jusque-là dispensé dans des classes uniques pour tous les niveaux, fut structuré. Désormais, des classes de niveaux furent créées et un programme leur fut associé.

L'opposition à l'Italie se manifesta à d'autres niveaux également. Une opposition politique prit forme contre la famille de Medicis, dont deux femmes étaient des épouses de roi de France[56]. Des jalousies se développèrent contre les marchands italiens. Sur le plan religieux, ce qui venait de Rome fut considéré avec un certain rejet, le pape lui-même étant désormais considéré comme un dirigeant italien (et ce depuis le schisme d'Orient au 11e siècle). Les Jésuites, cet ordre nouveau, né en Espagne, mais avec l'appui de Rome fut ainsi suspecté de véhiculer la pensée pontificale et pervertir l'esprit français.

L'Italie fut donc un foyer d'innovations culturelles qui rayonna à travers l'Europe, mais elle attisa aussi un rejet de sa suprématie qui affaiblit le pouvoir catholique siégeant à Rome.

L'effervescence intellectuelle européenne

Nous venons de décrire la croissance économique des pays sur la côte atlantique, la propagation de la culture et d'une opposition à l'Italie sur la rive nord de la méditerranée. Nous allons à présent détailler quelques éléments sur l'effervescence intellectuelle qui toucha l'ensemble de l'Europe, avec de stupéfiantes découvertes qui bouleversèrent l'idée qu'on se faisait du monde et conduisirent à l'avènement de la science, une approche qui délogea le pouvoir religieux de son trône.

De l'alchimie à la science

Au 15e siècle, les auteurs classiques retrouvèrent de l'influence, mais aussi les

---

[56] Henry II puis Henry IV

théories d'inspiration plus orientales. L'intérêt porté aux auteurs préchrétiens conduisit à s'intéresser à leurs sources d'inspiration, c'est-à-dire aux conceptions égyptiennes et asiatiques avec leurs modèles basés sur le symbolisme et l'hermétisme. Cette fascination pour les conceptions religieuses les plus anciennes reposait sur plusieurs éléments. À une époque où s'affrontaient les diverses écoles chrétiennes entre elles et contre l'Islam ou le Judaïsme, la tentation fut de chercher un modèle spirituel universel et rassembleur en retournant aux sources historiques. Ce retour vers le passé correspondait par ailleurs à un repli, une réaction défensive assez cohérente avec la conception d'une continuelle dégénérescence du monde par rapport à un monde originellement pur. En remontant le passé, on croyait se rapprocher d'une connaissance qui se serait égarée au fil des siècles. Cette idée fut d'autant plus forte qu'effectivement, on retrouvait dans les auteurs de la Grèce antique un niveau de réflexion bien plus avancé que celui auquel avait habitué l'Église.

Or ce qui refit surface à l'occasion de cette réconciliation avec les origines orientales de la religion était lié à des conceptions sur l'ordre du monde, la correspondance entre l'homme le microcosme et l'univers, le macrocosme. Cette correspondance sous-tendait que c'est en étudiant la nature que l'on pourrait mieux comprendre Dieu.

L'alchimie attira à ce titre la curiosité de tous les penseurs. Cette discipline était en quête de la compréhension des phénomènes de transformation. La transformation en cause touchait à la fois la matière et l'esprit et comprendre comment la matière se transformait, c'était aussi comprendre comme l'homme se transformait et évoluait, comment il pourrait devenir immortel, tout comme la roche se transformait en or. Car à cette période, les alchimistes pensaient que les minerais avaient une croissance plus lente que celle des végétaux ou des animaux, mais une croissance tout de même, qui conduisait jusqu'à l'état de pureté qu'est l'or. L'alchimie visait à permettre d'accélérer le temps par des réactions chimiques ou magiques, ce qui permettrait d'obtenir de l'or à partir d'autres métaux, ou de transformer l'homme en être éternel. La transmutation des métaux et la recherche de l'élixir de vie étaient ainsi les deux facettes d'une même quête dont les traces remontent à la Chine antique. De même qu'on croyait à l'existence d'une pierre philosophale qui permettrait de changer le plomb en or, on imaginait que le Christ permettait la transmutation de l'humain.

L'alchimie, tout comme l'astrologie, concilia dans sa méthode l'acceptation de croyances religieuses et une démarche expérimentale, scientifique. Une société secrète se développa sur cette base avec le projet d'accomplir une réforme du savoir, en publiant notamment de nombreux livres et brochures : la société des Rose-Croix. Elle tenta de constituer une communauté de savants et élaborer une nouvelle méthode d'éducation fondée sur la « philosophie chimique ».

Dans cet esprit, des intellectuels s'attelèrent à percer les lois de la nature et, par leur réussite, à donner naissance à une approche qui allait progressivement évoluer et donner naissance à la science moderne. Ce cheminement de l'alchimie à la science fut progressif et ne fut pas une réaction radicale contre l'irrationnel. Newton par exemple, découvreur de la loi de la gravitation et qui permit de modéliser de manière mathématique le mouvement des astres, ne s'opposait pas du tout aux approches religieuses. Il espérait au contraire intégrer médecine, astronomie et mécanique dans le christianisme, dans un rêve de synthèse. La plupart des scientifiques de cette époque caressaient le même espoir. L'Église se braqua en revanche, confrontée au danger d'être remise en question, elle condamna les scientifiques dont les conclusions remettaient en cause la Bible, qu'il s'agisse de la rotation de la Terre autour du soleil ou, plus tard, de la théorie de l'évolution des espèces. Dans un premier temps, ce fut donc moins la science qui s'opposa à la religion que la religion qui rejeta la science dont les révélations lui apparaissaient menaçantes.

Le foisonnement intellectuel qui supplante le modèle biblique

Un des principes fondamentaux défendu par l'Église était que le monde avait été créé par Dieu pour l'homme. La Terre ne pouvait en conséquence que se trouver au centre de l'univers. Un passage de la Bible dans le livre de Josué, expliquait en effet clairement que c'est le soleil qui tournait autour de la Terre et non l'inverse :
« Alors Josué parla à l'Eternel, le jour où l'Eternel livra les Amoréens aux enfants d'Israël, et il dit en présence d'Israël : Soleil, arrête-toi sur Gabaon, Et toi, lune, sur la vallée d'Ajalon ! Et le soleil s'arrêta, et la lune suspendit sa course, Jusqu'à ce que la nation eût tiré vengeance de ses ennemis. [...] Le soleil s'arrêta au milieu du ciel, Et ne se hâta point de se coucher, presque tout un jour. Il n'y a point eu de jour comme celui-là, ni avant ni après, où l'Eternel ait écouté la voix d'un homme ; car l'Eternel combattait pour Israël »
Les progrès de l'astronomie allaient cependant démontrer le contraire. Copernic ouvrit la voie en publiant des travaux mathématiques qui situaient le soleil au centre du système « solaire » et qui supposaient que la terre gravitait autour (1543). L'invention du télescope par Galilée au 17ᵉ siècle et les observations qui en découlèrent permirent de conforter cette hypothèse. Condamné, emprisonné et contraint de renier publiquement ses théories pour éviter le bûcher, Galilée porta malgré tout un coup décisif à l'Église. Puis l'Allemand Johannes Kepler proposa un modèle mathématique qui permit d'expliquer les trajectoires des planètes. Avec la découverte de la loi de la gravitation par Newton, qui complétait cette théorie, une véritable révolution montrait que la science et des « lois de la nature » permettaient d'expliquer les phénomènes, là où on croyait que seule la volonté divine pouvait servir d'explication. On pouvait en effet non seulement prouver que la terre tournait autour du soleil, mais décrire cette trajectoire et l'expliquer par des lois physiques. Le discrédit de l'Église fut considérable.
En chimie, Lavoisier permit d'apporter de nouvelles explications sur la transformation de la matière, selon sa célèbre formule « Rien ne se perd, rien ne se gagne, tout se transforme ». Il réussit à identifier que l'air était formé d'au moins deux gaz, l'oxygène et l'azote. En biologie, William Harwey découvrit la

circulation du sang, et montra que celui-ci était propulsé par le cœur dans les artères puis revenait par un système de veines à ce même cœur, montrant ainsi qu'il existait une mécanique du corps. La découverte du microscope donna également un formidable coup d'accélérateur aux connaissances. On découvrit l'existence des spermatozoïdes qui soulevèrent de nouvelles interrogations sur la formation des fœtus puisqu'on s'imaginait jusqu'alors que la femme pondait le fœtus à partir de son sang. On découvrit les organismes unicellulaires, la composition des cellules.

La connaissance devint un enjeu majeur. Des universités se développèrent dans tous les pays d'Europe et, dès le 17e siècle, les différentes disciplines scientifiques apparurent, sur le domaine occupé jusque-là par la seule théologie. Des académies des sciences furent créées en 1660 en Angleterre puis en 1666 en France. Elles permirent aux savants de se rencontrer et d'échanger leurs connaissances et leurs idées. Le foisonnement des découvertes scientifiques révolutionna la manière de penser. Dès 1620, en Angleterre, Francis Bacon publia « le novum organum » qui fondait les bases de l'empirisme. Désormais, on considéra que pour comprendre la réalité, il fallait procéder à des expériences que l'on pouvait reproduire. Et c'est à partir des connaissances ainsi acquises et démontrées que l'on pourrait échafauder des modèles et théories. Cette approche était à l'opposé de celle d'Aristote qui prévalait jusque-là, selon laquelle les connaissances pouvaient se déduire des correspondances entre le macrocosme et le microcosme. Les philosophes Thomas Hobbes et John Locke contribuèrent également au succès de cette nouvelle approche. L'empirisme devint la pierre angulaire du développement des sciences expérimentales, celles qui révolutionnèrent les modes de vie.

Un autre courant philosophique majeur apparut : le rationalisme. À l'opposé de l'empirisme, il reposait sur des modèles théoriques, souvent inspirés de concepts mathématiques. En France, le mathématicien René Descartes fut le père du modèle rationnel de la quête de connaissance, remettant en cause la valeur nos perceptions qui peuvent être erronées, à l'image des hallucinations. Il inscrivit le doute comme un principe et souhaita reconstruire entièrement la connaissance à partir des deux seules certitudes qu'il reconnaissait acceptables : celle de son existence (selon la célèbre formule : « je pense donc je suis ») et celle de l'existence de Dieu. Ces nouvelles manières d'appréhender le savoir étaient évidemment de nature à contester l'Église et les idées sur lesquelles elle s'était appuyée. Descartes en particulier posa comme première certitude l'existence du « Je » et déduisit l'existence de « Dieu » ensuite, plaçant donc l'homme en position prioritaire. S'il se permit de telles affirmations, c'est d'ailleurs parce qu'il s'était exilé hors de France, dans un territoire où l'expression était libre et où la politique n'était pas sous tutelle de la religion : les Pays-Bas (appelés à cette époque : Provinces Unies). Dans le système de Descartes, l'esprit et la matière étaient séparés. L'âme était donc disjointe du corps, assimilé à une machine. Ils

communiquaient par une glande située dans le cerveau : la glande pinéale.
Tout en proposant une approche qui écartait les discours de l'Église, le rationalisme de Descartes conservait un lien avec l'idée de Dieu. Un prêtre français tenta de proposer une théorie réconciliant les conclusions de Descartes avec la religion qu'il affectionnait : Malebranche. Ce dernier mit en avant l'idée que la science n'expliquait en réalité que des mécanismes (le « comment »), mais que la source de toute chose restait l'intention de Dieu (le « pourquoi »). Pour Malebranche, les évènements étaient des occasions par lesquels s'exprime la volonté divine. Sa théorie porta ainsi le nom d'occasionalisme.
C'est dans le même pays que celui où Descartes s'était exilé qu'un émigré juif portugais poursuivit le chemin du rationalisme : Spinoza. Ce philosophe poussa encore plus loin la contestation aux religions officielles en publiant ses réflexions sur l'Ancien Testament. Bien que juif, il démystifia la Bible en tentant de démontrer que les livres dont l'écriture était attribuée à Moise avaient été composés en réalité par divers auteurs. Il exposa l'idée que la Bible fut écrite par des hommes dans le but de donner des repères à la société, réfutant ainsi le caractère sacré des écritures. Bien entendu, Spinoza fit l'objet de violentes réactions par les autorités religieuses et fut excommunié en 1656. Spinoza proposa un modèle du monde assez novateur en occident : le panthéisme. Dieu était selon lui, le TOUT, dont l'homme fait partie. Il portait ainsi une vision assez différente de Descartes opposant le monde de l'esprit et celui de la matière, et qui sans en être nécessairement conscient, prolongeait la vision dualiste de l'Église. Spinoza conceptualisa ainsi une philosophie de la morale distincte et détachée des textes religieux.
En Allemagne, un autre philosophe, Leibnitz, élabora une théorie sur un monde reposant sur des forces élémentaires, les monades. Surdoué ayant des connaissances sur un très grand nombre de disciplines, Leibnitz fut aussi un grand mathématicien. Il conçut un modèle théorique qui le conduisit à conclure que le monde dans lequel nous vivons est le meilleur possible. Cela ne signifiait pas qu'il le pensait parfait, mais qu'il ne pourrait pas y en avoir de plus harmonieux[57].
Ce foisonnement intellectuel ringardisa les discours religieux qui avaient étouffé le progrès des connaissances pendant des siècles. De nombreuses découvertes allaient à l'encontre des théories établies et qui étaient inspirées d'interprétations de la Bible. Plusieurs faits tendaient à discréditer le texte de la Genèse et les explications sur la création du monde et de l'humanité par Dieu. Au milieu du 18ᵉ siècle, Lamarck donna naissance à la biologie, science du vivant, pour étudier ce qu'est la vie avec une approche scientifique. Il fut le premier à proposer l'idée que les espèces puissent évoluer, se transformer au fil du temps

---

[57] Voltaire reprit cette idée dont il se moqua dans son roman « Candide », où il confondit l'idée de « meilleur des mondes possible » et « monde idéal ».

et s'adapter à leur environnement. Son discours prépara le terrain à un autre scientifique dont les travaux ont eu une portée décisive sur l'évolution des idées : Darwin. Il marque une charnière entre l'ère des idées et l'ère matérialiste, dans le sens où son modèle évacua le religieux pour le remplacer non seulement par un discours scientifique, mais un discours qui conduisit jusqu'à contester le rôle de Dieu dans la création des espèces.

Darwin (1809-1882)

Destiné par son père à un carrière religieuse, le jeune Darwin se sentait davantage attiré par la nature et sa compréhension suivant les approches scientifiques. À l'âge de 22 ans, il put participer à l'expédition du navire Beagle, expédition britannique destinée à cartographier les côtes de l'Amérique du Sud, et qui se concrétisa par un voyage de 5 ans autour du monde. Au cours de cette aventure, Charles Darwin nota en détail toutes les observations qu'il put faire sur les roches, les sols, les plantes et les animaux. De ses observations, il tira la conclusion que les différentes couches géologiques des sols révélaient une histoire au cours de laquelle les mers avaient submergé les terres avant de s'en retirer. Le monde aurait donc subi d'importantes transformations ; il aurait évolué. Les observations de la flore et la faune tendaient à monter par ailleurs l'existence d'ensembles séparés avec des variations entre espèces, comme celles des pinsons qui entre les différentes îles des Galapagos semblaient dériver les unes des autres ; encore un signe d'une évolution probable.

À son retour, Darwin tenta de formuler des explications pour réfuter l'idée encore prédominante suivant laquelle les espèces avaient toutes été créées par Dieu avec leurs caractéristiques présentes. Il s'inspira de prédécesseurs comme Lamarck qui avait proposé quelques décennies ans plus tôt, l'idée que les espèces évoluaient au fil du temps en s'adaptant à leur environnement. Il étudia les théories de Malthus sur la croissance démographique des peuples et sa régulation par les guerres, les famines et les crises. Les travaux sur l'amélioration des races en élevage montraient par ailleurs clairement qu'on pouvait faire évoluer les espèces. Il correspondit avec un petit nombre de scientifiques comme Wallace qui le premier formula une théorie de la sélection naturelle après avoir exploré l'archipel des îles malaises[58].

---

[58] L'histoire aurait pu retenir qu'Alfred Russel Wallace présenta des travaux d'une qualité comparable à celle de ceux de son compatriote Darwin et le précéda même dans la conception d'un modèle sur l'évolution. Cependant, ce même Wallace s'orienta vers des approches qui réintégrèrent des concepts « chamaniques », plus précisément en lien avec le spiritisme. Wallace s'orienta également sur des explications davantage liées à l'adaptation à l'environnement qu'à la compétition et rivalité entre individus. Ses idées furent moins en phase avec son époque où le matérialisme s'affirma et non un retour aux

La société était avide de tels débats et le best-seller publié en 1844 sur les « Vestiges de l'histoire naturelle de la création » par un auteur anonyme contribua à intensifier les discussions sur l'évolution des êtres vivants.

C'est dans ce contexte, après avoir pris le temps de bien réfléchir à son argumentaire et s'être assuré de plusieurs soutiens, que Darwin publia à l'âge de 50 ans « De l'origine des espèces » où il exposa sa théorie. Il y défendit l'idée que la compétition entre individus d'une espèce expliquait que de petites différences, transmises à la leur descendance, conduise à une différentiation de plus en plus forte, puis la création de nouvelles espèces. Darwin développa ultérieurement sa théorie, en s'éloignant de plus en plus de l'hypothèse d'intervention divine, ayant lui-même perdu la foi pour des raisons personnelles. Dans son modèle, tous les êtres vivants étaient liés par une origine commune, suivant un arbre généalogique d'évolution, cette évolution procédant par les processus de transformation et de compétition.

La théorie de Darwin fut reprise et transformée, instrumentalisée à des fins politiques aussi bien par les conservateurs que les progressistes. Les uns utilisèrent le darwinisme pour justifier un mode naturel d'évolution favorisant le progrès et les autres y trouvant un modèle justifiant une mobilisation des masses pour se défendre contre un ordre naturel d'une sauvagerie aveugle.

Le foyer allemand et le protestantisme

Parallèlement au développement de nouvelles idées et au foisonnement des sciences, une contestation religieuse gronda dans le nord de l'Europe. L'Église romaine, éloignée, mais autoritaire subit plusieurs critiques qui aboutirent à sa désagrégation en plusieurs courants dissidents.

Le premier d'entre eux apparut en Allemagne au début du 16e siècle. Grâce à la diffusion des bibles imprimées, de plus en plus de prêtres pouvaient lire le Nouveau Testament, en méditer les passages et s'interroger sur la conformité entre la pratique religieuse et les paroles de Jésus. Le caractère corrompu de l'Église apparut avec d'autant plus d'évidence. Sa façon d'instrumentaliser la religion pour servir des intérêts politiques et individuels fut d'autant plus flagrante qu'une nouvelle pratique scandaleuse venait d'apparaître : le commerce du pardon des péchés par le système des « indulgences ». L'Église prétendit en effet qu'il était possible de puiser dans le trésor des mérites obtenus par les actions du Christ et des Saints. Cette logique avait déjà prévalu pendant la période des croisades en promettant le pardon de leurs péchés à ceux qui partaient et prenaient les armes pour reprendre Jérusalem aux musulmans. Par la suite, cette pratique particulière du pardon fut institutionnalisée et il devint

---

concepts animistes qui avaient par le passé conduit à de simples transformations de la religion, mais pas le rejet fondamental de son modèle.

possible d'acheter l'effacement de ses péchés, autant dire acheter le droit de passer outre aux principes moraux.

C'est cette pratique qu'un prêtre allemand du nom de Martin Luther condamna en 1517, en faisant imprimer et en diffusant ses 95 thèses contre les indulgences. Révolté par cette pratique et pour se défendre contre ses adversaires, il eut l'audace d'affirmer que le Pape lui-même n'était pas au-dessus de la Bible. Menacé d'excommunication, il redoubla d'insolence en s'attaquant à la légitimité du clergé, prétendant que les humains n'avaient pas besoin d'intermédiaires pour s'adresser à Dieu. Chacun devrait en réalité avoir accès aux textes de la Bible pour prendre directement connaissance des évangiles. Ainsi, toute décision ecclésiastique pouvait être remise en cause si notre conscience nous le dictait. Il condamna également le culte des reliques dont le pouvoir magique relevait selon lui du paganisme.

Son combat avait en réalité pris racine depuis longtemps. Profondément idéaliste, Luther avait commencé sa carrière en tant que moine Augustinien, avant de devenir prêtre. En 1510, il avait eu l'occasion de descendre à Rome et avait été choqué de constater la décadence de l'Église. Il était ensuite devenu docteur en théologie et avait publié quelques travaux basés sur l'étude du Nouveau Testament où il concluait que l'homme ne pouvait pas espérer se justifier devant Dieu par ses propres œuvres, mais que seule la foi pouvait le sauver. Luther, se considérant comme un prophète, pensait avoir reçu la révélation que Dieu juge, condamne et sauve simplement selon sa propre décision et que le salut ne se gagne donc que par la foi. En effet, à cause de sa nature même, le bien ne peut émaner de l'homme qui agit toujours selon son intérêt personnel, même lorsqu'il est apparemment altruiste.

Les idées de Luther trouvèrent écho auprès d'autres prêtres en Suisse avec Zwingli et en France avec Calvin. Zwingli était en désaccord avec l'Eglise sur de nombreux points : considérant l'autorité des seules écritures, il souhaitait prêcher l'Ancien Testament ce qui s'opposait aux consignes de Rome. Il considérait infondé tout un ensemble de pratiques comme le jeûne, la prière aux saints, le purgatoire ou la dîme. Calvin désacralisa également l'Église préconisant de rejeter toute autorité en dehors de Dieu. Toutes ces contestations ne faisaient pas bloc et des désaccords existaient entre eux sur plusieurs points[59]. Néanmoins, l'apparition de tous ces discours permit à une diversité religieuse de prendre pied, favorable à tous ceux qui souhaitaient s'émanciper de l'autorité de Rome. Nous devons garder à l'esprit que les siècles précédents avaient été marqués par la férule catholique, torturant et mettant à mort tous ceux qui s'écartaient du droit chemin. Ces barbaries ont dû peser dans un ressentiment contre le catholicisme.

---

[59] Notamment la conception de l'Eucharistie considérée par les uns comme la matérialisation du corps et du sang du Christ et par les autres comme un rituel symbolique.

L'empereur Charles Quint, qui régnait sur l'Europe depuis l'Espagne, comprit le danger de cet élan de liberté et fit interdire le Luthérianisme. Malheureusement pour lui, les princes des provinces allemandes et représentants des plus grandes villes refusèrent de se soumettre et exigèrent en 1529 que chaque responsable de province puisse décider de la religion à appliquer sur son domaine.

Le protestantisme, assis sur les abus de l'Église, avait fissuré l'autorité du Pape. Les revendications d'autonomie allaient exploiter cette brèche un peu partout en Europe et notamment de l'autre côté de la Manche.

Le foyer anglais

L'opposition entre catholiques et protestants se développa fortement en Angleterre où elle prit un tournant majeur.

Pendant la première moitié du 16e siècle, le roi d'Angleterre marié à l'Espagnole Catherine d'Aragon (de la famille de Charles Quint), ne parvenait pas à obtenir un fils de la reine. Son besoin d'avoir un héritier lui servit d'argument pour réclamer le droit de divorcer. Bien qu'il ait reçu le titre de « défenseur de la foi » par le pape pour son combat contre les protestants, ce dernier lui refusa cette demande sacrilège. Qu'à cela ne tienne : le roi décida de passer outre l'autorité du Vatican. Il fonda l'Église anglicane, un catholicisme hors de l'autorité papale. Le monarque, qui profita d'un clergé servile et d'un parlement faible, disposa d'un pouvoir considérable et conduisit sa rupture avec succès. La doctrine anglicane allait ensuite subir de multiples transformations et virages idéologiques.

Le détail de tous les évènements qui aboutirent à l'avènement de la première monarchie parlementaire et à la colonisation de l'Amérique du Nord par les anglo-saxons sont intéressants, mais seraient long à exposer et nous entraînerait dans de longues digressions[60].

---

[60] Le successeur du roi, Edouard VI, dévia d'abord l'anglicanisme vers le protestantisme. À sa mort, Marie Tudor, qui lui succéda, voulut restaurer le catholicisme et pourchassa les protestants avec une grande violence. Puis sa demi-sœur, Élisabeth 1er, prit sa succession. Elle décida de formaliser l'Anglicanisme en publiant en 1563, 39 articles. L'anglicanisme prit alors une forme proche du calvinisme. La messe fut supprimée ainsi que la reconnaissance des saints, le baptême et l'eucharistie étaient les deux seuls sacrements reconnus. Une décision majeure fut de soumettre l'Église à l'État. Sur le plan politique, Élisabeth conduit une politique d'expansion coloniale importante sur tous les continents. Quelques années plus tard, le roi Charles Ier, qui s'opposait à la bourgeoisie montante et sa représentation tenta d'écarter le parlement. Il fit ainsi lever des impôts sans son accord, puis fit dissoudre le parlement, tenta de le reconstituer pour avoir son appui, puis le fit à nouveau dissoudre. L'opposition conduisit à une guerre civile entre les tenants du roi, aristocrates et les têtes rondes de la bourgeoisie. Finalement, le roi échoua et finit décapité.

Deux camps s'affrontèrent pour prendre la succession du pouvoir. D'un côté, les défenseurs du parlement voulaient instaurer une monarchie parlementaire. De l'autre,

Retenons de cette phase que l'avènement de la première monarchie parlementaire en Angleterre fut le produit de rivalités politiques, d'intérêts économiques et d'alliances, habillées d'attachement à des courants religieux opposés. Les persécutions religieuses organisées par le pouvoir eurent pour effet de déclencher des vagues migratoires vers le nouveau continent. Selon les périodes, ces vagues furent à dominante catholique ou protestante, portant sur le nouveau continent un élan chrétien animé d'une grande vitalité, mais sans puissante organisation. La diversité religieuse y conduisit à promouvoir non seulement la tolérance entre courants chrétiens, mais aussi la liberté économique pour tous. Nous pouvons établir un lien direct entre toutes ses séquences : la liberté économique a été promue dans les colonies britanniques en raison de la diversité religieuse des migrants, cette diversité religieuse fut la conséquence de vagues de migration de communautés religieuses et ses communautés religieuses résultèrent mouvement de fuite à chaque changement de gouvernance en Angleterre, qui bascula à plusieurs reprises dans la persécution, de catholiques ou protestants.

---

l'armée soutint Olivier Cromwell. Le rapport de force était inégal. Logiquement, Cromwell gagna le pouvoir. Après avoir défendu les idées de liberté et d'égalité, il établit une dictature et limogea le parlement. À sa mort, son fils Richard lui succéda, mais ne parvient pas à s'affirmer. L'armée fit appel au fils de Charles 1er, exilé jusqu'alors en France : Charles II. Plusieurs mesures importantes furent prises sous son règne. Il proclama d'abord un édit de tolérance qui permit aux catholiques d'être reconnus et protégés. Le parlement imposa en contrepartie le « bill of test » qui limita l'accès aux postes de la fonction publique aux seuls anglicans. La loi de l'habeas corpus fut aussi proclamée : elle affirma que toute personne était présumée innocente avant son jugement, ce qui mit fin à toute détention arbitraire sur ordre du roi.

Son frère lui succéda en 1685. Plusieurs décisions le rendirent impopulaire, en raison de sa brutalité, son recours à l'armée et son rapprochement avec le pape. Ayant eu un fils avec une catholique, l'inquiétude des protestants augmenta d'autant qu'à la même période, le roi Louis XIV avait révoqué l'édit de Nantes et pourchassait les protestants en France. Par ailleurs, son gendre guillaume d'Orange, refugié aux pays bas débarqua avec une armée hollandaise en 1688. Il n'en fallut pas moins pour que Jacques II ne panique et prenne la fuite. La porte du pouvoir s'ouvrit ainsi à Guillaume d'Orange, mais pour obtenir la reconnaissance de son accession au pouvoir par le parlement, il dut concéder en 1689, la déclaration des droits ou « Bill of right ». Ce texte interdisait l'accès du pouvoir aux catholiques, instaurait des élections libres pour choisir les membres du parlement et interdit la présence de l'armée en temps de paix. Ce qui marqua l'originalité du texte est surtout que les principes théorisés par John Locke étaient repris. Le pouvoir législatif, exécutif et judiciaire furent ainsi séparés et les ministres déclarés responsables devant le parlement. Cette monarchie parlementaire fut un modèle qui inspirera ultérieurement Montesquieu et les rédacteurs de la constitution américaine.

La naissance des États-Unis et l'affirmation de la liberté économique

C'est sous le règne de la reine d'Angleterre Elisabeth 1er que les premières vagues de colons s'installèrent sur les côtes d'Amérique du Nord au 16e siècle. En hommage à cette reine que l'on disait vierge, le premier État constitué fut celui de la Virginie. D'autres États se formèrent au fil de vagues de migrants, souvent issus de communautés persécutées en Europe, tels que les puritains dans le Massachusetts, les catholiques dans le Maryland ou les Wallons à la Nouvelle Amsterdam (actuelle île de Manhattan). Plusieurs nationalités de migrants s'installèrent, et d'inévitables conflits apparurent. De grands territoires colonisés par différentes grandes puissances européennes formaient des blocs dont l'affrontement semblait inévitable.

Les Anglais remportèrent les luttes contre les Néerlandais, puis contre les Français lors de la guerre de 7 ans en 1763. En 1775, treize colonies bordant la côte atlantique furent constituées et comptaient déjà deux millions d'habitants. Cependant, la guerre de 7 ans que nous venons d'évoquer eut des répercussions importantes sur les finances de l'Angleterre. Ce conflit fut en effet le premier de type mondial, avec des affrontements sur plusieurs continents. L'Angleterre et la France s'affrontèrent en effet non seulement en Amérique du Nord au sujet du Canada et de la Louisiane, mais aussi en Inde, en Afrique (Sénégal) et en Europe. Ces batailles vidèrent les caisses de l'État qui avait dû payer des salaires et des navires, et avait subi la perte de cargaisons commerciales sabordées par les corsaires. C'est une des raisons pour lesquelles le roi d'Angleterre augmenta la pression fiscale sur les colonies américaines, à plusieurs reprises. Cette fiscalité prit une ampleur jugée excessive par les colons établis et était combinée à un ensemble de dispositions économiques qui ne furent pas acceptées, telles que les lois sur les terres conquises qui devaient appartenir à l'Angleterre, l'interdiction de battre monnaie et l'obligation d'assurer le logement de près de 10 000 soldats anglais. La contestation s'organisa. La France, qui cherchait à se venger de la défaite de la guerre de 7 ans et qui espérait pouvoir économiquement tirer parti de la victoire des rebelles soutint les colons. Une guerre d'indépendance éclata en 1773. Lafayette fit partie des Français qui se battirent pour la liberté du peuple américain et dont l'histoire a retenu le nom. En 1783, le triomphe des indépendantistes fut signé à Versailles avec la déclaration d'indépendance des États-Unis.

Le nouvel état se dota d'une structure parlementaire, mais, contrairement à l'Angleterre, sans roi. Un nouveau pas démocratique fut donc franchi avec ce modèle. D'autant que quatre ans plus tard, en 1787, après concertation entre les représentants des 13 États, un gouvernement fédéral fut mis en place. Il reposait sur les principes de séparation des pouvoirs énoncés par le philosophe français Montesquieu. Chaque État était présent de manière proportionnelle dans la chambre des représentants et disposait de deux voix au sénat. Le gouvernement central gérait la politique extérieure, notamment le commerce extérieur, la défense et les relations entre États. Les Etats disposaient de voix au congrès, pouvant déclarer des guerres, nommer un ambassadeur, battre la monnaie, et gérer les affaires avec les Amérindiens.

La constitution américaine, écrite par une cinquantaine d'hommes parmi les plus riches de la nouvelle Angleterre mit en avant des idées d'égalité et de liberté pour le « peuple ». Il faut s'entendre néanmoins sur le sens du mot peuple. Tout comme la démocratie athénienne n'était réservée qu'à certaines catégories de personnes, la démocratie américaine excluait tout un ensemble de gens. Les femmes, les noirs, les Amérindiens et les serviteurs ne faisaient ainsi pas partie du « peuple » de votants. En réalité, il était même exigé d'être propriétaire de terres pour exercer le droit de vote. Seule une simple frange de la population qui était en situation d'exprimer ses choix. L'esclavage, cautionné par plusieurs philosophes des « Lumières », fut également considéré comme une pratique normale. Nous devons en rappeler certains éléments :

L'esclavagisme

Outre atlantique, la mise en valeur des terres, d'abord exploitées par les migrants au niveau de petites propriétés évolua. Des colons qui cherchaient à faire fortune développèrent de grandes exploitations agricoles. Cependant, ils se heurtaient au problème du manque de main-d'œuvre. Comme nous l'avons vu, la main-d'œuvre locale qui avait été asservie pour travailler dans les champs fut ravagée par les maladies apportées d'Europe. L'idée germa alors de faire venir des esclaves d'autres régions du monde et en particulier du continent africain. Le commerce des esclaves s'y était déjà développé de manière notoire sous la domination de l'Islam qui avait déjà mis en place tout un système commercial avec une première ouverture portuaire sur la côte Est de l'Afrique, dans les régions autour de Zanzibar. Dans toute l'Afrique noire, les pratiques tribales étaient également coutumières de la pratique de l'esclavage. Il ne fut donc pas difficile de mettre en place un commerce de la main-d'œuvre esclave, la traite négrière. Les navires venus d'Europe descendaient d'abord sur les côtes Africaines où les esclaves étaient achetés à d'autres Africains qui les avaient capturés. Les principaux lieux de ce trafic étaient localisés au niveau du Sénégal, du Golfe de Guinée et de l'Angola. En échange des esclaves, ils recevaient de petits paquets de tissus, tabac, alcool et armes. Ces petits paquets portaient le nom d'origine espagnole de « pacotille », terme passé aujourd'hui dans le vocabulaire courant avec un sens très différent. Puis les esclaves étaient embarqués par les négriers dans de grands navires où ils étaient enfermés dans l'entrepont (entre le niveau des cales remplies de barriques d'eau douce et le pont réservé aux marins). Durant le transport qui variait de 1 à 3 mois en fonction des aléas du vent et des difficultés de navigation, un peu plus d'un dixième des esclaves achetés périssaient en moyenne, en général à cause de maladies liées à la forte promiscuité, au manque d'hygiène et de nourriture (scorbut, dysenterie, variole, rougeole).

Débarqués sur les côtes américaines, les esclaves étaient généralement vendus au niveau de marchés. Les grands propriétaires les utilisaient principalement pour les travaux aux champs au niveau de grandes exploitations. Leur prix d'acquisition était fixé selon les lois de l'offre et de la demande et constituait, aux yeux des colons, un investissement. Il fallait environ 6 ans pour amortir l'achat d'un esclave, qui ne vivait en général qu'une douzaine d'année après son arrivée. En Amérique du Sud, le Brésil adopta également cette pratique. Ce fut moins le cas dans les colonies Espagnoles établies sur les zones de haute montagneuses de la cordillère des Andes. Seules les populations locales y supportaient en effet les conditions d'altitude, aidées par la consommation de la feuille de coca, puissant stimulant et analgésique. Dans les Antilles en revanche, la culture de la canne à sucre fut conduite avec une large proportion d'esclaves, qui représentaient près de 80% de la population. Dans les États du sud des colonies anglaises, on utilisait également massivement les esclaves venus d'Afrique pour la culture du coton, sans toutefois que cette main d'œuvre ne devienne majoritaire.

On estime actuellement que onze millions d'esclaves ont ainsi été déportés entre le début du 16e siècle et la moitié du 19e. Plus de la moitié furent déplacés durant la période la plus intense du trafic, entre 1675 et 1800. Les nations les plus impliquées furent le Portugal (5 millions), l'Angleterre (3 millions) et la France (1,2 million). En Amérique du nord et aux Antilles, le commerce des esclaves était combiné au commerce des produits des colonies. Les navires repartaient ainsi des Amériques, chargés des productions agricoles à destination de l'Europe. C'est ce que l'on nomme le commerce triangulaire : départ d'Europe, achat d'esclave en Afrique, vente aux Amériques et achat de productions, puis revente de ces produits en Europe.

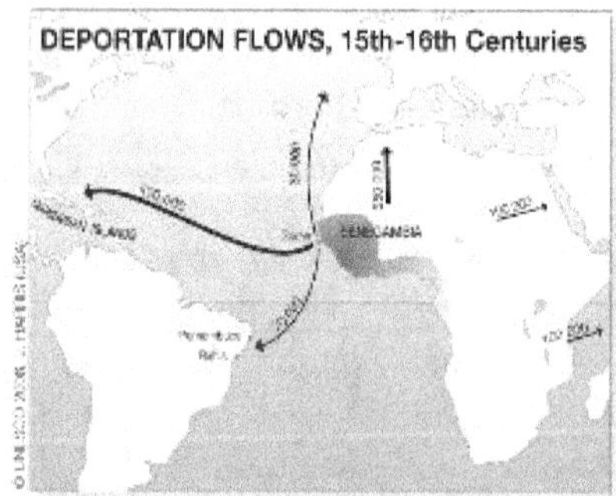

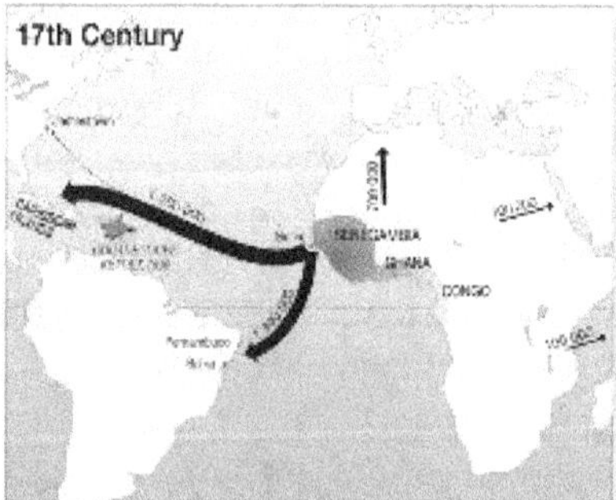

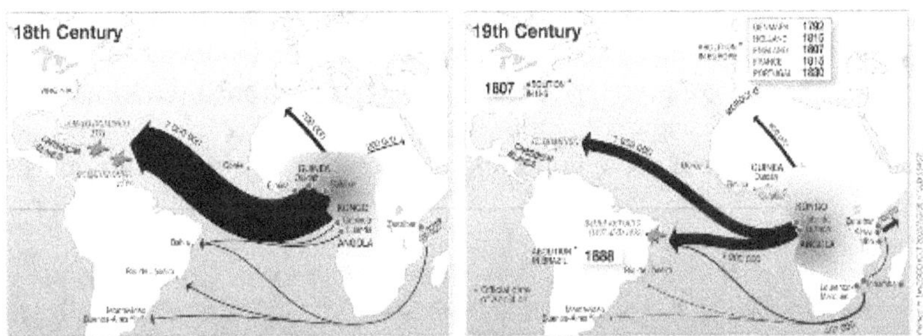

Flux de déportations d'esclaves d'Afrique du 15ᵉ au 19ᵉ siècle

Les propriétaires de navires et les investisseurs dans ces circuits commerciaux bâtirent ainsi des fortunes. Ce sont ces fortunes qui permirent le développement, en Angleterre, d'un autre secteur requérant de grandes capacités d'investissement : l'industrie.

Aux Amériques, les richesses accumulées permirent aux bourgeois de gagner en puissance. Ils ne tardèrent pas à chercher l'autonomie politique qu'ils obtinrent au 18ᵉ-19ᵉ siècle.

Le système esclavagiste prit fin pour plusieurs raisons, bien moins liées en réalité à des principes moraux qu'à des facteurs économiques. La première est l'épuisement de la disponibilité en esclaves africains et le prix croissant de leur commerce. Ensuite, le nombre des esclaves importé était suffisant pour faire tourner les grandes exploitations agricoles, d'autant que les esclaves se reproduisaient plus vite que les colons. Les difficultés à contenir les révoltes d'esclaves favorisèrent aussi l'idée de l'abolition de l'esclavage. Enfin, les rivalités économiques entre les régions sud des États unis dont la prospérité reposait sur l'esclavage et celles du nord aboutirent à une idéologisation de la guerre entre ces deux parties du pays. Les vainqueurs imposèrent leur modèle, celui de l'égalité et donc de l'abolition de l'esclavage.

Les bases d'un système de castes reposant sur des critères ethniques étaient cependant déjà ancrées à cette période. Au sommet figuraient les Européens, puis venaient les créoles ou métisses, ensuite les Indiens, puis les métisses noirs-indiens, et en bas de l'échelle, les noirs, « esclaves importés ». Ces classes reposaient évidemment sur les origines et les traits physiques qu'on pouvait leur associer, mais également sur le niveau économique et la culture. Les inégalités persistèrent pour les mêmes raisons que les classes pauvres restent pauvres dans bien des pays du monde : la nécessité de trouver du travail quitte à accepter de faibles salaires, situation dont profitent ceux qui peuvent fournir les emplois parce qu'ils détiennent les moyens de production (grandes exploitations, usines…)

En Asie, la situation était différente. Ce continent était en effet très fortement peuplé. Les Anglais et les Hollandais adoptèrent la stratégie de faire travailler la main-d'œuvre locale. Ils développèrent la culture du coton, sur le continent indien et au Sri Lanka pour les Anglais, et sur les îles d'Indonésie pour les Hollandais. Cette matière première était acheminée en Europe ou les métiers à tisser mécanisés produisaient des quantités colossales de tissus et vêtements, dont une bonne partie était revendue dans les colonies à prix fort.

La laïcité chrétienne

Certains s'imaginent que la laïcité est une victoire de l'esprit de tolérance sur le radicalisme religieux. On trouve d'ailleurs dans les livres d'histoire une série de noms d'auteurs qui balisent l'évolution d'une réflexion développée au fil du temps[61]. L'histoire des œuvres philosophiques et littéraires est cependant assez éloignée des mentalités. Les intellectuels et les idéalistes forment une sphère facile à étudier parce qu'ils ont laissé des traces faciles à interpréter. La réalité des causes qui font s'enchaîner les épisodes historiques relève cependant d'une autre logique qui n'est pas pavée d'intentions aussi louables qu'un esprit idéaliste pourrait s'y attendre.

Rappelons d'abord que la naissance du protestantisme fut une réaction très rapidement instrumentalisée à des fins politiques pour échapper à la tutelle du Pape (ce fut le cas en Angleterre) ou des Empereurs/rois catholiques (ce fut le cas dans les provinces allemandes). La réconciliation entre catholiques et protestants fut logiquement de nature politique. Elle visa deux objectifs.

Le premier était de politique intérieure : rétablir la cohésion entre franges de la population qui en s'affrontant ruinaient les économies et rendaient la gouvernance impossible. Partout en Europe, les différents pouvoirs ont promulgué des Édits de tolérance pour mettre fin aux affrontements internes.

Le second objectif releva de la politique extérieure : les guerres de religion débordaient en luttes entre différentes puissances, avec des coûts humains et économiques désastreux. Les conflits échappaient même aux rois eux-mêmes, avec des forces armées pas toujours aussi fidèles qu'espéré. Après une trentaine d'années de guerre de 1618 à 1648, l'ensemble des Etats d'Europe de l'Ouest signèrent le traité de Westphalie. Par ce texte, les pays reconnaissaient de nouvelles frontières, le principe de non-ingérence et la possibilité pour chaque État de traiter les questions religieuses sans que d'autres ne s'en mêlent. Ce principe qui nous semble évident aujourd'hui, fut en son temps une véritable innovation. Il favorisa le développement d'États puissants qui devaient se neutraliser entre eux, afin que nul ne puisse conquérir les autres. Derrière la question de la paix religieuse, au sein des pays, se profilait donc aussi celle de la paix entre États.

On comprend à travers ces intentions qu'il n'était pas en réalité question de principes philosophiques ou moraux. La laïcité européenne s'est construite pour réconcilier ceux qui s'étaient opposés politiquement sur des prétextes religieux

---

[61] Bayle, Fontenelle, Meslier, Voltaire, Helvetius, baron d'Holbach, Diderot…

entre catholiques, luthériens et calvinistes. La laïcité fut donc davantage un arrangement qu'un principe de tolérance religieuse au sens large. L'Europe de cette époque utilisa d'ailleurs l'identité chrétienne pour se rallier contre les assauts musulmans à la fin du 17e siècle, ce qui illustre assez bien que la laïcité visait la cohésion nationale et non l'acceptation de toutes les religions du monde, au nom d'un certain idéal universel.

Le carrefour français

Nous avons parlé des conquêtes coloniales parties du Portugal et de l'Espagne, de la renaissance remontée également par l'Italie, de l'effervescence intellectuelle européenne, de la naissance du protestantisme en Allemagne, de la naissance de la démocratie en Angleterre puis aux États-Unis. Au milieu de tous ces ensembles, la France a tenu lieu de carrefour majeur. Sur ses terres se produisit un évènement majeur qui bouleversa l'occident : la Révolution française. Elle fut l'aboutissement d'un long processus.

La période classique

La période qui précède la révolution en France est qualifiée de période classique. Elle débute avec le règne du roi Louis XIV et se caractérise par une idéalisation de l'ordre. Pour comprendre ses fondements, il faut rappeler que l'unification de la France se réalisa entre le 14e et le 16e siècle. Les grands fiefs passèrent sous la direction du roi de France durant cette phase. Au fil des rois qui se succédèrent, leur pouvoir s'affirma. Les nobles furent progressivement dépossédés de leur autonomie et de leur autorité au profit de celle de l'État. Il s'agit d'un fait marquant qui réduisit l'importance d'une classe sociale jusque-là essentielle dans le fonctionnement du pays. Le clergé passa également sous la domination du roi et les évêques nommés par lui à partir de François 1er. Les villes, initialement autonomes se soumirent à l'impôt. Le fonctionnement de l'armée évolua également. Alors qu'elle était initialement levée par les nobles aux services du roi, elle devint un organe directement au service du roi et payé par lui. Elle était donc composée de mercenaires, individus recevant une solde et appelés pour cela « soldats ». Après la sanglante période des guerres de religion durant la seconde phase du 16e siècle, la tolérance religieuse fut proclamée. On l'attribue généralement au roi Henry IV, protestant, qui signa en 1598, l'Édit de Nantes, qui autorisa les protestants à exercer librement leur culte, occuper des places dans la fonction publique et même pouvoir disposer de places de sûretés dans lesquelles se réfugier en cas de persécutions. En réalité, la tolérance religieuse s'est affirmée par de nombreux Édits un peu partout avant cet Édit de Nantes qui marque simplement l'histoire d'une date. Il fut pourtant aboli dès le 17e siècle. Sous le règne de Louis XIII, les protestants perdirent le droit de disposer de place de sûreté et devaient se désarmer. Le cardinal de Richelieu fit raser également tous les châteaux forts de l'intérieur du pays pour prévenir toute révolte. Il restreignit les droits du parlement, qui à cette période en France, n'était encore qu'une assemblée de magistrats chargés de faire appliquer la loi. Richelieu leur retira leur droit d'enregistrement (c'est-à-dire le rôle de validation des édits du roi) et leur capacité à proposer des amendements (droit de remontrance). Plus tard, on leur supprima également le droit de transmettre héréditairement leur charge, affaiblissant ainsi leur unité et leur cohésion. Cette décision conduisit à une première révolte en 1648. Elle fut matée, mais suivie d'une seconde conduite par cette fois la noblesse contre l'autorité royale. Ces épisodes furent qualifiés de « frondes », révoltes ainsi nommées en raison de l'usage de frondes par les contestataires. Le jeune roi Louis XIV fut marqué par ces évènements et n'eut cesse d'organiser le pouvoir de manière à déposséder les nobles de toute possibilité de se soulever. Il fit construire son palais à l'extérieur de Paris, à Versailles, pour se mettre à l'abri des révoltes parisiennes. Il mit surtout en place un système administratif puissant, composé de ministres et secrétaires d'États. Ces ministres étaient chargés de faire exécuter la politique du roi. On leur doit l'avènements d'un État avec des lignes politiques efficacement mises en œuvre, qu'il s'agisse de la politique économique mercantile ou du développement de la politique coloniale (Conquête du Québec, Louisiane, comptoirs des Antilles, Guyane, Sénégal, Inde). Pour pouvoir faire appliquer les décisions politiques à l'intérieur du pays, Louis XIV nomma des intendants, qui préfiguraient les préfets. Ils étaient les délégués du roi dans la gestion des finances, de la police et de la justice. Cette quête de l'ordre se traduisit dans les arts par des formes symétriques qui caractérisèrent le classicisme. En architecture notamment, le château de Versailles et ses jardins en sont un emblème. C'est essentiellement sur le plan politique que le souci d'ordonnancement et d'organisation fut le plus manifeste. Sous Louis XIV, l'État se structura en développant son système administratif. Cette tendance ne cessera plus de s'accentuer, jusqu'à la Révolution française et même ensuite.

Les lumières

Les progrès de la science et les premières remises en causes des discours de l'Église débouchèrent sur l'émergence d'une nouvelle catégorie de penseurs. Ils encouragèrent l'esprit critique et s'attaquèrent aux croyances, aux superstitions, à la propagande religieuse. Ils pensaient que la connaissance allait pouvoir libérer l'homme de sa soumission à la classe religieuse. D'Alembert et Diderot dirigèrent l'emblématique projet de constitution de l'encyclopédie (1751-1772) qui compila les connaissances de l'époque tout en critiquant l'intolérance religieuse et le despotisme. Au 18e siècle, les villes, en pleine expansion, absorbèrent jusqu'à 20% de la population en France et en Angleterre. Elles formèrent des ferments, où bouillonnaient les réflexions des intellectuels. En marge des académies, des cafés, des sociétés savantes se développèrent aussi des loges maçonniques, ancêtres des partis politiques qui se protégeaient cependant derrière le secret de l'anonymat. On y cultiva la notion d'égalité des hommes et de droit à la liberté.

L'espoir d'un avenir meilleur supplanta progressivement la peur instrumentalisée par l'Église pour soumettre ses sujets.

Toutes les réflexions autour de la science et de la contestation de l'Église alimentaient aussi une réflexion sur une autre gestion du pouvoir. Nous devrions citer au moins une quinzaine d'auteurs qui jalonnent l'évolution des idées durant la période des lumières. Chacun a apporté sa part d'idées nouvelles, de remise en question, de critiques, préparant le terrain à de nouveaux développements intellectuels. Par souci de clarté, nous n'allons pas ici fournir de liste détaillée de noms et de concepts. Nous avons composé une petite synthèse placée en annexes (« L'effervescence intellectuelle des lumières ») pour ne pas frustrer ceux qui en souhaitent la consultation.

En marge du travail de ces auteurs exposé à la lumière du public, d'autres contributions essentielles furent apportées par des travaux dans l'ombre et le secret. Cette autre facette est à rattacher au mouvement de la franc-maçonnerie, qui constitua ce que l'on appellerait aujourd'hui des think-tank fermés. Ces cercles de réflexion et d'action protégeaient la liberté de pensée par l'anonymat du secret et l'instauration de règles interne de tolérance et d'égalité en décalage avec le mode de fonctionnement de la société. Bien que moins bien connus et commentés que les ouvrages publics des intellectuels, les activités de la franc-maçonnerie furent déterminantes dans l'histoire politique et l'avènement de la Révolution française.

Les constitutions maçonniques : 1723

La franc-maçonnerie joua un rôle très important dans l'histoire de la laïcité et de la lutte contre les obscurantismes religieux. En France, on leur doit notamment la devise de notre pays : liberté, égalité fraternité qui restent les valeurs morales pilier de notre culture.

On peut faire remonter l'origine des francs-maçons au 14e siècle. À cette époque, de nombreux corps de métiers formaient des corporations avec leurs règles, leurs traditions, leur secret. Il en existait à tous les niveaux, aussi bien dans les métiers de fabrication des armes, la boucherie, la menuiserie... Leur fonction était de formaliser une solidarité entre camarades pour s'aider mutuellement en cas de nécessité. Cette camaraderie s'exprimait d'ailleurs initialement en grande partie par le temps partagé dans les tavernes à boire ensemble.

L'une de ces corporations regroupait les bâtisseurs d'églises : les maçons. Ce système se développa au fil du temps et se diversifia parfois en sous-corporations : les loges. Au 18e siècle, en Angleterre, quatre d'entre elles fusionnèrent en 1717 pour former la « loge unie d'Angleterre » et quelques années plus tard, un pasteur protestant du nom de James Anderson formalisa son code de conduite à travers la rédaction des « constitutions », en 1723. Ce fut la naissance effective de ce que l'on appelle la maçonnerie spéculative, ou philosophique, par opposition à la maçonnerie opérative, qui concernait les maçons bâtisseurs des Églises.

Cette maçonnerie spéculative était en réalité une corporation basée sur le partage d'un certain nombre de valeurs, dont l'une en particulier était assez révolutionnaire en Europe : celle de la tolérance religieuse, reposant sur l'humanisme. James Anderson posa en effet comme règle la supériorité de la morale « universelle » sur les principes des diverses religions, qui opposaient et mettaient en conflit les personnes au lieu de les rassembler. Il eut donc le projet de fonder une sorte de religion commune à toute l'humanité, tolérant les différences de croyances. Cette maçonnerie qui visait la construction d'un temple pour l'humanité, prônait la liberté de pensée, le rejet des préjugés, la capacité à se remettre en question. Un des principes fut en effet de considérer que les croyances religieuses rendaient les humains esclaves et les plaçaient en état de servitude. La franc-maçonnerie fut donc une corporation d'individus « libres » (franc), car débarrassés des idées qui les rendaient aveugles. Ce projet était évidemment l'aboutissement des guerres de religion et des affrontements qui ne cessaient de créer de la souffrance alors que les humains devraient mesurer qu'une des règles plus importantes promues dans christianisme est celle de la fraternité des hommes. Dans la franc-maçonnerie, la liberté de pensée s'accompagna aussi de l'idée de l'égalité entre les membres. Non seulement les catholiques et les protestants étaient à égalité, mais aussi les personnes appartenant à différentes classes sociales. Ainsi, alors que seuls les nobles étaient autorisés à porter l'épée, tout le monde possédait ce droit dans les loges. Enfin, une troisième règle fut celle de la fraternité entre membres. Ils s'appelaient frères et sœurs (comme dans les ordres catholiques) et devaient s'entraider en cas de nécessité.

Dans son fonctionnement, la franc-maçonnerie reprit de multiples éléments des mystères et en particulier le système initiatique. Il existait des niveaux ou grades, partant de celui « d'apprenti » à « compagnon » puis « maître », pouvant s'échelonner jusqu'au 38e grade. L'accès à un grade supérieur nécessitait le passage d'épreuves et donna lieu à des rites ou cérémonies. Un autre élément fondamental fut l'usage des symboles. Leur intérêt est multiple. Ils permettent d'abord de dépasser le niveau technique des mots, s'adressent à l'imagination, sont porteurs de créativité. Alors que les mots sont des outils qui poussent à la dialectique, à l'opposition ou à la confrontation, les symboles unifient et rassemblent, car ils ont des sens multiples et qui peuvent s'enrichir continuellement. Le meilleur exemple est celui du « Grand Architecte de l'Univers (GADLU) », symbole qui peut recouvrir la notion du Dieu des chrétiens, des Juifs ou des musulmans, mais qui peut aussi se rapporter à la Matière ou la Vie au sens large. Ce symbole permet donc de rassembler autour de l'idée d'une force créatrice du monde sans que l'on en précise les contours, laissant à chacun le choix d'y mettre ce qu'il veut. Notons malgré tout que certaines loges, en Angleterre notamment ont se sont placées sous la référence de la Bible.

Les symboles furent utilisés pour évoquer les valeurs morales à développer : l'œil représente le discernement, la vision juste, la connaissance. Le tablier que portent les maçons leur rappelle qu'ils sont en loge en train de travailler et de construire et pas simplement en train de bavarder. Le compas symbolise l'ouverture d'esprit, un instrument indispensable. L'équerre représente la droiture, le respect des règles, etc.

Une dernière règle de fonctionnement que nous évoquerons est celle du secret. Comme nous l'avons compris, la loge forme un espace avec des règles différentes de celles de la société, où tous les membres sont à égalité du point de vue social et où la hiérarchie ne repose que sur la maturité et le passage des grades. Pour garantir la liberté d'expression au sein des loges, il fut jugé nécessaire que les membres ne se sentent pas menacés lorsqu'ils s'exprimaient. Ainsi, ce qu'ils disaient devait rester secret et ne pas être divulgué à l'extérieur.

Comme nous l'avons déjà évoqué, les idéaux de la franc-maçonnerie ont servi de référence pour la Révolution française, de nombreux acteurs de cette révolution ayant probablement été des francs-maçons. Cette révolution, qui retira à la noblesse et au clergé leur suprématie, n'a pas manqué de susciter de violentes réactions. L'Église catholique en particulier s'est toujours opposée au concept franc-maçon de la liberté de conscience en affirmant qu'il existait une incompatibilité entre la foi en Dieu et le recours à la raison. Cette opposition perdure encore aujourd'hui, puisque l'Église interdit l'extrême onction aux francs-maçons, ce qui revient à les condamner à l'Enfer. Cette attitude est évidemment une réaction compréhensible et logique dans la mesure où le pouvoir de l'Église repose en grande partie sur son autoritarisme, la soumission aveugle des fidèles et l'obéissance. Il existe donc effectivement une opposition de fond entre ces deux institutions, l'une prônant le rejet des principes de l'autre, et réciproquement.

De cette excommunication et des possibles persécutions a découlé un renforcement du culte du secret. Les francs-maçons n'ont pas le droit de divulguer l'appartenance de tel ou tel membre afin de les protéger d'éventuelles représailles. Cette pratique était déjà ancrée dans de nombreuses religions initiatiques pour les mêmes raisons et nous ne devons donc pas nous en étonner ou en tirer quelques interprétations conspiratrices. Il est néanmoins avéré que la réflexion nourrie par la franc-maçonnerie a permis de donner corps à des valeurs qui s'imposèrent lors de l'épisode de la Révolution française.

La Révolution française

Peu de temps après la naissance des États-Unis, une révolution éclata en France. La cause principale fut la même ; une pression fiscale trop lourde, résultat d'une situation d'endettement provoquée par les guerres.

Tout comme l'Angleterre, la France avait été saignée par la guerre de 7 ans. L'envoi de soutien aux indépendantistes américains n'avait pas débouché sur une quelconque reconnaissance ou avantage économique. Le roi de France, dont les finances étaient en piètre état, avait donc dû augmenter sa pression fiscale et convoqué pour cela les représentants du peuple : les États Généraux. Leur approbation était en effet théoriquement nécessaire pour valider la levée de nouvelles taxes. Politiquement, il était surtout plus prudent de procéder par concertation que par autoritarisme dans une période aussi difficile, pour éviter une révolte populaire. Par ailleurs, le mode de vote des États Généraux (une voix par classe : noblesse, clergé, tiers état) assurait son consentement pour toute réforme favorable aux classes supérieures. Or la levée d'impôts sur le Tiers État faisait partie des mesures favorables à ces classes. Les nobles avaient en effet le droit de prélever une part des taxes pour leur propre compte.

Pourtant, la consultation des Généraux n'aboutit pas à ce qu'en attendait le roi. La colère du peuple, l'exemple des révolutions en Angleterre et aux États-Unis, l'émergence des idées des lumières sont autant de facteurs qui ont concouru à un renversement du pouvoir et à l'établissement d'une République démocratique.

Dans le détail, nous devons retenir que la Révolution française ne fut pas l'œuvre de la volonté d'un personnage ou d'un groupe de personnes. Elle résulta d'une cascade de réactions face à des évènements, des contraintes et des obstacles. Elle s'est opérée au fil d'affrontement contre le roi et ses troupes, contre les soutiens du roi dans le pays, contre les pays voisins, contre la crise économique, contre les modérés…

Initialement, les revendications « révolutionnaires » étaient relativement limitées, mais elles se sont radicalisées et amplifiées à mesure des défis qui se sont présentés. Ainsi, lorsque les États Généraux furent convoqués par le roi pour obtenir leur accord sur des nouveaux impôts, la revendication qui se fit entendre était stratégique, mais modeste. Les représentants du Tiers état (tous ceux qui n'étaient ni nobles, ni du clergé), qui prétendaient représenter 96 pour cent de la population, estimaient, à juste titre, que le mode de représentation donnant une voie à chaque classe était injuste. C'est cette première contestation qui aboutit à la constitution de l'Assemblée nationale. Le roi s'opposa à cette initiative et voulut dissoudre cette assemblée. En réaction l'assemblée monta le ton d'un cran : la décision fut prise de créer une constitution et mettre en place un modèle d'organisation du pouvoir de type anglais : une monarchie parlementaire. L'étape suivante résulta de la réaction du peuple pris de panique après la rumeur que le roi allait envoyer des troupes sur la capitale pour mater la rébellion. Cette peur conduisit à une radicalisation du peuple qui prit d'assaut la tour de la Bastille. Dans les campagnes, la peur se répandit également et les paysans prirent les devants en agressant quelques seigneurs.

Face à la montée de la violence, les députés de l'assemblée votèrent l'abolition des privilèges qui supprima les privilèges de la noblesse et du clergé. Quelques jours plus tard, l'œuvre majeure de la révolution était accomplie : la Déclaration des droits de l'homme et du citoyen. Elle commença par cette affirmation révolutionnaire « *Tous les Hommes naissent et demeurent libres et égaux en droits* »

Les évènements auraient pu prendre fin ici, mais le roi continuant à s'opposer, l'Assemblée nationale poursuivit son action par des initiatives encore plus radicales. Pour faire face au problème de la faillite du pays et renflouer les caisses de l'État, les députés décidèrent de saisir les terres et les biens qui appartenaient à l'Église catholique. L'année suivante, les députés décidèrent que les membres du clergé devaient désormais être élus par les citoyens. Une partie des prêtres accepta cette nouvelle règle, d'autres beaucoup moins. Cette décision représentait un affront considérable à l'autorité de l'Église, complètement annihilée. Le travail des députés se prolongea par la constitution de nouveaux repères : constitution des départements, unification des unités de poids, de mesures avec la création du « mètre », création de l'état civil, du mariage et divorce civil…

En 1791, la première constitution française entra en application. Elle reprit le modèle anglais de la monarchie constitutionnelle avec une assemblée parlementaire qui rédigeait les lois. Le roi disposait néanmoins d'un droit de véto et possédait encore le pouvoir exécutif. Ce système hybride ne fonctionna évidemment pas bien. La réticence du roi Louis XVI aboutit à la montée d'une opposition croissante et le peuple harangué finit par prendre possession de la résidence du roi, puis enfermer ce dernier. Les personnes soupçonnées de soutien à la monarchie commencèrent à être massacrées par centaines, puis par milliers.

La prise du pouvoir par le peuple se traduisit par un nouveau mode d'élection au niveau de l'assemblée : le suffrage universel (dont les femmes étaient exclues). Ce n'était donc plus seulement ceux assez riches pour payer l'impôt qui votaient pour élire les députés, mais tous les hommes. L'assemblée devint ainsi la « Convention ». Elle marqua l'abolition de la monarchie.

La Convention aurait pu s'arrêter là, mais le radicalisme sur lequel il s'était construit poussa à l'extension de la révolution au-delà des frontières. Il fallait de toute manière résister à la coalition des royautés des pays voisins qui s'opposaient à la révolution. Le roi, qui espérait secrètement une défaite des révolutionnaires qui lui permettrait de reprendre le pouvoir ensuite, soutint cette décision. Cependant, après quelques premiers revers, l'armée révolutionnaire, galvanisée par le nouveau chant de la Marseillaise remporta des victoires contre les Prussiens et les Autrichiens.

L'année suivante, l'assemblée décida la condamnation à mort du roi, guillotiné en place publique. Il fallut désormais faire face à une réaction violente des monarchies voisines. La Convention leva donc une armée de 300 000 révolutionnaires. Cette décision entraîna une guerre civile notamment dans la région de la Vendée. Le pouvoir révolutionnaire décida de confier le pouvoir à un comité de salut public qui mena une sévère répression intérieure. Environ 20 000 personnes furent guillotinées.

À l'extérieur, l'Angleterre monta une coalition pour des raisons idéologiques doublées d'intérêts économiques. Le passage de la Belgique sous contrôle révolutionnaire ne permettait en effet plus à l'Angleterre de commercer avec le continent. Elle s'allia ainsi à la Prusse, l'Autriche, l'Espagne… mais les révolutionnaires français résistèrent.

À l'intérieur du pays, les massacres s'intensifièrent et les révolutionnaires modérés finirent même par être exécutés en raison de leur manque de radicalité. Finalement, les ultras de la révolution furent arrêtés par le peuple et guillotinés à leur tour. Une nouvelle organisation politique fut instaurée. Elle fonctionnait avec deux assemblées : celle des Cinq cents et celle des Anciens. Les royalistes espérèrent l'heure de leur retour et tentèrent un coup d'État, mais le jeune Napoléon Bonaparte parvint à les contenir.

Le nouveau régime prit le nom de Directoire. Le pouvoir exécutif fut effet confié à cinq Directeurs. Il travailla à la poursuite des réformes comme la rédaction du Code civil, création des grandes écoles… Il instaura aussi une nouvelle monnaie : le franc.

Un élément apparaît en filigrane dans le déroulé que nous venons d'exposer et qui fut déterminant ; la faiblesse du pouvoir royal. Nous avons mentionné l'affaiblissement économique du pays, mais nous devons penser que l'absolutisme français se caractérisa en particulier par une rupture de l'alliance habituelle des nobles avec le roi. Dès Louis XIV, le pouvoir royal avait tenté de dominer la noblesse par la centralisation du pouvoir et s'était heurté à plusieurs phases de contestations, dont la fronde fut un épisode emblématique. L'absence de soutien ferme du pouvoir royal par la classe des nobles fut une des raisons du succès de la révolution, qui profita de cette division.

La filiation anti-monothéiste nordique

L'influence des philosophes sur l'évolution des sociétés fut déterminante dans le cadre de la Révolution française et nous avons cité les noms de quelques auteurs anglais et français dont les idées ont directement été transposées dans l'histoire politique.

En Allemagne, cette même transposition prit plus de temps et se concrétisa surtout durant l'ère industrielle à partir du 19e siècle. Nous devons néanmoins aborder ici un certain nombre d'auteurs, de fibre humaniste, qui contribuèrent à l'élaboration d'une pensée germanique singulière. De leur réflexion émergèrent, suivant des directions opposées, à la fois le marxisme et le nazisme, dont il est essentiel de retracer la généalogie.

Pas plus que Jésus n'est responsable des crimes de l'inquisition, les philosophes allemands ne devraient pas être soupçonnés des perversions de leurs idées ayant abouti à des monstruosités. On ne peut cependant pas comprendre notre histoire si l'on ignore comment toutes ces idées ont découlé les unes des autres.

Nous limiterons à trois auteurs clés qui ont probablement été les plus influents philosophes hostiles aux monothéismes : Spinoza, Schopenhauer et Nietzsche. Comme nous allons le constater, ces trois auteurs ont en commun d'avoir profondément baigné dans une éducation religieuse étouffante, à laquelle ils ont réagi par le rejet et la contestation. Leur histoire personnelle affective est directement à mettre en relation avec leurs idées. Ils n'ont pas voulu se réfugier dans les conceptions religieuses de leur temps et ont cherché à proposer de nouveaux repères. Ces ruptures ont été des actes à portée d'abord familiale puis sociale, comme pour entraîner avec eux le grand nombre et aboutir à un environnement social plus conforme à leurs aspirations. Ils ont cherché à renverser l'ordre idéologique tyrannique qui les faisait souffrir, et dont ils comprirent que les racines étaient culturelles. Ces auteurs ont porté un courant intellectuel extrêmement novateur, qui fit le lien entre nos croyances et le devenir des sociétés, entre les individus et le collectif. Ils ont nourri une réflexion sur la nécessité d'élargir le cadre d'analyse des sociétés au questionnement sur nos manières de penser.

Spinoza *(1632-1677)*, dont nous avons déjà évoqué le nom, fut le premier à mesurer pleinement l'étroitesse des concepts liés au monothéisme. De culture juive, il eut le loisir de baigner dans les textes bibliques avec suffisamment d'attention pour en relever plusieurs incohérences. Il est le premier qui osa publiquement affirmer que la Bible fut écrite de main d'hommes et non par des personnages mythiques comme Moïse à qui était attribuée la composition des 5 premiers livres de la Bible. Il proposa même de discerner plusieurs auteurs, se faisant le précurseur de l'hypothèse suivant laquelle les 5 premiers livres de la Bible seraient une compilation de textes rédigés par 4 auteurs d'époques différentes, dont les styles seraient clairement distinguables.
Spinoza rejeta l'idée d'un Dieu tel qu'il apparaissait dans le judaïsme et conçut plutôt que le monde, pris dans son ensemble était Dieu. Son modèle, panthéiste, abolit la frontière entre divin et profane. Spinoza se présenta donc comme le véritable destructeur du concept pyramidal monothéiste avec sa cascade hiérarchique allant des prêtres aux hommes sans condition.

Schopenhauer *(1795-1860)* reprit cette réflexion près d'un siècle et demi plus tard en se plongeant non seulement dans la pensée de Spinoza, mais en s'inspirant des sources culturelles où ce modèle fusionnel avait trouvé la plus riche expression : le bouddhisme. Après Zoroastre et Jésus (par son message essénien), Schopenhauer peut être considéré comme le troisième personnage historique qui réintégra en force la pensée orientale dans nos racines culturelles. Traumatisé par le souvenir d'images du bagne de Toulon et d'une exécution par pendaison à Londres dans son enfance, il reprit à son compte les réflexions de Bouddha sur l'inévitable souffrance à laquelle les êtres vivants ne peuvent échapper sur Terre, ainsi que la nécessité d'un détachement, d'un renoncement à une des causes principales de nos douleurs : le désir. Schopenhauer défendit l'idée que l'être humain est manipulé par ses besoins physiques et en conclut que nos idées sont en fait le résultat de ces besoins corporels. L'amour, à ses yeux, est une ruse de l'instinct de reproduction, qui nous pousse à perpétuer notre espèce. Ce philosophe, dont la reconnaissance et le succès furent très tardifs (plus de trente ans après ses premiers textes majeurs), fut le premier à désacraliser les idées en analysant leur origine, leur source. Seule la musique tirait selon lui l'humain au-delà de ce qui n'est qu'une mécanique biologique, offrant un répit qu'il compara à un jour de repos pour un galérien.

Ses réflexions eurent l'effet d'une révélation pour un autre philosophe de renom : Nietzsche *(1844-1900)*. Élevé dans le christianisme et se destinant à devenir pasteur, Nietzsche s'insurgea contre la profonde hypocrisie des religieux qui, au nom du bien, nourrissaient des sentiments de culpabilité qui les frustraient et dont ils se déchargeaient en frustrant les autres à leur tour. Il commença par partager la vision de Schopenhauer sur le fait que la pensée de l'homme n'a rien d'objectif, mais résulte d'une manipulation par nos instincts. Puis il s'opposa à son inspirateur, en tirant une conclusion différente. Selon Nietzsche, ce qui fait souffrir l'homme est cette perturbation profonde issue de la morale chrétienne qui renie le corps et les instincts. Il vit la morale comme l'expression d'un ressentiment des faibles qui cherchent à empêcher les forts d'être eux-mêmes en les culpabilisants. Nietzsche eut l'intuition que la castration et la destruction de l'individualisme avaient été utilisées par une classe dominante pour régner. Son analyse psychologique de la religion relève d'une expérience personnelle authentique et sonne juste. Elle ouvrit la voie à une réflexion politique sur la religion que développa plus tard Marx.

Nietzsche constata qu'en son temps, les prêtres eux-mêmes étaient devenus des esclaves de leur idéologie. Le christianisme était devenu un frein à l'épanouissement de tous. Nietzsche, qui ne supportait pas l'hypocrisie, rejeta la religion avec d'autant plus de force que la science en avait dynamité plusieurs fondements. Il proclama la mort de Dieu et la nécessité de trouver un nouveau fondement à la morale. Comme Schopenhauer, il crut à la vertu de la musique et en idéalisa l'importance.

Par son rejet de la morale chrétienne, sa volonté de réhabiliter le corps et l'affirmation des individus voire d'un peuple, Nietzsche représenta la grande alternative idéologique au christianisme. Ses idées furent un terreau idéal pour les discours d'émancipation nationaliste après l'application du traité de Versailles à l'issue de la Première Guerre mondiale. Il n'est pas surprenant que l'idéologie nazie ait souvent fait référence à ce philosophe pourtant hostile à toute forme totalitarisme. Nous pouvons oser ici un parallèle avec la démarche de Paul puis Constantin qui retournèrent le discours libérateur de Jésus en une idéologie au service d'un ordre politique. Comme la plupart des révolutionnaires penseurs de la liberté et de l'affranchissement, Nietzsche fut trahi par ceux qui se réclamaient de lui, en réalité au service de nouveaux projets d'aliénation.

Les étapes chronologiques

La période s'étalant de la naissance du protestantisme jusqu'à la Révolution française concentra de grands bouleversements d'ordres divers ; politiques, scientifiques, religieux, sociaux. Même si l'on sent bien que tous ces éléments sont liés entre eux, il n'est pas aisé d'avoir une vision claire des mécanismes qui sont à la base de tous ces changements. Il est intéressant de tenter cet exercice pour cerner quels furent les véritables ressorts de cette dynamique.

Nous devons d'abord prendre conscience de la nature éminemment sociale de ces évolutions. Ce dont il est question est avant tout de répartition de pouvoir entre différents groupes sociaux. Nous sommes partis de systèmes sociaux gérés par des classes minoritaires asservissant la masse du peuple par la force et par une idéologie de soumission, l'usage de la peur. Au final, le résultat aboutit à des sociétés ayant fait exploser les systèmes rigides de pouvoirs héréditaires et religieux pour les remplacer par une apparente égalité des chances, et des gouvernants choisis par des représentants du peuple.

Dans les faits, nous avons basculé d'un pouvoir religieux à transmission héréditaire à un pouvoir économique fonctionnant sur une base démocratique. En un mot : L'économie prit le pas sur la religion. Cette transition passa par l'étape humaniste qui balaya l'autorité de la religion établie.

Ce changement fut le résultat d'un rapport de force qui bascula à l'avantage des entrepreneurs, des conquérants, des aventuriers engagés dans la recherche de prospérité économique. Plusieurs éléments ont permis cette victoire : certains sont géographiques, d'autres idéologiques et d'autres encore techniques.

Du point de vue géographique, nous avons vu que les volontés de commerce avec l'Inde et le blocage de son accès par les puissances islamiques avait conduit à la recherche de nouvelles voies, par les mers. Cette quête a conduit à la découverte du Nouveau Monde, sa colonisation et l'exploitation de ses richesses. La mise en valeur de ces terres s'est accompagnée d'un commerce particulier de main d'œuvre : la traite négrière.

La prospérité de ce Nouveau Monde a affaibli l'islam, centré sur la Turquie, qui perdit toute son influence. L'Espagne, le Portugal, l'Angleterre et la France, dont les côtes étaient tournées vers l'Atlantique ont accédé au rang de grandes puissances de l'Ancien Monde. Des rivalités entre empires se sont développées les conduisant à s'affronter les unes les autres. L'Angleterre et la France s'épuisèrent ainsi au cours de la guerre de 7 ans qui concourut à la perte de ses colonies américaines pour l'Angleterre et à la chute de la royauté en France.

Pour faire face aux situations de récession économiques, ces empires s'étaient en effet orientés vers des solutions fiscales, comptant prélever davantage soit sur leurs colonies, soit sur leur population continentale. Ces stratégies qui allaient dans le sens d'une accentuation des inégalités ne fonctionnèrent pas. L'Angleterre après avoir vaincu la France dans sa quête territoriale sur le Nouveau Monde de heurta à la fois à une résistance contre ses hausses de prélèvement et à l'encouragement des populations émigrées à réclamer leur indépendance par la France. Le mécontentement d'une part, l'esprit de revanche par ailleurs, l'opposition interne et externe ont finalement eu raison de la cohésion de l'Empire anglais. Les indépendantistes obtinrent gain de cause et instaurèrent un premier modèle démocratique aux États-Unis. Leur victoire inspira en Europe une révolution qui éclata sur les mêmes bases fondamentales que l'autonomisation des États-Unis : la crise économique, la volonté de l'Etat de prélever davantage de taxes, le refus des populations, la proclamation d'un nouvel idéal de société, puis une révolution politique rendue possible par l'affaiblissement de la puissance des classes privilégiées.

Aux États-Unis comme en France, les idéaux de liberté ont servi de catalyseur pour renverser les pouvoirs ancestraux. En réalité, les discours esclavagistes ou la restriction de la participation démocratique aux plus fortunés montrent que le concept d'égalité des droits n'a été qu'un élan. Le pouvoir a changé de main, ses méthodes ont légèrement évolué, mais au fond, les inégalités et injustices ont grandement persisté. Aux États-Unis comme ailleurs, les grandes fortunes héritèrent du pouvoir autrefois aux mains des religieux, qui avaient été riches, mais dépensiers et qui n'avaient pas eu l'audace d'investir pour prospérer.

Ces évolutions politiques, rendues possibles par un chamboulement de la répartition géographique des pouvoirs à travers le monde, n'auraient pas été envisageables sans de nombreuses découvertes scientifiques. Elles ont été mathématiques, physiques, chimiques, biologiques et ont permis notamment aux marins d'explorer les océans, créer de nouvelles routes commerciales vers les Amériques, mais aussi vers l'Asie. Les armes à feu, avec la maîtrise de la poudre et de la métallurgie, ont assuré les victoires des aventuriers colonisateurs malgré l'inégal rapport de population dans les conflits. L'origine même des progrès de la science provient d'échanges technologiques rendus possibles par l'expansion de l'empire islamique qui permit de rassembler aussi bien les connaissances mathématiques indiennes, l'usage chinois de la poudre à canon, du papier et de la monnaie que les réflexions philosophiques des auteurs de la Grèce antique. En traduisant dans une langue unique tous les textes des terres envahies, les souverains musulmans permirent une diffusion des connaissances qui remonta jusqu'en Europe et insuffla une dynamique de quête de savoirs et de réflexions qui produisit une véritable effervescence d'idées et de découvertes. Ce renouveau de la pensée, la facilitation des échanges d'idées grâce à la découverte de l'imprimerie, la soif de liberté ont conduit à la naissance, à l'essor puis au succès du protestantisme, schisme dans la droite ligne des revendications ayant conduit à l'émergence du christianisme puis de l'islam avant leur récupération politique. Cette contestation de la légitimité de l'Eglise et du pouvoir du Pape contribua fortement à affaiblir les pouvoirs royaux, notamment en Angleterre et en France qui implosèrent dans des guerres de religion plus ou moins sanglantes, largement politisées. Face à la menace des attaques des armées musulmanes, les pouvoirs s'accommodèrent d'une tolérance religieuse qui retira à la religion son pouvoir fédérateur sur lequel s'étaient appuyés les rois. Face à la division religieuse et avec le foisonnement intellectuel humaniste, de nouveaux modèles politiques furent imaginés et servirent logiquement de référence d'abord pour les colonies rebelles d'outre-Atlantique puis pour les révolutionnaires en France. Cet élan révolutionnaire se propagea ensuite à travers toute l'Europe avec les conquêtes napoléoniennes.

Les éléments qui ont contribué à ces transformations profondes sont évidemment contextuels, liés à des successions d'évènements d'ordre divers, économique, technique, religieux, intellectuel. Néanmoins, la dynamique générale que nous avions dessinée pour cerner les cheminements cycliques des religions reste la même. Nous avons ici aussi des éléments de rupture-naissance-stabilisation liés aux évolutions des convictions et intérêts de couches sociales distinctes.

Nous avons représenté ci-après le schéma des dynamiques liées à la Révolution française, où l'on peut vérifier la parfaite application de notre modèle : Le point de départ est la crise de 1789 : Division du pouvoir (cours du roi opposé à sa noblesse) et soif de changement du peuple (étouffé par les taxes). Cette combinaison aboutit à la naissance d'un nouvel ordre au cours de la Révolution française. Puis les nouveaux pouvoirs recréent un régime fortement structuré tandis que le peuple qui était rempli d'espoir se destinait à la désillusion. Le cycle se poursuivit dans la séquence historique suivante où division politique et colère populaire conduisirent aux révolutions sociales de l'ère matérialiste.

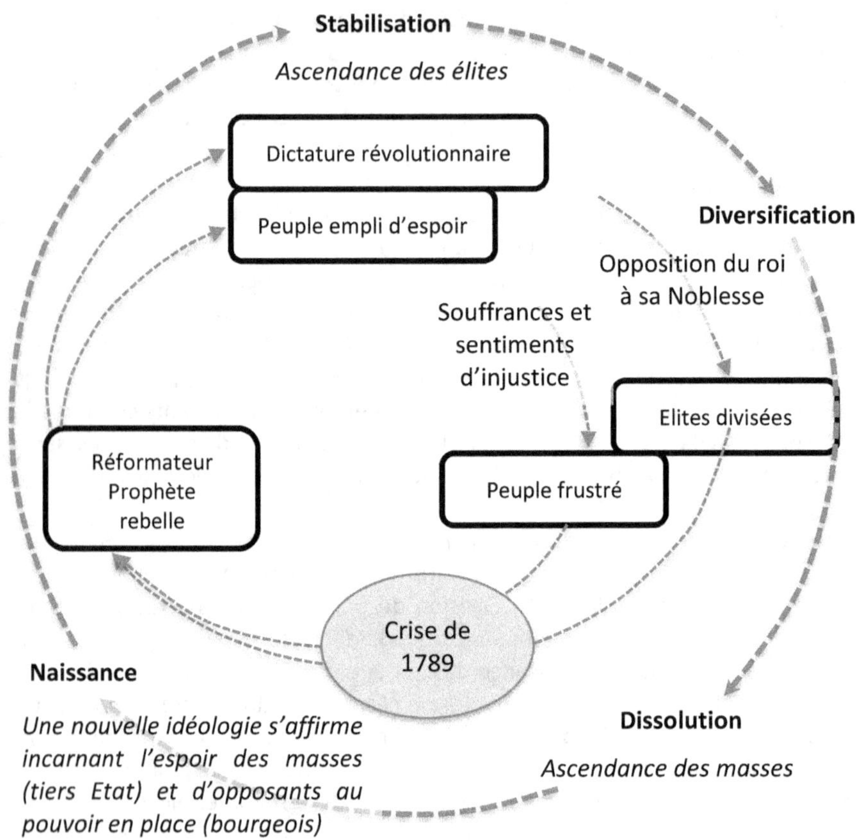

Schéma général sur les évolutions culturelles appliqué au passage de l'ordre religieux à celui de l'humanisme.

Les croyances clé

Egalité des hommes (relecture de la Bible), rationalisme (homme central)

La croyance centrale qui prit son essor avec l'humanisme est d'abord une prise de conscience : celle de la supercherie du pouvoir catholique dont les pratiques n'étaient pas en conformité avec les textes de Bible.

La culture humaniste continua de reposer sur l'idée d'un ordre universel, mais en révisa la forme. Elle persista à considérer qu'il existe une hiérarchie notamment entre les hommes et les femmes et entre les peuples colonisateurs et colonisés (païens), mais au sein de la société occidentale, l'idée d'une égalité entre les hommes à leur naissance mit à mal la légitimité de la classe religieuse et de la noblesse.

Cette prise de conscience fut facilitée par un meilleur accès aux textes « sacrés », à la capacité de lire et interpréter les textes bibliques et aux constats de l'hypocrisie et de l'abus des membres de l'Église. La lecture des quatre évangiles réactiva le message originel du christianisme, celui d'une contestation du pouvoir religieux et d'un appel à l'authenticité. La croyance en la supériorité des principes et des idées sur les traditions conduisit à sortir des anciens modèles et en chercher de nouveaux.

Cette remise en cause se poursuivit jusqu'à la contestation même de la Bible dont on commença à suspecter qu'elle ne soit que l'œuvre de simples auteurs et non la transcription fidèle d'enseignement de prophètes messagers de Dieu. Cette contestation fut d'autant plus forte que le développement des sciences permit de découvrir que plusieurs conceptions tirées des interprétations de la Bible étaient fausses, notamment sur la genèse du monde, des espèces ou encore les mouvements des astres. La découverte des nouveaux continents habités mit également à mal l'histoire du monde telle que présentée dans la Bible.

La foi et l'espoir se réorientèrent vers les sciences, l'expérimentation, le calcul, la philosophie, le rationnel. On considéra que de nombreux phénomènes s'expliquaient par des mécanismes « aveugles », des lois naturelles mécaniques qui par leur enchaînement aboutissaient à des évènements sans qu'une intervention divine n'ait besoin d'y être systématiquement associée. Or si Dieu n'intervenait pas directement dans la destinée des hommes, cela sous-entendait qu'il leur revenait de se prendre en main. Ce raisonnement nourrit de nombreux intellectuels qui se sont mis à chercher des solutions nouvelles, et notamment de nouveaux modes d'organisation sociale établis sur des mécanismes équilibrés de gestion des pouvoirs. Fondamentalement, l'idée d'un Dieu créateur du monde ne fut pas remise en cause, mais son rôle ou son intervention semblèrent beaucoup moins influents. On considéra que la vie reposait en grande partie sur des mécanismes que l'homme pourrait apprendre à contrôler à mesure du progrès des sciences.

Cette tendance se confirma au fil du temps avec la naissance de la biologie avec Lamarck, puis l'élaboration d'une théorie sur l'évolution des espèces avec Darwin. Darwin marque l'avènement de phase historique où le changement apparaît non plus comme un facteur de dégénérescence, mais de progrès, puisque l'évolution des espèces traduit l'idée d'une complexification croissante de la vie et non sa déchéance comme les religions conservatrices cherchaient à le faire croire.

Cette évolution, ce passage de la croyance aveugle à la quête rationnelle de connaissance a permis des progrès considérables et engagé notre culture vers une marche dont nous pouvons savourer les fruits. Les sciences ont été déterminantes dans l'amélioration des conditions de vie et nous ont aidés à sortir de nombreuses croyances obscures qui permettaient à des escrocs de tout type de prospérer. Le revers de la médaille existe néanmoins. En se fermant à ce qui n'est pas démontré scientifiquement, notre culture nous prive d'une part essentielle de notre humanité. Nous avons une conscience innée de la survie d'une partie de nous-mêmes après la mort et de la possibilité d'accéder à des informations d'une autre réalité. Les humains de toutes les cultures ont également toujours cru en la possibilité de connaître au moins partiellement l'avenir. Renier ces intuitions profondes au nom du rationalisme a privé notre culture d'une forme de réflexion nécessaire sur l'existence et son sens. Avec l'avènement du rationalisme, tout ce qui pouvait être mis en relation avec des croyances archaïques a été relégué avec dédain. La médiumnité, la clairvoyance, la télépathie, la communication avec les défunts avaient déjà été assimilées à des pratiques païennes ou sataniques durant les beaux jours du monothéisme. Elles sont restées en disgrâce avec l'affirmation des sciences. Il y a bien entendu eu plusieurs tentatives d'étude de ces phénomènes dans un cadre scientifique, mais aucun résultat n'a eu un caractère reproductible suffisant pour prouver quoi que ce soit. Au lieu de faire preuve d'humilité, nous en avons déduit l'inexistence de ces phénomènes, avec de surcroît l'arrogance d'une certaine fierté à contredire nos propres intuitions. C'est un peu comme si nous étions fiers d'avoir triomphé de résurgences plus ou moins liées à des instincts inférieurs.

Les valeurs
Liberté religieuse, rationalisme, abolition de l'autorité religieuse, Egalité des droits, démocratie.

La valeur émergente de la phase humaniste est une nouvelle valeur d'émancipation : le droit de penser par soi-même et choisir sa religion. La possibilité d'interpréter la Bible de manière multiple fut reconnue et affirmée comme un droit. Ce fut un moyen de scier l'autorité papale, de permettre une décentralisation des pouvoirs religieux et finalement une désagrégation totale d'une parole prétendument sacrée et prétexte à une hégémonie sans limites. En l'absence d'autorité religieuse incontestable, le discours et la réflexion devinrent de nouvelles références. Au lieu d'affirmation et de soumission, l'humanisme promut le questionnement et l'émancipation.
La soumission et l'obéissance plièrent ainsi sous la pression des intérêts économiques qui parvinrent à proposer un discours délégitimant les pouvoirs traditionnels. L'humanisme représente la première vraie révolution intellectuelle depuis l'avènement des monothéismes, en cassant de modèle de légitimité par filiation. La suprématie des groupes sociaux rentiers au pouvoir fut ainsi balayée pour s'ouvrir à leurs rivaux entrepreneurs.
Une valeur de consensus permit de rassembler les forces populaires et les intérêts bourgeois : le refus de l'injustice du droit du sang. Les uns et les autres refusèrent désormais d'être considérés comme inférieurs et de subir une inégalité de traitement au prétexte d'un ordre naturel voulu par Dieu. Il est

logique en ce sens que la valeur d'égalité soit une marque de la phase humaniste. Ne nous méprenons pas cependant : l'égalité dont il est question ici est celle d'une égalité des droits, des devoirs et des possibilités. Il ne s'agissait aucunement d'une revendication d'uniformité ou d'égalité dans la répartition des richesses.

L'égalité des droits implique simplement que le pouvoir ne soit plus transmis de manière héréditaire comme cela était le cas avec le royalisme. Et puisque le pouvoir ne s'hérite plus, il devient désormais le résultat d'un vote. Un nouvel idéal s'affirme ici : celui de la démocratie. Elle ne suppose pas seulement que la légitimité du pouvoir se gagne par les urnes, mais aussi que ce pouvoir reste sous le contrôle de la population et ne concentre donc pas à la fois le rôle de décider les politiques, les lois et leur application. La séparation des pouvoirs est une condition de l'exercice démocratique et l'indépendance de la justice s'affirme donc aussi comme une valeur essentielle.

Dans la pratique, ces valeurs parviennent plus ou moins bien à s'appliquer. Seul un nombre restreint de personnes sont consultées, celles qui portent désormais les plus grandes responsabilités : les acteurs économiques, c'est-à-dire les « bourgeois ». Une dérive insidieuse s'insinue dans le fonctionnement social en laissant le pouvoir de l'argent prendre le pas sur celui des idées. Elle aboutit à une évolution de la société vers le matérialisme.

Synthèse sur l'apport humaniste
Socle quasi définitif de la culture occidentale
Jeu valeurs-croyances sur la base du rationalisme

L'humanisme se présente comme une réelle alternance par rapport aux monothéismes. Il a cassé l'idée d'une vérité absolue détenue par la religion justifiant la soumission du peuple à une classe de prêtres. Il a cassé l'idée d'un ordre naturel hiérarchisé avec des nobles au-dessus des paysans. Il a cassé aussi le mythe d'un Dieu régissant le monde dans ses moindres détails, punissant par des maladies, des fléaux ou des défaites militaires. L'humanisme a réhabilité la raison jusqu'à lui remettre le questionnement sur ce qu'est l'ordre du monde et la manière dont le pouvoir doit fonctionner. Avec l'humanisme s'est instauré le socle de nos repères de croyances et de valeurs actuels.

Ce socle repose sur deux ensembles en opposition. Le premier est le modèle de croyance hérité des monothéismes avec l'idée d'un ordre universel, l'existence du bien et du mal, la conception de la vie comme une mise à l'épreuve. Le second soutient l'égalité des droits et des principes démocratiques sur lesquels repose la légitimité des pouvoirs. Fondamentalement, Dieu reste encore dans les esprits le créateur du monde, mais on considère que son influence sur les mécanismes de la vie est négligeable et que c'est donc à l'homme de se prendre en charge, d'utiliser les sciences et la connaissance pour son service. C'est aussi à l'homme d'organiser la gestion de la société et sa gouvernance. Puisque les représentants de Dieu n'ont plus de rôle, ce sont les citoyens qui devront désigner eux-mêmes leurs gouvernants. Durant la phase humaniste, l'idée d'une supériorité de l'homme sur la femme et des chrétiens de races blanches sur les autres (races noires ou des peuples des pays colonisés) reste présente. L'idée d'une supériorité de l'esprit sur le corps et la dévalorisation de la sexualité sont également très fortes.

Nos sociétés sont restées axées sur cette opposition entre une logique conservatrice idéalisant un ordre statique et un autre de progrès et d'évolution. Notre histoire est restée dominée par le choix réducteur entre ces deux orientations, qui se sont incarnées dans les courants politiques de droite et de gauche. Le développement économique allait intensifier cette polarisation. C'est ce que nous allons découvrir à présent en entrant dans l'époque matérialiste.

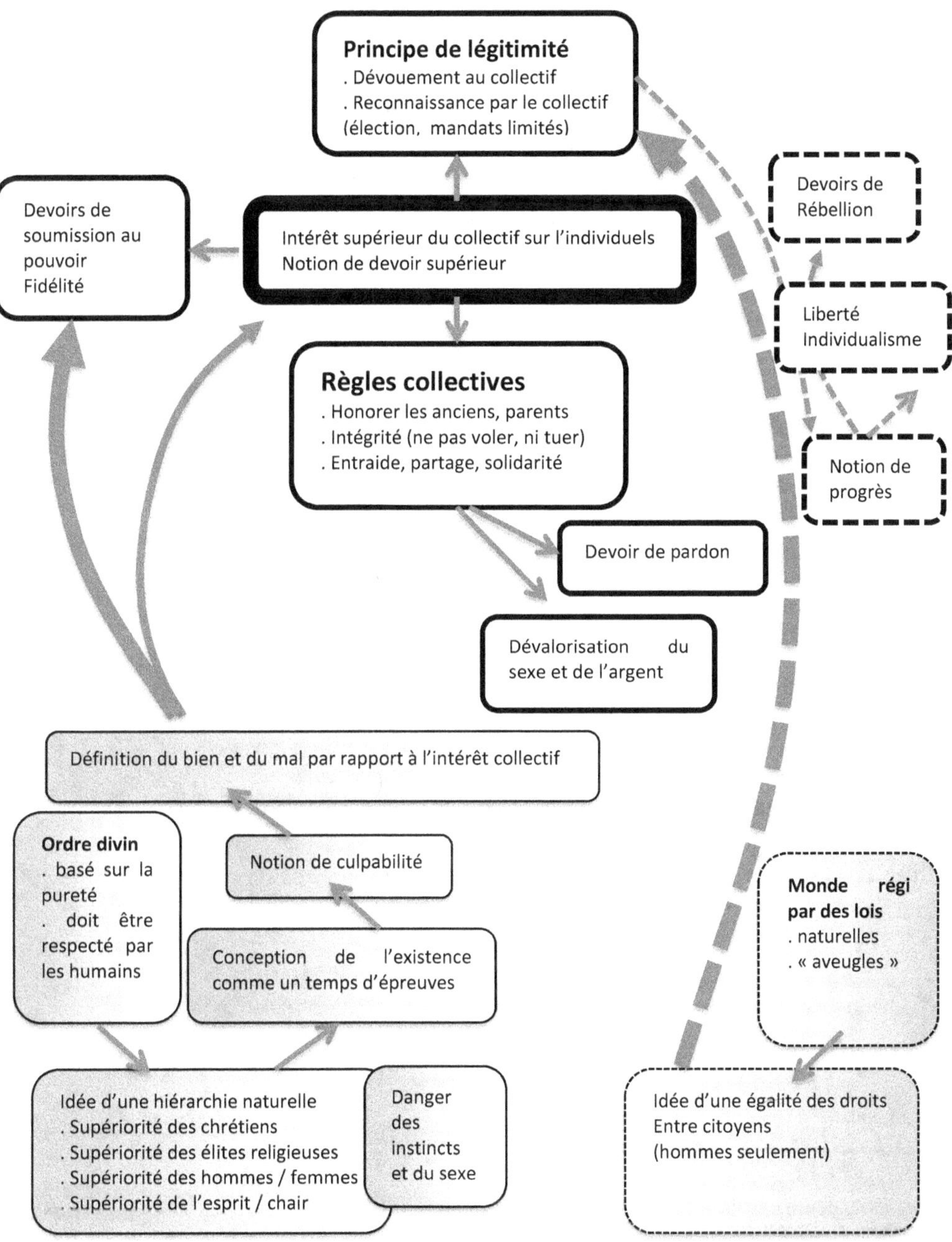

Socles conservateurs (à gauche) et progressistes (à droite) des croyances, soutenant deux systèmes de valeurs complémentaires, à partir de la période humaniste.

L'ère matérialiste

L'ère matérialiste tourne la page les époques centrées sur les questions religieuses et philosophiques. La puissance croissante de l'économie oriente l'évolution culturelle suivant les rivalités entre classes sociales, entre pays, puis entre peuples et puissants lobbys. Un certain nombre de valeurs s'affirment à mesure des crises rencontrées (nationalisme, universalisme, new-âge). À l'issue de cette évolution se présentent d'importants défis auxquels il est possible de répondre par des orientations mondialistes, nationalistes ou écologistes.

Chapitre 15 La phase nationaliste

Les séquences historiques : La révolution industrielle, La révolution bolchevique, La crise bancaire de l'entre-deux-guerres, L'avènement du socialisme, De la crise à la Deuxième Guerre mondiale, La Deuxième Guerre mondiale
Les étapes chronologiques, Les croyances clés, Les valeurs

Chapitre 16 Vers un concept d'égalité universelle

Les séquences historiques : L'instauration de l'ONU,La guerre froide,Le partage de l'Europe,Le découpage du Proche et Moyen-Orient,L'enjeu du pétrole iranien,L'exception irakienne, Le parcours saoudien,L'autonomisation des pays d'Asie,La conférence de Bandung,Les autonomisations africaines
Les étapes chronologiques, Les croyances clés, Les valeurs

Chapitre 17 La prise de pouvoir des multinationales puis des réseaux sociaux

Les séquences historiques

La politique étrangère des pays occidentaux (néocolonialisme), La mondialisation des systèmes économiques, Les chocs pétroliers et le virage ultra libéral en politique intérieure, La prise de pouvoir par des intérêts privés, Synthèse sur les dynamiques concentrationnaires
La réaction altermondialiste (Le mouvement de 68 et la révolution morale, La construction de nouvelles réponses économiques)
Les tentatives de synthèse, La lutte démocratique, Le retour des nationalismes en Europe
Les étapes idéologiques, Les croyances clés, Les valeurs

Chapitre 18 Vers une sortie du matérialisme

Entendons-nous sur le sens du mot matérialisme. Dans les pages qui suivent, il désigne un intérêt centré sur l'argent au détriment des questions spirituelles. En philosophie, le mot matérialisme recouvre une manière d'interpréter le monde sans laisser d'espace au divin, en réduisant la vie à son aspect physique et matériel, comme si la pensée elle-même n'était qu'un produit de réactions chimiques. Ce n'est pas en sens que nous utiliserons ce mot.

Au cours de l'histoire de la culture occidentale, la dévalorisation des religions en tant que système de référence pour donner aux humains un sens à leur vie quotidienne a connu trois phases importantes. La première a été dominée par le développement de l'industrie qui a conduit au développement d'une société de consommation. Durant cette première phase, de grandes entreprises se sont constituées, mais sont restées sous le contrôle des États. Les peuples se sont préoccupés d'abord d'intérêts individuels ; de la défense de leurs droits et de confort de vie. Les conflits sociaux résultants de ces enjeux ont débouché sur la montée de mouvements nationalistes. Ils ont conduit à deux guerres mondiales. Nous appellerons cette période la « phase nationaliste ».

Après la Seconde Guerre mondiale, les empires coloniaux fragilisés ont éclaté dans une phase d'émancipation des peuples. Au cours de cette période, les jeunes nations nouvellement constituées ont été l'enjeu d'une lutte d'influence entre les tenants du modèle capitaliste et ceux du modèle communiste (guerre froide).

Au cours de la troisième phase, de grandes entreprises multinationales ont développé un pouvoir d'influence considérable, allant jusqu'à déstabiliser le jeu démocratique de l'ensemble des nations, y compris les plus importantes de ce monde. Cette puissance de groupes d'entreprises a insidieusement privé les peuples du pouvoir qu'ils pensaient détenir. Au cours de cette mondialisation, de nouveaux enjeux sont apparus, liés notamment à la surexploitation des ressources naturelles, la préservation de la planète et la responsabilité de l'humanité sur son devenir.

Des révolutions au matérialisme : la phase nationaliste

Ce qui s'est passé entre la Révolution française et la Deuxième Guerre mondiale nous est connu avec une relative clarté du point de vue des évènements qui se sont produits et leurs enchaînements. Le traitement historique de cette séquence reste cependant souvent superficiel en se limitant à des interprétations ponctuelles. Nous allons ici tenter une synthèse d'ensemble en tentant de comprendre le fil directeur entre des évolutions sans précédent au point de vue technologique, social et politique.

Les séquences historiques

(Révolution industrielle, première guerre mondiale, bolchevisme, crise économique, socialisme, seconde guerre mondiale).

La révolution industrielle

En Europe, après le mouvement humaniste des lumières et son rayonnement sous Napoléon, une nouvelle phase historique se déploya. Elle fut dominée par l'émergence d'une nouvelle économie basée sur la production industrielle. Ce changement de situation, amorcé dès le 15e siècle, s'accéléra brutalement au 19e siècle, au point de constituer une révolution.

Elle se traduisit socialement par une redistribution des activités économiques, avec un transfert des populations qui passèrent des campagnes dans les villes où elles furent employées dans des usines, dans des conditions de travail qui n'avaient plus rien à voir avec celles du passé. Cette industrialisation connut plusieurs phases distinctes :

La proto industrialisation

Les historiens associent volontiers la naissance du capitalisme à l'instauration du système des enclosures en Grande-Bretagne au 15e siècle. Ce système est apparu dans un contexte économique où le prix de la laine avait très largement augmenté. Les raisons de cette augmentation font débat : certains mentionnent la forte demande en Espagne et au Portugal, ces pays devenus riches grâce à leur expansion coloniale et qui disposaient désormais d'importants capitaux. D'autres pensent que la croissance démographique a intensifié les besoins d'une manière générale et en textiles en particulier. Sans doute ces facteurs se sont-ils combinés. Il demeure que pour produire de la laine, il fallait naturellement des moutons et de l'espace pour les laisser pâturer. Les espaces communs de grande Bretagne furent alors « privatisés » par la noblesse qui mit fin au droit d'usage de ces terres par les paysans. C'est-à-dire qu'au lieu de laisser les paysans utiliser les terres en échange de taxes ou d'une partie des récoltes, les nobles préférèrent les exploiter plus directement ces ressources et s'accaparer aussi ce qui était jusque-là des espaces collectifs. Toutes les propriétés agricoles furent alors délimitées (d'où le nom d'enclosure : formation d'enclos). En conséquence, de nombreux paysans n'eurent plus assez de terre pour élever leur propre cheptel.

176

Pour compenser ce manque, beaucoup acceptèrent d'être rémunérés pour filer de la laine et la tisser avec des machines, passant d'un statut de paysan autonome à celui de « salarié à temps partiel ». Les bases de l'industrialisation étaient alors posées avec un mécanisme de dépendance économique lié à une perte de ressources foncières.

Au cours des siècles suivants, d'autres facteurs expliquent la naissance et l'accélération du processus d'industrialisation.

Le déclencheur fut l'invention de machines. Elles furent d'abord des outils qui facilitaient le travail manuel, tels que les métiers à tisser qui ne cessèrent de se perfectionner jusqu'à leur automatisation. La machine à vapeur, inventée par James Watt en 1770, augmenta ainsi la puissance des outils et démultiplia leur puissance de production. Les métiers à tisser devinrent extrêmement performants. On apprit aussi à mélanger le fer à des doses différentes de carbone pour créer de la fonte et de l'acier, beaucoup plus résistant que les métaux simples ou les alliages. Une autre invention, basée sur la machine à vapeur fut le train. Avec l'acier on put fabriquer des rails suffisamment résistants et ainsi permettre aux trains de se placer sur de grandes distances. Les marchandises purent s'échanger très rapidement sur de vastes territoires. Sur les mers, l'invention du bateau à vapeur par Fulton permit de créer des navires plus rapides et plus maniables qui rendaient encore plus performant le commerce maritime.

Dans la première moitié du 19e siècle, les machines étaient en partie utilisées par des artisans qui travaillaient de leurs mains, et qui se constituèrent en corporations. Les artisans qualifiés pratiquaient le tour de France pour parfaire leur formation, passant d'un maître artisan à l'autre. Certains marchands embauchaient des paysans pour filer de la laine chez eux, puis pour tisser. Ce furent les premières formes de travail ouvrier qui préfiguraient la dépendance des travailleurs au bon vouloir d'un patron pour leur payer des revenus.

En marge de ces petits employeurs, l'essor de l'industrie fut possible grâce à l'existence de grands investisseurs capables de financer leur construction avec toutes les étapes qu'elles impliquent. Pour fabriquer les machines, il fallait acheter du fer et du charbon, les travailler dans des usines sidérurgiques, assembler les pièces, puis faire fonctionner les machines avec du charbon et payer la main d'œuvre. Les capitaux nécessaires étaient disponibles parce qu'il existait de grandes fortunes privées, celles constituées avec le commerce des colonies. L'industrialisation se développa ainsi plus facilement dans les pays dotés d'un empire colonial. Ces mêmes colonies, sources de fortunes et richesses ont aussi constitué des débouchés commerciaux pour les industriels, vendeurs en particulier de vêtements.

Pourtant tous les pays colonisateurs ne connurent pas le même succès. Ceux qui ne disposaient pas de mines de fer et de charbon ne possédaient pas les matières premières indispensables. L'Espagne et le Portugal passèrent ainsi à côté de l'industrialisation. Ces deux puissances se contentèrent d'exploiter les métaux précieux de leurs colonies et les productions alimentaires, mais ne furent pas engagées dans la grande mutation industrielle. L'Angleterre, la France, l'Allemagne et la Russie, beaucoup mieux dotées en matières premières industrielles, furent favorisées.

Les facteurs démographiques jouèrent un rôle considérable dans l'amplification du mouvement d'industrialisation. La disponibilité en main d'œuvre était en effet nécessaire pour faire exploiter le charbon des mines et travailler dans les usines. Elle fut rendue possible grâce au développement de l'agriculture qui permit de diminuer le nombre de paysans nécessaires pour nourrir la population. Avec l'utilisation de nouveaux outils comme les pics, bêche et surtout la faux, il fut possible de réduire la charge de travail dans les campagnes. Les paysans aux plus faibles revenus furent contraints d'aller chercher du travail dans les villes.
C'est en Angleterre que l'exode rural fut le plus fort, en grande partie à cause de la loi d'enclosure que nous avons déjà commentée. Les petits exploitants agricoles qui n'avaient pas assez de terre pour faire pâturer leurs animaux furent alors contraints de vendre leurs terres à de plus grands exploitants qui eux employèrent les agriculteurs comme ouvriers. L'agriculture faisait en effet partie des secteurs mécanisés pour moissonner les champs (moissonneuses tirées par des chevaux) et séparer les grains. Ces progrès de la production agricole, qui consistèrent en fait en une concentration des moyens de production, poussèrent les familles de paysans vers les villes, et cela d'autant plus que la taille de la population augmentait rapidement. L'augmentation de la production de nourriture se traduisit en effet par une meilleure santé. Avec les progrès de la médecine par ailleurs, les gens vivaient mieux et eurent davantage d'enfants. Les épidémies furent plus rares et les guerres moins fréquentes. Tous ces éléments conduisirent à une explosion démographique. La nécessité de trouver un emploi aboutit à une concurrence entre les ouvriers qui les conduisit à se professionnaliser. Initialement, les travailleurs étaient en effet très difficiles à gérer. Ils se contentaient de travailler selon leurs besoins et pas davantage. Ils ne voulaient pas travailler tous les jours, mais seulement ce qu'il fallait pour couvrir leurs besoins. Les employeurs se heurtaient aux difficultés de l'absentéisme et travailleurs itinérants qui passaient d'un patron à l'autre si un problème apparaissait, lorsqu'ils ne respectaient pas leur contrat. Rapidement, les patrons mirent en place le système du livret ouvrier où chaque employeur consignait le comportement de l'ouvrier ayant travaillé sous sa responsabilité.

Enfin, un dernier facteur essentiel pour comprendre l'essor de l'industrialisation est le développement du secteur bancaire. Les grandes fortunes ne suffisent en effet pas toujours aux investissements nécessaires pour développer les activités économiques. Il est donc nécessaire d'emprunter. Dans les pays catholiques, où la religion avait interdit la pratique du taux d'intérêt, ce furent principalement les entrepreneurs de confessions juives qui jouèrent le rôle de banquier. Leurs moyens étaient cependant limités et n'avaient rien à voir avec ceux des banquiers britanniques. L'Angleterre anglicane n'avait non seulement pas de tabou sur la pratique bancaire, mais baignait dans une religion qui valorisait le succès, et la prospérité. La prédestination, élément important de l'anglicanisme mettait en valeur la réussite comme une récompense ou un don divin. Ce discours était l'exact opposé de celui du catholicisme qui, pour asservir les masses, avait propagé un idéal de renoncement, de soumission et de pauvreté. L'entreprise économique, idéalisée outre-Manche et dans les pays protestants restait donc dénigrée dans les pays de culture catholique. Ce poids des valeurs fut primordial, car il détermina dans une grande partie le dynamisme des entrepreneurs.

De 1850 à 1876

Cette période marqua la première phase de réelle prospérité de l'industrialisation. Elle correspondit à une période de croissance continue. D'importantes masses de métaux précieux furent exploitées, notamment aux Etats-Unis (or), en Afrique du Sud et Australie. Ces richesses accélérèrent les investissements.

D'immenses voies de chemin de fer furent construites à la fois aux États-Unis pour rallier les deux côtes, en Europe et en Russie où le Transsibérien était en train de devenir la plus longue voie ferrée du monde. Dans le même temps où certains s'enrichissaient et profitaient d'une industrialisation à plein régime, la masse ouvrière devait supporter des conditions de travail de plus en plus difficiles. Dans les mines d'exploitation du charbon, leur vie tourna au cauchemar. Ils mettaient leur vie en danger dans des mines où menaçaient les coups de grisou, explosions qui se produisent quand l'oxygène devient plus rare et que l'air chargé de gaz de mines devient inflammable. Les accidents furent également fréquents en raison d'éboulements. L'air chaud et poussiéreux saturait les poumons de particules qui provoquent des problèmes respiratoires. On ne survivait à ces conditions que quelques années et l'on mourrait en général vers 45 ans. Enfin, la durée du travail atteignit les limites du supportable avec des journées de 12-14h, quasiment tous les jours de l'année. Les salaires étaient si bas que les femmes et les enfants se joignaient aux hommes pour que les familles gagnent de quoi se nourrir. Ces personnes qui possédaient juste de quoi manger furent appelées « prolétaires », ne vivant, étymologiquement parlant, qu'avec l'espoir de se reproduire.

Contrairement aux artisans, qui disposaient de qualifications et qui étaient organisés en corporations et confréries, les ouvriers ne disposaient d'aucun système d'entraide. Des formes de solidarité se mirent alors en place. Les ouvriers cotisaient à des petites caisses qui permettaient de venir en assistance à ceux qui devaient interrompre leur travail en raison de maladie ou d'accident.

Ainsi se développèrent les mutuelles.

Des intellectuels commencèrent à imaginer de nouvelles formes d'organisation pour la société. Poursuivant le modèle des philosophes des lumières, ils posèrent des repères idéologiques et créèrent des modèles de société où règnent la justice et l'égalité. Ces « utopies », dressaient des visions idéales qui visaient à servir de modèle, quelle que soit leur applicabilité. Saint Simon et Fourrier en fournirent des exemples. Fourrier décrivit ainsi une société où les travailleurs formaient des unions qu'il nomma phalanstères.

Le mouvement utopiste fut suivi d'une autre vague intellectuelle, plus terre à terre, plus virulente et plus proche de l'action en vue de donner au prolétariat les moyens de se défendre de l'exploitation dont ils faisaient l'objet. Marx, associé à Engels, fut l'architecte d'une nouvelle idéologie qui porta son nom : le marxisme.

Karl Marx (1818-1883) et Engels

Allemand né en Prusse, Marx est issu d'une famille juive. Son père, qui se convertit au protestantisme, était avocat. Il fit des études de philosophie et de droit, puis une thèse sur Démocrite et Epicure (4e siècle avant notre ère). Intellectuel indépendant, il devint ensuite journaliste. Il s'exila ensuite à Paris où il côtoya le monde ouvrier et fit la rencontre de Friedrich Engels. Engels était pour sa part fils d'un industriel dans la filière coton. La fortune de son père permit de financer le travail de Marx, qui sans être riche eut néanmoins la possibilité de consacrer son temps à sa passion intellectuelle sans avoir à travailler par ailleurs.

Les idées de Marx s'inspirent des idées de deux philosophes : Feuerbach et Hegel. Il reprit d'Hegel la conception selon laquelle ce sont les idées qui dirigent le monde et que ces idées évoluent par alternance. Une idée finit par aboutir à son contraire puis donner naissance à une autre. Marx puise également chez Ludwig Feuerbach. Athée, Feuerbach considérait que la réalité était composée de matière et que l'esprit n'existe pas hors du corps. Il jugeait ainsi que la religion était une aliénation. Cette idée est illustrée par la célèbre formule employée par Marx « la religion est l'opium du peuple ». Il signifie ainsi que la religion permet de contenir la frustration des classes défavorisées en les berçant d'illusions. C'est bien entendu la classe dirigeante qui profite de cette situation puisque la religion incite à la soumission et à l'acceptation de la souffrance au lieu d'appeler à la révolte pour obtenir une répartition différente des richesses. Les idées de Marx reposent sur quelques principes que l'on peut synthétiser comme suit :

Le premier est celui de la cohérence et l'idée que tout se tient : les idées, l'économie, l'organisation sociale. Le deuxième principe est que tout se transforme et évolue. Les sociétés évoluent, suivent une histoire qui résulte des affrontements entre classes sociales. Un troisième principe est que les phénomènes évoluent d'abord quantitativement puis, lorsqu'un certain seuil est atteint, qualitativement. Une image qui aide à se représenter cette idée est celle de l'eau qu'on chauffe : sa température augmente, puis l'eau finit par se transformer en vapeur quand le seuil de 100 C° est atteint. Marx applique ce constat aux phénomènes sociaux, qui explosent en des crises suite à des accumulations de tensions et de déséquilibres. Un dernier principe est que les sociétés basculent d'un modèle à son opposé pour aboutir à de nouveaux équilibres. Contrairement à Hegel qui, dans sa vision dialectique, pense que le pouvoir bascule tel un pendule, d'un modèle à l'autre, parce que les oppositions finissent toujours par triompher de ceux qui sont au pouvoir, Marx croit en l'évolution.

Avec Engels, il théorise un schéma d'évolution des sociétés qui débute avec un communisme primitif où les biens appartiennent à la communauté. Puis une division apparaît entre les maîtres et les esclaves : c'est le stade esclavagiste. Ensuite, les hommes sont attachés à une terre qu'ils travaillent pour un seigneur : c'est le stade féodal. Le suivant est le stade capitaliste : les ouvriers vendent leur force de travail à des patrons qui disposent des moyens de production. Marx entrevoit une suite à ce processus. L'équilibre final pourra être atteint quand les ouvriers deviendront propriétaires de leurs moyens de production, c'est-à-dire lorsque l'on sera retourné à une société communiste. Cependant, pour y parvenir, Max pense qu'il faut d'abord que l'État s'approprie les moyens de production. Ce n'est que dans un second temps qu'il pourra les restituer aux ouvriers.

Un autre aspect clé de la pensée de Marx porte sur la notion d'infrastructure et de superstructure. Ce qu'il nomme infrastructure se rapporte aux forces productives, c'est-à-dire la main d'œuvre et les moyens de production (machines). C'est au niveau des infrastructures que se définissent les rapports de forces entre classes sociales. Les superstructures se rapportent au monde des idées, du droit, de la littérature, la religion et la philosophie. Il s'agit en fait des données culturelles qui légitiment les équilibres sociaux, et qui défendent donc les détenteurs du pouvoir et la stabilité. Les superstructures permettent aux classes dirigeantes de légitimer leur pouvoir. Dans les sociétés féodales, on légitime souvent les classes par des idées relatives à l'ordre divin. Dans les sociétés capitalistes, c'est l'importance portée à la consommation qui permet au système de se maintenir. Les gens travaillent pour consommer parce qu'ils sont persuadés que leur bonheur dépend de leur niveau de confort.

En 1847, Karl Marx et Engel rédigent le manifeste du parti communiste, un pamphlet qui accuse la classe dirigeante d'exploiter la classe ouvrière. Ils expliquent l'histoire de l'humanité par une lutte continuelle entre les classes de travailleurs contre celles de ceux qui possèdent. Depuis l'antiquité où les esclaves servaient des maîtres, le Moyen Âge avec des serfs au service de seigneurs et désormais les ouvriers travaillant pour les capitalistes, le schéma reste constant. Ceux qui possèdent les moyens de production, terres et machines sont en position de force par rapport aux ouvriers ayant un besoin de gagner de l'argent pour manger. Profitant de cette inégalité de rapport, les capitalistes sous-payent les ouvriers. Bien que ce soient eux qui créent l'essentiel des richesses, ils sont ceux qui en profitent le moins. En 1864, Marx et Engels fondent l'association internationale des travailleurs, un parti très centralisé qui compte rassembler les travailleurs du monde entier. Ils préfigurent une nouvelle catégorie d'intellectuels, engagés dans l'action, pour défendre les droits des faibles, la masse, souvent analphabète.

L'œuvre de Marx culmine dans son livre publié en 1867, fruit d'une vingtaine d'années de réflexions : « Le capital ». Il y insiste sur le fait que les classes ouvrières sont exploitées. C'est grâce à leur travail que les biens sont produits et que les richesses sont créées, mais ce sont les patrons qui tirent les profits. Les ouvriers ne sont donc pas payés en fonction de la valeur qu'ils produisent, mais simplement en fonction de ce qu'ils acceptent d'être payés. La plus-value, la richesse générée par le travail, est donc disputée entre ouvriers et patron, ce qui constitue le fondement d'une opposition qui aboutit à une lutte entre ces deux classes. Selon Marx, le pouvoir économique se concentre progressivement et il n'existera plus à terme de petite bourgeoisie. L'avenir montra qu'il avait effectivement raison sur ce point, puisque l'industrialisation aboutit assez rapidement à des situations de monopoles dans tous les secteurs.

Dans cette lutte contre l'oppression capitaliste, des divergences de vues apparurent rapidement. Alors que Marx était partisan d'une révolution portant un régime collectiviste autoritaire au pouvoir, d'autres optèrent pour une suppression de l'État : l'anarchisme. En Allemagne, Max Stierner fut le promoteur d'une idéologie qui cherchait à promouvoir l'individu dans la société. Anarchiste de droite, il développa ses idées dans son ouvrage « l'unique et sa propriété ». En France, Pierre Louis Proudhon, un ouvrier typographe, s'interrogea également sur cette notion de propriété, qu'il considérait comme une forme de vol. Il proposa un modèle de société basé sur une fédération de communes. Dans chaque commune, ce seraient aux habitants de voter eux-mêmes les lois et non plus des représentants élus. Il conçut également un système de caisses d'entraides qui donna naissance au mutualisme. C'est ensuite en Russie que le mouvement anarchiste trouva ses plus illustres ambassadeurs en les personnes de Bakounine puis Kropotkine. Selon les anarchistes, les masses n'ont pas besoin d'être organisées d'en haut et peuvent s'organiser de manière spontanée. On peut supposer que le régime tsariste, par son oppression et la réaction d'opposition qui en découle, favorisa l'émergence de telles idées. Les anarchistes croyaient en l'ordre sans l'autorité et pensaient qu'il suffit de bloquer la production pour parvenir à ses fins, en pratiquant des grèves générales. Selon

Bakounine, la solution préconisée par Marx, à savoir l'appropriation des moyens de production par l'Etat risquait d'aboutir à des systèmes totalitaires qui ne serviraient pas l'intérêt du peuple, mais celui du pouvoir. L'histoire lui donna raison avec l'avènement des dictatures communistes sous Lénine, Staline, Mao et en Corée du Nord.

De 1876 à 1895

En marge des approches révolutionnaires qui étaient probablement les seules applicables dans les pays oppressés par des dictatures, on vit se développer une autre solution, la « troisième voie », progressiste, ouverte à la possibilité d'un socialisme se mettant en place par le débat démocratique. Il s'agissait de réformistes qui fondèrent en Angleterre le mouvement chartiste puis le parti politique des travailleurs, le « labor ». En Allemagne, pays qui s'unifia en 1871 grâce à Bismarck, les réformistes obtinrent des concessions importantes.

C'est durant cette phase, économiquement beaucoup moins favorable et même de crise, que les ouvriers se rassemblèrent dans des associations interprofessionnelles. Ainsi naquit le syndicalisme, qui rapidement se détacha des partis politiques pour éviter de se retrouver coincé par des alliances. Les premières coopératives virent également le jour, c'est-à-dire des entreprises où les salariés prenaient eux-mêmes les décisions, sans l'existence de patrons.

De 1895 à 1914

Une nouvelle phase de croissance s'amorça vers 1895. Les progrès des sciences et techniques permirent de produire de plus en plus d'appareils et de services qui changèrent le fonctionnement même de la société. L'utilisation généralisée de l'électricité et de l'éclairage, l'apparition du télégraphe, des tramways, des voitures furent autant d'éléments qui généraient de l'activité économique, tout en favorisant les échanges et la croissance. Il fut cependant toujours aussi nécessaire de disposer de fonds pour investir, démarrer et faire prospérer les affaires. Les systèmes de crédits bancaires habituels s'avérèrent insuffisants et durent être complétés.

Les entreprises recoururent alors à une nouvelle forme d'emprunt qui ne fonctionnait plus avec des crédits bancaires, mais avec des souscriptions individuelles : les actions. Il s'agissait de parts de copropriété mises à la disposition du public, de manière anonyme (et non plus familiale) : les sociétés anonymes. Ces actions pouvaient à tout moment être revendues par leurs propriétaires. Leur valeur variait en fonction de la force supposée des entreprises : plus l'entreprise semblait en bonne santé économique, plus les actions gagnaient de la valeur et inversement, cette valeur diminuait quand l'entreprise montrait des signes de difficultés. Les actionnaires prenaient donc des risques différents de ceux des banquiers qui eux réalisaient un bénéfice limité, mais connu à l'avance quand l'entreprise parvenait à rembourser ses emprunts.

L'avantage du système des actions pour les entreprises est qu'elles n'avaient plus à payer des intérêts fixes et souvent élevés, mais simplement à redistribuer une partie des éventuels bénéfices : les dividendes. Pour une entreprise, il est plus avantageux de faire un prêt à des actionnaires plutôt qu'à une banque, car les dividendes sont moindres que les taux d'intérêt et, en cas de difficulté, le cours des actions baisse et on rembourse même moins que ce que l'on a emprunté. Ce système est très séduisant pour les entrepreneurs, à condition évidemment qu'il y ait des actionnaires disposés à prêter leur argent. Ces actionnaires peuvent gagner ou perdre et sont donc des preneurs de risques plus exposés que les banques.

Ce système, pour fonctionner, doit donc permettre aux actionnaires de gagner davantage d'argent que s'ils plaçaient leur argent à la banque. Et s'il permet de gagner plus d'argent qu'en plaçant son argent à la banque, les banques elles-mêmes ont intérêt à investir dans des actions pour accroître leurs profits. Seulement, elles constituaient le fondement de l'activité économique et quand le fondement de l'activité économique prend des risques avec des possibilités de pertes, c'est l'économie dans son ensemble qui est exposée. Les banques, qui s'imaginaient pouvoir faire de l'argent facile et s'illusionnaient sur les perspectives de croissance, semblent avoir lourdement négligé les dangers qu'elles prenaient. Aucune loi ne leur interdisait de risquer l'argent qui leur était prêté librement par leurs clients. Cette aberration juridique fut à l'origine de multiples crises économiques majeures.

La fragilité d'une banque est liée en effet à deux éléments. Le premier est que la banque, puisqu'elle prête de l'argent en grandes quantités, ne dispose en réalité pas de ses fonds théoriques. Si tous ses épargnants se mettent à réclamer en même temps leur argent, les banques peuvent ainsi se trouver en défaut de paiement.

Le second risque est lié au fait que certains emprunteurs ne parviennent pas à rembourser l'argent qu'ils ont pris. En cas de crise économique, ce risque est très élevé. D'une manière générale, les banques doivent se protéger en anticipant ces crises et en étant attentives aux choix des personnes et entreprises à qui elles prêtent.

L'appétit du gain et un optimisme exagéré ont conduit les systèmes bancaires à la faillite à plusieurs reprises, et cela dès 1907, parce qu'elles ont prêté trop d'argent par rapport à ce qu'elles possédaient et parce qu'elles ont voulu jouer imprudemment en bourse l'argent qui leur avait été confié.

La crise bancaire de 1907

Le déroulement de cette crise serait un peu long à détailler. Signalons simplement qu'en se risquant à un jeu de spéculation sur ses propres actions, une grande entreprise fit faillite et se trouva donc dans l'impossibilité de rembourser ses crédits auprès de sa banque. La banque en question, la caisse d'épargne du Montana se trouva donc à son tour en défaut de paiement, ce qui paniqua les clients des autres banques. D'autres éléments avaient poussé les banques à prendre de gros risques pour financer la reconstruction de la Californie, après un tremblement de terre. Des concurrences nouvelles apparurent également avec la banque d'Angleterre. Au final, tous les dépositaires coururent retirer leur argent des banques américaines, provoquant une situation de crise importante.

Les banques se trouvèrent ainsi dans l'incapacité de prêter de l'argent aux entreprises, ce qui provoqua une chute des actions. Or comme ces banques avaient elles-mêmes misé sur ces actions pour leur santé économique, elles se retrouvèrent ruinées en quelques semaines. Il fallut l'intervention de puissants financiers pour renflouer les banques en urgence, engager l'État et le président lui-même pour sauver le système bancaire.

Dès 1910, un petit groupe de 6 banquiers puissants (représentant 1/6 de la richesse mondiale) se réunirent en secret sur l'île de Jekyll pour réfléchir à une nouvelle forme d'organisation du système bancaire. Il s'agissait de concevoir un modèle et le faire adopter par le gouvernement. L'idée émergea d'un cartel de banques privées qui tiendrait lieu de banque des banques, en prêtant à l'État et aux banques du pays. Ce projet secret dut attendre l'accession au pouvoir de leur poulain, le président Wilson pour se concrétiser. En décembre 1913, il ratifia la création de la banque fédérale américaine, ou FED, présentée comme organe de régulation de la finance. Plus tard (en 1978), on lui définit un triple rôle : garantir le plein emploi, stabiliser les prix et les taux d'intérêt des banques. Elle était indépendante du gouvernement, puisqu'alimentée par un cartel de 12 banques privées, mais surveillée par le congrès. Ses profits étaient partagés entre le gouvernement américain et les banques membres. Elle ne battait pas la monnaie (cette activité relevant du trésor).

En Europe, le système bancaire conserva son mode de gestion sauvage reposant sur la confiance en une gestion raisonnable des banques. Malheureusement, avec le déclenchement de la Première Guerre mondiale, les banques allaient devoir prêter à la nation pour financer les dépenses militaires. Une bombe économique à retardement était amorcée.

La Première Guerre mondiale

Le développement industriel des grandes puissances européennes conduisit progressivement à une situation de rivalité économique entre d'un côté les nations disposant de colonies et l'Allemagne qui manquait de débouchés commerciaux pour sa production industrielle et de matière première bon marché pour la consommation courante. La France et l'Angleterre disposaient pour leur part de grands empires étendus de l'Afrique à l'Asie.

Les tensions économiques se doublaient de fortes tensions politiques. La défaite de la France face à l'Allemagne en 1870 avait laissé des traces. La perte de l'Alsace Lorraine par la France avait été mal supportée et la proclamation de la victoire allemande à Versailles n'était pas encore digérée. Du côté français, le désir de revanche s'était déjà traduit par une expansion coloniale qui lui avait permis de retrouver sa fierté de grande nation, mais la volonté de reprendre à l'Allemagne les territoires perdus persistait.

De part et d'autre, les sentiments nationalistes étaient fortement développés, stimulés par des dirigeants politiques exploitant le patriotisme comme moyen de ralliement populaire. Le nationalisme fut attisé, comme souvent, par des discours xénophobes d'opposition aux pays voisins.

Du côté allemand, le travail d'unification entrepris par Bismarck avait abouti à la constitution d'un empire relativement solide, mais les territoires d'Autriche-Hongrie, fédération depuis 1867, restaient instables. Vienne et Budapest étaient les capitales respectives de ces fédérations dont l'armée et les affaires étrangères étaient gérées en commun. L'Autriche annexa en 1908 la Bosnie et se trouva face à la Serbie, territoire slave et donc culturellement proche de la Russie. La zone de la Bosnie-Serbie représentait donc une zone de tensions entre deux grandes cultures et il était prévisible, *a posteriori*, qu'ici s'enclenche la première mondiale. L'évènement qui mit le feu aux poudres fut l'assassinat du prince héritier François Ferdinand par un activiste bosniaque. L'Autriche Hongrie se saisit de l'occasion pour déclarer la guerre à la Bosnie. La Russie, alliée slave se rangea pour défendre la Bosnie. La France, qui avait passé un accord avec la Russie, était dans le même camp. L'Allemagne qui avait déjà planifié une attaque contre la France lança son offensive en passant par la Belgique, pays neutre. L'Angleterre qui perçut immédiatement la menace que représentait pour elle l'hégémonie de l'Allemagne sur l'Europe entra en guerre à son tour. L'empire ottoman, allié de l'Allemagne, qui en tenait l'économie, se joignit également au conflit.

La guerre finit rapidement par impliquer l'ensemble des pays d'Europe qui eurent à choisir leur camp en fonction de leurs affinités, leurs convoitises de territoires et leurs intérêts. Les rapports de force s'équilibrèrent et le conflit s'enlisa. La guerre qui se jouait désormais avec des armes de plus en plus puissantes stimula la recherche technologique et médicale. Les véhicules se perfectionnèrent jusqu'à aboutir aux chars d'assaut. L'aviation progressa ainsi que la lutte chimique.

En 1917, deux évènements majeurs firent basculer le conflit. Le premier fut le retrait de la guerre de la Russie dont le pouvoir tsariste fut renversé par la révolte d'un peuple au bord du désespoir. L'autre fut l'entrée en guerre des États-Unis qui, pour plusieurs raisons, décidèrent de s'impliquer. La principale fut probablement la prise de conscience de la menace que représentait la toute-puissance de l'Allemagne sur l'Europe, accentuée par les pertes dues aux attaques de l'Allemagne sur les navires de commerce américains. Les banques des États-Unis, qui avaient beaucoup prêté aussi bien à la France qu'à l'Angleterre avaient leurs intérêts en danger et firent pression. Un million de soldats traversèrent l'Atlantique et rejoignirent les alliés. Un commandement unique fut établi sous la responsabilité du général Foch. En 1918, l'Allemagne et ses alliés furent défaits. Une multitude de traités furent signés. En 1919 se tint la conférence de Paris qui réunit le président des États-Unis, de la France, de l'Angleterre et de l'Italie. De nouveaux principes furent posés pour définir les frontières des États, basés sur les droits des peuples à disposer d'eux même, c'est-à-dire sur l'unité culturelle et linguistique. Il s'agissait de repères très différents de ceux qui avaient été utilisés lors du précédent partage de l'Europe à la chute de l'empire napoléonien lors du traité de Vienne, où « légitimité » et compensation avaient été les principes directeurs, en vue d'un équilibre des puissances.

Les frontières des pays d'Europe furent totalement redessinées. Les perdants eurent leurs territoires partagés, afin de les affaiblir, et de nouveaux pays apparurent, comme la Pologne, la Tchécoslovaquie et la Yougoslavie. Les colonies des perdants furent confisquées par les vainqueurs. La France et l'Angleterre se partagèrent ainsi l'essentiel des territoires africains. Ces espaces, déjà colonisés par des pays européens, changèrent de mains, mais ne subirent pas de choc culturel radical. Au Moyen-Orient, la situation fut différente. Les territoires de culture musulmane de l'Empire ottoman, qui n'étaient pas colonisés, mais simplement sous influence économique de l'Allemagne, passèrent sous contrôle de la France, de l'Angleterre et de l'Italie. À cette époque, on ignorait encore la présence de pétrole dans cette zone et les enjeux de cette partie du monde n'étaient pas encore ceux qu'ils devinrent quelques années plus tard. Le climat aride rendait ces zones peu intéressantes et les efforts de mise en valeur étaient quasi inexistants, laissant cette région du monde à l'écart du développement. Dans la péninsule arabique, on laissa se constituer les émirats arabes.

En 1920, les pays traumatisés par la guerre et qui mesuraient l'importance de la diplomatie dans le règlement des conflits décidèrent la création d'une tribune mondiale : la Société des Nations (SDN). Cette première version de ce qui sera plus tard l'Organisation des Nations Unies devait se réunir une fois par an pour accorder les pays et prévenir le déclenchement d'une nouvelle guerre. Cependant, cette structure de concertation ne disposait ni d'armée, ni d'aucun pouvoir ferme. Cette faiblesse la rendait peu efficace.

La Société des Nations

Après la Première Guerre mondiale, conflit terrifiant par le nombre de tués, sa violence extrême, et ayant provoqué la ruine économique, il fut décidé de mettre en œuvre tous les moyens pour que plus jamais une telle horreur ne se reproduise.

Le président Wilson, inspiré par les idées du français Léon Bourgeois, pilota la construction de la Société des Nations, qui visait à préserver la paix dans le monde en mettant en place une structure de négociation collective qui devait permettre de prévenir les conflits par la voie du dialogue. Bien entendu, les chefs d'État avaient l'habitude de se rencontrer et de négocier entre eux et cela n'avait pas empêché les guerres par le passé. L'idée nouvelle était de mettre tout le monde autour de la même table et de mettre un peu de lumière dans un domaine où régnaient les complots et accords secrets. Elle avait pour principe de faire respecter le droit international de la nouvelle cour permanente de justice, mettre fin à la diplomatie secrète et prévenir les conflits par un arbitrage collectif.

La Société des Nations devait également conduire au désarmement et améliorer les conditions de vie, partant du principe qu'une amélioration des conditions de vie aiderait à se protéger des extrémismes conduisant aux guerres. Elle comportait ainsi un ensemble de commissions telles que la commission du désarmement, des réfugiés, de l'esclavage, un bureau permanent central de l'opium...

La SDN comptait 42 membres fondateurs. Paradoxalement, les États unis ne faisaient pas partie de la SDN, car le Sénat américain, qui s'était opposé au traité de Versailles, ne vota pas en faveur de l'adhésion à la SDN. Les points faibles de cette organisation naissante étaient son absence de pouvoir. Ne possédant ni armée, ni budget conséquent, elle reposait sur la bonne volonté des grandes puissances. Bien qu'elle permît d'éviter un certain nombre de conflits, elle échoua dans son rôle et ne réussit pas à éviter plusieurs heurts impliquant ses membres, ni surtout la Deuxième Guerre mondiale.

Bien que les conflits armés aient pris fin, que de multiples traités aient été signés, de nombreux problèmes subsistaient. Des régions entières, notamment dans le nord de la France avaient été détruites et devaient être rebâties. L'amende infligée à l'Allemagne pesait extrêmement lourd. Ces facteurs qui intervenaient alors que les économies avaient été ruinées par les efforts de guerre créèrent une situation économique très difficile. D'un point de vue démographique on dénombra une dizaine de millions de morts et autant de mutilés. Ce drame toucha particulièrement la tranche d'âge de la population active des 18-45 ans qui représentait la force de travail. Tous les pays d'Europe peinaient à se relever, tandis qu'en Russie, la révolution initiée en 1917 poursuivait son chemin.

La révolution bolchevique

Pour comprendre cette évolution, remontons le fil de l'histoire de la Russie jusqu'au 19e siècle.

Le terreau dans le lequel le communisme s'est mis en place est celui d'un pays baignant dans une extrême souffrance. Durant la première partie du 19e siècle, la Russie était un pays archaïque encore féodal, dirigé par un Tsar omnipotent soutenu par la bourgeoisie. L'intelligentsia, classe des intellectuels défendait l'idée d'un besoin de réformes. Une partie, le camp des occidentalistes, prôna un modèle similaire à celui qui s'était mis en place dans les pays comme les États-Unis, l'Angleterre ou la France. Le camp des slavophiles optait plutôt pour une Russie moderne tenant compte des spécificités culturelles slaves.

Ce n'est qu'en 1861 que de véritables changements intervinrent avec l'abolition du servage. L'État commença également à acheter des terres pour les revendre aux paysans et leur accorder l'accès à la propriété. Malheureusement, le Tsar Alexandre II adopta une position ultra répressive lorsque des révoltes populaires se déclenchèrent dans le territoire de l'actuelle Pologne. L'oppression contre les opposants et les intellectuels aboutit à une idéologie du désespoir : le nihilisme. Ce mouvement n'entrevoyait que la violence et le terrorisme comme issue pour déstabiliser le pouvoir. Il aboutit à l'assassinat du Tsar en 1881. Son successeur fut tout aussi autoritaire. Il s'engagea néanmoins dans des réformes constructives pour permettre l'industrialisation du pays, et lança notamment la construction d'une voie de chemin de fer traversant tout le pays : le transsibérien. Grâce à des emprunts auprès d'Etats comme la France, l'Angleterre, l'Allemagne et le Belgique, la sidérurgie se développa en certaines régions et, avec elle, la classe ouvrière. L'exploitation subie conduisit à des révoltes qui furent matées avec une extrême violence. Elle valut au Tsar le nom de Tsar rouge. Néanmoins, comme cela avait été le cas dans les autres pays, le souverain accorda la constitution d'un parlement et concéda quelques libertés.

À partir du début de la Première Guerre mondiale, les difficultés s'accentuèrent. Les paysans et ouvriers furent mobilisés pour partir au front et l'économie subit de plein fouet ce manque de main-d'œuvre pour sa production alimentaire notamment.

En 1917, le pays était en ruine. La mobilisation pour la guerre, la pauvreté et un hiver 1916 particulièrement rude poussèrent à la révolte un peuple désespéré qui réclamait du pain et du travail. Le Tsar, qui ne mesurait pas l'ampleur de la crise, réagit par la force en envoyant l'armée mater les grévistes. Mais il fut désavoué par des garnisons en mutinerie. Sans le soutien de l'armée, il fut contraint de laisser le pouvoir à un gouvernement provisoire. Deux forces antagonistes s'affirmèrent, l'une d'inspiration libérale et capitaliste, soutenu par la bourgeoisie et l'autre basée sur un soviet, c'est-à-dire un conseil des ouvriers et paysans. Dans une forme de compromis, le gouvernement provisoire libéral obtient le pouvoir en s'engageant auprès du soviet à appliquer un programme démocratique comprenant notamment l'accès aux libertés, la mise en place du suffrage universel, la libération des prisonniers politiques. Le Tsar abdiqua et le tsarisme prit fin. Cependant, les résultats concrets tardèrent et le peuple en souffrance fut déçu. Logiquement, quelques mois plus tard, les ouvriers et paysans se soulevèrent à nouveau. Cette révolution fut conduite par un révolutionnaire récemment revenu dans son pays : Lénine.

Lénine

Comme ce fut le cas pour de nombreux héros révolutionnaires, le personnage de Lénine a fait l'objet d'une propagande intense, laissant à la postérité une image bien au-delà des réalités.

On peut faire remonter son parcours à un traumatisme de son enfance, quand son frère, engagé dans un mouvement qui visait à renverser le Tsar de Russie, fut exécuté. Lénine, de son vrai nom Vladimir Oulianov, passa l'essentiel de sa vie exilé en Europe, à étudier les théories marxistes. Il écrivit durant de longues années avant de se décider à rejoindre son pays d'origine au moment de la contestation qui en 1917 laissait espérer une révolution comme en avaient connu d'autres régimes féodaux par le passé. Il est intéressant de noter que son transport de la Suisse jusqu'en Russie fut facilité par les autorités allemandes qui voyaient en lui un potentiel agitateur en mesure de faire chuter le Tsar et conduire ensuite la Russie à signer l'armistice. C'est exactement ce qui se passa par la suite et qui nous montre une nouvelle fois que derrière les exploits héroïques se cachent souvent des intérêts aussi discrets que déterminants.

Il prit le pouvoir et relança la troisième tentative d'internationalisation du mouvement marxiste. Il négocia la sortie de guerre de la Russie en acceptant la défaite et la perte de territoires (notamment la Pologne et les pays baltes). Lénine appliqua une politique collectiviste aussi bien au niveau agricole qu'industriel, mais comme les résultats ne furent pas au rendez-vous et que la production en 1921 fut à peine égale au 7e de celle de 1914, il concéda l'application d'une Nouvelle Politique Economique (NEP). Elle autorisait la reprivatisation des terres et des entreprises de moins de 20 ouvriers. Des effets positifs apparurent, bien que des inégalités se développaient.

En 1922, Lénine fonda une union de territoires découpés suivant des critères ethniques : l'URSS, Union des républiques socialistes soviétiques (les soviets étant des conseils d'ouvriers). Dans les faits, un parti unique coordonnait les politiques de ces républiques. À la mort du révolutionnaire en 1924, le secrétaire du parti communiste, un homme d'origine paysanne ayant subi plusieurs déportations et au caractère brutal, prit le relais de son action : Joseph Staline. Il organisa un retour au collectivisme et mit en place un système de plans de développement sur 5 ans : les plans quinquennaux[62].

Du côté de l'Europe et des États-Unis, d'autres éléments préoccupaient les populations avec une grave crise bancaire secouant les économies :

La crise bancaire de l'entre-deux-guerres

La fin de la Première Guerre mondiale marqua en Europe une période de reconstruction, où évidemment, l'activité économique fut réorientée vers le développement. Les entreprises favorisèrent l'emploi et la consommation. Ce phénomène fut particulièrement important aux États- Unis, pays relativement peu affecté par la guerre. Malheureusement, l'excès d'optimisme entraîna des prises de risque inconsidérées sur les marchés des actions. De nombreux investisseurs placèrent leur argent à la bourse, provoquant une hausse continuelle des cours suivant la logique de la loi de l'offre et de la demande. Dans le même temps, la croissance économique réelle se ralentit et un décalage se creusa entre la valeur financière des actions et la valeur réelle des entreprises qui les émettaient. Au premier signe d'inquiétude important, tout risquait de basculer. Ce fut le cas le 24 octobre 1929, où un vent de panique souffla sur la bourse de New York. Des millions de porteurs d'actions ne parvinrent plus à revendre leurs actions avec pour conséquence l'effondrement des cours. Or une bonne partie d'entre eux avaient acheté des actions à crédit auprès des banques. Étant dans l'impossibilité de rembourser ces emprunts, ils entraînèrent les banques dans le sillage de leur déroute. Des milliers de banques firent faillite. En raison des situations d'endettement, la consommation des ménages diminua ce qui pesa sur l'activité des entreprises. Les salaires furent réduits, ce qui accentua la chute de la consommation. Le cercle vicieux de la crise économique conduisit

---

[62] Le premier d'entre eux visa à stimuler le développement de la sidérurgie, la construction de voies ferrées, la fabrication d'outils, la construction d'usines. Sur le plan agricole, deux types de fermes furent expérimentées : les fermes d'État (sofkhozes) et les fermes collectives formant des coopératives où la production était partagée entre les paysans (kolkhoses). Les paysans qui souhaitaient vivre en dehors de ces modèles furent pourchassés et tués par millions.

Le second plan s'orienta sur les industries plus légères comme le textile et la production de biens de consommation (notamment alimentaires). À la veille de la Seconde Guerre mondiale, la Russie avait en partie comblé le retard qu'elle avait sur les pays occidentaux en moins de quarante ans. Elle s'affirmait comme la troisième puissance économique mondiale derrière les États-Unis et l'Allemagne. Le taux d'alphabétisation avait bondi et l'Union soviétique avait déployé des efforts considérables pour permettre à ses habitants d'accéder à la culture aussi bien littéraire que musicale. Cependant, cette croissance s'était développée dans le cadre d'une dictature d'une violence exceptionnelle avec des dizaines de millions de personnes condamnées aux motifs de complicité avec les pays étrangers ou d'anticommunisme. Lorsqu'elles ne furent pas exécutées, elles subirent la déportation ou les camps de « redressement ».

à une misère généralisée et de nombreuses personnes se retrouvèrent à la rue. Les États unis décidèrent alors de réduire les importations pour favoriser leurs entreprises. Les investisseurs rapatrièrent leurs fonds de l'étranger. En conséquence, l'économie mondiale fut contaminée par la crise. L'Europe centrale et orientale d'abord, puis la France et l'Angleterre, puis l'ensemble des pays furent affectés. Partout le chômage augmenta et la crise s'installa.

Les tenants du libéralisme économique admirent qu'il fallait que l'État intervienne pour réguler l'économie. Aux États-Unis, Franklin D. Roosevelt fut élu président de la République pour mettre en œuvre une nouvelle politique. Il réglementa le marché du travail, les prix et notamment ceux des produits agricoles. Le droit social s'instaura également avec des droits accordés aux chômeurs et aux retraités.

L'avènement du socialisme

En France, la crise favorisa l'essor des idées socialistes. Ce courant fut d'abord incarné par le parti socialiste créé par Jean Jaures. Puis il devint la « section française internationale ouvrière » qui accéda au pouvoir en 1936. Plusieurs lois furent votées en faveur des travailleurs : la limitation du temps de travail à 40 heures par semaine, les congés payés (deux semaines par an) et la création de conventions collectives du travail. Ces dernières consistaient en des contrats entre partenaires sociaux pour définir les niveaux de salaires, les conditions d'emploi et l'employabilité.

Cette même année, l'économiste John Menard Keynes publia l'ouvrage « théorie de l'emploi, de l'intérêt et de la monnaie » qui analysait les règles économiques et leur fonctionnement en se référant en particulier aux lois de l'offre et de la demande. Selon Keynes, l'État devait investir dans l'économie pour favoriser la consommation (la demande) qui aurait pour effet de stimuler la production. Sa théorie fut appliquée pendant une trentaine d'années, correspondant à une phase de prospérité : les « trente glorieuses ».

Après la Deuxième Guerre mondiale, des négociations s'engagèrent entre patronats et syndicats. De nouvelles avancées sociales furent obtenues avec la création d'une allocation chômage financée par des charges patronales, les allocations familiales avec des montants progressifs en fonction du nombre d'enfants, et le paiement des retraites.

Le succès de la social-démocratie aboutit progressivement à l'abandon des mouvements marxistes en Europe. En 1954, en Allemagne, le parti social-démocrate (SPD) supprima ainsi le marxisme comme référence principale de son idéologie.

De la crise à la Deuxième Guerre mondiale

Les difficultés économiques et la crise généralisée plongèrent les populations dans le désarroi. La réaction politique la plus fréquente fut celle du repli identitaire et de la violence. Dans la plupart des pays d'Europe centrale, les partis extrêmes et les régimes autoritaires accédèrent au pouvoir (Pologne, Roumanie, Yougoslavie, Grèce...). C'est cependant en Allemagne, en Italie et au Japon que les idéologies nationalistes et extrémistes s'affirmèrent au point d'aboutir à des initiatives guerrières.

En Asie, la hausse des tarifs douaniers dus à la crise incita la Japon à s'emparer de territoires riches en matières premières. En 1931, prenant prétexte d'un sabotage de chemin de fer qu'ils avaient en réalité eux-mêmes organisé, ils envahissent une partie de la Chine (la Mandchourie) et y installèrent un souverain fantoche. Cette région, riche en fer et en charbon semblait vitale pour leur développement. En 1937, les Japonais poursuivirent leur invasion de la Chine pour obtenir non plus seulement des matières premières, mais des espaces de production agricole et de la main-d'œuvre bon marché. Ils s'emparèrent de grandes villes comme Nankin, Shanghai ou Hong-Kong avec une violence extrême, massacrant des centaines de milliers de civils[63].

En Italie, le régime fasciste fut dirigé par Benito Mussolini. Ce dernier défendit l'intérêt d'une politique coloniale sur les derniers territoires qui n'étaient pas encore sous la domination des grands empires. Les territoires conquis devraient permettre l'émigration des habitants du sud de l'Italie, trop nombreux et dans une région trop pauvre, et dont une partie avait fui déjà vers les États Unis ou l'Argentine. Sa politique coloniale devait également permettre de redorer l'image du pays et conforter son autorité. L'Ethiopie, qui avait humilié l'Italie en résistant à ses troupes aux 19e siècle, fut la première convoitée. Grâce à l'utilisation de l'aviation, Mussolini remporta une victoire rapide. La Société des Nations ne réagit pas à ce conflit et Mussolini poursuivit donc sa politique. En 1939, il envahit l'Albanie, un territoire à la portée de son armée et surtout très riche en cuivre, une ressource stratégique depuis le développement de l'électricité.

Japon et Italie furent deux puissances qui développèrent leur impérialisme, mais le sort de l'humanité se joua surtout en Allemagne, où la crise a abouti à la montée d'un leader charismatique et énergique qui inspira confiance et espoir. Adolf Hitler était un personnage ambitieux, marqué par son expérience militaire durant la Première Guerre mondiale et profondément nationaliste. Sa volonté, sa franchise et son intégrité séduisirent le peuple allemand. Habilement, il contrôla les extrémistes de son parti et accéda au pouvoir par la voie démocratique. En dépit des conséquences de son idéologie, il faut reconnaître au personnage une efficacité politique exceptionnelle et une audace surprenante. Une fois au pouvoir, il se fit voter l'octroi des pleins pouvoirs pour mettre en œuvre le redressement du pays. Il cumula alors la responsabilité de chancelier, « guide du peuple » et chef du parti nazi.

---

[63] Les traitements subis par les Chinois comportaient également la constitution de camp de femmes utilisées pour le bon plaisir des garnisons japonaises.

Sa démarche reposait sur un discours simple, une vision claire de ce qu'il souhaitait et la voie pour y parvenir. Hitler allia l'idéalisme d'un rêveur et l'efficacité d'un militaire. Son idéologie disposa d'un terreau bien préparé, les petits Allemands ayant été éduqués dans la haine des vainqueurs de la Première Guerre. Promettant à son peuple la prospérité et une fierté retrouvée, Hitler fascina et séduisit. La nation allemande le soutint et il parvint à faire appliquer son programme.

Son ambition était de rendre à l'Allemagne sa grandeur et pour cela, il pensa à reprendre le chemin de la guerre. À l'inverse des autres nations ayant été traumatisées par la Première Guerre mondiale, l'Allemagne entretint un désir de revanche plus fort que la peur de souffrir à nouveau. Ce déséquilibre était en partie dû aux sanctions infligées à l'Allemagne dans le traité de Versailles signé à la fin de la Première Guerre. Les réparations à verser, l'humiliation des territoires perdus et de l'interdiction de constituer une armée étaient autant d'éléments qui animaient la colère et la soif de revanche. Hitler soutint que l'Allemagne avait été trahie par des gouvernants faibles qui n'auraient pas dû accepter de signer un tel traité.

La guerre apparut effectivement comme un moyen de sortir des souffrances qui résultaient de ce traité. Hitler nourrit un discours de renaissance et de constitution d'une grande puissance économique et culturelle. Tous les territoires de langue germanique devraient se rallier à cette unité.

La théorie nazie[64]

Les livres d'histoire aiment généralement dépeindre Hitler comme un dictateur ayant pris le pouvoir plus ou moins légalement puis dirigé son pays d'une main de fer avec l'appui d'une milice privée. Cette diabolisation vise évidemment à étiqueter le nazisme comme une idéologie marginale adoptée par les seuls extrémistes et culpabiliser tous ceux qui pourraient reprendre tout ou partie de son idéologie, pour prévenir un retour de la barbarie. Mais en réalité, Hitler a séduit une large partie du peuple allemand par un discours beaucoup plus élaboré que ce qu'on essaye de faire croire, un discours structuré, référencé, profond et d'une logique redoutable.

L'idéologie nazie reposa d'abord et avant tout sur le rejet du traité de Versailles, traité de paix jugé infâme, imposé le « pistolet sur la tempe » et non par libre consentement. Ce traité fut interprété, et l'on peut considérer qu'il y a une part de vraie dans cette analyse, comme un moyen d'affaiblir l'Allemagne, la neutraliser et même la détruire. La dislocation de l'Allemagne en plusieurs pays, la confiscation de certains territoires (comme l'Alsace et la

---

[64] Les idées exposées ici sont inspirées de l'ouvrage « La révolution culturelle nazie », Johann Chapoutot, Gallimard, 2016.

Lorraine) et le retrait de son empire colonial portaient atteinte à son bon fonctionnement. Hitler considéra que son peuple avait été privé de l'espace vital nécessaire à sa survie et qu'il fallait donc se révolter contre cet « accord ». Le traité de Versailles était dans les faits un traité qui n'avait pas respecté le droit et fut considéré comme illégitime. Pour renforcer la critique de ce traité, Hitler remit en cause le principe même de droit international d'une manière éminemment astucieuse en opposant la conception du droit issue des monothéismes et celle dérivant des concepts scientifiques liés à la génétique et au darwinisme. Lui et une multitude d'intellectuels considèrent que le droit procède des règles de la nature, de la biologie, des règles de la vie qui, à son image, sont en constante évolution. Les lois de la vie sont celles de la compétition, de la lutte pour la victoire des plus forts. Le monothéisme au contraire pose des règles figées et idéalise une norme d'égalité entre les humains. Deuxièmement, les lois de la vie varieraient selon les contextes, c'est-à-dire que chaque peuple devrait avoir les règles qui lui conviennent, des règles adaptées à son territoire et pouvant évoluer en fonction des circonstances. Ainsi les nazis déduisirent que l'universalisme et l'égalitarisme étaient des concepts issus de la culture sémite et qui ne s'appliquaient pas à leur race aryenne. Historiquement, les nazis considèrent que les Aryens vivaient selon d'autres coutumes dont on retrouvait la trace chez la brillante civilisation grecque et en particulier chez les Spartiates. Les Spartiates, rappelaient-ils, éliminaient les nouveau-nés qui présentaient des signes de dégénérescence, en les jetant du haut d'une falaise, dans le ravin du Taygète. La sélection des individus les plus robustes aurait été la clé de leur puissance. Le déclin de la civilisation grecque comme de celle des Romains, serait venu de la contamination de leur race par des immigrants sémitiques qui auraient donc réduit la qualité de leur génétique et introduit les concepts universalistes monothéistes. C'est cette erreur dont les nazis prétendaient qu'il fallait tirer leçon. « Naïvement », les Aryens auraient laissé les races inférieures les contaminer génétiquement et intellectuellement. Le remède logique à cette situation était donc d'éliminer les Juifs, les Slaves et les dégénérés (handicapés mentaux) pour restaurer la pureté de la race allemande et reconstruire la morale de sa race basée sur les lois naturelles : la loi du plus fort, l'élimination des faibles, la conquête territoriale pour la race jugée supérieure. Le programme politique qui se trouva ainsi justifié fut celui de la reconquête de tous les territoires occupés par des populations de culture allemande, l'eugénisme et un rejet des tabous aussi bien sur le meurtre que la sexualité. En guise d'illustration, l'idéologie nazie poussa jusqu'à remettre en cause la tradition chrétienne monogame, sur la base de la nécessité de relancer la natalité, notamment en période de guerre. Plusieurs cas de bigamie furent assumés par les cadres du parti, en prétextant la nécessité de féconder toutes ces femmes célibataires ou veuves du fait de la guerre. Des correspondances écrites retrouvées montrent même l'approbation et l'encouragement d'épouses à suivre cette ligne. Les hommes avaient donc le devoir de tuer l'ennemi et les femmes de produire de la descendance. Ce sont deux facettes de la guerre totale, deux facettes s'opposant aux principes éthiques internationaux d'inspiration judéo-chrétienne.

La critique de l'universalisme monothéiste s'appuya sur une série d'arguments variant d'une profonde réflexion parfois assez juste à des affirmations simplistes totalement erronées. Du côté des arguments que l'on peut considérer comme pertinents, on trouve celui de l'utilisation du prétexte des droits universels pour imposer sa loi aux autres. Le colonialisme a défendu sa légitimité au nom d'une morale universelle, tout comme le droit international fut utilisé contre l'Allemagne pour lui imposer des sanctions excessives. L'universalisme fut dénoncé comme un alibi des puissances impérialistes pour soumettre les autres peuples à leur domination. Les intellectuels nazis réinterprètent l'histoire de leur pays qu'ils considérèrent comme victime de l'universalisme depuis des siècles. Cette histoire commençait avec la contamination chrétienne qui prôna la défense des faibles au lieu de s'en débarrasser, affaiblissant ainsi le peuple entraîné à dégénérer. L'Empire romain aurait péri de cette contamination, aggravée par l'assimilation en 212 de tous les hommes libres, qui purent acquérir la nationalité romaine. Auparavant, la législation interdisait également les unions entre patriciens et plébéiens, règle qui fut abolie en 443 et qui fut mise en parallèle avec la loi de 1823 en Allemagne qui autorisa l'union entre juifs et Allemands.

La deuxième plaie aurait été la propagation de l'idéal de 1789 : liberté, égalité, fraternité. L'égalité, on l'aura compris est un principe qui est en contradiction avec l'idée de favoriser l'élévation, par l'eugénisme notamment, car les nazis proféraient qu'un handicapé mental n'est pas l'égal d'un homme normal. La science, avec Darwin, aurait montré qu'il existe des différences entre les races et qu'elles ne sont donc pas, par nature même, égales. Tout serait question de génétique, les individus naissant criminels ou brillants, dégénérés ou supérieurs. La hiérarchie des espèces, illustrée par l'arbre de l'évolution qui va de la bactérie à l'être humain, comporterait aussi des branches, les races, avec celle des Aryens, porteur de civilisation, au-dessus des autres. La liberté fut critiquée comme un facteur qui fragilisait le peuple en favorisant l'individualisme au lieu de l'appel au devoir envers son peuple. Les nazis allèrent jusqu'à contester le concept de propriété des terres en prétendant qu'elles appartenaient au peuple. Un paysan ne devrait selon eux pas avoir le droit de brûler sa récolte au nom de sa liberté, quand le peuple a besoin d'être alimenté. Les êtres humains devraient donc être au service de la cause nationale au lieu de revendiquer le droit de faire ce que bon leur semble. Enfin la fraternité fut évidemment critiquée dans le sens où la logique de la vie est l'affrontement et la sélection des plus forts. Il est donc considéré comme contre nature de fraterniser avec ceux qui sont en réalité des rivaux en compétition pour occuper un territoire, l'espace vital. Les Sémites et les Slaves ne furent à ce titre pas considérés comme des frères. Leur importante croissance démographique incitait même à les désigner comme des menaces, en particulier à cause du bolchevisme, cet idéal de nivellement se diffusant dangereusement.

La troisième grande plaie aurait été portée par Napoléon, exemple type de l'impérialisme paré de la vertu d'un idéal universel. Il propagea tous les repères de la Révolution française.

Les nazis affirmèrent qu'il fallait revenir sur 150 ans d'erreurs, d'assimilation d'une culture étrangère qui conduisirent l'Allemagne à sa perte. Ils révisèrent les croyances, les valeurs, les modèles politiques. Tous les échecs et même la défaite de la Première Guerre mondiale furent imputés à la perversion de la race allemande. Si elle n'avait pas été affaiblie par les idéaux pacifiques du christianisme, elle aurait su mieux se battre et triompher, prétendait-on.

Il fallait donc tout revoir et surtout cette logique qui ferait découler le droit d'un procédé abstrait de déduction des règles sur des principes théoriques d'inspiration religieuse tels que les dix commandements ou les idéaux chrétiens. Reprenant des réflexions de grands intellectuels comme Nietzche, le nazisme appliqua l'idée d'un droit devant être adapté à l'évolution permanente de la vie, basé sur le bon sens et l'instinct. L'abstraction s'opposerait à la vie : le droit devrait donc être dynamique et évoluer en fonction des besoins de tels ou tels peuples, être adapté en fonction des conditions géographiques. Le droit devrait servir la vie et les normes simplement transcrire les lois de la nature.

Il est intéressant de remarquer qu'en pensant prendre le contrepied des idéologies monothéistes et notamment juive, la théorie nazie en reprit en réalité les premiers fondements historiques : l'idée de la supériorité d'un peuple, l'importance de la pureté de ce peuple ou race, la nécessité d'une forte hiérarchisation sociale et de la soumission au pouvoir. On peut prendre conscience à travers cet exemple du danger inhérent à ces concepts qui sont fondamentalement opposés au respect de la diversité et à la coexistence pacifique entre peuples différents. On peut noter également que ces idéologies se sont développées dans un contexte de sentiment de persécution ou de dépendance à des puissances étrangères. Servant initialement à préserver une identité menacée, ces idées ont débouché sur des élans de conquête illimitée. Elles ont été d'abord utiles dans leur contribution à préserver une culture, puis sont devenues profondément destructrices dans leur débordement. Le cas du nazisme est donc riche d'enseignement, nous montrant que les croyances et valeurs associées à la science, à l'idée d'évolution et de progrès des sociétés, présentent des dangers

> potentiellement aussi terribles que les croyances et valeurs liées aux visions monothéistes. Nous pouvons soupçonner que des principes qui leur sont communs sont porteurs des menaces qu'ils véhiculent.

Hitler commença méthodiquement par réarmer son pays en orientant l'effort industriel vers la production d'armes et en reconstituant une armée. Son effort de préparation s'étala sur quatre années durant lesquelles il testa également la réactivité des pays voisins[65].

En 1939, Hitler peaufina les derniers préparatifs. Il signa avec la Russie un pacte de non-agression. Il se ménagea ainsi un certain confort en pouvant limiter les efforts de guerres à la partie sud et occidentale. Pour Staline, le traité garantissait à son peuple d'être épargné, alors que la Russie essayait péniblement de se relever économiquement. Le pacte germano-soviétique garantissait également un partage des territoires conquis dont la Russie pouvait profiter, notamment les pays baltes et la Pologne qui devaient être partagés. C'est d'ailleurs l'invasion des troupes allemandes en Pologne, sous un prétexte fallacieux, qui conduisit la France et l'Angleterre à réagir enfin en déclarant la guerre à l'Allemagne.

Pour Hitler, l'invasion du nord de la Pologne était justifiée par la réunification des deux parties de l'Allemagne séparée par le couloir de Danzig, créé officiellement pour donner un accès à la mer à la Pologne. En réalité, ce couloir aurait coupé l'Allemagne pour éviter qu'elle ne devienne trop puissante.

La Deuxième Guerre mondiale

Le déroulement de la Deuxième Guerre mondiale serait long à détailler et risquerait de nous écarter de notre propos. Signalons simplement qu'après une première phase de conquêtes rapide, l'Allemagne, alliée à l'URSS, à l'Italie et au Japon domina une grande partie de l'Europe, soit par l'occupation soit par la vassalisation d'État. Les populations civiles des vaincus furent plus ou moins bien traitées. Les ressources des pays furent réquisitionnées, en particulier les

---

[65] Il réarma en 1936 la zone frontalière avec la France, en violation du traité de Versailles. L'année suivante, il fit rattacher l'Autriche germanophone à l'Allemagne en faisant peser la menace d'une intervention militaire. Pour cette annexion, il manœuvra sur le plan politique en faisant nommer un nazi au poste de Premier ministre et en faisant voter le rattachement à l'Allemagne par référendum.

En 1938, la zone Sudètes au nord de la Tchécoslovaquie entra à son tour dans le giron allemand, suite à la conférence internationale de Munich où les nations européennes préférèrent céder aux exigences d'Hitler plutôt que de risquer la guerre. Hitler fit valoir l'idée que ces territoires étaient habités par les citoyens de langue allemande et ce prétexte lui aura été suffisant. En réalité, ces territoires constituaient surtout des réserves importantes de matières premières à partir desquelles il était possible de fabriquer du pétrole de synthèse. Pour Hitler, il s'agissait donc d'une zone hautement stratégique dans son plan de guerre.

produits agricoles, mais des systèmes de tickets de rationnement furent également mis en place pour permettre malgré tout à chacun de se nourrir. Les Allemands perfectionnèrent aussi le système du travail forcé des vaincus en créant le Système du Travail Obligatoire : chaque personne travaillant dans une usine allemande permettait la libération d'un prisonnier de guerre. En France, une zone libre fut créée dans le Sud, laissant à une partie de la population le sentiment d'être épargnée. Situation inédite : il y avait en France autant de résistants que de collaborateurs avec l'ennemi nazi (1-2% de la population). La bourgeoisie française s'accommoda dans l'ensemble plutôt bien du régime allemand. La persécution des juifs, homosexuels et Tsiganes ne déplut pas à une frange de la population qui épousa volontiers l'idée que la société gagnait à se débarrasser d'eux. Les Allemands purent ainsi concentrer leurs efforts sur les lignes de front.

En 1941, les ressources en pétrole risquaient cependant de manquer pour poursuivre l'effort de guerre. Hitler estima que le moment était venu de s'attaquer à la Russie qui regorgeait de cette ressource dans sa partie sud en Azerbaïdjan. Comme Napoléon avant lui, Hitler se laissa prendre au piège de l'hiver, de la neige et du froid ; ses troupes furent défaites avec 300 000 soldats tués et 400 000 faits prisonniers. La Deuxième Guerre mondiale bascula en faveur des alliés.

Le Japon, qui avait amorcé sa conquête de l'Asie bien avant le début de la guerre en Europe, poursuivit ses avancées et prit possession de nombreuses colonies occidentales, aussi bien à l'Angleterre qu'à la France, aux Pays-Bas et aux États-Unis (Malaisie, Birmanie, Indochine, Thaïlande, Indonésie, Philippines, divers archipels). Exaltés par la confiance résultant de ces victoires et anticipant une implication des États-Unis dans le conflit mondial, les Japonais décidèrent de déclarer la guerre aux États-Unis. Maladroitement, cette déclaration intervint après la première attaque-surprise du bombardement du principal port du pacifique abritant la flotte US à Pearl Harbor. Hitler selon qui l'entrée en guerre des États-Unis semblait désormais inévitable prit les devants et déclara également la guerre aux Américains. Le président Roosevelt, qui n'avait pas encore osé entrer directement dans le conflit par crainte de la réaction de son opinion publique était désormais devant le fait accompli. Les États-Unis qui s'étaient contentés de produire des armes et les livrer du pétrole à l'Angleterre et aux Russes, pouvaient désormais faire intervenir leurs forces militaires.

Leur premier terrain d'intervention fut l'Afrique du Nord. Après des débuts catastrophiques, les armées américaines, inexpérimentées, s'adaptèrent et en s'alliant aux troupes françaises et anglaises, prirent le dessus sur les forces allemandes. Le canal de Suez, passage stratégique, passa ainsi aux mains des alliés. De l'Afrique du Nord, les troupes alliées débarquèrent sur les côtes italiennes. Mussolini fut alors désavoué et limogé. Son pays changea de camp et rejoignit les alliés. Ce fut un nouveau coup dur pour l'Allemagne qui réagit en envahissant le nord du pays, jusqu'à Rome. Hitler réinstalla Mussolini au pouvoir, qui devint un gouvernant fantoche à la tête de cette partie du pays.

Dans le Pacifique, la guerre contre le Japon reposa sur une compétition technologique. La bataille se joua au niveau de la flotte et de l'aviation où la supériorité dépendait de la puissance des navires et des appareils. À ce jeu, la technologie américaine fut la plus forte. Les États-Unis reprirent progressivement aux Japonais les îles du Pacifique et se rapprochèrent des îles du territoire Japonais. Ces derniers, qui constataient qu'ils ne pouvaient pas garder le contrôle d'une partie de leurs nouvelles colonies, leur accordèrent l'indépendance, notamment à l'Indonésie. Cette manœuvre leur évita de livrer bataille sur trop de fronts différents. Sur le plan politique, des pays colonisés obtinrent pour la première fois leur autonomie. Le goût de la liberté leur restera et l'Indonésie constitua un exemple motivant pour les pays d'Asie aspirant à l'autonomie.

En Europe, les Alliés débarquèrent en 1944 sur les côtes normandes, sous la coordination du général Heisenhauer (futur président des États-Unis), puis en Provence dans la partie sud de la France. Les Allemands furent repoussés et pris en étaux avec les avancées des armées russes. En avril 45, Berlin fut bombardé. Acculé, Hitler se suicida et l'armistice fut rapidement signé. Les efforts des Américains purent alors se consacrer sur le front japonais. Une nouvelle arme redoutable venait justement d'être mise au point : la bombe atomique. Les Américains décidèrent de l'utiliser sur Hiroshima, puis Nagasaki pour précipiter la fin du conflit.

L'arme nucléaire et son usage

Pendant longtemps, le gouvernement des États-Unis prétendit avoir eu recours à la bombe atomique pour sauver un demi-million de soldats américains qui auraient vraisemblablement péri dans les combats. Nous savons aujourd'hui que la réalité fut tout autre. La principale raison de l'utilisation de la bombe atomique fut d'abréger la guerre avant que les troupes russes ne débarquent au Japon et s'enfoncent sur les territoires chinois. Les accords convenus entre alliés précisaient en effet que le partage des territoires des vaincus serait établi suivant les zones requises par chacun. À la capitulation du Japon, les Russes auraient donc pu exiger que les territoires qu'ils avaient libérés restent sous leur contrôle, comme ce fut les cas pour les pays d'Europe de l'Est. Les Etats-Unis voulaient éviter cette situation. L'objectif premier de l'usage de la bombe fut donc de contrer l'expansion soviétique avant qu'ils ne pénètrent au Japon. Nous savons aussi que l'usage de la bombe nucléaire a visé à démontrer son efficacité et sa puissance, afin de justifier que les coûteux investissements sur cette technologie soient poursuivis aux États-Unis. Le nucléaire devait continuer à

> être financé pour des raisons militaires évidentes, mais aussi pour ses perspectives d'utilisation civile (centrales nucléaires). La bombe lâchée à Hiroshima servit à convaincre de la pertinence de l'investissement des finances publiques dans cette technologie. L'usage de la bombe visa ensuite à impressionner la Russie et établir la suprématie diplomatique des États-Unis par rapport aux Russes. La raison invoquée par le gouvernement américain de sauver la vie de ses soldats, arrive probablement en quatrième position, dans la liste des motifs qui conduisit à l'usage du nucléaire. Enfin, la dernière raison qui justifia l'emploi de cette arme fut de tester ses effets radioactifs sur les cibles, c'est-à-dire une raison expérimentale. Ces éléments sont aujourd'hui établis par la déclassification des archives et les témoignages recueillis auprès des protagonistes de cette tragédie[66].

Le 15 août 1945, l'Empereur japonais reconnut sa défaite. La capitulation fut signée le mois suivant. La puissance terrible de la bombe qui précipita la fin des conflits donna une nouvelle dimension à la guerre. La menace d'une destruction totale et rapide était désormais présente. La Russie, déjà ruinée par la guerre, pouvait craindre jusqu'à sa disparition si les États-Unis se décidaient à l'attaquer. Heureusement, de nouveaux rapports s'établirent entre les nations, permettant de préserver la paix.

Les étapes chronologiques

L'ère du matérialisme doit son avènement à une création de richesses sans précédent dans l'histoire de l'humanité. Elle fut la conséquence d'un certain nombre d'inventions telles que la machine à vapeur, le moteur à explosion et l'électricité. La fabrication d'acier, l'utilisation du charbon et pétrole permirent la production de machines aidant à cultiver de grandes superficies, à se déplacer, à fabriquer des textiles et tout un ensemble de produits de consommation.
Les armes firent aussi partie des inventions à la fois plus puissantes et produites en grande quantité, aggravant les risques de violence et de dégâts des guerres.
Cette croissance économique se traduisit par un accroissement des inégalités et un durcissement des conditions de vie des ouvriers. L'environnement économique se dota de nouveaux dispositifs financiers basés sur le risque. Imprudemment et tenté par un profit facile, les banques jouèrent l'argent qui leur avait été prêté. De graves crises économiques découlèrent de ces pratiques, accentuant les tensions sociales et nourrissant la contestation. Le marxisme, construit sur la frustration et le sentiment d'injustice, en stigmatisant les détenteurs de richesses et de pouvoir d'investissement, gagna en popularité. Il se développa comme un nouveau modèle, prêt à l'emploi.

---

[66] Voir le documentaire d'Arte « La face cachée d'Hiroshima » (Youtube)

Sur le plan politique, l'industrialisation s'accompagna aussi de montées nationalistes. On peut penser que pour apaiser les tensions liées aux inégalités sociales, les gouvernants ont cédé à la tentation de détourner l'attention publique des problèmes internes en l'orientant vers l'extérieur. En canalisant le mécontentement vers les pays voisins, les dirigeants semblent s'être cependant piégés eux-mêmes dans une logique d'affrontements militaires. Surévaluant leur puissance, certains pays ont pensé aussi pouvoir tirer profit de guerres dont ils espéraient sortir rapidement victorieux. La somme de ces erreurs d'appréciations et de logiques nationalistes eut pour conséquence la Première Guerre mondiale. Elle fut déclenchée par la rivalité entre Européens et Slaves, puis embrasa le continent.

L'Allemagne aida Lénine à retourner en Russie pour renverser le Tsar, ce qu'il réussit. Le nouveau régime négocia le retrait de la Russie du conflit, consacrant l'habile manœuvre allemande. La contrepartie, conséquence moins bien anticipée par l'Allemagne, fut que le marxisme trouva un premier terrain d'expérimentation où il sembla triompher. Il inspira un modèle social basé sur un État au service des plus pauvres, qui rayonna à travers le monde, avant même la fin de la Première Guerre mondiale.

Sur la partie ouest de l'Europe, après quatre années sanglantes et grâce à l'intervention des États-Unis, l'Allemagne et ses alliés furent défaits. Un mauvais traité de paix fut signé, nourrissant une humiliation qui alimenta une volonté de revanche nationaliste. Le mouvement nazi surfa sur cette vague, stigmatisant le traité de Versailles et proposant une idéologie portant à l'extrême l'idée d'une légitime souveraineté nationale. Le peuple adhéra à cette colère et porta au pouvoir une idéologie légitimant la « reconquête » des espaces, et la purification la « race » allemande. En Italie et au Japon, des discours relativement similaires connurent le succès. Une seconde guerre mondiale éclata, plus dévastatrice qu'aucune autre auparavant. Traumatisme humain et financier, elle ruina l'économie mondiale, en particulier en Europe et en Russie. Elle démontra le danger des logiques nationalistes, des discours de suprématie raciale, mais aussi des crises financières découlant d'une régulation insuffisante des systèmes bancaires.

Bien qu'il soit impossible de représenter les liens exacts de cause à effet dans les processus que nous venons de décrire, nous avons tenté de représenter sur la figure suivante les principales interactions entre situations, évènements, évolutions des connaissances, et évolutions idéologiques.

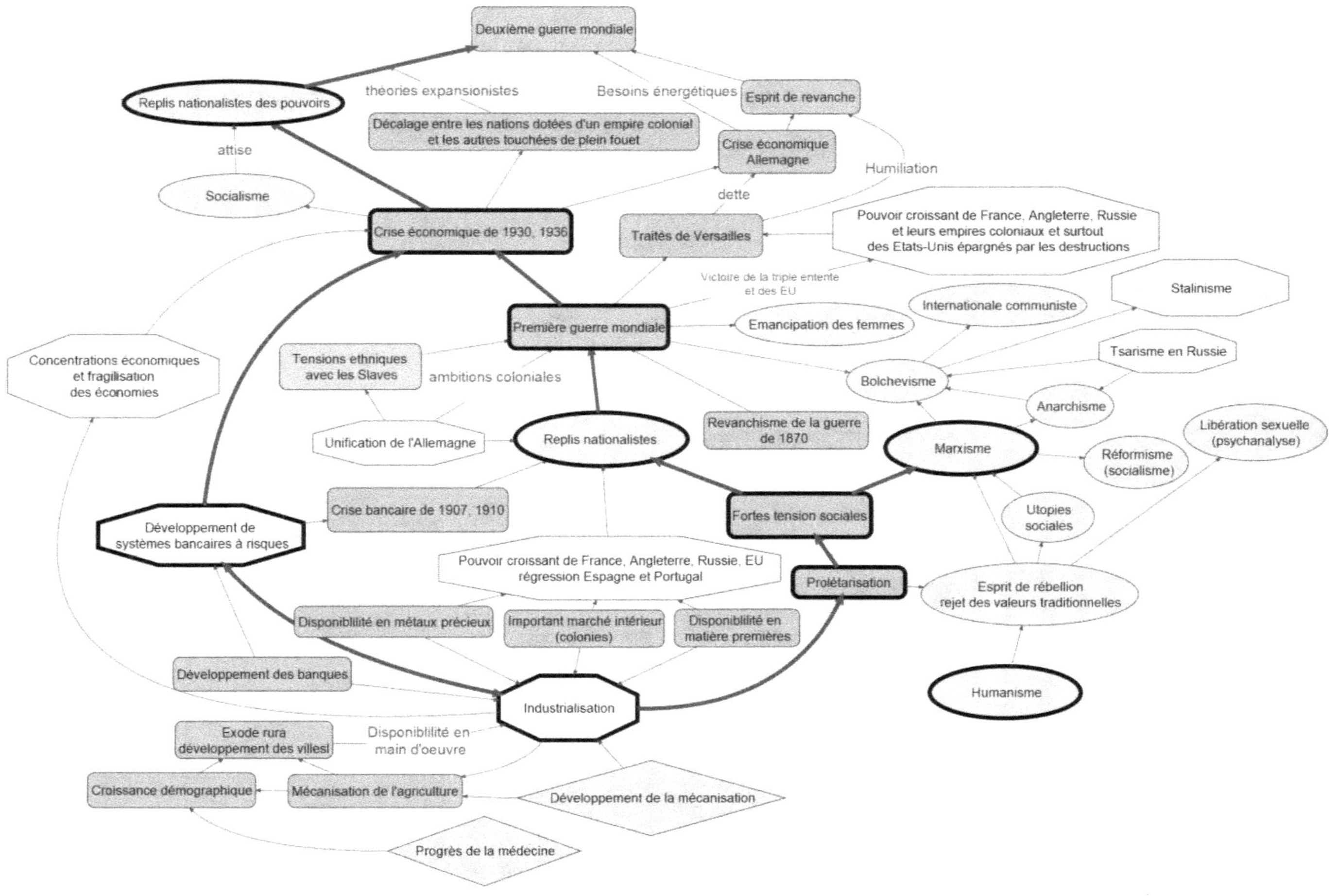
Deuxième guerre mondiale
Replis nationalistes des pouvoirs
théories expansionistes
Besoins énergétiques
Esprit de revanche
Décalage entre les nations dotées d'un empire colonial et les autres touchées de plein fouet
Crise économique Allemagne
Humiliation
attise
Socialisme
dette
Crise économique de 1930, 1936
Traités de Versailles
Pouvoir croissant de France, Angleterre, Russie et leurs empires coloniaux et surtout des Etats-Unis épargnés par les destructions
Victoire de la triple entente et des EU
Internationale communiste
Stalinisme
Première guerre mondiale
Emancipation des femmes
Tsarisme en Russie
Concentrations économiques et fragilisation des économies
Tensions ethniques avec les Slaves
ambitions coloniales
Bolchevisme
Anarchisme
Unification de l'Allemagne
Replis nationalistes
Revanchisme de la guerre de 1870
Marxisme
Libération sexuelle (psychanalyse)
Réformisme (socialisme)
Crise bancaire de 1907, 1910
Fortes tension sociales
Utopies sociales
Développement de systèmes bancaires à risques
Pouvoir croissant de France, Angleterre, Russie, EU régression Espagne et Portugal
Prolétarisation
Esprit de rébellion rejet des valeurs traditionnelles
Disponiblilité en métaux précieux
Important marché intérieur (colonies)
Disponiblilité en matière premières
Développement des banques
Humanisme
Industrialisation
Exode rura développement des villesl
Disponiblilité en main d'oeuvre
Croissance démographique
Mécanisation de l'agriculture
Développement de la mécanisation
Progrès de la médecine

Le modèle rupture-naissance-stabilisation avec des rivalités d'intérêts entre classes sociales distinctes s'illustre ici une nouvelle fois. Nous allons nous limiter à la phase liée au déclenchement de la Seconde Guerre mondiale : la crise économique de l'entre-deux-guerres affaiblit le pouvoir en place contesté par l'opposition politique (le parti nazi) qui fédéra le mécontentement populaire. Cette alliance permit de renverser le pouvoir et d'instaurer un nouveau régime basé sur le nationalisme nazi. Une fois établi, il instaura une dictature et entraîna son pays dans une guerre dont le peuple allemand ne fut libéré qu'avec la défaite.

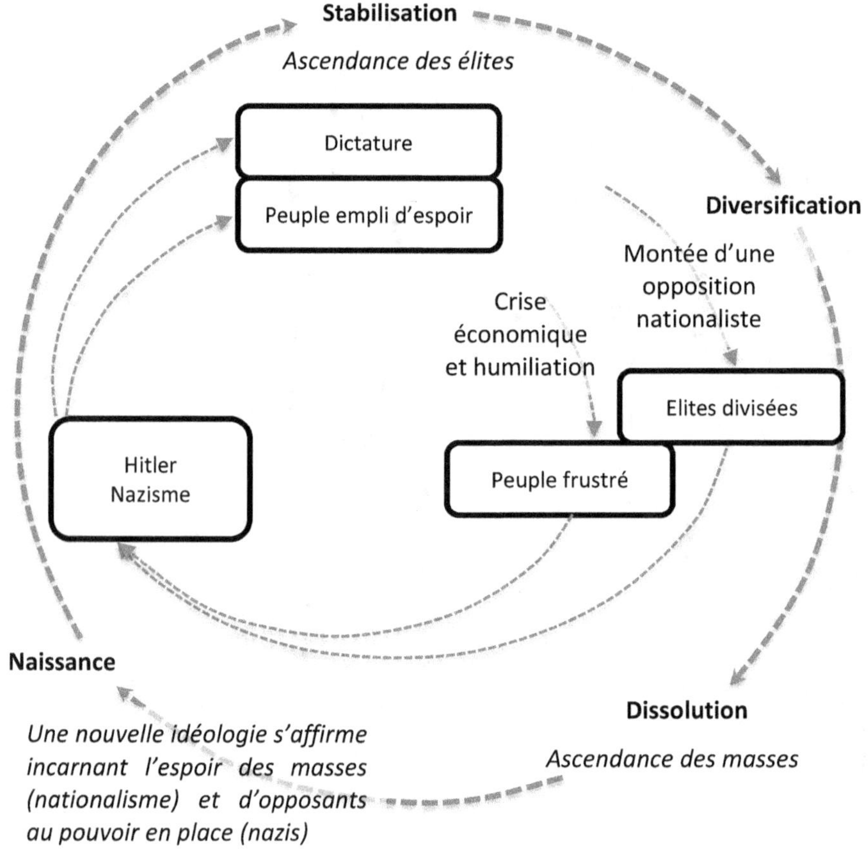

Schématisation du cycle lié à la période nazie en Allemagne.

Les croyances clé
(Abandon de Dieu, Conception sur la répartition des richesses, Opposition de classes, Nationalisme)

Durant la phase humaniste, l'idée d'une égalité entre les hommes avait fait son chemin en contestant la légitimité d'une hiérarchie héréditaire entre religieux, nobles et paysans. La désacralisation des conceptions religieuses avait cautionné l'idée que personne ne représentait Dieu sur terre plus qu'un autre. Il n'y avait donc pas de justification à une inégalité entre les droits des religieux par rapport à ceux du reste de la population. Le matérialisme prolongea cette interprétation en théorisant **une notion d'injustice dans le partage du bénéfice de la croissance économique**. L'exploitation d'une partie de la société par une autre a nourri l'idée d'un clivage hérité du passé, et une forme d'injustice insidieuse qu'il fallait corriger en remettant les compteurs à zéro. Les richesses accumulées par ceux qui, par le passé, avaient bénéficié de privilèges, leur conféraient une injuste situation de supériorité sur les autres. Une frange de la population disposait ainsi d'un héritage lui permettant d'exploiter l'ensemble du peuple.
Avec l'industrialisation et la création massive de richesse, l'accroissement des inégalités créa de fortes tensions et plusieurs idéologies furent formulées pour expliquer cette situation et proposer des solutions.
Le **marxisme** constitua la forme la plus aboutie de cette réflexion avec une interprétation du monde basée sur les rapports de force entre ceux détenant les capitaux et les ouvriers. Divers courants en dérivèrent, avec notamment l'anarchisme forme rebelle extrême et le réformisme socialiste, orienté vers la recherche d'un équilibre négocié entre classes sociales. Le modèle sur lequel se basent ces mouvements est l'idée d'un nécessaire rééquilibrage dans le partage des profits, dont devraient bénéficier davantage les ouvriers. Leur liberté juridique était limitée par une absence concrète de liberté au plan économique. Auparavant, une logique antagoniste s'était développée axée sur une autre interprétation de la liberté. Le **libéralisme** a théorisé la nécessité de ne pas réguler ou faiblement seulement, les mécanismes économiques « naturels ». Cette interprétation cautionna la liberté d'entreprendre, la liberté de prêter de l'argent et prélever des intérêts, la liberté de risquer l'argent encore virtuel... Un développement économique s'est développé sur sorte de foi en des mécanismes naturels de régulation qui feraient que le monde s'équilibrerait par lui-même, comme guidé par une main invisible pour reprendre la formule d'Adam Smith.

Globalement nous voyons donc qu'après la foi religieuse en Dieu, puis la foi en la science et en la raison, la culture occidentale, dans son ensemble, a cru en la liberté, et notamment la liberté économique. Cette liberté a fait consensus comme principe fondamental, d'abord parce qu'elle enterrait l'ennemi religieux dont beaucoup craignaient la résurgence, et ensuite parce chacun lui donnait le sens qui lui convenait. Ceux détenant les pouvoirs économiques, les plus aisés, voyaient en la liberté la possibilité d'échapper aux contraintes de solidarités pourtant nécessaires à la cohésion sociale. Ceux qui dépendaient des pouvoirs économiques, les plus défavorisés, appelaient pour leur part « liberté » la possibilité de s'affranchir des contraintes dictées par ces nouveaux pouvoirs. Un même mot prenait donc deux sens opposés suivant deux angles de vue. Ce malentendu fut certainement la raison pour laquelle les peuples se rallièrent presque aveuglément à ce concept ambigu.

Il semble assez évident que la logique libérale ne pouvait cependant pas donner satisfaction à l'ensemble de la population et risquait d'être supplantée par son alternative marxiste. Un troisième modèle d'interprétation plus consensuel s'est donc progressivement développé dans les pays industrialisés : celui basé sur l'idée de contraintes qui viendraient des limites territoriales, des rivalités avec les pays voisins et de la nécessité de posséder des colonies. Cette logique fut le moteur d'une mouvance nationaliste qui se développa dans plusieurs pays européens. Elle avait l'avantage de permettre de contenir les tensions internes en les canalisant vers des ennemis extérieurs. Cette logique nationaliste permettait de réconcilier les différentes couches sociales, d'orienter les frustrations vers une cible faisant consensus. En Allemagne, ce **nationalisme** se nourrit aussi d'un discours sur la pureté reprenant, en réalité un des piliers idéologiques du judaïsme originel : la conception de la déchéance comme conséquence d'une infidélité, de la mixité culturelle et de la diversité. L'idéologie nazie théorisa la perte de vitalité de la nation par sa « contamination » par d'autres cultures. Son modèle d'interprétation fut d'une grande cohérence : le mal venant de l'extérieur, il fallait chasser les sources de contamination (les immigrés, les juifs) et prendre l'ascendant sur les pays voisins pour disposer d'un plus grand espace vital.

Ces logiques marxiste, libérale et nationaliste avaient en commun de reposer sur des modèles d'opposition justifiant diverses formes de conflits et de luttes. Elles ont constitué un terreau idéal pour les révoltes et les guerres.

L'affirmation du matérialisme marque aussi la fin de la foi en Dieu. Au cours de la période humaniste, on avait réduit son rôle supposé dans la conduite des affaires terrestres, mais on lui avait conservé son titre de créateur, de juge, de grand patron, architecte, ordonnateur. Avec le matérialisme et notamment le darwinisme, tous ces titres lui sont retirés. Bien entendu, les religions monothéistes ont persisté néanmoins, car elles répondent bien mieux que la science à notre besoin de réconfort. Les religions monothéistes ont perdu leur légitimité sociale, mais ont conservé une fonction sécurisante. Les progrès de la psychologie nous permettent aujourd'hui de comprendre que l'idée de Dieu, qu'il existe ou pas, est naturelle : toute déchirure et perte affective (deuil) nous pousse à un repli affectif vers un protecteur réel (parents) ou conceptuel (Dieu). Nous connaissons même les processus hormonaux en jeu, ceux qui provoquent le sentiment de plénitude ou de proximité avec le divin, et qui surviennent dans le cadre de chocs émotionnels[67]. À supposer que Dieu n'existe pas, les êtres humains continueront donc malgré tout de se tourner vers lui, parce que leur mode de fonctionnement psychologique les y pousse. La religion rassure d'une manière souvent plus puissante que la famille, les amis ou la société, car elle assure un soutien psychologique constant, sans absence et qui sécurise aussi par rapport à l'angoisse de la mort. La vraie fin du monothéisme ne survient que lorsqu'un autre modèle conceptuel pouvant remplir sa fonction de refuge est popularisé. Aucune idéologie n'est réellement parvenue à jouer ce rôle de substitut en occident, du moins jusqu'aux années 60.

Les valeurs
(L'individualisme, la réussite économique, la solidarité, la lutte sociale, le nationalisme)

Lorsque les cultures occidentales sont passées d'une organisation sociale féodale à un mode égalitaire, les individus se sont affranchis. Cette liberté de chacun s'accompagna d'une fierté retrouvée, d'une confiance regagnée et de la volonté d'enfin pouvoir s'affirmer. La fin de l'hégémonie des nobles et des prêtres libéra les ambitions individuelles pouvant enfin s'exprimer librement. L'égalité devant la loi entraîna ainsi le retour d'un esprit de compétition entre tous, un esprit de compétition très naturel quand on songe à toutes les rivalités observées dans le règne animal entre les mâles et les femelles cherchant à s'affirmer ou être désirés. On peut ainsi considérer que la montée de l'**individualisme** fut une conséquence logique de l'abolition des privilèges féodaux.

Cet individualisme s'exprima par une course à la réussite. Dans un contexte de décrédibilisation de la religion, affaiblie par les divisions entre catholiques et protestants et mise à mal par toutes les découvertes scientifiques qui en contredisaient les affirmations, le prestige ne pouvait plus s'obtenir par valeur morale. Devenir prêtre, moine ou bonne sœur ne constituait plus un idéal social unanimement reconnu. Or la valeur des personnes, lorsqu'elle ne procède plus de leur morale ou de leur statut héréditaire, lorsqu'elle ne procède pas de la valeur de leurs idées et pensées philosophiques, ni de talents artistiques rares, ne peut se mesurer qu'au pouvoir lié à leur richesse matérielle. Avec l'avènement du matérialisme, la réussite se mesura désormais à la richesse accumulée, à la fortune dont on disposait. L'une des conséquences de la chute de l'autorité religieuse et de l'essor économique a ainsi été l'émergence d'une quête de reconnaissance par **la réussite financière**. Le prestige, désormais, passa par le succès économique. Tous ceux qui hier étaient des enfants de l'ombre, issus de

---

[67] Dans son ouvrage « Psychothérapie de Dieu », Boris Cyrulnik décrit et analyse en détail ces mécanismes suivant les plus récentes connaissances sur le sujet.

milieux tenaillés par les classes gouvernantes, cherchèrent la lumière et la reconnaissance. Ils espéraient probablement compenser les frustrations et humiliations subies depuis des générations en faisant étalage de leur nouveau succès.

L'individualisme et la quête de l'argent ne furent donc pas le signe d'une déroute ou déchéance de la société, mais la conséquence logique du rejet de la religion et d'une saine concurrence devenue possible. Cependant, très rapidement, les inégalités découlant de l'affirmation des plus forts sur les plus faibles, conduisirent à de nouvelles tensions sociales. Les plus riches ont pris l'ascendant sur les plus pauvres et une minorité prit le pouvoir pour exploiter le plus grand nombre. Cette situation recréa un sentiment d'injustice, avec le retour d'une société hiérarchisée suivant des classes avec au sommet le règne de la bourgeoisie. La frustration fut d'autant plus forte que la victoire de ceux ayant financièrement réussi fut en grande partie due à une situation de départ privilégiée. Ce sont les plus fortunés qui ont pu accroître facilement leur richesse, disposant de pouvoir d'investissement dont étaient privés le plus grand nombre. Étant en mesure de faire travailler les autres, les plus fortunés ont pu accentuer leur domination. L'égalité juridique, théorique, s'opposa ainsi à la situation réelle où les plus démunis n'avaient d'autres choix que d'accepter les conditions de travail qu'on leur proposait. Dans un contexte d'exode rural et de croissance démographique, les descendants des paysans devinrent des ouvriers. Au final, l'abolition des privilèges priva de liberté la plus grande partie de la population.

Aux valeurs des vainqueurs du nouvel ordre social, c'est-à-dire l'individualisme et la quête de la réussite financière, s'opposèrent celles des victimes qui furent contraintes de s'allier pour résister : la solidarité et le partage.

L'idéal **partage** reposait d'abord sur la nécessité d'une entraide entre ouvriers qui n'ayant pas accès aux banques, ni les moyens de souscrire à des crédits. Ils avaient besoin de moyens pour se dépanner en cas d'accidents, de maladies ou d'imprévus de ce genre. Le mutualisme et les caisses de solidarité furent des outils conçus pour répondre à ces besoins. L'idéal de partage s'exprima aussi et surtout au niveau d'une revendication de meilleure répartition des bénéfices apportés par l'industrialisation. Ces revendications ont porté sur les niveaux de salaires, la limitation des horaires de travail et de droit à des jours de repos, ainsi que l'accès aux soins.

Avec ces différentes formes de partage s'est affirmé aussi un idéal de **solidarité dans l'action** : la lutte sociale. Elle est rapidement apparue comme un moyen de rivaliser contre la puissance économique des industriels. Elle se traduisit par un idéal de rassemblement dans le combat (« l'union fait la force »), les manifestations, la grève, le syndicalisme. Le **marxisme**, qui s'est voulu idéologie de l'action, a poussé à l'extrême cet idéal.

Face à cette opposition du peuple, cette contestation, les détenteurs du pouvoir ont eu l'intelligence de ne pas s'enliser dans un combat dont ils ne pouvaient sortir victorieux, ne serait-ce que parce qu'ils dépendaient du travail des ouvriers. Leur réponse idéologique fut de détourner le mécontentement des masses et de l'orienter vers d'autres cibles. La montée du **nationalisme** durant l'industrialisation s'explique en grande partie par cette stratégie. Les tendances xénophobes basées sur les héritages religieux et les valeurs de repli identitaire ont été exploitées à ces fins. La première guerre mondiale, mais aussi la seconde furent en grande partie la résultante d'idéaux nationalistes au service d'industriels, même si au premier plan, les leaders ont semblé entraîner les peuples sur des discours de revanche, de fierté retrouvée, de reconquête économique, de retour aux valeurs authentiques ou de restauration de la pureté. Ces idées n'auraient jamais pu fédérer à elles seules suffisamment d'énergie pour entraîner des nations entières. On peut donc interpréter le nationalisme comme une valeur discrètement et subtilement défendue par les classes aisées pour défendre leurs intérêts. Signalons au passage que cette interprétation transpire des discours marxistes qui ont toujours tenté de dissuader les masses de suivre les appels nationalistes à la guerre.

Pour mieux nous représenter tous ces éléments nous pouvons imaginer deux axes de valeurs : le premier oppose l'intérêt individuel à la solidarité et le second, la concentration des richesses à son partage :

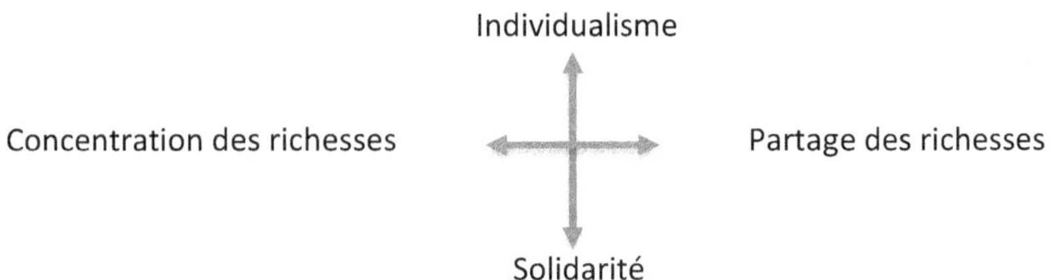

Nous pouvons à présent positionner les différents éléments que nous venons de détailler et voir comment une idéalisation du combat promue par l'ensemble de la population a conduit à deux idéologies politiques dominantes :

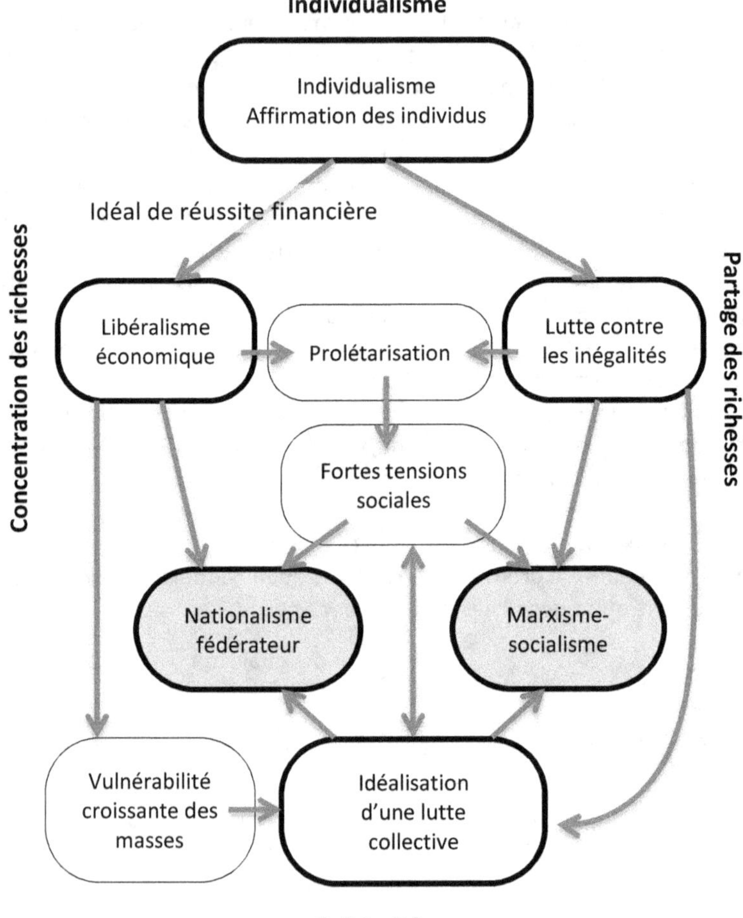

Au sein de chaque nation, les personnes se sont reconnues soit dans les **idéaux de lutte des classes**, soit dans le **nationalisme**.

Nous avons décrit les croyances supportant ces idéologies. Au-delà de ces repères intellectuels érigés en doctrines, les mécanismes d'identification ont beaucoup joué. L'énergie, l'enthousiasme déployé par les leaders comme Lénine ou Hitler ont joué un rôle important d'entraînement. Ils ont communiqué leurs espoirs et leur foi à des populations en manque de confiance qui enviaient leur assurance et qui ont cru en eux. Ils ont apporté un réconfort psychologique en proposant une interprétation rassurante du monde dans le sens où elle donnait un sens, un cadre solide auquel s'accrocher et se réfugier dans les moments de doute.

L'histoire a montré que le nationalisme avait triomphé en occident tandis que le marxisme trouva son terrain d'expression dans les pays encore enlisés dans la féodalité, d'abord en Russie, puis beaucoup plus tard et d'une manière plus ambiguë, en Chine.

Des révolutions au matérialisme : vers un concept d'égalité universelle

La Deuxième Guerre mondiale a sonné le glas des idéaux nationalistes poussés jusqu'à l'impérialisme. L'échec des tentatives allemandes et japonaises, l'affaiblissement de toutes les puissances engagées dans le conflit planétaire ont cassé le mythe de grandes puissances invincibles et porteuses de progrès de civilisation. Deux conséquences majeures en ont résulté : d'abord une forme de mise à niveau entre tous les pays avec l'organisation de structures internationales pour gérer les relations politiques et économiques, et ensuite une désagrégation des empires coloniaux. Progressivement s'est affirmée une valeur égalité entre les êtres humains, quelles que soient leurs origines géographiques.

Les séquences historiques

L'instauration de l'ONU

Sur le plan politique, le sort de l'Europe avait déjà été négocié avant la fin de la guerre à la conférence de Téhéran en Iran puis à la conférence de Yalta, en Crimée. Anticipant leur victoire, les Américains et les Russes avaient convenu de zones d'influences respectives avec une démarcation qui dépendrait de l'avancée des troupes russes à l'issue du conflit. Ce principe de délimitation fut scrupuleusement respecté de part et d'autre.

Lors de la conférence suivante, à Postdam, le partage de l'ensemble de la planète fut à son tour négocié. Cependant, la vague de décolonisation n'avait pas été anticipée. Le jeu politique au sein des nouveaux pays qui allaient se constituer restait hors de contrôle des accords passés entre les États-Unis et L'URSS. La période d'après-guerre fut donc dominée par la tentative d'intervenir pour faire basculer ces pays soit vers le bloc communiste, soit vers le bloc capitaliste.

A l'issue de la guerre, tous les pays s'accordèrent d'abord sur la nécessité d'éviter de basculer à nouveau dans un conflit planétaire. La Deuxième Guerre mondiale avait fauché 60 millions de personnes (Russes, Polonais et Allemands furent les plus touchés). Des populations civiles avaient été pulvérisées dans les bombardements atomiques et des groupes de populations avaient subi des tentatives d'exterminations, en particulier les juifs dont on estime à 6 millions le nombre de victimes. Ces horreurs avaient touché tous les peuples.

Tirant leçon de l'échec de la Société des Nations à qui le rôle préventif contre les guerres avait été confié sans succès, les alliés conçurent une nouvelle organisation, plus puissante : l'Organisation des Nations Unies.

L'ONU

La mise en place de l'Organisation des Nations Unies fut une initiative internationale visant à prévenir le déclenchement d'une nouvelle guerre mondiale, en perfectionnant le modèle de la SDN.

Son organe principal est le conseil de sécurité. Il est constitué de 5 pays permanents (les vainqueurs de la Deuxième Guerre mondiale) qui disposent d'un droit de véto et de 10 pays (qui chaque année sont sélectionnés parmi l'ensemble des pays des Nations Unies). Outre le conseil de sécurité, l'ONU dispose de plusieurs agences qui disposent chacune d'un mandat particulier ; l'agriculture, l'enfance, l'aide alimentaire, l'Aide aux réfugiés, etc. L'ONU a toujours été critiquée pour ces nombreuses imperfections, son administration très lourde (son secrétariat emploie plus de 40 000 personnes) et une forme de diplomatie « molle », ciblant l'adhésion du plus grand nombre de pays possibles. Son principe est le suivant : « Puisqu'on ne pourra jamais mettre tout le monde d'accord, choisissons l'accord qui sans convenir à personne, reste néanmoins acceptable par tous ». Concrètement, le secrétaire général de l'ONU, c'est-à-dire son représentant, est une personne dont l'habilité réside dans ses qualités de négociateur.

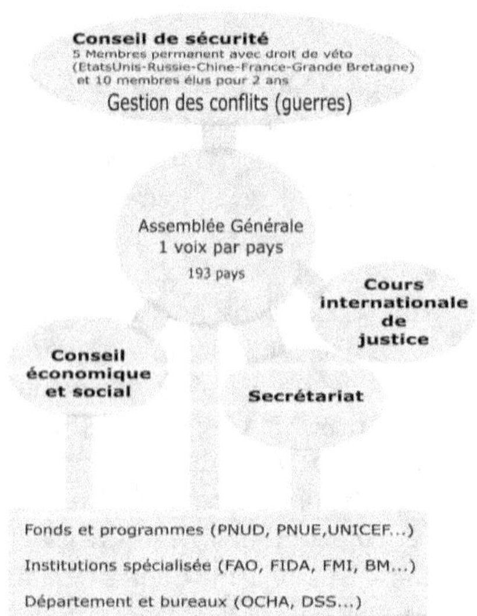

L'ONU est constituée d'un personnel issu de tous les pays du monde, avec un système de quotas. Cela lui assure une certaine représentativité (au détriment des compétences, font remarquer certains). Considérée comme une immense administration, l'ONU est gérée par elle-même et financée par les pays qui en sont membres. Après cinquante ans d'activité, cette organisation a permis d'éviter pour le moment le déclenchement d'une troisième guerre mondiale et c'est là son grand succès.

Représentation simplifiée de l'ONU, ses organes et ses agences

La guerre froide

La tension entre les États-Unis et l'URSS resta extrêmement forte et le risque d'une troisième guerre mondiale de nature nucléaire domina les relations internationales de l'après-guerre. Les professeurs d'histoire utilisent volontiers la formule de « guerre froide » et « conflit par nations interposées » pour décrire cette période. La connaissance des archives et documents secrets déclassifiés nous permettent aujourd'hui de mieux comprendre ce que dirigeants américains et russes pensaient vraiment à cette époque. Du côté russe tout d'abord, il n'était pas question de mener une politique impérialiste de domination du monde. Le pays avait été lessivé par la guerre. Rappelons que la Russie est le pays qui supporta le plus grand nombre de pertes humaines pendant la guerre, ayant dû faire face à un conflit sanglant contre l'armée nazie à l'intérieur de ses frontières, puis mener le Front de libération jusqu'à la ville de Berlin. Armés par les États-Unis, mais ne pouvant compter que sur ses propres troupes pendant 4 années, l'URSS avait dû consentir d'énormes sacrifices. À ces pertes de guerres s'ajoutaient celles dues aux purges organisées par Staline afin d'éradiquer toute contestation interne. À l'issue du conflit, la priorité de Staline fut donc de reconstruire son pays.

Du côté américain, la situation était très différente. L'économie avait tourné à plein régime pendant la guerre pour produire des armes. Le commerce du pétrole avait connu un essor considérable[68]. Certains dirigeants américains, considérant qu'ils disposaient d'une supériorité militaire incontestable, estimèrent qu'il vaudrait mieux avoir à affronter l'URSS maintenant que plus tard, car l'ennemi russe pourrait rattraper son retard dans la course aux armements. Une partie des gouvernants américains souhaitaient donc le déclenchement de la guerre. On sait aujourd'hui que de multiples provocations ont ainsi été engagées. La propagande adressée aux peuples fut évidemment différente. On essaya de faire croire à une menace russe qui tentait d'étendre le communisme. On lança en ce sens une chasse aux sorcières contre tout partisan d'idées socialo-communistes sur le sol américain. La purge fut sans commune mesure avec les purges communistes, mais demeura une réalité historique, le maccartisme. Au plan international, les pays libérés de l'occupation allemande et japonaise s'orientèrent généralement vers des régimes communistes, malgré les efforts des États-Unis. Les peuples faisaient logiquement le choix de soutenir des dirigeants qui prônaient le partage des ressources et en particulier des terres. Pour contenir la contagion communiste, les États-Unis mirent en place la politique de « l'endiguement », tentant de limiter la progression du communisme par la force militaire.

---

[68] Certains puissants producteurs de pétroles américains et industriels avaient entretenu un commerce florissant avec l'Allemagne jusque très tardivement pendant la guerre. Cette trahison fit scandale très peu de temps, en raison de l'immunité dont bénéficient les grandes fortunes impliquées dans le jeu politique.

Le partage de l'Europe

En Europe, les États-Unis mirent en place un astucieux plan de relance, le plan Marshall. Il permit de financer la reconstruction de l'Europe de l'Ouest et stimuler une activité économique dont les États-Unis furent très largement bénéficiaires. La relance de la consommation en Europe permit en effet d'assurer des débouchés commerciaux aux entreprises américaines. Au plan militaire, les Etats Unis créèrent l'organisation du traité de l'Atlantique Nord réunissant leurs alliés (OTAN) et poussèrent à la constitution de l'Union européenne.

Dans le bloc communiste, l'URSS créa elle aussi son alliance : le pacte de Varsovie. L'URSS imposa ses choix au niveau des politiques nationales des pays laissés sous son influence. En quelques années le modèle de la dictature communiste fut étendu en Europe de l'Est. La montée de la pauvreté et le manque de liberté d'expression conduisirent à des mécontentements croissants. En Hongrie, en 1956, une révolution conduite initialement par des étudiants s'organisa contre l'oppression communiste soviétique, détruisant les symboles tels que drapeau et statue de Staline. Après avoir envisagé une solution négociée, l'URSS envoya finalement son armée sur la capitale et réprima dans le sang la tentative d'ouverture du peuple hongrois. Cet exemple servit d'avertissement pour les autres pays membres du pacte de Varsovie et contint toute tentative d'émancipation jusqu'à la chute du mur de Berlin en 1989.

Le découpage du Proche et Moyen-Orient

Une des premières résolutions de l'ONU fut de reconnaître les frontières d'un nouvel État cédé par l'Angleterre aux victimes d'un peuple persécuté par les nazis : Israël. Cette décision fit suite à des promesses faites à l'issue de la Première Guerre mondiale (la déclaration Balfour), mais qui avaient été remises en cause ensuite avec l'interdiction pour les juifs de retourner en Palestine décrétée en 1939 par les Anglais. Cette interdiction avait été prononcée en raison de la nécessaire alliance avec les musulmans du Proche Orient pendant la Deuxième Guerre mondiale. Un travail de lobbying intense fut déterminant afin que les représentants des pays présents à l'ONU votent l'approbation de la création d'Israël. Cependant, l'octroi d'un territoire de culture principalement musulmane à une population juive fut perçu comme une provocation par tous les pays du Proche et Moyen-Orient. Leur réaction fut immédiate. Dès la proclamation de l'État d'Israël en 1948, les pays limitrophes s'allièrent pour l'envahir. À la surprise générale, le petit État nouvellement créé trouva les ressources militaires suffisantes pour repousser ses ennemis et même étendre ses frontières. Un cycle infernal de conflits s'engagea, ponctué par plusieurs crises : Crise de Suez en 1956, Guerre des six jours en 1967, Guerre du Kippour en 1973, première guerre du Liban en 1982, deuxième guerre du Liban en 2006.

L'enjeu du pétrole iranien

Dans toutes anciennes colonies, l'exploitation technique du pétrole était trop complexe pour être gérée par les pays disposant de ces ressources. Les investissements pour trouver les bons forages étaient conséquents et toute la technologie pour en gérer l'exploitation massive resta aux mains de grandes entreprises étrangères.

Le deal était donc simple : permettre aux entreprises étrangères d'exploiter cette ressource en échange d'un petit pourcentage sur les bénéfices pour les pays détenteurs de ces richesses. Les pays d'Afrique, du Moyen-Orient et d'Asie se résignèrent aux termes de cet échange. De grandes compagnies pétrolières ont ainsi généré des profits colossaux qui ont pu leur permettre de financer des partis politiques favorables à leurs stratégies et d'être écoutées avec attention dans le cadre de politiques internationales. Aux compagnies européennes s'ajoutaient celles des États-Unis qui ne comptaient pas se limiter à l'exploitation du pétrole sur le sol américain. Une des premières interventions majeures en ce sens fut conduite en Iran avec des effets dont nous subissons aujourd'hui encore les conséquences. Nous devons prendre le soin de détailler cet épisode clé.

La première crise iranienne.

En 1951, les ouvriers de la plus grande entreprise d'exploitation pétrolière d'Iran se soulevèrent pour contester leurs conditions de travail. Leurs grèves bloquèrent l'exploitation des gisements d'Abadan. Un leader prit la tête du mouvement contestataire en réclamant la nationalisation des forages. Le charismatique Mossadegh accéda ensuite démocratiquement au pouvoir. Extrêmement populaire, il condamna les traités signés par ses prédécesseurs et qui faisaient la part belle à la British Petroleum qui ne reversait qu'une très faible partie de ses bénéfices à l'Iran. Ces traités constituaient évidemment une forme d'abus et Mossadegh s'opposa à l'idée de brader le pétrole de son pays au nom d'un bout de papier signé inconsciemment par ses prédécesseurs dans des conditions douteuses. Il fit donc nationaliser les compagnies pétrolières et entreprit le développement de son pays. Démocrate conduisant l'Iran sur la voie du progrès, Mossadegh fut considéré comme un personnage éclairé et se vit décerner le titre « d'homme de l'année » par le journal Times Magazine. Dans les milieux d'affaires, on ne digéra cependant pas la perte de profit provoquée par nationalisation des exploitations pétrolière. Une alliance se noua. Le pétrole iranien devint « rouge », ce qui signifiait que les alliés de l'Angleterre devaient le boycotter. Cette mesure ne fut cependant pas suffisante. Pour les Anglais, il fallait à tout prix renverser ce personnage gênant, et ils firent appel au président américain pour conduire une opération. Ce dernier refusa pour des raisons de principe. Son successeur en revanche se laissa convaincre par les arguments mensongers des Britanniques qui prétendirent que Mossadegh allait se rapprocher de l'URSS (ce qui était faux, mais crédible). Pour autant, les États-Unis qui avaient déjà soutenu des coups d'État dans plusieurs pays d'Amérique Latine, craignaient que leurs

---

manœuvres militaires se heurtent à une résistance de la population. Une nouvelle stratégie fut testée. On confia la mission à une personne de confiance : le petit fils du président Roosevelt. Du nom d'Ajax, cette mission consista à faire renverser Mossadegh en totale discrétion. Pour cela Kermit Roosevelt paya des manifestants pour troubler l'ordre public, des casseurs qui saccagèrent des commerces en se faisant passer pour des soutiens de Mossadegh. En dernier lieu, il fit appel à des mercenaires qui déclenchèrent un début de guerre civile. L'opération de déstabilisation fut accompagnée par la préparation du retour du roi, le Sha d'Iran. En quelques semaines l'opération aboutit à un succès. Mossadegh fut accusé de trahison, d'abord condamné à mort puis finalement exilé, tandis que le Sha fut installé au pouvoir. En échange de leurs loyaux services, les Américains héritèrent d'une part du gâteau : les bénéfices du pétrole iranien furent en effet essentiellement partagés entre les Britanniques et les Américains. Cette expérience d'ingérence sans l'emploi des armes s'avéra efficace et peu coûteuse. Elle est documentée dans les archives de la CIA (rendues publiques en 2013) comme une méthode conseillée pour être réutilisée dans d'autres contextes.

Les conséquences à moyen terme furent dramatiques, dans le sens où la politique autoritaire et désastreuse du Sha conduisit à une opposition populaire qui se mua en un mouvement religieux radical. L'opposition au Sha reposa en effet sur la condamnation de son rôle de relais des intérêts américains. Cette opposition aux Etats-Unis se traduisit par un rejet de l'Occident et s'appuya sur l'identité islamique perse. L'opposition au Sha d'Iran et au néocolonialisme aboutit ainsi en un mouvement politico-religieux islamique. Pendant plus d'une vingtaine d'année, la colère et la haine nourrirent un fanatisme religieux qui déboucha finalement sur le renversement brutal du gouvernement en 1979 et sur la prise du pouvoir par l'Ayatollah Khomeiny. Il se fit l'ambassadeur de la révolution islamique. Pris de cours, les Américains furent cette fois-ci dans l'impossibilité de trouver une parade discrète, comme la CIA avait su en mettre en œuvre. La manœuvre fut plus globale, en faisant intervenir un autre allié, l'Arabie saoudite à travers son soutien au conflit entre le voisin irakien et l'Iran. Cette guerre qui dura dix ans épuisa les deux protagonistes. Pour comprendre cette nouvelle phase, nous devons cependant rappeler quelques éléments sur l'histoire de ces deux pays après la Deuxième Guerre mondiale : l'Arabie Saoudite et l'Irak.

L'exception irakienne

Un pays semble avoir échappé à la stratégie des anciennes puissances coloniales pour s'approprier l'exploitation du pétrole : l'Irak. Ce pays doit sa liberté à l'action d'un ambitieux personnage, petit orphelin élevé à la campagne et au destin exceptionnel, qui devint rapidement une icône du monde arabe : Saddam Hussein.

L'Irak avait été rapidement identifié comme un pays très riche en ressources pétrolières. Dès 1927, Français, Anglais et Américain créèrent l'*Irak petroleum*, une compagnie dont ils se partageaient les bénéfices, ne laissant que 5% pour le pays. L'Irak, indépendant depuis 1932, connu de nombreux troubles politiques avec de successifs coups d'Etats. Saddam Hussein, actif leader du parti Ba'as réussit l'un d'entre eux en 1963, lors de la révolution du ramadan. Écarté du pouvoir, et faisant même un passage en prison, il reprit les rênes du pouvoir cinq ans plus tard en 1968 où il devint numéro deux du pays. Ses méthodes furent celles d'un tyran impitoyable n'hésitant pas à faire exécuter tous ceux qui le contestaient. Dès l'année suivante, des opposants furent pendus en place publique. L'évènement fit le tour du monde tout en faisant passer un message clair à ses ennemis.

Le dictateur avait de grands projets pour son pays et une stratégie bien établie. Il comptait récupérer l'exploitation du pétrole tout en sachant que les compagnies pétrolières ne le laisseraient pas faire. L'exemple du renversement de Mossadegh était encore présent dans les esprits. Afin de neutraliser les influences américaines, Saddam Hussein s'allia avec les Russes avec lesquels il signa un traité d'amitié en 1972. Ce signal fort et lui permit d'engager les pourparlers pour la nationalisation du pétrole avec une carte maîtresse. Sa tentative se transforma en succès et le propulsa en leader du monde arabe, lui qui avait su libérer son pays de la tutelle occidentale. Puis, en 1973, le choc pétrolier provoqué par l'Arabie Saoudite fit bondir les ressources financières de l'Irak. Saddam Hussein lança un grand programme de développement et de scolarisation. À la grande différence de l'Arabie Saoudite, il mena une action laïque, sans aucun tabou sur la modernité.

En 1979, Saddam Hussein accéda enfin au pouvoir suprême et débuta son règne par un nouvel acte de terreur. Une liste de 21 personnes accusées de haute trahison furent fusillées sur le champ. Toute forme d'opposition interne fut muselée, lui laissant une marge de manœuvre totale.

Cependant, sur la scène internationale, le voisin iranien s'était engagé sur la voie du radicalisme religieux. L'Iran est un pays perse et non arabe, mais il est de confession chiite comme dans la majeure partie de l'Irak. Une contagion révolutionnaire était donc possible. Encouragé par l'Arabie Saoudite et le Koweït qui craignaient eux aussi la montée en puissance du chiisme iranien, Saddam Hussein parti à l'assaut de l'Iran et de ses zones d'exploitation pétrolière d'Abadan. À sa grande surprise, l'ennemi résista farouchement et le conflit s'enlisa. Il dura 8 années.

Beaucoup d'experts estiment que les Américains et Russes souhaitaient l'affaiblissement de l'Iran sans que ses frontières ne soient changées. Une guerre longue et épuisante était la meilleure solution pour atteindre ce résultat. Elle aura duré jusqu'en 1988 et coûté près d'un million de morts. Le gouvernement iranien s'était par ailleurs fortement endetté en équipements militaires notamment et les efforts demandés à la population furent importants. Au lendemain de la guerre contre l'Iran, des mouvements indépendantistes au nord du pays s'exprimèrent. Il s'agissait des minorités kurdes à qui Saddam Hussein avait autrefois promis une certaine autonomie, mais qui avaient aussi la malchance d'habiter une zone d'importante exploitation pétrolière. La répression de Saddam Hussein fut terrible, allant jusqu'à faire usage d'armes chimiques sur les populations civiles.

Un autre problème, économique cette fois, apparut. Le Koweït, pays indépendant depuis 1961, décida en effet d'augmenter sa production de pétrole de 20%, provoquant une chute importante du cours de cette ressource. Pour Saddam Hussein, il s'agissait d'une véritable trahison. Il réclama l'annulation de la dette contractée auprès de ce pays pendant la guerre contre l'Iran, mais évidemment sans succès. Le leader irakien envisagea alors d'annexer le Koweït, ce qui lui permettrait par ailleurs d'accéder à ses gigantesques réserves. Au cours d'un entretien historique avec l'ambassadrice des États-Unis, il fit part de ses projets pour savoir quelle serait la réaction américaine. Au lieu de l'en dissuader, on lui répondit que les affaires entre Arabes ne concernent pas les États-Unis, lui donnant ainsi un feu vert diplomatique ; en réalité un piège redoutable.

En 1990, l'Irak envahit le Koweït en quelques heures et se rendit maître de ses champs pétrolifères sans aucune difficulté. Contrairement à ce qui lui avait annoncé, la réaction des États-Unis fut vive. L'Égypte, la Syrie et l'Arabie Saoudite firent alliance avec les États-Unis. Au niveau des Nations Unies, une coalition fut constituée et dès 1991, l'opération tempête du désert fut lancée pour libérer le Koweït. Elle fit 100 000 morts irakiens.

Mais que faire ensuite ? La coalition s'arrêta à la frontière koweïtienne. Au niveau du gouvernement américain, on cogita évidemment sur la suite à donner à ces évènements. Il devint manifeste qu'il y aurait de nombreux intérêts à ce que Saddam Hussein soit renversé. L'affaiblissement de l'Irak permettrait de renforcer Israël, l'allié historique. La chute de Saddam serait un prétexte pour occuper militairement la zone centrale du Moyen-Orient. Un gouvernement pro-américain, monté en réaction au dictateur permettrait aux États-Unis de gagner de l'influence. Comme l'Irak était un pays arabe fortement laïcisé, ce scénario pouvait sembler crédible.

Un embargo fut donc déclaré contre l'Irak. Le prétexte permettant de déclarer officiellement la guerre se fit attendre une dizaine d'années : les attentats du World Trade Center. Bien que le lien avec l'Irak soit difficile à établir, le président américain George Bush réussit à convaincre son opinion de son implication et de la menace que représentait l'Irak pour l'humanité, avec des « armes de destruction massives » en sa possession. Les vraies raisons de l'attaque du World Trade Center étaient d'un ordre tout à fait différent, comme nous allons le confirmer à travers l'histoire de l'ascension de l'Arabie Saoudite.

Le parcours saoudien

L'histoire récente de l'Arabe saoudite illustre et éclaire les ressorts du radicalisme islamique et la responsabilité de l'Occident dans son développement.

Reprenons son histoire au 18e siècle, alors que l'Arabie était encore une terre de chaos où se côtoyaient une multitude de tribus sans cohésion. À cette époque, certains éprouvèrent la nostalgie de la période où l'Islam rayonnait sur le monde et où l'Arabie était au cœur d'une fantastique unité. Un certain Mohammed el Saoud, chef de tribu, fit le projet de reconstituer cette unité. Pour cela, il s'allia à une faction religieuse extrémiste, les wahhabites, qui soutenaient que l'Islam reviendrait sur le devant de la scène par la force des armes et par une purification des pratiques. Un peu plus d'un siècle plus tard, en 1902, Abdel Aziz Saoud tenta à nouveau de reconstituer une unité arabe en s'alliant avec une tribu de Bédouins wahhabites : les Ikhwans. En 1926, ils s'emparèrent de la grande mosquée de la Mecque et prirent le pouvoir. Abdel Aziz, qui caressait l'idée de fonder un État moderne, se heurta à l'ambition conquérante des Ikhwans qui souhaitent quant à eux continuer de propager l'Islam par la guerre. Il réussit cependant à s'allier avec les oulémas qui déclarèrent dans une fatwa, donc après avoir été officiellement consultés, qu'il ne fallait pas s'opposer au roi, manière de lui accorder, en quelque sorte, les pleins pouvoirs religieux et politiques.

Peu de temps après, en 1932, l'Arabie Saoudite prit naissance en tant que pays, prenant le nom de son souverain. Pour asseoir son règne, le roi Saoud, qui était encore à la tête d'un État composé de tribus, épousa une fille de chacune des chefs de tribus soumis et donna naissance à 45 fils légitimes. Sur le plan économique, il ne disposait cependant que de faibles ressources, essentiellement les impôts consentis par les pèlerins de la Mecque. Une opportunité se présenta cependant : l'exploitation du pétrole. À cette période, on pouvait que supposer l'existence de ce pétrole en se basant sur l'existence des gisements dans les pays voisins de l'Iran et Irak. Le roi consentit en 1933 à la création de la compagnie américaine ARAMCO (*Arabian American Oil Company*) qui initia le travail de prospection et, en quelques années, l'exploitation pétrolière commença à prospérer. Elle fonctionna dans des sortes de camps tenus par les Américains, à l'écart de la population.

À l'issue de la Seconde Guerre mondiale, le président Roosevelt, qui avait pu mesurer l'importance de l'approvisionnement en pétrole dans les conflits armés, fit de la question du pétrole un sujet de sécurité nationale. Il partit à la rencontre du roi Aziz et sa délégation qu'il invita sur un porte-avions. A cette occasion, il scella un accord dont l'esprit persiste encore aujourd'hui : l'accès au pétrole saoudien à bon marché en échange de la protection militaire des États-Unis. Cette protection prit plusieurs formes. Elle consista à former l'armée saoudienne, apporter un soutien militaire en Arabie, mais aussi hors de ses frontières, pour pacifier toute la zone du Golfe. Un sujet épineux ne trouva cependant pas d'issue dans les discussions ; celui de la création d'Israël, qui n'était encore à cette époque qu'à l'état de projet. Pour le roi saoudien, la création d'un État pour les juifs devrait plus logiquement être instaurée sur les terres de l'Allemagne que sur celles des Arabes. Roosevelt promit de tenir compte de cet avis, mais son successeur, Truman se positionna différemment. Les États-Unis apportèrent tout leur soutien à la création de l'État d'Israël suite à la partition de l'Empire britannique.

Le roi Aziz, fortement contrarié de cette décision, considéra néanmoins les questions de sécurité de son pays prioritaires par rapport à la question palestinienne. La région du golfe abritait bon nombre de pays frontaliers chiites qui pourraient convoiter les richesses de l'Arabie. Les relations avec les États-Unis continuèrent donc de se développer sur la base de leur entente pétrole contre sécurité. L'importance de l'Arabie Saoudite pour les Américains prit par ailleurs une autre dimension avec le coup d'État de Nasser en Égypte. Le nouveau dirigeant dans un esprit de revanche envers les Américains pouvait très bien devenir un allié de l'URSS et devenir une base de rayonnement pour le communisme. Sur ce point le roi Saoud apparut comme un rival à Nasser. Malheureusement, son attirance pour l'alcool, son côté superficiel et son absence de sens politique le desservirent. Son pays, malgré les ressources apportées par le pétrole dériva jusqu'à se trouver au bord de la faillite. Son abdication fut donc organisée pour laisser la place à son frère Faysal, qui dirigeait déjà les négociations avec les intérêts américains de longue date. Les Oulémas furent évidemment fortement impliqués dans cette opération.

Le nouveau roi prit alors l'initiative d'engager son pays dans la modernisation. Il favorisa l'accès à la consommation et l'importation des produits occidentaux. Il conduisit également quelques réformes sociales comme l'ouverture de l'éducation aux filles et d'autorisation de l'usage de la télévision. À chacune de ses initiatives, il dut affronter les résistances des oulémas qu'il fallait convaincre avec habileté. La télévision fit en particulier débat, considérée comme un symbole de l'Occident décadent.

Sur le plan de la politique étrangère, Israël devint un des principaux soucis du monde arabe. En 1967, les pays arabes se liguèrent contre Israël dans le but de faire disparaître ce pays. Malgré la coalition entre tous ses voisins, Israël sortit victorieuse, conquit Jérusalem et agrandit même son territoire qui quadrupla de dimension (la guerre des 6 jours). L'aide américaine, notamment par leur dotation en armements, fut décisive dans cet affrontement. Pour l'Arabie Saoudite, il s'agissait d'une trahison, mais le président américain fit la promesse que son pays interviendrait pour faire libérer les nouveaux territoires occupés. Cette belle promesse ne fut évidemment pas tenue et conduisit les Arabes à mener une deuxième guerre, déclarée le jour férié de la fête du Kippour et qui prit donc le nom de guerre du Kippour. Le conflit prit une dimension politique internationale encore plus importante dans la mesure où l'URSS avait équipé les Arabes, tandis que les États-Unis avaient réalisé un pont aérien pour approvisionner Israël. C'est encore Israël qui triompha et la colère du roi Faysal redoubla envers les États-Unis. Le roi entra en négociation avec les États-Unis, il menaça puis décréta un embargo qui dura cinq mois. Une seconde décision fut prise au sein de la toute récente organisation des pays producteurs de pétrole. Le prix du pétrole, qui n'avait pas bougé pendant des années, passa de 2$ le baril à 17$. Cette hausse vertigineuse, en réalité, n'est pas aussi simple à interpréter que ce qu'en prétendent encore certains manuels d'histoire. D'un côté, le gouvernement des États-Unis subit de plein fouet cette réaction. De l'autre, les puissantes compagnies pétrolières américaines tiraient un énorme bénéfice de la hausse des cours. Il existe donc une polémique au sujet de la manipulation de l'Arabie Saoudite qui aurait été habilement poussée à faire monter les cours en réduisant sa production. Grâce à cette augmentation, les bénéfices record des compagnies américaines ont en effet permis de se lancer dans la mise en valeur de gisements en mer du Nord et dans le Golfe du Mexique.

L'embargo contre les Américains posa en revanche un sérieux problème politique. Dans un premier temps, les États-Unis envisagèrent d'employer la force et d'organiser un débarquement, mais des négociations habiles permirent d'éviter d'en arriver là. Le roi Faysal se laissa en effet convaincre de la priorité de la lutte contre le communisme et l'approvisionnement en carburant des troupes américaines au Vietnam. Comment cependant sauver la face au regard des fidèles saoudiens qui attendaient de leur roi un comportement digne d'un leader national ? La solution diplomatique qui fut trouvée consista à fermer les yeux sur une exportation illégale et le non-respect de l'embargo qui fut donc brisé dans le secret.

Cette crise eut des retentissements considérables sur la scène internationale. En Europe, le choc de la hausse du pétrole marqua le début de difficultés économiques et l'apparition d'un chômage qui ne cessa d'augmenter jusqu'à nos jours. En Arabie, l'augmentation des ressources permit de lancer un plan d'investissement colossal qui s'accompagna d'une immigration de main d'œuvre exceptionnelle. Sur les 16 millions d'habitants que comptait l'Arabie, on pouvait compter près de 7 millions d'immigrés, soit plus du tiers de la population. La transformation du pays s'opéra à une vitesse fulgurante. Le confort matériel, les changements d'habitude et de mode de vie perturbèrent la population. Le choc culturel fut vécu par certains comme une agression, une atteinte aux valeurs de l'Islam, et ce d'autant plus que les sommes considérables d'argent qui étaient drainées généraient évidemment un fort niveau de corruption.

En 1979, la réaction des conservateurs fut retentissante. La mosquée de la Mecque fut prise d'assaut par un groupe radical de musulmans qui prétendaient qu'un nouveau messie allait arriver. Il s'agissait des descendants des Ikhwans, les fanatiques à l'origine de la reconquête de l'Arabie. Bien que le site autour de la Ka'ba de la Mecque soit un lieu saint où aucune violence n'était habituellement tolérée, les oulémas autorisèrent, par une fatwa, une intervention musclée. Avec l'appui des forces spéciales françaises et l'utilisation de gaz, une opération coup de poing fut montée. Après 18 jours de résistances, les 93 insurgés furent maîtrisés et exécutés.

Tous ces évènements illustrent plusieurs composantes de la situation en Arabie. D'une part, la cohésion nationale repose sur l'idéalisation d'un ordre originel, discipliné et respectueux des règles. Le pouvoir lui-même repose en grande partie sur la soumission du peuple à ses dirigeants de lignée dynastique. Tout affaiblissement du pilier religieux risque de remettre en cause cette légitimité, comme cela a été le cas dans la plupart des autres pays du monde. Dans le même temps, la compromission avec l'Occident est nécessaire, d'un point de vue économique et sécuritaire. Le bon fonctionnement de l'économie est aussi une condition de la stabilité politique. Les États-Unis ont su jouer de cette situation paradoxale pour disposer d'un pétrole à bon prix, puis pour exporter leurs productions civiles et militaires, tout en disposant d'un allié contre le rival historique iranien. Le double jeu régional des États-Unis et leur alliance avec Israël a néanmoins débouché aussi sur une opposition culturelle avec le monde arabe. L'anti-américanisme sert paradoxalement les autorités d'Arabie Saoudite pour faire valoir un semblant d'intégrité morale et justifier leur régime dynastique. Le radicalisme islamique sert ces mêmes intérêts de politique intérieure. Sans ce rempart, le matérialisme risquerait de conduire irrémédiablement à l'affaiblissement religieux, puis la démocratie et donc la chute du pouvoir royal.

L'autonomisation des pays d'Asie

Déplaçons-nous à présent un peu plus à l'Ouest, sur le continent asiatique. À l'issue de la Deuxième Guerre mondiale, un autre conflit de longue date y fut résolu : celui pour l'indépendance de l'Inde. Un avocat indien d'une ténacité exceptionnelle fut à l'origine de cette victoire : Gandhi. L'histoire de l'indépendance de l'Inde est indissociable de celle de sa vie. Nous allons prendre le temps de nous étendre quelque peu sur la vie de ce personnage dont l'empreinte historique continue d'inspirer aujourd'hui encore de nombreux leader.

Gandhi (1869-1948)

Le personnage de Gandhi est connu pour sa méthode dite de non-violence, souvent commentée comme relevant de la culture hindoue, culture dans laquelle il fut effectivement élevé. Il fut surtout un homme de principe attaché au respect des règles de justice.

Gandhi fut élevé en Inde, dernier fils d'une famille aisée de la caste des marchands. Il grandit dans la culture hindoue, attachant une importance déjà forte à l'éthique et au respect de la morale dont il pensait qu'elle avait un pouvoir d'influence sur les évènements. Son mariage fut arrangé par sa famille

---

et il perdit un enfant, peu de temps après sa naissance. Gandhi pensa qu'il payait ainsi le fait ne pas avoir assisté aux derniers instants de son père, étant occupé à assister à l'accouchement de son épouse. On peut supposer que la succession de traumatismes (perte de son père, puis de son premier enfant) ont forgé sa personnalité.

Malgré les mises en garde de sa famille et le bannissement de sa caste, il décida de partir en Angleterre suivre des études d'avocat. Il tenta de s'intégrer dans ce nouveau contexte tout en conservant ses repères moraux. Il s'impliqua notamment dans la vegetarian society, où il exerça quelques responsabilités. Il s'intéressa également aux religions des autres communautés et notamment au christianisme, dont il retint les principes de sacrifice et d'ouverture à l'ennemi (tendre la joue).

De retour en Inde, Gandhi éprouva des difficultés à exercer. Il saisit l'occasion qui lui était donnée de partir travailler en Afrique du Sud. Il y fut confronté à la fois au racisme et à l'injustice avec des lois qui ne reconnaissaient pas les mêmes droits aux Anglais de souche et aux Indiens privés du droit de vote. Pendant une dizaine d'années, il tenta de défendre les droits de sa communauté par tous les moyens légaux. À cause des propos qu'il tint dans la presse indienne lors d'un de ses passages en Inde, Gandhi se trouva ciblé par les Anglais comme un agitateur. Ils tentèrent notamment de refuser l'accostage du bateau qui le transportait pour son retour en Afrique du Sud.

Gandhi organisa plus tard un premier acte de désobéissance civile, lorsque le gouvernement voulut imposer aux Indiens l'utilisation d'une carte d'enregistrement. Le bras de fer dura 7 années au cours desquelles de nombreux Indiens furent emprisonnés dont Gandhi lui-même. Cependant, la dureté des autorités souleva des critiques dans l'opinion publique et Gandhi remporta finalement son combat. Il obtint également la négociation sur d'autres points tels que des taxes exorbitantes que les Indiens travailleurs libres devaient verser.

C'est à l'occasion de ces premiers défis que Gandhi amorça une correspondance avec l'écrivain russe Léon Tolstoï, alors très âgé mais d'une grande notoriété. Gandhi s'est proclamé être un disciple de Tolstoï, qui apportait une vision relativement originale de la morale et de la politique. Pour le russe, il convenait de retourner à l'esprit des évangiles et se détourner de toutes les Églises qui en avaient déformé le message. Il voulut défendre la liberté des faibles par la pratique de la vertu et non par l'affrontement. Il développa l'idée centrale que c'est par la grandeur spirituelle que l'on gagnait sa légitimité et que la violence ne permettait donc pas d'accéder à un pouvoir durable. Gandhi appliqua avec ferveur ce principe qui rejoignait ses conceptions religieuses sur le lien entre succès et éthique.

À deux occasions, Gandhi plaida ainsi pour que les Indiens se rangent sans condition du côté des Britanniques dans des conflits armés. La première fois durant la guerre du Boer et la seconde lors d'une rébellion zoulou. Il organisa durant ces deux conflits un service de brancardiers, tout en souhaitant que les Indiens puissent être armés pour défendre les intérêts britanniques. À cette période, Gandhi croyait encore en la bonne volonté des Britanniques qui concéderaient aux Indiens un traitement juste par reconnaissance de leurs services rendus.

Lors de l'entrée en guerre de l'Angleterre dans la Première Guerre mondiale, Gandhi qui était retourné en Inde et avait fondé un ashram (école spirituelle), prôna l'engagement des Indiens dans l'armée britannique. Il espérait une nouvelle fois une reconnaissance pour ce geste, mais sa manœuvre échoua.

Après la guerre, Gandhi s'engagea sur une autre stratégie, cette fois-ci auprès des paysans forcés de cultiver l'indigo (un colorant) au lieu de production alimentaire et qui étaient touchés par des famines. Même s'il remporta apparemment un succès limité dans les négociations, la mobilisation du peuple à laquelle il était parvenu constitua une victoire politique majeure. La notoriété de Gandhi commença à grandir, autant pour son action politique que pour sa grandeur morale. On le qualifia désormais de Mahatma, « la grande âme ».

Il s'engagea ensuite dans des mouvements de protestation qui dégénérèrent et où il condamna indifféremment la violence, qu'elle émane des Indiens révoltés aussi bien que des colons. Puis il s'engagea sur une voie politique radicale : la demande de l'indépendance totale de l'Inde. Il organisa le boycott de la consommation des produits anglais, de leurs écoles et du travail dans l'administration britannique, espérant bloquer ainsi la minorité anglaise qui régissait l'Inde.

Son initiative rallia une grande partie des Indiens, mais conduisit à un durcissement qui menaçait de dégénérer. Gandhi décida de stopper son appui aux boycotts, mais fut arrêté malgré tout pour « subversion » et condamné à 6 ans de prison. Suite à une crise d'appendicite, il fut cependant libéré au bout de deux ans. Il reprit alors son action.

Il engagea la célèbre marche du sel, ralliant des milliers d'Indiens dans une marche de 400km à travers le pays pour aller chercher chacun une poignée de sel dans une ville du bord de mer, malgré l'interdiction anglaise qui taxait le commerce du sel. 60 000 Indiens et Gandhi lui-même furent arrêtés, mais la violence des forces policières provoqua une réaction de l'opinion publique. Gandhi devint un interlocuteur incontournable dans les négociations. Il conduisit son action politique sur plusieurs fronts, pour la défense des droits des intouchables comme celui de l'indépendance. Son parti obtint la promesse de la constitution d'une fédération, qui n'aboutit cependant pas.

Puis survint la Seconde Guerre mondiale. Cette fois-ci, Gandhi conditionna l'implication des Indiens à l'évacuation de l'Inde par les Anglais. Cette position, le « quit India », s'accompagna, malgré les appels aux calmes de Gandhi, de violences dans le pays. Ces incidents, qui lui furent imputés en raison de son discours, lui valurent une nouvelle arrestation. Pendant cette nouvelle détention, il perdit deux êtres chers, son plus proche conseiller puis son épouse victime d'une pneumonie. Lui-même tomba gravement malade et les Anglais décidèrent de le libérer en 1944, par crainte qu'il ne devienne un martyre. Son combat, à travers son parti et les actions qu'il avait menées poussèrent enfin les Anglais à envisager de se retirer.

En 1947, le nouveau gouverneur des Indes prépara l'indépendance et proposa la création de deux États, l'un musulman et l'autre hindou. Ce morcellement s'intégrait dans une stratégie d'affaiblissement par la division qui devrait permettre à l'Angleterre de conserver une domination économique. Gandhi s'y opposa, mais son parti politique ne le suivit pas. La ligue musulmane, favorable à une partition de l'Inde qui lui permettait d'avoir son propre Etat refusa toute concession. L'indépendance, déclarée en 1947, aboutit ainsi à la constitution de deux États musulmans (Pakistan, Bengladesh) et un État hindou, l'Inde. La migration des adeptes de ces deux religions dans leurs territoires respectifs s'accompagna de violences et de milliers de morts. L'Inde, qui devait verser une somme conséquente au Pakistan se refusa également à respecter cet engagement. Gandhi entama alors une nouvelle grève de la faim pour appeler à la réconciliation. En raison de son âge avancé, cette décision fit craindre qu'il ne meure et émut l'opinion publique. Gandhi affirmait de son côté qu'il préférait mourir plutôt que d'assister au déchirement de la population. Finalement, il obtient une nouvelle fois gain de cause, parvenant par son renoncement au « miracle » de la réconciliation.

Il fut pourtant abattu peu de temps plus tard par un homme lui reprochant de n'avoir pas assez défendu les intérêts des hindous contre les musulmans. Des funérailles exceptionnelles furent organisées suivies de la dispersion de ses cendres dans plusieurs grands fleuves, suivant sa volonté.

Par bien des aspects, Gandhi représente une figure moderne du Christ, selon l'image qui en a été faite dans le christianisme de son époque. Emblématique représentant de l'action non violente, du sacrifice total de soi, Gandhi fut un modèle d'inspiration pour de nombreux leaders indépendantistes qui optèrent pour des mouvements de contestation sans effusion de sang. Cependant, si l'on fait exception de Mandela sur la dernière période de sa vie, les autres leaders se réclamant de l'influence de Gandhi n'ont pas cherché la conversion de leurs adversaires en suscitant la compassion comme il tentait continuellement de le faire. La pensée de Gandhi mêle en effet des influences hindoues sur l'ahimsa (bienveillance), chrétiennes sur le pardon et sur un principe commun qui est la compassion. Son idée maîtresse semble avoir été de compter sur la supériorité de l'éthique sur la force brute.

L'indépendance de l'Inde fut suivie de celle de la Birmanie et du Sri Lanka, l'année suivante. Les Indes néerlandaises obtinrent leur indépendance en 1949, alors qu'elles constituaient une ressource de pétrole majeure pour les Pays Bas. Puis ce fut à la Chine d'occuper le devant de la scène internationale. Dès 1949, Mao Zedong fonda un État communiste en Chine. Il fut non seulement soutenu par tout son peuple, mais s'allia surtout avec son voisin russe. Mao entreprit de redistribuer les terres aux paysans. Il nationalisa l'industrie et le secteur bancaire. Les États unis tentèrent de soutenir militairement et financièrement tous les opposants au communisme dans les pays en voie de basculer sur cette voie. Le premier conflit majeur éclata en 1950 entre la Corée du Nord, communiste, soutenue par l'URSS et la Chine, et la Corée du Sud, soutenue par les États-Unis. Les deux blocs armèrent leurs alliés respectifs et envoyèrent des troupes au front. L'équilibre des forces aboutit à un statu quo en 1953 avec la proclamation de deux États séparés par une zone démilitarisée.

L'Indochine française se fragmenta également. Le peuple vietnamien qui luttait contre la France depuis le départ de l'occupation japonaise en 1945 fut armé par la Chine communiste. Il parvint à vaincre les forces françaises. Suite à la célèbre bataille de Diên Biên Phu qui marqua l'échec de la domination française, la France concéda l'indépendance à ce pays. Libéré de la colonisation, mais sans unité, le Vietnam allait ensuite subir l'affrontement d'oppositions internes entre le sud et le nord communiste.

Pendant une dizaine d'années, une multitude de colonies obtinrent leur indépendance et s'insérèrent, plus ou moins, dans le jeu d'affrontement entre les aspirations socialo-communistes des peuples et la pression des alliés des Russes-Chinois ou Américains pour mettre au pouvoir des dictateurs leur étant favorables. Cette situation qui obligeait à choisir son camp au sein de la guerre froide et donc choisir en réalité son maître protecteur, portait atteinte à une authentique indépendance. L'initiative de Bandung visa à trouver une solution à cette situation :

La conférence de Bandung

En 1955, les leaders des pays ayant obtenu l'indépendance et les leaders conduisant le combat pour l'indépendance dans les colonies se retrouvèrent en Indonésie à Bandung. Ils y échangèrent leurs idées sur les stratégies gagnantes et donnèrent aux mouvements indépendantistes une force collective qui accélérera et intensifia le processus de décolonisation. Le colonialisme fut en effet dénoncé au même titre que la ségrégation raciale et les pays s'accordèrent sur la nécessité d'un soutien mutuel économique et technique. La question des alliances dangereuses avec les Russes ou les Américains nourrit un débat sur le « non-alignement ». Ainsi s'affirma l'idée d'un troisième bloc de pays, ni pro américain ni pro russe : le « Tiers monde ». Une charte de coexistence pacifique fut rédigée. Elle n'excluait pas la possibilité de s'allier militairement pour ses signataires.

Les autonomisations africaines

Après la conférence de Bandung, un autre évènement politique majeur encouragea les colonies à se soulever : l'affaire du canal de Suez.

Elle éclata en Égypte en 1956 à la suite d'une convergence de facteurs politiques complexes. Un premier élément fut la défaite de la coalition arabe contre Israël dans laquelle figurait l'Égypte en 1948. À la suite de cette humiliation, un coup d'État fut fomenté pour évincer le roi. Nasser, un nationaliste fervent accéda au poste de ministre de l'Intérieur puis de Premier ministre. En 1956, les Anglais se retirèrent définitivement de l'Égypte qu'ils occupaient depuis trois quarts de siècle, laissant derrière eux un pays dans un état de grande pauvreté. Nasser, habité par de grandes ambitions, commença sa politique par un projet de construction d'un grand barrage sur le Nil qui devait permettre de développer l'irrigation sur de grandes superficies dans le sud du pays tout en fournissant de l'électricité. États-Unis, Britanniques et Banque mondiale furent les principaux investisseurs intéressés pour soutenir le projet. Mais en cette année 1956, l'Égypte se fit aussi livrer des armes par l'URSS, via la Tchécoslovaquie. Cette forme d'alliance fâcha les États-Unis qui décidèrent d'annuler leur soutien au projet du barrage. Par mesure de rétorsion et en comptant sur les bénéfices que pourrait représenter la nationalisation du canal de Suez, encore aux mains de la « Compagnie Universelle du canal de Suez », Nasser déclara ce canal comme appartenant de plein droit aux Égyptiens et par bloqua l'accès à la partie sud du canal, dans le golfe d'Aqaba. L'enjeu était de taille. D'un côté, l'Angleterre et la France voyaient d'un très mauvais œil la perte de la manne financière que représentait le passage du Canal à l'Égypte et le risque de devoir payer de lourdes taxes pour la circulation de leurs navires commerciaux. Ils trouvèrent en Israël un allié important puisque l'Égypte soutenait les opposants Palestiniens et s'était déjà engagée contre Israël dans le conflit de 1948.

Des négociations internationales s'engagèrent, mais Nasser, soutenu par le géant russe ne céda pas à a pression. Pour les Russes en effet, la perte du canal par les Occidentaux affaiblissait le bloc capitaliste tout en permettant de bâtir une forte alliance avec l'Égypte. L'issue militaire fut inévitable. En secret, France, Angleterre et Israël préparèrent une intervention éclair habilement organisée qui conduisit à une victoire militaire extrêmement rapide. Il n'avait cependant pas été prévu que l'URSS intervienne en exigeant le retrait immédiat des forces étrangères en menaçant l'usage de la bombe atomique. Les États-Unis cédèrent à la pression et menacèrent à leur tour l'Angleterre de faire chuter sa monnaie et couper son approvisionnement en pétrole. L'ONU fut impliquée également et Israël, France et Angleterre se résignèrent à se retirer, tandis que des Casques bleus furent envoyés pour la première fois sur le terrain. Cet évènement consacra la victoire politique de Nasser et constitua un exemple de résistance aux empires coloniaux qui servit de modèle auprès de tous les peuples des colonies.

Une vague de mouvements indépendantistes se déploya. Après le Ghana, la

Tunisie et le Maroc accèdent à l'indépendance en 1956. En Algérie, la revendication pour l'indépendance fut plus complexe. Ce territoire avait en effet absorbé de nombreux émigrants de la métropole pendant plusieurs générations et était parvenu à un stade avancé d'assimilation. Les descendants des colons y possédaient des terres qu'ils exploitent eux-mêmes. Il existait donc des intérêts différents au sein de la population locale. Une partie était de culture chrétienne française de par ses origines et l'autre de culture musulmane. Le rapport de force était à peu près égal entre d'un côté ceux de culture française, minoritaires mais alliés aux forces militaires et ceux de culture musulmane, très largement majoritaires, mais peu armés et moins bien organisés. Après une longue période de guerre civile, le général de De Gaulle prit la décision de mettre fin au conflit en proposant un référendum, reconnaissant au nombre une plus grande légitimité que la force. Ce choix, pour éthique qu'il puisse apparaître, fut probablement surtout commandé par une analyse des difficultés à diriger une région à la double identité culturelle.

De Gaulle proposa le même principe de libre choix à l'autodétermination pour toutes les colonies. À l'issue de ce processus, la France perdit officiellement tous ses territoires éloignés, à l'exception de quelques îles isolées et d'un bout d'Amazonie très peu peuplé, la Guyane française.

Les Anglais appliquèrent une stratégie plus subtile. Ils laissèrent à leurs colonies le choix entre l'autonomie totale et le rattachement au Commonwealth, association qui leur permettrait de défendre leurs intérêts communs. Toutes les colonies d'occupation adhérèrent à ce modèle, formant de par le monde un ensemble de « petites Angleterre », des territoires de culture anglo-saxonne où les autochtones furent réduits au rang de minorités ethniques, formant une classe sociale de déshérités. L'Australie, la Nouvelle-Zélande et l'Afrique du Sud en sont des illustrations.

Ce fut ensuite à la Belgique de céder le Congo, historiquement propriété privée de son roi. Ce pays immense, qui avait été délimité lors de la conférence de Berlin et qualifié de pays de libre échange, accéda à l'indépendance grâce à l'action du leader indépendantiste Patrice Lumumba.

Les derniers à céder leurs colonies furent les Portugais qui tentèrent de conserver leurs conquêtes jusque dans les années 70.

Dans tous ces nouveaux pays, l'unité nationale existait rarement et les peuples s'identifiaient davantage à leurs ethnies qu'à leur nation. Ce problème fut d'autant plus aigu que les frontières des colonies n'avaient jamais pris en compte les facteurs culturels locaux. Ainsi, dans chaque pays, on trouvait une multitude d'ethnies partagées par les frontières. L'unité nationale ne reposait en réalité que sur une langue commune, souvent celle du pays colonisateur. La démocratie, qui n'avait aucun sens dans ces contextes, était impossible à faire fonctionner. Le pouvoir fut accaparé généralement par les représentants des ethnies dominantes, mettant en œuvre un régime fort afin de défendre leurs intérêts et ceux de leurs soutiens. Ces régimes dictatoriaux permirent aux anciens colons de maintenir des relations privilégiées tant il est simple de corrompre un seul homme. Cette corruption passa par des « dons » financiers sous forme de crédits ou des soutiens militaires. Les pays émergents se trouvèrent ainsi englués dans un cercle vicieux, devant emprunter pour développer leur pays tout en acceptant en retour les conditions de ces emprunts, c'est-à-dire des accords commerciaux déséquilibrés. Pour la France, ces accords étaient vitaux, car la métropole ne disposait pas de sources d'énergie et plusieurs pays d'Afrique disposaient d'importantes ressources pétrolières et minières. La grande compagnie Elf exploita le pétrole des anciennes colonies du Golfe de Guinée. Au Niger, les mines d'Uranium permirent à la France d'approvisionner ses centrales nucléaires à bon marché.

En toile de fond, les États-Unis surveillaient partout les dérives vers les formes communistes, craignant que l'URSS ne se fasse de nouveaux alliés. Ils financèrent et armèrent tous les opposants au communisme et firent intervenir la CIA quand cela fut jugé nécessaire. Cette agence intervint dans plusieurs centaines d'opérations clandestines.

Les étapes chronologiques

La Deuxième Guerre mondiale provoqua un traumatisme suffisant pour accepter la création de puissantes instances internationales destinées à équilibrer le monde et le pacifier. Plusieurs organisations furent imaginées et progressivement mises en place pour réguler les tensions entre pays et limiter les risques de conflits (ONU, OMC, FMI, Union européenne).

Ces nouvelles règles, associées à la fragilisation des puissances européennes, eurent aussi pour effet l'effondrement des empires coloniaux et une vague d'indépendances. Le morcellement de l'échiquier géopolitique entraîna les États-Unis à intervenir pour contrer tous les élans anticapitalistes émergeant, en finançant et en armant les courants politiques alliés. La Russie défendit en réaction les élans révolutionnaires, ne serait-ce que pour rétablir un équilibre des forces au niveau mondial entre alliés des deux grands blocs. Cette « guerre froide » se poursuivit de longues années, militairement, politiquement, économiquement sur la plupart des continents, intensifiant les dynamiques de décolonisation.

Sur le terrain du Moyen-Orient, zone stratégique pour l'approvisionnement en pétrole, des jeux d'alliances délicats permirent de circonscrire les guerres dans un périmètre restreint (Israël, Iran, Irak). Les oppositions identitaires entre des populations attachées à des religions différentes et les ingérences étrangères au nom de principes universels dissimulant des intérêts économiques, ne trouvèrent pas d'issue.

Les croyances clés
(Désenchantement/ scientisme, égalité des peuples, illusion d'États nations)

Après la Deuxième Guerre mondiale et la vague de décolonisation, deux évolutions majeures se dessinent au niveau des croyances de notre culture.

La première est liée à un certain désenchantement face à la dure réalité des massacres de la Seconde guerre mondiale. L'idée d'une humanité progressant irrémédiablement vers un avenir radieux prit un sérieux coup. Avec l'arme atomique, les espoirs d'un monde meilleur ont été entachés par une crainte lucide sur les risques d'une fin du monde. Si la confiance en Dieu avait déjà été mise à mal, c'est à présent le destin de l'humanité qui suscite le doute. Une forme de désespoir émane d'une perte de repères réconfortants. On ne sait plus où va le monde et le fait de ne plus lui trouver un sens est angoissant. La confiance de l'Occident se tourne vers le seul domaine qui semble avoir continuellement progressé au fil de l'histoire : la science. La science n'a pas seulement permis des progrès techniques liés au confort, comme l'électricité, l'automobile ou la télévision, mais aussi un essor de la production agricole et de la médecine. Une confiance naïve marque la période d'après-guerre où l'on s'imagine que l'humanité va pouvoir dompter la nature et la mettre à son service, sans que l'on ne songe à la question de l'épuisement des ressources de la planète, ni aux problèmes liés à la pollution.

La seconde croyance forte qui se développe est liée à la vague de décolonisation. L'idée d'une égalité entre les peuples s'affirme sur la scène internationale. Elle se prolonge par l'idée d'un droit à l'égalité entre les personnes de différentes origines et entre les hommes et les femmes. Notons que ces croyances ne portent pas sur l'idée d'une égalité réelle, mais sur l'idée que cette égalité est légitime et défendable sur le plan juridique. La nuance est importante. L'argument selon lequel les êtres humains sont génétiquement différents ne porte en effet pas atteinte à l'idée de droits équivalents. Cette idée généreuse justifiait d'abord et avant tout les revendications indépendantistes et posa la question de frontières au sein desquels s'expriment les votants.

Dans les anciennes puissances coloniales, le choix était assez simple : pour chaque entité coloniale, on s'orienta soit sur le maintien en accordant les mêmes droits aux populations « autochtones », soit sur une rupture avec la création d'un nouveau pays. Il était inévitable que toutes les colonies à fort peuplement autochtones aboutissent à l'indépendance, non pas simplement pour des questions de rapport de force, mais pour des raisons démographiques : aucune démocratie ne pouvait absorber des populations se sentant de cultures différentes sans risquer de perdre leur propre identité et contrôle. L'histoire nous a montré que tous les grands territoires obtinrent leur indépendance, quelle que soit la puissance militaire ou policière des puissances coloniales. Il ne pouvait en être autrement, pour de simples raisons politiques.

Dans de nombreux cas, la question d'un découpage géographique des pays indépendants se posa. À l'exception du cas indien, ce sont les limites administratives dessinées par les empires qui délimitèrent les nouvelles entités. Cette procédure aberrante aboutit à la constitution de pays sans réelle identité culturelle, ni même simplement linguistique, mélanges d'ethnies pour la plupart sans affinités et souvent à cheval sur plusieurs pays.

L'humanité fut ainsi découpée en une multitude d'États dont une grande partie ne possédaient pas d'unité et n'avaient aucune chance d'échapper soit aux dictatures, soit à des gouvernements fantoches manipulés par les anciennes colonies, voire un mélange des deux situations. Ces pays aux frontières artificielles présentaient l'avantage de dresser des barrières contre les tentations de dérives nationalistes guerrières. En contrepartie, les conflits interethniques, avec parfois des génocides, ne furent pas évités. Les Occidentaux crurent et continuent de croire à l'existence de pays là où souvent, des populations se percevaient suivant leurs appartenances ethniques.

Les valeurs

(Le droit des peuples, l'antinationalisme, le multilatéralisme, l'idéalisation d'entités surpra-nationale et d'instances de réglementation, la politisation du monde en blocs)

Le sentiment d'injustice dans la répartition des richesses, aggravée par les crises économiques et les replis nationalistes ont entraîné deux guerres mondiales sanguinaires qui ont profondément traumatisé l'humanité.

Elles ont globalement convaincu les peuples et leurs dirigeants de la **nécessité de mieux contrôler les économies pour éviter les crises, contenir les dérives nationalistes et réguler les relations internationales.**

Nous avons vu que plusieurs stratégies furent combinées pour éviter le retour d'un conflit mondial. La création d'entités supra nationales en fit partie. Elle reposa techniquement sur la conception de nouvelles formes d'échanges économiques, en rendant dépendants les différents pays les uns des autres et en créant des règles qui permettaient de créer de fortes pressions pour tout État qui menacerait l'équilibre global. Sur le plan des valeurs, ce processus s'accompagna d'une idéalisation de l'universalité à travers les programmes des Nations Unies et, plus efficacement, à travers l'unification de grands blocs culturels : l'Europe, l'Amérique Latine, l'Asie du Sud Est, etc. On tenta donc de transformer les idéaux nationalistes en idéaux culturels plus vastes, « continentaux », objectif se heurtant à un problème de taille : celui de la diversité linguistique.

À l'échelle mondiale, des entités furent créées pour créer un cadre commun aux échanges. La réglementation des échanges servait à la fois les intérêts des entreprises pour faciliter leurs activités et ceux des États dont l'économie pourrait profiter. Au-delà de ces questions, la construction de règles communes permit de réguler les tensions entre États autrement que par les armes physiques.

Alors que les cultures monothéistes avaient justifié une forme de colonisation spirituelle (mission civilisatrice), avec l'ambition de guider les peuples d'après une vérité unique, il est apparu que les équilibres, la tolérance et le respect de la différence étaient finalement peut-être préférables. La fin de la Deuxième Guerre mondiale marque donc l'avènement de valeurs de respect entre peuples, et reconnaissance de leurs droits.

Les luttes pour l'égalité entre classes se sont quelque part sublimées dans un idéal **d'égalité des droits entre tous les êtres humains**, quel que soit leur sexe ou leur couleur de peau. Les idéaux monothéistes dévièrent de leur objectif de cohésion autour d'un pouvoir centralisé vers celui d'une harmonie globale. Les courants religieux dominants se mirent au service d'un objectif de paix en s'appuyant sur l'idée que le Dieu unique des différentes religions serait en fait le même. Un genre de fraternité religieuse s'instaura, mais les mouvances radicales n'adhérèrent pas à cette évolution. Les hostilités entre puissances coloniales et pays émergents se nourrirent de différences religieuses permettant d'opposer les différentes cultures. De nombreux mouvements radicaux islamistes prirent leur essor dans ce contexte. Dans plusieurs pays, l'islam symbolisa la résistance aux puissances coloniales chrétiennes, une contestation de leur modèle.

Dans d'autres pays (mais aussi parfois les mêmes), l'opposition aux puissances coloniales s'incarna par un rattachement aux idées marxistes ou socialistes. Beaucoup de peuples estimèrent que le capitalisme, reposant sur le règne des plus forts, prolongeait en réalité leur dépendance aux anciennes puissances coloniales. Ces orientations politiques semblaient comme d'inévitables conséquences d'aspiration à la liberté pour se débarrasser des dictateurs mis au pouvoir avec la complicité des colonisateurs.

En Occident, les évolutions égalitaires portèrent donc atteinte aux intérêts des privilégiés. Leur parade fut de diaboliser toutes les idéologies de gauche et de suivre les États-Unis dans leur stratégie de l'endiguement : empêcher les partis socialo-communistes d'accéder au pouvoir dans tous les pays émergents ou les en chasser. En réaction, tous les mouvements de gauche de la planète s'allièrent contre leur ennemi commun. Voilà comment une rivalité d'intérêts prit la forme d'une guerre idéologique entre deux blocs. Cette opposition, la guerre froide, conduisit à de nombreuses guerres civiles, mais l'embrasement qui aurait pu conduire à une troisième guerre mondiale fut évité.

Pour conclure, les oppositions de valeurs entre traditionalistes et progressistes ont simplement changé de forme au fil des progrès de l'industrialisation. Les idées d'égalité des droits entre humains se sont imposées suite aux atrocités des guerres et aux violences civiles. Les peuples colonisés ont accédé à une indépendance politique, les noirs ont été libérés de l'esclavage et les pauvres ont accédé au droit de vote. Ces évolutions furent imposées par des situations de tension, mais beaucoup n'acceptèrent pas de perdre leurs privilèges. Ils tentèrent de contourner les nouvelles règles entre Etats et au sein de la société en agissant masqués. Le libéralisme économique, drapé d'un discours de liberté, et la défense des entreprises contre l'oppression des pouvoirs communistes furent les nouveaux idéaux promus par les conservateurs. Comme nous allons le voir, la concentration des pouvoirs économiques s'est intensifiée au fil du temps, par de déploiement de stratégies aussi admirables que critiquables.

Des révolutions au matérialisme : la prise de pouvoir des multinationales

Avec la décolonisation et la libéralisation des échanges, les espaces économiques ont été pris d'assaut par un certain nombre d'entreprises qui ont atteint des dimensions considérables. Économiquement plus puissantes que les pays même de taille moyenne, elles ont pris en otage les démocraties, par de subtils jeux de lobbying. Paradoxalement, leur activité conduit à une communication de plus en plus aisée grâce aux technologies de l'information et favorise un certain nombre de prises de conscience. Les enjeux sur la répartition des richesses, les risques environnementaux, les modèles de développement, la question des mouvements religieux, la question de l'intégration, d'égalité des sexes, sont autant de sujets sur lesquels s'activent de nouvelles réflexions à l'échelle mondiale. Rien de clair ne se dessine encore, mais les prémices d'une remise en cause des logiques purement économiques promues par l'Occident sont là.

Les séquences historiques

Nous avons jusqu'ici retracé le fil d'évènements historiques en nous basant sur des aventures des peuples et de leurs gouvernants. Aborder la phase la plus récente de notre histoire, celle liée à la prise de pouvoir des multinationales, requiert un angle d'approche différent. Au lieu de suivre le devenir des différentes régions du monde, il convient en effet plutôt de s'intéresser à des secteurs d'activité qui font fi des frontières politiques, et qui comportent chacun leurs propres dynamiques. Le secteur bancaire, le secteur militaire, le secteur agricole, pharmaceutique, celui des nouvelles technologies de l'information et de la communication, sont autant d'ensembles qui ont leurs logiques de développement propres et dont la croissance repose sur des particularités spécifiques.

Le développement de ces domaines d'activités qui sont au final tous tombés aux mains de puissantes entreprises multinationales est très intéressant. Il est cependant très délicat d'aborder ce sujet, explosif sur le plan politique. L'ordre de nos sociétés repose encore en effet sur un certain nombre de mythes historiques incitant au respect des institutions établies et des personnes qui les incarnent. Lorsqu'on fait l'effort de vérifier les informations de l'histoire « officielle », on découvre pourtant de nombreux mensonges d'État qui font peser une lourde suspicion sur l'intégrité supposée des démocraties. Pendant des années les gouvernements des démocraties ont manipulé leurs peuples en leur faisant croire à des menaces imaginaires dans le cadre de la guerre froide. De nombreuses actions secrètes peu avouables ont été conduites également, principalement par les États-Unis via son agence occulte, la CIA, affranchie de tout contrôle juridique. Passé le délai permettant la déclassification des archives les concernant, ces affaires nous sont aujourd'hui relativement bien connues, sans que le monde ne semble prendre la mesure de leur signification. Si la responsabilité des États les plus puissants est reconnue dans de nombreuses ingérences, le rôle des entreprises privées dans ces actions reste cependant un sujet très embarrassant. La prise de conscience que la réalité du pouvoir politique échappe encore aux peuples fait peur à tous. Les détenteurs du pouvoir craignent pour leurs privilèges et leur domination. D'autres craignent que le scandale de la confiscation du pouvoir par des entreprises ne poussent à un retour des partis nationalistes. D'autres craignent encore que la contestation des peuples ne conduise à une révolution chaotique dont les pauvres seront à nouveau les premières victimes à cause des pertes d'emploi. Finalement, les circonstances ne semblent pas encore favorables à un examen critique de l'histoire contemporaine. Essayons néanmoins de nous aventurer dans ces zones interdites. Nous commencerons par reprendre le cours des évènements juste à la fin de la Deuxième Guerre mondiale.

De la reconstruction à la récupération

Avant même la fin du plus terrible conflit qu'ait connu l'humanité, les Etats préparèrent la reconstruction qui s'annonçait comme le nouveau grand défi à surmonter. Les représentants de 44 nations se réunirent dans cet esprit à Bretton Woods en 1944. Les objectifs étaient de plusieurs ordres. À court terme, il fallait financer la reconstruction des États et relancer les économies. Il fallait à moyen terme éviter de replonger dans une crise économique comme celle de 1929. Il fut décidé de fonder un nouveau système financier stable avec des outils de contrôle. Les pays s'accordèrent pour mettre en place trois institutions et une règle. La règle fut d'adosser le dollar à l'or. Pour émettre des dollars, les États-Unis devaient être en mesure de fournir leur contre-valeur en or. Par ce mécanisme, on espérait réguler l'émission intempestive de monnaie qui ne correspondrait à aucune richesse et garantir à toutes les nations la possibilité d'utiliser une monnaie stable. Les trois institutions à constituer furent la Banque Mondiale et le Fonds Monétaire International, qui furent immédiatement créés, et l'Organisation Mondiale du Commerce qui prit d'abord le nom de GATT, avant de devenir l'OMC en 1995.

La banque mondiale

Affiliée à l'ONU, la Banque Mondiale a eu pour mission initiale de relancer l'économie de l'Europe et du Japon par une politique de prêts à l'issue de la Seconde Guerre mondiale. À partir de la décolonisation, elle s'est réorientée vers l'appui aux pays en voie de développement. Son modèle est celui d'une économie libérale, partant du principe qu'il faut désengager l'Etat pour favoriser le développement économique. Cette orientation est en grande partie due au mode de représentation au sein de cette institution où chaque pays pèse dans les décisions en fonction de sa contribution financière, ce qui assure aux États-Unis un poids prépondérant. Depuis sa création, le président de la Banque Mondiale est d'ailleurs désigné par le gouvernement des États-Unis. En échange de ses prêts, la Banque Mondiale exige l'application des orientations politiques qu'elle prône[69], entraînant ainsi de force les États faibles dans la dynamique de la mondialisation. La banque mondiale soutien des actions sur le long terme pour accompagner des politiques sectorielles ou conduire de grands projets.

Le fonds monétaire international

Regroupant la quasi-totalité des États, le FMI avait initialement pour fonction de coordonner les politiques de change. À partir de la mise en place du système de cour flottant des monnaies, sa mission devint le refinancement des pays en voie de développement. Le FMI accorde des prêts aux États en échange de l'application de politiques publiques restrictives. Les décisions sont prises par vote, chaque pays disposant d'un poids relatif à son importance. Il faut 80% d'avis favorables pour l'application d'une décision et comme les États-Unis pèsent à eux seuls pour 17%, ils disposent mathématiquement d'un pouvoir de blocage. Outre ses orientations libérales, le FMI est donc aussi critiqué pour sa dépendance au pouvoir des États-Unis, qui a plusieurs reprises ont bloqué l'accès au crédit de pays penchant vers le socialisme. Par rapport à la Banque Mondiale axée sur les actions de développement sur un temps long, le FMI apparaît comme un outil pour faire face aux crises et situations d'endettement « ponctuelles ».

L'OMC

---

[69] Cette doctrine porte le nom de consensus de Washington : programme d'ajustement structurel basé sur le retrait des États du secteur économique, plus grande implication dans le commerce international, la privatisation, la réduction des aides sociales.

> L'OMC est une institution chargée de garantir une équité dans les échanges commerciaux entre pays, et veiller à ce que les règles soient les mêmes entre tous les pays, à l'exception des zones de libres-échanges[70]. Chaque pays dispose d'une voix et presque tous les pays y ont adhéré à l'exception notable de la Russie. Chaque pays peut saisir l'organe de règlement des différends de l'OMC s'il estime qu'un pays fausse les règles du commerce par l'application de règles douanières ou de réglementations douteuses. Comme les deux instances précédentes, l'OMC prend le modèle ultra-libéral comme référence.

Ces trois instances avaient en commun d'être en grande partie sous influence des États-Unis et de promouvoir un modèle économique libéral leur étant favorable. La tentation fut grande d'utiliser ces outils pour servir directement à la fois les entreprises américaines et une politique internationale visant à étouffer tous ceux qui pourraient constituer une menace économique ou militaire. La tentation fut si grande que les États-Unis y succombèrent corps et âme. Après avoir prêté aux pays d'Europe de l'Ouest des fonds qui lui permirent certes de se reconstruire, mais aussi d'absorber les exportations américaines, les enjeux s'étendirent à un vaste ensemble de pays prenant naissance dans le mouvement général de décolonisation.

Le néocolonialisme

La vulnérabilité des États émergents
Au lendemain de leur indépendance, les différents pays émergents se sont trouvés dans des configurations politiques relativement variées. Nous pouvons distinguer trois configurations types.

Dans la première, l'indépendance avait été conduite par un leader charismatique qui s'imposa naturellement comme dirigeant. Ce fut le cas d'un nombre limité de territoires comme au Ghana avec Kwame N'krumah ou en Indonésie avec Sukarno.

Dans la seconde configuration, qui concerne la plus grande partie des pays décolonisés, les mouvements d'indépendance n'avaient pas abouti à l'émergence d'un pouvoir incontesté, avec un parti politique bien structuré et prêt à prendre la relève de l'État. On peut penser que les puissances coloniales, qui auraient souvent pu s'imposer par les armes, n'ont pas souhaité se ruiner dans des combats que la logique de l'histoire annonçait perdus d'avance.

Nous devons songer que le choix d'avenir qui se posait dans chaque colonie était limité ; accorder l'indépendance ou reconnaître le droit de vote à tous, avec le

---

[70] Il s'agit actuellement de l'Union européenne, l'ALENA, le MERCOSUR et l'ASEAN

risque de tomber en situation de faiblesse avec des populations locales plus nombreuses et de culture radicalement différente. À part pour le cas petites îles ou de grands territoires peu habités, les anciens Empires coloniaux refusèrent l'option démocratique les exposant à tomber sous le contrôle des populations colonisées. Ils préférèrent plutôt tenter de garder leur influence en instaurant au pouvoir des personnages qu'ils sauraient contrôler. Ce fut le cas dans quasiment toutes les colonies françaises et anglaises, qui conservèrent d'ailleurs souvent la langue de l'empire d'antan comme langue officielle.

Enfin dans la troisième configuration, qui dérive de la précédente, les anciennes puissances coloniales ne réussirent pas à prolonger leur contrôle et les pays émergents apparaissaient comme de potentiels alliés soit des États-Unis, soit de l'URSS. Dans de nombreux pays d'Asie, d'Amérique latine et dans les Caraïbes, le jeu international opposa ces deux ennemis idéologiques. Dans la majorité des cas de figure, les pays indépendants firent le choix de modèles de type communistes, conséquence assez logique des élans populaires à cette époque. Pour les États-Unis, de telles orientations représentaient un risque : celui de constituer autant d'alliés de l'URSS, alliés économiques et potentiellement militaires. Les États-Unis employèrent donc tous les moyens à leur disposition pour déstabiliser les pays sur la voie du communisme soit en armant l'opposition comme en Corée ou au Vietnam, soit en organisant des coups d'État comme au Guatemala ou en Iran. La méthode militaire, extrêmement coûteuse en termes financiers et humains fut souvent avantageusement remplacée par une méthode économique, basée sur les besoins et les faiblesses des nouveaux pays.

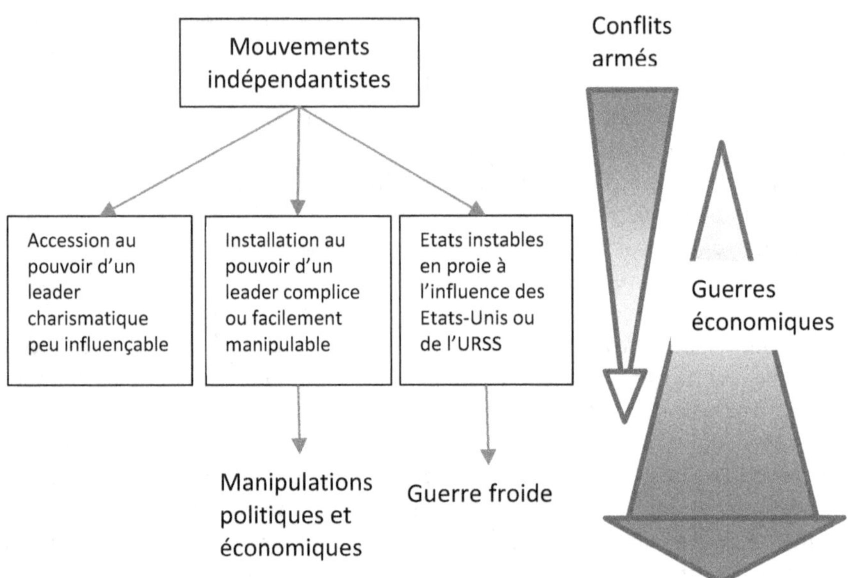

Typologie des pays décolonisés après la seconde guerre mondiale

Les jeunes États ayant obtenu leur indépendance après la Deuxième Guerre mondiale ont généralement connu d'importantes difficultés financières dès leur constitution pour de nombreuses raisons. On peut d'abord citer le poids d'une dette qui dans plusieurs pays fut imposée pour rembourser des investissements en cours ou les « avantages obtenus lors de la colonisation ». Cette dette en forme de prix de la liberté constitua un poids d'autant plus difficile à gérer que les jeunes États ne disposaient que d'une administration de faible niveau, avec des systèmes de maintien de l'ordre, de justice, de santé ou d'éducation plus ou moins fonctionnels. Les hauts fonctionnaires de l'administration manquaient depuis que les puissances coloniales s'étaient retirées. Ces pays avaient donc beaucoup de difficultés à fonctionner. Au niveau des échanges, beaucoup d'économies de ces pays avaient été organisées dans un contexte colonial et non en vue d'un équilibre national. Tel pays produisait du cacao, tel autre de l'arachide ou du coton, etc. Avec l'indépendance, il aurait fallu revoir complètement les stratégies économiques pour viser d'abord une agriculture capable de nourrir la population, ce qui ne fut pas fait, faute de moyens et de compétences pour conduire ces réorientations. À ces déficiences, il faut ajouter des pratiques prédatrices des gouvernants, qui pour entretenir leur pouvoir et financer leurs soutiens, ont dû détourner des sommes considérables de l'économie de leur pays. Ces besoins en financement pour garantir la stabilité du pouvoir ont été d'autant plus élevés que les frontières des États indépendants ne tenaient pas compte des réalités ethniques avec des populations de langues différentes souvent en situation de rivalité et tentées parfois par des solutions génocidaires. Avec des situations dévastées par la corruption d'État, les économies de beaucoup de pays émergents n'ont évidemment pas réussi à décoller. Les dirigeants de ces territoires avaient besoin d'aide. Cette vulnérabilité permit aux anciens empires de conserver leur hégémonie en imposant leurs conditions.

Les termes de l'échange

Les besoins financiers des pays décolonisés furent couverts par des prêts qui furent des armes à double tranchant. Le premier tranchant fut bien entendu l'intérêt à rembourser en plus de la dette. Puisque prêter de l'argent génère du profit, le crédit est une activité économique à part entière. Cette activité est d'autant plus profitable qu'en asphyxiant celui qui est endetté, on l'oblige à s'endetter toujours davantage. Quand l'emprunteur ne peut pas rembourser ses dettes, il emprunte encore, cumulant des intérêts à rembourser qui deviennent de plus en plus lourds. À un moment donné, l'emprunteur doit vendre tout ce qu'il possède, en dernier recours, sa liberté.

C'est là qu'intervient le deuxième tranchant : profiter de l'endettement pour imposer une adaptation du marché favorable aux plus forts, c'est-à-dire aux puissances coloniales. Cela se traduit par des tarifs imposés sur les matières premières ou divers avantages tels que des contrats d'importations de marchandises, voire des ventes d'armes. Plus subtilement, les organes d'aides internationaux ont imposé leurs « conseils de bonne gérance » en recommandant d'importants investissements dans des infrastructures dont la construction rapportait évidemment de gros marchés à des entreprises internationales des anciennes puissances coloniales. Il fallait construire des barrages, des routes, des ponts, des voies de chemin de fer, des centrales, des usines… Ces ingérences politiques furent conduites soit par la manière douce, soit par la contrainte et la menace, soit par la force brute en provoquant la chute des gouvernements récalcitrants[71]. On ne laissa en fait pas vraiment le choix aux gouvernements des pays endettés.

Dans tous les cas de figure, le principe était le même : installer au pouvoir un allié d'une puissance étrangère, tenu par des liens de vassalité des plus classiques : avantages commerciaux contre protection.

Les avantages commerciaux pouvaient être constitués par des accords douaniers favorables, des contrats d'exclusivité, des prix négociés sur les matières

---

[71] John Perkins a révélé de l'intérieur ces pratiques à travers de nombreuses interviews et son ouvrage traduit par « Les confessions d'un assassin financier - Révélations sur la manipulation des économies du monde par les États-Unis », Alterre, 2005.

premières… La protection obtenue en échange pouvait être militaire à des fins de politique intérieure (contenir ou éliminer les rebelles) ou extérieure (protéger contre des voisins menaçants). La protection pouvait aussi être économique par l'accord de prêts, mais nous avons vu que ces prêts étaient en fait une forme de piège dans le sens où les bienfaits à court terme devenaient des poids sur le long terme.

La dérive de la corruption

La vision à court terme fut la grande faille de la plupart des dirigeants des pays émergents. Non seulement ils se laissèrent souvent piéger par les mécanismes de dette, mais certains d'entre eux aggravèrent la situation en détournant une partie des emprunts pour leurs intérêts propres. Cette corruption fut pour certains pays un véritable fléau. Nous devons nous attarder un peu sur ce sujet où règnent encore beaucoup de clichés et d'incompréhensions. Notons d'abord que la corruption peut porter sur deux sources de financement très différentes : l'aide étrangère ou la ponction d'opérateurs économiques nationaux. Dans le premier cas, le détournement de l'aide internationale se traduit directement par une augmentation de la dette du pays, puisque nous avons vu que l'aide internationale se faisait principalement sous forme de prêts. Ce cas de figure explique pourquoi certains pays se sont endettés sans limites sous l'action de dictateurs peu scrupuleux. Cet argent servit généralement à acheter des propriétés à l'étranger, faire construire de luxueux palais, où alimenter des comptes dans les paradis fiscaux. Une bonne partie de cet argent fut aussi utilisée pour protéger l'État, en payant l'armée et des soutiens politiques divers. Il apparaît évident que la dette ainsi contractée par certaines personnes ne devrait pas être réclamée aux peuples qui ont subi leur dictature. Ces dettes devraient être effacées ou compensées par la confiscation des biens des anciens dictateurs, complice des anciennes puissances coloniales.

L'autre source de financement de la corruption consiste en cette pratique mafieuse qui consiste à prélever des taxes « illégales », c'est-à-dire des pots de vin. Cette manière de détourner l'argent est plus orientée sur l'activité économique. Elle freine considérablement le développement, mais contribue parfois à privilégier les activités dans lesquelles investissent parfois des hommes d'affaires. Certains experts du développement font remarquer que les pays d'Asie, bien que gangrénés par la corruption, ont globalement connu de fort de taux de croissance par rapport aux pays africains. La différence peut être imputée à l'utilisation de l'argent détourné : dans certains pays, il fut utilisé au profit d'entreprises sous la coupe des dirigeants et dans d'autres, il ne fut pas investi dans l'activité économique. C'est finalement moins la corruption que les choix sur l'utilisation des fonds détournés qui semble donc responsable de l'aggravation des situations économiques de beaucoup de pays.

On peut mettre en lien ces comportements avec la nature des gouvernements en place. En Afrique, les personnes installées au pouvoir furent des personnes au profil de responsable politique ou chef de guerre alors qu'en Asie, ils furent essentiellement des investisseurs.

La dérégulation libérale

Dans toutes les sociétés, les règles visent à réduire la violence qui menace la cohésion d'ensemble. Elles prônent d'un côté le respect d'une hiérarchie sociale, c'est-à-dire d'inégalités, et de l'autre des compensations pour protéger les plus faibles d'une exploitation excessive. Les règles sont donc ambivalentes, car elles entretiennent des privilèges pour les plus forts tout en protégeant aussi les plus vulnérables. Au fil du temps, à mesure de l'évolution des sociétés, le curseur oscille entre davantage de pouvoir aux dirigeants ou au peuple. Tout dépend du poids des menaces. Pour les puissances coloniales, les alliances avec les dictateurs justifiaient que le curseur s'oriente vers davantage de privilèges pour le pouvoir. Il est plus facile de négocier avec un pouvoir concentré en une seule personne stable qu'avec des gouvernants fragilisés par des processus électoraux. Il est aussi plus facile de dominer un pays en l'obligeant à retirer ses protections contre la concurrence internationale. Plus l'État est faible, plus il est facile pour des entreprises étrangères de s'y imposer. Le libéralisme est un mécanisme qui permet aux plus forts de terrasser les plus faibles et qui profite donc aux pays les plus puissants. Les États-Unis et la Chine profitent ainsi des pays où il n'y a pas de droits pour les travailleurs et où tous les abus sont possibles pour installer d'importantes usines de production ou de grandes exploitations agricoles.
On comprend ainsi très bien pourquoi le libéralisme fut un modèle au service des plus grandes puissances. Il est plus avantageux pour elles d'imposer un jeu libéral à l'échelle mondiale. Le FMI, la Banque Mondiale et l'OMC y contribuent et nous avons posé quelques repères sur la dynamique générale dans laquelle fut engagé le monde après la Deuxième Guerre mondiale. À présent nous allons entrer un peu plus dans le détail et examiner les processus en jeu dans un certain nombre de secteurs.

La prise de pouvoir par des intérêts privés

Une étude relativement récente[72] a montré que 80% des richesses mondiales étaient contrôlées par 0.7% des entreprises. Concrètement, 147 multinationales contrôlent 40% du chiffre d'affaires engendré par les entreprises au niveau mondial. Or parmi ces entreprises, en tête de classement, figurent celles du secteur financier, notamment avec la banque britannique Barclays, le fonds d'investissement américain Capital Companies ou la société d'assurance française Axa. Nous voici donc à présent face à une réalité non plus simplement

---

[72] « The network of global corporate control », Stefania Vitali, James B. Glattfelder, Stefano Battiston, 2011 (https://arxiv.org/abs/1107.5728)

d'économie générale, mais de secteurs d'activités. Nous allons rapidement parcourir les plus essentiels pour cerner les déterminants de leur activité.

Les banques

Le fait que les banques disposent d'un pouvoir supérieur à celui de pays entiers est le résultat d'un processus dont nous avons décrit les prémices dans notre chapitre sur l'industrialisation.

Au cours d'une première phase, les banques ont prospéré sur la base d'une gestion prudente et intelligente de leurs propres fonds et en faisant attention à ne prêter qu'à des clients qui seraient en mesure de les rembourser. Dans une seconde phase, avec l'invention des mécanismes boursiers, les banques ont commencé à spéculer, c'est-à-dire se risquer à des paris sur la croissance de l'économie, au lieu de se contenter de prêter sur la base d'analyses précises. Bien que ces pratiques aient conduit à des crises extrêmement graves, elles ne furent pas abandonnées. Les banques américaines, comme nous l'avons vu, se sont alliées avec l'espoir de pouvoir contrôler le marché de la finance et des outils de contrôle ont été mis en place tels que la FED. Les accords de Bretton Woods avaient défini en 1944 une règle précise pour garantir la valeur du dollar : sa convertibilité en or. On pensait ainsi disposer d'un garde-fou évitant que les banques ne s'autorisent à imprimer librement de la monnaie sans disposer de contrepartie.

Cependant, les guerres sont coûteuses. Pour financer celle du Vietnam, il fallait disposer de davantage de moyens. À ce problème s'ajoutait la concurrence économique de l'Europe et du Japon qui déséquilibraient la balance des paiements. Les produits américains n'étaient plus assez compétitifs. Il fallait pouvoir encore injecter de l'argent dans l'économie pour stimuler son activité, mais la règle de convertibilité du dollar en or limitait cette possibilité. Les États-Unis décidèrent de passer outre les engagements qu'ils avaient pris en imprimant librement de la monnaie. Cette mauvaise pratique commença à inquiéter les Européens[73]. Quand on adressa aux Américains des remarques au sujet de leur monnaie, le discours officiel commença à prendre d'inquiétantes tournures. John Connaly, employa notamment cette formule très significative : « le dollar est notre monnaie et votre problème ». Il illustrait ici le fait que la gestion de cette monnaie, utilisée par tous comme référence, était sous le contrôle des seuls États-Unis. En 1971, Le président Nixon décida officiellement de mettre officiellement fin aux accords de Breton Wood et à la convertibilité du dollar en

---

[73] Le Général de Gaulle souhaita par exemple échanger tous les dollars dont la France disposait contre leur valeur en or. Le problème fut qu'il fallait trouver le moyen pratique de rapatrier cet or et l'usage d'un porte-avions militaire n'était pas une option très convenable d'un point de vue diplomatique.

or. Il établit également une augmentation de 10 % des taxes d'importation, et bloqua les prix et salaires de son pays. Ces mesures firent perdre de la valeur non seulement au dollar, mais à toutes les monnaies qui lui étaient adossées.

La fin de la convertibilité, décision unilatérale et très dangereuse pour les équilibres économiques apparut inacceptable pour les autres nations, notamment les Européens et les Japonais. Quelques mois plus tard, le groupe des dix nations les plus fortes signa des accords qui établirent une nouvelle parité entre leurs monnaies et de dollars en adoptant des marges de variation, ce qui signifiait que les monnaies allaient désormais pouvoir fluctuer, de temps en temps. Deux ans plus tard, 1973, le dollar fut dévalué et la fixité des taux de change par rapport au dollar fut finalement totalement abandonnée. Les monnaies comme les actions, purent varier, et avoir un « cour», reflet de la puissance économique supposé des pays. On comprend ici que les banques n'ont plus seulement été des entreprises à leur propre service, mais des instruments des États à qui elles devaient prêter aveuglément et dont la valeur de la monnaie dépendait de la santé globale de l'économie des pays.

Les gouvernants ont ainsi toujours dû choyer les banques et défendre le modèle économique qui leur était favorable. Comme par ailleurs les apparences semblaient monter que l'économie des États-Unis se portait bien, on considéra que la dérégulation financière n'était finalement pas si dangereuse qu'on l'avait craint. Plusieurs économistes de renom s'employèrent à démontrer que les activités économiques s'équilibraient très bien toutes seules sans que l'État n'intervienne. Aucun économiste en bonne santé ne continuerait aujourd'hui de tenir de tels discours, mais jusqu'à la crise de 2007, le consensus régna sur le miracle de la « main invisible. »

Le réveil tardif de la conscience des économistes

« ...vous avez découvert que votre vision du monde, votre idéologie, n'était pas juste, qu'elle ne marchait pas ?

-    *Absolument. Vous savez, c'est précisément pour cette raison que je suis en état de choc parce que j'ai considéré pendant 40 ans ou plus que cela fonctionnait exceptionnellement bien »*

Ces aveux émanent de l'ancien responsable de la banque fédérale américaine, qui après avoir entraîné l'économie de son pays et du monde pendant des décennies sur la voie de la dérégulation, fit en 2008 son mea culpa devant la commission d'enquête cherchant à éclaircir la cause de la crise financière de 2007[74].

---

[74] Alan Greenspan, gouverneur de la FED de 1987 à 2006 et qui fut un des principaux responsables de la dérégulation de la finance reconnut face cette commission d'enquête

Il fit partie de ces nombreux acteurs qui au fil des décennies ont dérivé vers une idéologie libérale de plus en plus extrême et irresponsable. Le point de départ de cette construction remonte au 18e siècle, avec la publication de « Recherches sur la nature et les causes de la richesse des nations » par Adam Smith. C'est dans cet ouvrage, qui tenta de théoriser le fonctionnement des économies, qu'apparaît au détour d'un chapitre, l'expression devenue une référence : « La main invisible ». Outre le fait que les hypothèses d'Adam Smith sur les origines des échanges sont aujourd'hui démenties par les anthropologues[75], signalons que l'expression « main invisible » dans le texte de l'auteur est assez éloignée de celle qui lui a été donnée par ses disciples. Le sens de la formule ne signifiait aucunement que l'économie se régulait toute seule comme par magie ou sous l'action bienveillante d'une main invisible[76]. Adam Smith ne fit d'ailleurs pas une apologie totale du libéralisme comme beaucoup le prétendent et il publia un second ouvrage sur le lien entre le social et l'économie, relativement critique sur les risques des raisonnements purement économiques.

Les économistes ne retinrent que l'aspect logique sur les mécanismes du marché, qui encouragea à désengager l'Etat du secteur économique.

Malgré la crise de 1929 et le coup d'arrêt imposé par le président Roosevelt, le libéralisme continua à être défendu par beaucoup d'experts. Parmi ses plus fervents adeptes, Hayek se distingua dans la première partie du 20e siècle, en opposition avec son rival Keynes, illustre économiste, qui formalisa des modèles sur la relation entre l'offre et la demande, partisan d'un contrôle de l'économie. Incontestablement, la rivalité entre ces deux penseurs ne se limita pas à des questions théoriques. Le prestige de leur personne et des Universités

---

s'être lourdement trompé dans sa foi dans les mécanismes naturels du marché. Son mea culpa historique marque une page dans l'histoire des croyances libérales :
Video :https://youtu.be/BSsgE_MlI8U

[75] Adam Smith supposait que les sociétés primitives reposaient sur la pratique du troc, alors qu'on sait aujourd'hui que les modalités d'échange dans les sociétés claniques ou tribus sont essentiellement basées sur le partage et la mise en commun des productions.

[76] Extrait de « Recherches sur la nature et les causes de la richesse des nations » par Adam Smith : « En préférant le succès de l'industrie nationale à celui de l'industrie étrangère, il (l'individu) ne pense qu'à se donner personnellement une plus grande sûreté; et en dirigeant cette industrie de manière à ce que son produit ait le plus de valeur possible, il ne pense qu'à son propre gain; en cela, comme dans beaucoup d'autres cas, il est conduit par une **main invisible** à remplir une fin qui n'entre nullement dans ses intentions; et ce n'est pas toujours ce qu'il y a de plus mal pour la société, que cette fin n'entre pour rien dans ses intentions. Tout en ne cherchant que son intérêt personnel, il travaille souvent d'une manière bien plus efficace pour l'intérêt de la société, que s'il avait réellement pour but d'y travailler ».

auxquelles ils étaient associés étaient aussi en jeu. Les débats d'idées se crispèrent dès lors sur de simples modèles mathématiques, occultant la dimension sociale du commerce, ses effets sur la vie, les injustices, les inégalités, les asymétries de pouvoir entre différents acteurs. Avec Milton Friedman, sacré prix Nobel d'économie et le succès apparent de ses thèses, la sphère politique considéra comme définitivement établie la justesse des théories ultra libérales. Il fallut attendre les crises de 2007-2008 pour assister au réveil brutal des consciences, revenant en force sur le bien-fondé d'une dérégulation de l'économie et en particulier du secteur financier. Il est notamment apparu que la haute attractivité du risque (plus on prend des risques et plus le gain potentiel est fort) avait entraîné les banques à mettre en place des stratégies de court terme relativement irresponsables et dont ceux qui faisaient les frais étaient en fin de compte les populations des pays endettés.

Le modèle libéral avec ses hypothèses sur la propriété privée et la valeur marchande de tout ce qui existe est une idéologie qui semble avoir dérivé au fil des âges. Partant d'approximations et de conceptions qui semblaient séduisantes, cette idéologie a été mise en échec par les crises systémiques qui ont sévi à partir de 2007. Il semble particulièrement difficile à présent de réinterpréter les modèles économiques et repartir sur de nouvelles bases[77].

Les industries pétrolières

Le développement des entreprises du secteur pétrolier est lié à la demande croissante de cette matière première utilisée comme source d'énergie depuis l'avènement du moteur et de développement des moyens de transport. En raison de l'enjeu stratégique de cette ressource dans les guerres, les entreprises faisant commerce du pétrole ont bénéficié d'un régime d'exception leur permettant d'échapper à toute forme de régulation. L'État américain a fermé les yeux sur la transgression des lois anti trust et même sur des échanges commerciaux passés avec le régime nazi en pleine deuxième guerre mondiale. Autant dire que ces entreprises se sont permis toutes les pratiques imaginables pour prospérer. Elles aussi sont devenues des piliers de l'économie de certains pays, au point d'être en mesure de peser sur des choix de politique internationale, comme l'alliance entre les États-Unis et l'Arabie Saoudite ou le reversement du régime de Mossadegh en Iran. En France, l'affaire Elf révéla que la vie politique française fut en grande partie financée pendant plusieurs décennies par une entreprise nationalisée d'exploitation pétrolière en relation avec des chefs d'État africains. Cette entreprise créa un lien relativement fort entre acteurs du secteur pétrolier et

---

[77] Quelques économistes s'inspirent aujourd'hui des travaux de Carl Polanyi sur la remise en cause de la marchandisation des hommes, de la monnaie et de la nature.

politique française, un lien qui joua dans les deux sens : la France s'ingéra profondément dans la politique de plusieurs États africains soutenus financièrement et militairement, mais ces mêmes chefs d'État furent aussi en mesure d'orienter le financement des partis politiques et décider à quelques reprises en tout cas, des « élus » à soutenir ou non[78]. Secret de polichinelle, ces réalités ont été publiquement reconnues avec les aveux de Robert Gourbi en 2011, dont la réputation de porteur de mallettes était déjà bien établie.

Les industries militaires

Les entreprises constructrices d'armement jouent évidemment un rôle de première importance dans la protection des États. Pour des raisons comparables à celle de l'industrie pétrolière, les entreprises militaires ont bénéficié d'un régime d'exception. Le secteur militaire, au nom de l'intérêt national bénéficie d'un soutien financier de la part de l'Etat dans tous les pays. Ce privilège est octroyé aussi en temps de guerre qu'en temps de paix, soit pour se battre ou préparer les futurs conflits.

Au-delà de ces évidences, le secteur militaire présente aussi un certain nombre de particularités qui ont été exploitées par certains États. Le premier est celui du formidable moteur de développement économique que constitue un secteur subventionné à 100% et protégé contre toutes règles internationales. Il permet à la fois de fournir des emplois et de financer des activités de recherche qui pourront ensuite être exploitées dans le secteur privé. Si les États-Unis sont devenus la plus grande puissance dans le secteur du numérique, c'est grâce aux années d'investissement dans la recherche militaire et accessoirement la conquête spatiale qui relevait de mécanismes assez proches. Internet est ainsi né des activités de la défense américaine. Les progrès de l'informatique, avant de passer aux mains de quelques programmeurs et entrepreneurs de talent, furent aussi issus des investissements militaires.

Les retombées puissantes et bénéfiques des activités de recherche et de production d'armement n'en constituent pas moins des dépenses lourdes à supporter pour les États. Un des moyens de limiter ces coûts est de parvenir à vendre à l'étranger les armes produites voire même l'utilisation de sa propre armée, comme ce fut le cas dans le conflit entre le Koweït et l'Irak. Cette guerre, mise en œuvre par l'armée américaine, fut en effet remboursée par l'Arabie Saoudite, par ailleurs grand client du secteur de la défense américaine.

Le secteur agricole

Dans le secteur agricole, une demi-douzaine de multinationales contrôlent l'essentiel de la production de semences et de produits de traitements dans le

---

[78] Voir le livre et le documentaire Arte « Francafrique »

monde. Ces acteurs orientent les législations internationales afin d'éliminer toute concurrence potentielle et accroître leur domination. Par leur puissance, elles représentent un atout de poids dans les négociations entre États puisque les États-Unis sont par exemple en mesure de couper l'approvisionnement en semences de nombreux pays sur simple arrangement avec ces multinationales. Plusieurs pays sont ainsi en situation de perte de leur souveraineté alimentaire. On peut s'étonner de cette situation : pourquoi les paysans sont-ils dépendants d'importations de semences alors qu'ils pourraient utiliser celles qu'ils produisent dans leurs champs ? L'explication est double. Elle est d'abord juridique avec des règles internationales qui par un jeu subtil de normes techniques interdisent le commerce des semences entre paysans. Elle est ensuite agronomique avec un modèle industriel basé sur des semences de variétés « hybrides » soit impossibles à réutiliser, soit dont les performances diminuent considérablement après un premier cycle de culture[79].

La plupart des multinationales qui contrôlent le secteur semencier produisent également une multitude de produits chimiques (pesticides) sans lesquels leurs semences ne donneraient pas de bons rendements. À l'opposé des variétés paysannes traditionnelles d'une forte résistance naturelle, ces variétés sont extrêmement fragiles et nécessitent un usage abondant de produits chimiques. Les paysans sont ainsi piégés par une double dépendance à la fois aux semences et aux intrants dont ils ne peuvent se passer avec ces variétés (insecticides, herbicides, acaricides, fongicides, engrais).

L'industrie pharmaceutique

L'industrie pharmaceutique est également victime du monopole de quelques entreprises. Les profits générés par ce secteur sont colossaux et se concentrent pour des raisons très simples : les réglementations liées à la dangerosité des médicaments, avec tout ce qu'elles impliquent de contrôles sur plusieurs années, font que seules de puissantes entreprises peuvent les supporter. Les nécessaires investissements dans la recherche sont élevés et inaccessibles à de petites entreprises. Avec les profits générés, ces puissantes entreprises ont les moyens d'inciter les médecins à prescrire leurs produits, en leur offrant des avantages variés comme des voyages et séjours variés, des participations à des séminaires bien rémunérés. Une autre stratégie a été de créer une dépendance à certains médicaments notamment les antidouleurs à base d'opiacés. Ce phénomène est reconnu : La société civile américaine a obtenu en 2017 des indemnités de plus de 4 milliards de dollars d'un laboratoire en dédommagement des accidents

---

[79] Voir le document publié par coordination Sud en 2017 : « Le droit aux semences : un droit essentiel des paysan-ne-s ! » https://www.coordinationsud.org/document-ressource/document-de-decryptage-droit-aux-semences-droit-essentiel-paysan-ne-s/

survenus à cause de l'incitation à la consommation de ces produits dangereux[80].

Le secteur informatique et des technologies de l'information

Une poignée d'entreprises symbolisent à elles seules la concentration technologique, regroupées sous le sigle GAFA : Google, Apple, Facebook, Amazon. Elles se partagent l'essentiel de l'activité économique liée à l'échange d'information. Leur hégémonie est cependant bien moindre que celle du géant Microsoft qui a su imposer son modèle de système d'exploitation informatique et de suites logicielles, partout dans le monde. La puissance de ces entreprises peut s'expliquer par un effet d'agrégation autour des innovations les plus performantes. Le leader d'une technologie donnée fait référence, devient le pilier des normes qui s'établissent et absorbe donc l'élan de l'innovation. Tous les constructeurs d'équipement informatique ont rendu leurs appareils compatibles avec le système Windows de Microsoft, qui en retour s'est imposé comme leader de l'informatique, à côté de son éternel rival Apple. En verrouillant la compatibilité de son système avec des logiciels concurrents, Microsoft a pendant de longues années profité d'une concurrence déloyale avant d'être rattrapé par la justice[81].

Synthèse sur les dynamiques concentrationnaires

Le progressif transfert de souveraineté des États vers les entreprises multinationales a découlé de mécanismes économiques et politiques favorisant la concentration des richesses. Cette concentration s'explique par le fonctionnement d'un certain nombre de secteurs que nous avons déjà listé :

Le **secteur bancaire** repose sur le principe du **taux d'intérêt**, dont l'usage profite d'abord à celui qui prête l'argent. Posséder de l'argent devenant une source de richesse, les banques, leurs épargnants, et les entreprises ont toujours cherché à « mettre de côté », c'est-à-dire « placer » leurs richesses au lieu de les utiliser pour faire fonctionner l'économie réelle. Aujourd'hui, moins de 3% des richesses de ce monde sont utilisées pour de l'activité et 97% sont utilisés pour spéculer. Les grandes banques sont les grands bénéficiaires de cette situation, d'autant que les variations du marché fragilisent les plus petites. Celles qui ne sombrent pas sont au moins rachetées et la taille des établissements bancaires n'a cessé de croître. Les crises économiques, en dépit des apparences, favorisent l'essor des

---

[80] http://www.lefigaro.fr/flash-actu/2017/08/18/97001-20170818FILWWW00300-usa-le-labo-insys-regle-a-l-amiable-des-poursuites-liees-a-la-crise-des-opiaces.php

[81] Un demi-milliard d'amende en 2007 : https://www.monde-diplomatique.fr/carnet/2007-09-17-Microsoft-condamnee

banques les plus puissantes. Le rôle moteur de certaines banques dans la crise financière historique de 2007 a d'ailleurs été démontré aujourd'hui[82].

Les **industries pétrolières** sont historiquement les premières où les situations de monopoles provoquèrent des inquiétudes. Malgré tout, les États n'ont pas été en mesure de les réguler en raison d'impératifs, notamment en période de guerre. Les entreprises du secteur pétrolier ont accumulé des fortunes exorbitantes, leur permettant de dicter les politiques étrangères des pays occidentaux avec tous les pays dont le sol regorge d'or noir. Le renversement de Mossadegh qui entraîna l'avènement de la République islamique en Iran, les guerres en Irak avec pour conséquence l'émergence de l'État islamique sont les prolongements de ces ingérences. Ces éléments illustrent le niveau d'influence des entreprises de ce secteur.

Le **secteur militaire**, à la croisée du secteur public et privé, dispose de moyens financiers à la hauteur des enjeux de la puissance armée. Les investissements des pays dans l'armement constituent des budgets faramineux. L'accumulation des armes et leur évolution conduisent ensuite à la nécessité de leur commercialisation et même d'un intérêt économique à ce que des guerres éclatent. La guerre du Koweït supportée par les États-Unis puis remboursée par l'Arabie Saoudite illustre le type de situation ambiguë liant secteur militaire et politique. La concentration du secteur militaire en un nombre limité d'acteurs s'explique par **des questions de sécurité**.

Les **multinationales du secteur agroalimentaire** concentrent des pouvoirs par des stratégies de dépendance qui se sont affirmées au fil du temps. Elles ont favorisé un **modèle agricole basé sur la fragilité des variétés commercialisables**, nécessitant des investissements renouvelés en semences et produits de synthèse (pesticides). Sous leur influence, le commerce de ces produits évolua vers une réglementation favorisant leur monopole (lois semencières en particulier). Rappelons au passage certaines des plus puissantes multinationales du secteur agricole furent initialement des entreprises du secteur militaire, converties à l'issue de la deuxième mondiale et transformant leurs stocks d'explosifs et gaz de combat en engrais et pesticides[83].

Le **secteur pharmaceutique** est aux mains d'entreprises dont la logique est la même que dans le secteur agricole : verrouiller l'accès des petites entreprises par des normes et des règles qu'elles ne peuvent supporter et créer des situations de dépendance des utilisateurs, dont le commerce des médicaments opiacés aux États-Unis est le symptôme le plus démonstratif.

Le **secteur des nouvelles technologies** a profité d'une logique de course à la

---

[82] Sur le rôle de ces banques dans le cataclysme financier de 2007, on pourra consulter le documentaire d'Arte « Goldman Sachs, les nouveaux maîtres du monde » (Youtube).

[83] C'est notamment le cas de Monsanto qui fut par ailleurs une des principales entreprises impliquées dans les recherches sur la conception de la bombe atomique.

performance permettant aux entreprises les plus avancées d'affirmer leur suprématie à une vitesse propre au secteur numérique. Quelques entreprises ont monopolisé la fabrication d'ordinateurs, smartphones et la production des logiciels les plus utilisés.

Existe-t-il un point commun entre tous les secteurs que nous venons de lister et qui explique d'une manière générale la source des dynamiques de concentration ? Nous pouvons en trouver au moins trois.

- Le premier est l'existence dans chacun de ces secteurs, **d'un élément technique qui favorise celui qui domine**. Ce peut être un pouvoir d'investissement, comme Karl Marx l'avait analysé durant la période industrielle, mais ce peut être aussi l'avance technologique qui permet au leader d'imposer ses normes (agriculture, pharmaceutique).
- Le deuxième facteur commun est l'existence **d'éléments permettant d'exclure les petits concurrents**. La complexité des normes, des mécanismes de légalisation sont des exemples de freins à la concurrence (agriculture, pharmaceutique, informatique). La mise en place de droit de propriété en sont d'autres exemples : propriété intellectuelle sur les technologies, mais aussi sur le biologique en ce qui concerne le secteur agricole. Concernant le secteur informatique, le secret technologique est un moyen de verrouiller la concurrence, incapable de se rendre compatible avec les outils développés par le leader du secteur.
- Le troisième facteur est **l'alliance des chefs d'État et des gouvernants** avec les patrons des grandes entreprises qui financent leur carrière. La connivence avec certains partis politiques ou hommes d'État est un moyen d'obtenir des avantages sur la signature de contrats et l'obtention de marché, le financement d'investissement, la réduction de charges. Les entreprises du secteur pétrolier ont beaucoup joué sur ces éléments, tout en profitant de leur importance stratégique durant les guerres. C'est évidemment aussi le cas de figures des entreprises militaires.

Outre ces trois facteurs qui expliquent pourquoi les entreprises dominantes tendent à se développer en détruisant ou en phagocytant leurs rivaux, le développement des multinationales repose sur un modèle général de société de surconsommation. Cette surconsommation est entretenue par une propagande matérialiste extrêmement bien huilée : la publicité. Elle opère comme un conditionnement où la possession d'un bien ou d'un service est associée au plaisir et à la satisfaction. Historiquement, on a ainsi conditionné les femmes à la consommation de cigarette présentée comme signe d'émancipation, on a conditionné les hommes à associer la possession de véhicules puissants au succès auprès des femmes, on a conditionné des peuples à la consommation de boissons hyper-sucrées en les associant à la festivité, etc.

Du plaisir à l'addiction[84]

Le plaisir est l'élément central d'un mécanisme naturel de récompense de ce qui est salutaire. Nous éprouvons du plaisir à manger, nous réchauffer, discuter et rire… faire ce qui est sain. Un mécanisme naturel d'autorégulation vise en retour à nous protéger des excès, comme la satiété ou la satisfaction. Il est cependant facile de dérégler ce mécanisme d'équilibre pour pousser à une surconsommation ou des excès. Certains produits échappent ainsi à notre contrôle biologique en perturbant notre fonctionnement naturel : le tabac, l'alcool, les drogues et tous ces produits qui aboutissent à des formes de dépendance physique ou psychologique. Loin de se soucier de notre santé, les entreprises les plus ambitieuses et conquérantes, exploitent cette faille. L'adjonction de sucre dans les préparations alimentaires, de rehausseurs de goûts ou de nicotine dans les cigarettes sont des exemples connus. D'autres stratégies de création de dépendance se sont développées, plutôt dans la discrétion. C'est le cas dans l'informatique avec la création de jeux provoquant des satisfactions artificielles, des shots hormonaux de plaisir correspondant à des victoires virtuelles. La construction de sites internet visant à accrocher des consultations et stimuler des clics rémunérés est un autre exemple. Les journaux télévisés anxiogènes provoquent des poussées d'adrénalines fonctionnent sur le même principe, abrutissant les téléspectateurs de faits divers sensationnels, d'accidents, de meurtres, de scandales. D'une manière générale, la télévision « distrait » et stimule, procurant un apaisement ou une excitation qui conduit à une véritable dépendance. Les comportements addictifs se sont ainsi considérablement développés et généralisés, aboutissant aussi à des perversions qui semblent ne profiter, au final, à personne : la soif d'argent, de succès, de sensations fortes et de pouvoir sont des exemples d'aliénations qui provoquent des souffrances permanentes nécessitant d'être apaisées par « toujours plus », et par l'usage de drogues lorsque cela ne suffit plus. Une autre forme d'apaisement s'obtient en substituant l'objet principal de l'addiction par d'autres addictions moins brutales telles que les idéologies. Les fanatismes politiques ou religieux sont des exemples de ces formes d'addictions de substitution. Paradoxalement, les discours contre la société de consommation sont parfois de simples habillages d'une dépendance inconsciente à l'adrénaline tout aussi pathologique que celle des addicts de la consommation. Dans les sociétés de marchandisation où l'être humain est finalement aux prises avec un système qui l'exploite et le

---

[84] Dans « Le capitalisme addictif » (Puf, 2018), Patrick Pharo analyse l'évolution de notre société depuis les années 60 sous l'angle des nouvelles dépendances de la société de consommation.

> prive du sentiment de bien-être, le besoin d'adrénaline et de stimulation est nécessaire pour compenser une vie au goût insipide. Répondant à des besoins qu'il génère lui-même, le modèle de société de consommation pourrait donc boucler pendant longtemps, si les dommages environnementaux ne finissaient par mettre en péril son fonctionnement.

Cette incitation à consommer au-delà du nécessaire s'est accompagnée d'une stratégie de réduction de la durée de vie des produits. On nomme obsolescence programmée cette méthode qui consiste à volontairement introduire des défaillances dans des produits pour obliger à en acheter de nouveaux. Les produits comme les smartphones, les ordinateurs et imprimantes doivent ainsi être renouvelés en raison de pannes « programmées » de certains composants (batteries incorporées, écrans fragiles...). Les progrès des nouvelles technologies permettent également de rendre obsolètes rapidement les produits : systèmes d'exploitation rendant nécessaire l'achat d'ordinateur de puissance croissante, mises à jour logicielles nécessitant la dernière version d'un système d'exploitation, etc. Les citoyens sont donc devenus des consommateurs et la politique elle-même, lorsqu'elle place les débats sur le pouvoir d'achat au cœur de ses projets, entérine cette évolution. Presque inconsciemment, les individus associent possession et bonheur ; possession de véhicules, maisons, ordinateurs, télévisions, vêtements, gadget ... Chaque frustration nourrit des comportements addictifs d'achats qui font tourner le modèle matérialiste.

La réaction altermondialiste

Le mouvement de 68 et la révolution morale
Les années soixante marquent un tournant dans l'histoire de l'Occident qui chercha à rompre avec l'héritage du passé. La génération de l'après-guerre se souleva contre toutes les formes d'oppressions ou de répression. Cette lutte porta contre l'étouffement de la sexualité, l'austérité des parents, la domination des hommes dans le couple, la censure contre les journalistes ou les artistes, l'obligation de servir dans les guerres coloniales.
En France, 1968 éveille dans les mémoires des images de révoltes et d'émeutes avec une jeunesse en quête de liberté, clamant des slogans comme « sous les pavés la plage » ou « il est interdit d'interdire ». Nous devons cependant penser que la France fut loin d'être la seule nation en ébullition à cette période. Le développement de musiques festives insuffla un élan de liberté repris en cœur aussi bien aux États-Unis, en Espagne, en Angleterre, au Japon, en Russie, au Pérou, au Mexique, au Brésil... Partout, les revendications portées par la jeunesse se rejoignirent sur un désir de se libérer de la morale de leurs parents.

Dans le détail, cette révolution fut d'abord une révolution des mœurs, centrée sur des questions intimes et familiales. La jeunesse s'est rebellée contre le modèle imposé par la génération précédente, trop austère. Ceux qui avaient connu les guerres restaient attachés aux valeurs traditionnelles de repli, vitales dans les épreuves qu'ils avaient traversées. Non seulement la notion d'intérêt supérieur avait été nécessaire pour triompher des occupants, mais les valeurs et croyances traditionnelles offraient un réconfort aux familles touchées par les deuils (avec leurs lots d'orphelins) et qui devaient trouver la force d'affronter l'adversité. Les personnes de cette génération avaient connu les privations, la lutte pour la survie, le repli. Leurs enfants grandirent dans un monde différent, en expansion, en croissance, prospère et qui autorisait plus d'indépendance. Leur éducation fut ressentie comme pesante, inutilement rigide et frustrante et ils voulurent se libérer, se différencier, rejeter les contraintes. La sexualité fut le domaine dans lequel cette soif s'exprima avec le plus d'énergie. Avec la pilule, la liberté sexuelle devenait possible sans craindre le risque de maternités. Le plaisir fut dédiabolisé ; le plaisir de la frivolité, de la fête, des drogues, de la danse et de la musique. Le plaisir, dans la culture traditionnelle, était coupable, affaiblissant la combativité. La souffrance était glorifiée, suivant l'exemple du Christ, et même les accouchements sans douleur étaient mal vus. Le bonheur n'était acceptable qu'après avoir affronté de dures épreuves. Ce discours castrateur ne passa plus. La jeunesse revendiqua le plaisir et s'attaqua à un pilier de la religion monothéiste qui voulait réduire le sexe à son rôle reproducteur. Les femmes, enfin, revendiquèrent leur liberté, leur droit à l'avortement aussi. La contagion fut planétaire grâce à de nouveaux vecteurs : le rock, le jazz et le disco. La musique possède un pouvoir fédérateur plus puissant encore que les idéologies. Elle peut unifier des milliers d'individus réunis dans un concert et des millions d'auditeurs disposant de radios, télévisions ou magnétophones. Trois minutes suffisent pour véhiculer un message qui sera repris et appris par des milliers de musiciens qui amplifieront sa diffusion. La toute-puissance de la musique est qu'elle s'adresse directement à nos émotions, sans la nécessité de traductions : elle surmonte la barrière des langues et contourne toute contradiction intellectuelle.

Aux États-Unis, le mouvement de révolte fut d'autant plus intense que la jeunesse se trouva persécutée par un pouvoir politique qui voulait l'envoyer combattre au Vietnam pour une cause perdue d'avance. Vivre et refuser d'obéir devinrent, dans ce contexte, synonyme. Aux valeurs traditionnelles patriotiques, la jeunesse opposa un idéal pacifiste à dimension planétaire, par idéal, mais aussi par esprit de conservation, pour sa survie. La menace nucléaire, en pleine guerre froide, renforçait la conviction qu'il fallait en finir avec les logiques de guerre qui ne menaçaient même plus simplement la vie des soldats, mais aussi ceux des civils, de leurs enfants et même la planète.

Partout dans le monde, des émeutes, des slogans et une effervescence artistique exprimèrent un rejet des valeurs passées. Cette révolte qui fit craindre la menace d'un chaos généralisé ne perdura pas, malgré quelques changements et « avancées » sociales, notamment sur le droit des femmes à la contraception et à l'avortement, ainsi que la reconnaissance des droits des noirs aux États-Unis. Les valeurs traditionnelles reprirent leur place dominante, mais des brèches durables étaient creusées. De nouvelles approches avaient ouvert la voie à des repères différents. Sur le plan de la morale, nous avons cité plusieurs éléments liés au rejet des interdits et de l'ordre hiérarchique, mais il y eut aussi une démarche d'émancipation par rapport au rationalisme dont le cadre réducteur fut compris comme un des piliers de la société verrouillée sur ses principes. Une nouvelle fois, dirons-nous, les conceptions inspirées ou dérivées du chamanisme reprirent du service. Des auteurs comme Castaneda relancèrent l'intérêt pour les explorations des autres réalités avec les techniques extatiques ancestrales. L'usage de substances psychédéliques, drogues naturelles ou de synthèse fut banalisé dans un cadre spirituel autant que récréatif. Des sites comme Goa en Inde acquirent un renom lié à la présence de communautés festives en quête de nouvelles expériences. Le mouvement New-Age incarna un retour à l'ouverture d'esprit, une tentative d'élargissement de la connaissance en ne se limitant pas exclusivement au savoir scientifique, mais incluant des hypothèses sur un large ensemble de phénomènes inexpliqués. L'astrologie, le paranormal (clairvoyance, télépathie, psychokinésie), l'hypnose et l'exploration des souvenirs prénataux, la thérapie par les couleurs, les techniques de diagnostic médical par visualisation, etc, sont autant de domaines tabous sur lesquels la jeunesse porta son intérêt[85].

La construction de nouvelles réponses économiques

Si la jeunesse avait surtout milité pour sa liberté, certaines catégories sociales avaient exprimé dès les années soixante une soif révolutionnaire beaucoup plus politique.

Les milieux les plus défavorisés se rebellèrent contre ce qu'ils considéraient comme des injustices sociales et leur situation précaire. Plusieurs alternatives idéologiques furent proposées avec un retour à un mode de vie plus proche de la nature. Dans chaque secteur de la vie (économique), des pistes nouvelles ou réactualisées se dessinèrent et se perfectionnèrent au fil des années. Nous allons les survoler succinctement, par thématiques :

Les banques

Dans le secteur bancaire, des tentatives s'orientèrent vers la constitution de

---

[85] « Histoire naturelle du surnaturel » et « supernature » sont deux ouvrages du biologiste Lyall Watson qui illustrent cette ouverture. Il proposa dans ces deux best-sellers d'élargir le domaine scientifique aux sujets habituellement tabous en tentant de démontrer l'existence possible d'explications rationnelles à de nombreux phénomènes.

« banque pour les pauvres », ce que l'on nomme microfinance. Ces banques s'engageaient à prêter aux plus démunis constitués souvent en groupes solidaires capable de mettre en gage des animaux de leurs troupeaux par exemple, des meubles, des charrettes, etc. Ce système a encore la faveur de nombreux projets de développement aujourd'hui, mais la vraie parade à l'hégémonie des systèmes financiers est probablement ailleurs : la remise en question du principe du taux d'intérêt et la création de mécanismes d'annulation des dettes.

Concernant les taux d'intérêt, c'est en Autriche que la solution semble avoir été trouvée, durant la période de l'entre-deux-guerres avec la création de monnaies locales dont la valeur diminuait avec le temps[86]. Chaque mois, la valeur d'un billet émis baissait, ce qui incitait donc à faire circuler l'argent au lieu de le conserver ou le placer. Cette logique, celle d'une monnaie « fondante », a remporté un succès considérable dans la ville où elle fut testée, à Worgl, et se traduisit par une relance immédiate de l'activité de l'économique et une chute du chômage dans un pays pourtant en pleine crise économique. D'autres villes suivirent cet exemple, mais ce qui est bon pour l'économie n'est pas forcément bon pour les banques dominantes. Aussi la banque centrale autrichienne décida de mettre fin à la circulation de ces monnaies parallèles. La Deuxième Guerre mondiale éclata, et on oublia ce modèle. Il fallut attendre une cinquantaine d'années pour que d'autres initiatives soient lancées. Il existe aujourd'hui plusieurs centaines de monnaies complémentaires en circulation dans le monde, dont la plus célèbre est sans doute le Palmas, première monnaie complémentaire mise en place au Brésil et qui reçut en 2008 le Prix des Objectifs du millénaire pour le développement[87].

Une autre piste pour limiter l'effet de concentration monétaire dans les systèmes bancaires serait d'établir des mécanismes d'annulation de dettes. Nous pouvons nous souvenir que dans l'antiquité, les dettes n'avaient pas de caractère irrévocable. Une personne endettée au-delà de ses capacités de remboursement pouvait tomber sous le coup de l'esclavage temporaire, mais, suivant la Bible, l'esclavage pour dette ne devait pas durer plus de 6 ans, la septième année (« sabbatique ») marquant la fin de la sanction. L'esclavage d'une manière générale devait être aboli collectivement tous les 50 ans, à l'occasion de l'année jubilatoire. Cette nécessité de remise à zéro du compteur de la dette fut une évidence dans les sociétés anciennes et ce qui est écrit dans la Bible ne reprend en réalité que des traditions générales. Ce qui changea dans les sociétés modernes est la privatisation de la dette par des banques privées n'acceptant pas de renoncer au remboursement de leur dû. Cela s'applique aussi bien pour les individus que pour les nations. Dans un cas comme dans l'autre, l'annulation de

---

[86] https://www.alternatives-economiques.fr/worgl-monnaie-fondante/00033357
[87] décerné par le Programme des Nations Unies pour le Développement et le Secrétariat Général de la Présidence de la République du Brésil

la dette est pourtant parfois la seule solution pour permettre la survie. À titre exceptionnel, les dettes de quelques pays en voie de développement furent réduites, mais aucun mécanisme institutionnel n'a été formalisé encore à ce jour pour définir les conditions systématiques de réduction d'une dette[88].

L'énergie

Dans le secteur énergétique, la solution alternative permettant de se libérer du poids des industries pétrolières est l'utilisation des énergies naturelles : le solaire, l'éolien et les barrages. Ces sources auxquelles on pourrait éventuellement ajouter le nucléaire permettent de diminuer le besoin en pétrole pour la fourniture d'électricité. La piste des carburants alternatifs (biocarburants, moteurs à hydrogène) est une voie pour la question des énergies utilisées dans les transports. Cependant, l'utilisation de terres agricoles pour produire des biocarburants pose un problème de sécurité alimentaire dans certaines parties du monde.

L'armement

Dans le secteur militaire, la solution serait évidemment la réduction des conflits armés, objectif difficile à atteindre s'il en est. La lutte contre les dictatures, les nationalismes et le fanatisme religieux constituent des moyens de réduire indirectement certaines causes de conflits militaires. La dépendance économique entre États qui ne pourraient pas se passer les uns des autres est une stratégie qui peut contribuer à la paix et qui semble avoir bien fonctionné en Europe depuis la fin de la Deuxième Guerre mondiale. Les rétorsions économiques décidées par des groupes de nations semblent avoir également permis de limiter le nombre de guerres en asphyxiant des États belliqueux. Néanmoins les hégémonies américaines, russes et chinoises placent ces États hors de contrôle et leur laissent la possibilité d'interventions unilatérales.

L'agriculture

Dans le secteur agricole, la parade aux dynamiques concentrationnaires industrielles est connue de longue date avec simplement le retour à une agriculture sans pesticides ni engrais de synthèse. Le modèle alternatif est celui de l'agroécologie[89] : utiliser des espèces végétales traditionnelles bien adaptées

---

[88] Le FMI publie régulièrement des analyses sur les dettes souveraines et leur renégociation : https://www.imf.org/en/Publications/WP/Issues/2016/12/31/Sovereign-Debt-Restructurings-1950-2010-Literature-Survey-Data-and-Stylized-Facts-26190

[89] Parmi les très nombreuses références possibles citons le travail de synthèse de coordination Sud en 2013 : « Répondre aux défis du XXIe siècle avec l'agro-écologie : pourquoi et comment ? » : https://www.coordinationsud.org/document-ressource/repondre-aux-defis-du-xxie-siecle-avec-lagro-ecologie-pourquoi-et-comment/

à leur terroir et capables de produire dans des conditions « naturelles ». Pour accroître la productivité, l'agroécologie propose l'usage de cultures associées : cultiver sur le même champ plusieurs espèces non concurrentes. L'exemple de référence est la *milpa* en Amérique latine : cultures associées de maïs, haricot et courges sur le même champ. Ce modèle, aussi surprenant que cela puisse paraître, est le plus productif au monde sur le plan énergétique. C'est-à-dire qu'il représente l'optimum connu entre l'énergie apportée dans la parcelle (par le travail humain, mécanique et les intrants) par rapport à celle qui en sort, en calories. L'agroécologie doit également permettre de passer d'une agriculture dépendant des engrais[90] à une autre basée sur le recyclage de la matière organique soit par l'utilisation de fumier de compost, soit par l'utilisation de plantes « fabriquant » des engrais par des processus biologiques (mycorhizes, bactéries fixatrices d'azote).

La nécessité du passage de l'agriculture industrielle à l'agriculture agroécologique est aujourd'hui reconnue aussi bien au niveau des Nations Unies que de nombreux États[91].

La santé

Pour libérer le secteur de la santé, les mouvements altermondialistes prônent un mode de vie plus sain permettant de réduire le stress et la fatigue qui sont en grande partie responsables de nos problèmes de santé. La lutte contre la pollution de l'air, une alimentation dépourvue de résidus de pesticides, sont aussi des éléments à prendre en compte. Enfin, le recours aux médecines naturelles, basées sur les huiles essentielles, la diététique, le jeûne, l'acupuncture ou encore des pratiques d'hygiène comme le yoga, permettraient de réduire considérablement la consommation de médicaments.

La communication et l'informatique

Dans le secteur informatique, les rebelles aux monopoles se sont organisés depuis les débuts de l'ère internet avec la conception de logiciels libres de droits dont le code source est « ouvert ». « L'Open Source » propose des systèmes d'exploitation, comme Linux, des suites de bureautique, des logiciels de traitement d'image, gestion des sites web... Des communautés entières travaillent aujourd'hui à développer des solutions gratuites pour le bénéfice de

---

[90] En 2018 la fabrication des engrais repose sur un procédé chimique (Haber-Bosh) extrêmement gourmand en énergie puisqu'il faut l'équivalent de 0.9 litre de gazole pour fabriquer 1 kg d'engrais. Ils sont fabriqués à partir de gaz naturel, dont 5% de la consommation est chaque année utilisée pour les seuls engrais. Un autre élément clé de la fertilisation des cultures est le phosphate dont les réserves devraient commencer à s'épuiser à partir de 2030.

[91] http://www.fao.org/agroecology/fr/

tous. Une partie de ces outils informatiques ont servi à échanger librement des informations, notamment sous la forme de forum et les chats, espaces de discussions destinés à des usages divers allant de la recherche d'informations de santé à celles de partenaires pour un soir ou pour la vie. Ces espaces d'échange ont donné naissance aux réseaux sociaux, dont le plus populaire, facebook, est devenu par la suite une grande multinationale. Les réseaux sociaux ont joué et continuent de jouer un rôle important pour les mouvances alternatives. On connaît en 2011 le rôle déterminant qu'a joué facebook dans les printemps arabes, en permettant à la contestation de s'organiser à l'échelle de pays avec de simples pages internet. Les réseaux sociaux permettent d'échanger des opinions et favorisent des prises de conscience sur de vastes ensembles de sujets, dont celui des abus sexuels en 2018 pour ne prendre qu'un exemple récent. Il semble naturel de penser qu'ils seront encore le vecteur d'importantes mutations dans nos sociétés, constituant un lieu de rencontre virtuel permettant à de simples individus, comme les lanceurs d'alertes, de rivaliser avec des monstres économiques. Les affaires Wikileaks ou Snowden en sont des illustrations.

Le modèle d'économie circulaire

Face au problème d'épuisement des matières premières comme les métaux, avec la hausse continuelle de leur coût, la solution du recyclage est incontournable. Il faut également pouvoir allonger la durée de vie des objets en leur permettant d'être « prolongés », c'est-à-dire réparés.

Le modèle économique qui consiste à concevoir et produire de tels objets, réparables et que l'on pourra ensuite facilement recycler s'appelle « économie circulaire ». Il consiste en particulier à fabriquer des objets sous forme de modules séparables, afin de pouvoir remplacer facilement les éléments défectueux. Au lieu de fabriquer un smartphone qu'il faut racheter une fois que son écran est cassé ou que sa batterie inamovible est épuisée, on fabrique par exemple un modèle dont chaque élément peut facilement être remplacé. Si on souhaite changer de modèle, cela devrait pouvoir se faire en ne changeant que certaines parties, un peu comme une mise à jour. Dans le pire des cas, le téléphone doit pouvoir être démonté dans une unité de recyclage ou les parties en bon état seront revendues en pièces de rechange et les parties usagées partiront dans une usine de recyclage pour récupérer les métaux précieux qui entraient dans sa composition.

Les tentatives de synthèse

Entre la politique mondialiste concentrationnaire de richesses et celle des altermondialistes, certaines initiatives intéressantes visant une conciliation ont été amorcées.

La première de ces initiatives fut de concevoir des mécanismes de régulation des dommages causés sur l'environnement. La taxation de la pollution par ses responsables est le principe du « pollueur payeur », que l'on vit s'instaurer en France avec le paiement d'amendes pour les pétroliers responsables de marées noires[92]. Il a été généralisé jusqu'à aboutir à des formes très fines d'écotaxes, reposant sur l'idée que plus une entreprise pollue ou est responsable de production de déchets, plus elle doit payer pour financer des actions de dépollution. L'ensemble des dommages potentiels sont désignés par le terme « d'externalité négative », qui peuvent représenter une quantité de gaz à effet serre produite (taxe carbone), un effet sur la couche d'ozone, une quantité de déchets non recyclables produits, l'émission de particules polluantes, un impact sur le paysage… Cette innovation qui consiste à taxer d'un côté pour financer des actions environnementales de l'autre est un équilibre d'autant plus intéressant qu'il permet de générer des emplois et favoriser l'essor de technologies écologiques.

Cette approche juridique se retrouve en partie dans l'approche stratégique du gagnant-gagnant appliquée par un certain nombre d'acteurs économiques et politiques. Son modèle dérive de théories sur la résolution des conflits en psychologie, et vise à sortir les négociations des classiques situations d'affrontement avec un gagnant et un perdant. Le terme gagnant-gagnant, qui sonne aux oreilles comme un principe d'une simplicité enfantine, est aujourd'hui galvaudé et détourné de sa véritable signification. Il ne s'agit pas simplement de trouver un accord dont chacun tire un bénéfice immédiat, mais de créer une relation de bienveillance réciproque, dans l'idée que ce qui permet à l'un de se développer favorisera aussi le développement de son partenaire. L'objectif est donc axé sur la notion de bénéfice à long terme entre acteurs au lieu d'une vision instantanée et limitée à un accord ponctuel.

Cette approche est surtout entrée dans les pratiques des entreprises pour les négociations d'accords entre grosses et petites structures en particulier. Au lieu d'exploiter leurs fournisseurs, certaines entreprises ont compris qu'il valait mieux les renforcer, qu'il fallait aussi prendre soin de leurs employés, de leur environnement de travail, des quartiers où ils vivent, etc. Le modèle gagnant-gagnant marque en quelque sorte une évolution de la relation de compétition prédatrice ou du parasitisme vers celle de la symbiose à bénéfice réciproque.

Ce modèle gagnant-gagnant a des applications dans tous les domaines de négociation et a permis d'aboutir à un modèle général appelé « négociation gagnant-gagnant » dite « de Harvard », du nom d'un projet d'universités qui œuvre à son développement. Il est inspiré des fructueuses négociations de paix

---

[92] On pourra consulter cet article récent qui fait le point sur le drame de l'Amoco Cadiz en 1978 et ses conséquences sur les législations : Dans le rétro : il y a 40 ans, l'"Amoco Cadiz", "la marée noire du siècle" (http://www.sudouest.fr/2018/03/16/dans-le-retro-il-y-a-40-ans-l-amoco-cadiz-la-maree-noire-du-siecle-4282804-5022.php)

entre Égypte et Israël conduites par le président américain Jimmy Carter en 1978 et son efficacité en fait un outil de plus en plus utilisé[93].

À partir des années 2010, une autre innovation est apparue dans de multiples grandes entreprises : la Responsabilité Sociale d'Entreprise. Une partie des fonds des sociétés sont ainsi engagés dans des projets de nature sociale souvent dans les pays en voie de développement.

Les motivations réelles sont souvent ambiguës. Les entreprises ont généralement une visée marketing, cherchent souvent simplement à redorer leur image, se rendre plus sympathiques aux yeux de leurs cibles commerciales. Quelques-unes utilisent ces fonds pour prospecter des pays en voie de développement pour y établir ensuite leurs activités. Rares sont celles qui ont pour moteur l'ambition d'un rééquilibrage planétaire ou qui sont animées d'une réelle compassion. La situation n'est pas non plus toujours tranchée au sein de chaque organisation où plusieurs motivations différentes peuvent coexister entre différents services.

Hormis le cas des États-Unis, les États essaient, eux aussi de contribuer à une meilleure répartition des richesses pour des raisons évidentes de stabilité et de paix sociale. Leurs marges manœuvres sont cependant souvent faibles, en raison du niveau d'infiltration des multinationales et notamment dans les institutions supra étatiques, à l'exception, dans une certaine mesure, de certaines agences des Nations Unies. Leur programme sur les Objectifs du Développement Durable reprennent, quasiment point pour point, ceux des mouvements altermondialistes dans leur dimension économique et sociale[94].

La lutte démocratique

À plusieurs reprises au cours de l'histoire moderne, les grandes entreprises ont joué contre les démocraties. Le principe des démocraties est en effet de confier plus ou moins directement le pouvoir à la population afin de servir ses intérêts. Or les intérêts des dirigeants des grandes entreprises peuvent aller à l'encontre de ceux du grand nombre. On retrouve la question de la liberté au cœur de ce débat : les entreprises voudraient payer moins d'impôts et pouvoir employer leurs salariés selon leur bon vouloir alors que le peuple a intérêt à ce que les plus riches supportent davantage la solidarité et que des règles sociales préservent les droits des employés.

Au 20ᵉ siècle, plusieurs démocraties ont été renversées sous la pression des

---

[93] Roger Fisher, éminent professeur et directeur du projet « Harvard Negociation » est le grand théoricien de ce modèle décrit notamment dans « Comment réussir un négociation », R. Fischer, William Ury, Le Seuil, 2003

[94] Mais pas nécessairement morale. Les organisations onusiennes restent assez proches des normes morales traditionnelles, malgré une ouverture sur la nécessité de réduire les inégalités femmes-hommes.

entreprises et des intérêts financiers. Nous avons détaillé le cas de l'Iran avec le reversement de Mossadegh par les lobbys du pétrole, mais les cas du Guatemala renversé pour les intérêts de la compagnie américaine United Fruit (1954), de Haïti (1959), du Brésil (1964), de l'Uruguay (1969), du Chili (1973) et du Panama (1989) sont également abondamment documentés. Nous avons vu également que les conflits au Moyen-Orient sont de longue date le résultat de jeu d'intérêts commerciaux liés au pétrole et cela continue sans relâche avec les conflits orchestrés par les intérêts américains et russes.

Tous ces éléments sont de notoriété publique. D'une manière plus discrète, les grandes multinationales déstabilisent aussi les ensembles supra étatiques et notamment l'Union européenne, avec toujours le même objectif : déréglementer pour disposer d'une marge de manœuvre la plus large possible. Les modalités d'action de ces ingérences sont subtiles et font l'objet d'études pointues aussi bien dans l'utilisation des médias[95] que des règles institutionnelles[96] . Pour simplifier, les entreprises organisent aujourd'hui les débats publics et les orientent en favorisant ceux qui les défendent, financent les recherches qui leur sont favorables, soutiennent les élus qui acceptent de se compromettre, offrent des perspectives de carrières dans leurs sièges après les mandats pour les élus dociles (jeu des « portes tournantes »[97]). En 2014, le budget des lobbys pour influencer les décisions européennes était estimé à 123 millions € par an, avec environ 1700 personnes se consacrant à cette activité soit 30 fois plus que les moyens des ONG et des défenseurs de la société civile[98].

En un mot, la corruption opère sous des formes extrêmement variées, par des moyens souvent tout à fait légaux. Pour ne citer qu'un exemple récent, la législation européenne sur le contrôle des banques voté en 2014 à l'Union européenne a été l'objet d'un formidable bras de fer entre d'un côté les intérêts des peuples défendus par le parlement européen (députés élus) et de l'autre les représentants des États, pieds et mains liées par la pression des lobbys bancaires. L'enjeu était de légiférer sur la séparation des activités de dépôts et d'investissement et a clairement montré la différence de prise de position entre

---

[95] Noam Chomsky est le plus éminent spécialiste sur l'utilisation des médias par les intérêts privés dans le contrôle des masses, notamment aux Etats-Unis. « La fabrication du consentement » est une de ses œuvres majeures dont le titre résume bien sa pensée. Un DVD a également été produit et une version sous-titrée en anglais est accessible sur youtube (Manufacturing Consent Documentary).

[96] Voir les travaux d'Eve Fouilleux, notamment : « Les standards volontaires, instruments montants des politiques agricoles et alimentaires. Entre internationalisation et privatisation », 2010. « Vers une agriculture durable? Normes volontaires et privatisation de la régulation », 2012.« Normes transnationales de développement durable. Formes et contours d'une privatisation de la délibération », 2013.

[97] Revolving doors : https://transparency.eu/revolving-door-pr/

[98] https://www.alternatives-economiques.fr/lobbying-gros-moyens-de-finance/00048591

députés européens et responsables des États[99].

Le retour des nationalismes en Europe

Après avoir fédéré les espoirs au lendemain de la Deuxième Guerre mondiale, et malgré son prix Nobel de la paix, l'Union européenne traverse une désaffection des peuples assez facile à expliquer. Nous venons de décrire la confiscation partielle de la démocratie par les lobbys de multinationales et malgré toute l'habilité et la discrétion des manœuvres en jeu, les peuples commencent à percevoir que leurs intérêts sont très mal servis par les instances supra-étatiques. La tentation est donc de retourner à une souveraineté nationale plus forte avec des gouvernants rendant des comptes à leurs électeurs davantage qu'aux bureaucraties européennes. Malgré quelques progrès timides, notamment sur la régulation bancaire[100] et l'agriculture[101], les instances européennes peinent à défendre les peuples. Les partisans d'un retour à la nation ne manquent pas de révéler ces insuffisances qui complètent les discours sur le rejet des immigrés, boucs émissaires habituels.

Or les conflits au Moyen-Orient et la pauvreté stagnante dans les pays d'Afrique du Nord et du Sahel intensifient les flux migratoires. Loin de favoriser la seule compassion, les médias alimentent l'angoisse d'une invasion en commentant maladroitement les problèmes liés à l'immigration clandestine, avec des images d'embarcations de fortune, de camps où s'entassent les exilés, de personnes désespérées et prêtes à tout pour échapper à la guerre ou à la pauvreté.

Par ailleurs, les replis nationalistes intensifient les tensions entre ceux qui se sentent représenter leur pays et ceux qui s'y sentent encore étrangers, malgré parfois plusieurs générations de présence. Les exclus de la société cherchent une solidarité qu'ils trouvent dans les idéologies d'opposition à la culture dominante. Le ralliement aux formes radicales de l'islam constitue la plus flagrante illustration de ce phénomène. Les partis nationalistes n'ont ainsi plus qu'à se proposer en sauveur de ces nouvelles formes d'invasion migratoires et idéologiques.

L'Europe se trouve ainsi piégée entre des dérives antidémocratiques, ses politiques trop libérales (sans volet social) et son incapacité à gérer ses frontières. Le danger d'une explosion de l'Europe est réel, avec une fragmentation pouvant venir aussi bien de la sortie d'États de l'Union européenne, comme ce fut le cas

---

[99] Voir le documentaire « Jeu de pouvoirs » (documentaire Arte accessible sur Youtube) sur cet affrontement entre intérêts des banques et volonté de réformes de certains élus.

[100] Les progrès des contrôles des activités bancaires au niveau européen sont une réalité même si la séparation entre banques d'affaires et de dépôt reste encore au point mort en 2018.

[101] On peut citer l'interdiction des cultures OGM et l'interdiction programmée de l'usage du glyphosate, principal composant de l'herbicide phare de la firme Monsanto.

avec la Grande-Bretagne (sur fond de discours lié aux migrations, justement) ou de revendications autonomistes comme ce fut le cas en Espagne en 2018. En bout de ligne, on peut craindre un retour possible à la guerre, notamment sur les terrains instables sous influence russe (revendication territoriale) et turque (alliés des Russes).

Il n'entre pas dans notre propos de réfléchir aux solutions qu'il faudrait appliquer, mais nous pouvons néanmoins souligner que la question des identités culturelles est un sujet central. Le sentiment d'appartenance est une condition nécessaire à la cohésion des groupes, quelles que soient leurs dimensions. L'Europe peut se construire une identité sur la base de la rédaction de son histoire (historiographie), sur la base de valeurs communes aux peuples qui la composent, sur la base de certaines protections sociales, mais il faut aussi concevoir une gestion des différences, de la richesse de la diversité. Toute la difficulté, mais peut-être aussi l'importance du défi européen au niveau planétaire, est de concevoir un mode d'organisation harmonieux respectant les différences et souverainetés nationales tout en permettant une politique commune.

Les étapes idéologiques

La concentration économique des moyens au niveau d'entreprises ramifiées à l'échelle planétaire a commencé dès les premiers pas de l'industrialisation dans le secteur de la sidérurgie et de l'énergie (charbon, pétrole). Ce mouvement s'est accentué pour le besoin des Etats à la faveur des grands conflits de la première et de la Seconde Guerre mondiale (armement, pétrole, banques). Avec la fracturation des Empires coloniaux, certaines entreprises ont pris le relais des pouvoirs politiques laissés vacants, dans tous les pays disposant de ressources pétrolières en particulier. Les industries militaires se sont en partie réorientées vers les secteurs de l'agriculture et la santé, faisant dériver ces secteurs vers des modèles industriels.

Le secteur des nouvelles technologies, lui aussi enfanté par le secteur militaire, a connu une croissance fulgurante à la fin du 20ᵉ siècle, avec une concentration liée à la nature même d'un domaine de compétition technologique pointue.

Nous avons vu que certains principes expliquaient les dynamiques de concentration des richesses, dont la plupart sont clairement identifiés et contre lesquels des mouvements « altermondialistes » se mobilisent. Les monnaies locales, les énergies vertes, la lutte contre les nationalismes, l'agroécologie, l'écologie, les technologies open source sont autant de stratégies mises en œuvre avec une force croissante.

Plus récemment, des tentatives de compromis apparaissent avec les stratégies gagnant-gagnant et la Responsabilité Sociale d'Entreprise. Le partage d'une partie des richesses accumulées est mis au service d'actions de solidarité et d'aide au développement. Les États, sous la pression populaire, s'orientent eux aussi plus ou moins vers des tentatives de régulations, bien que l'influence des multinationales limite considérablement leur marge de manœuvre.

Ces évolutions récentes ne sont cependant pas encore pleinement concrétisées. L'occident reste dominé par le modèle ultra-libéral dont nous pouvons schématiser la dynamique suivant notre modèle standard utilisé dans les chapitres précédents :

Le point de départ fut la Seconde Guerre mondiale qui divisa les pouvoirs entre alliés des États-Unis ou de l'URSS. Les peuples manifestèrent, pour leur part, une soif d'émancipation qui s'amplifia notamment dans les mouvements des années 68, mais qui s'essouffla. Politiquement et sociologiquement, l'Occident poursuivit son développement sur un modèle libéral. Une fois établi, le pouvoir politique à tendance libérale s'affranchit progressivement des contraintes démocratiques en transposant les pouvoirs décisionnels au niveau d'instances supra-étatiques sous son contrôle, tandis que les peuples se laissèrent bercer par l'apparence d'un progrès constant illustré par la « croissance ». Cette croissance conduit cependant à un partage de plus en plus inégal des richesses au sein de la société et n'est pas durable dans la mesure où les ressources planétaires s'épuisent. Cette situation est amenée à s'aggraver en raison de la croissance démographique et nous pouvons anticiper qu'une nouvelle phase de révolution nous est promise.

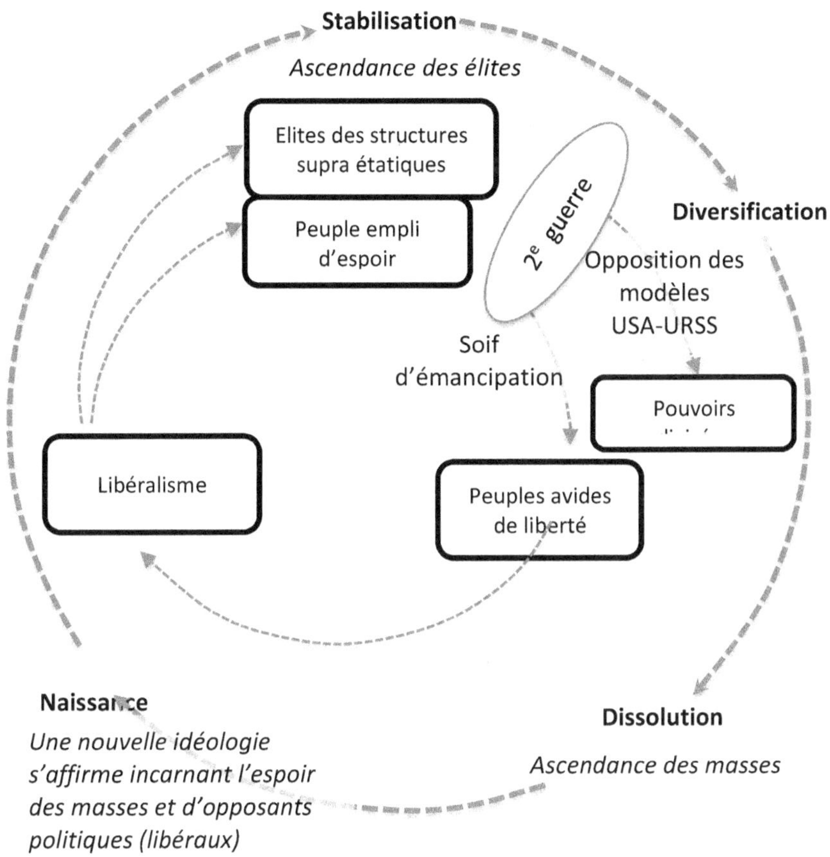

Les mouvements de liberté économique et sociale engagés depuis la fin de la deuxième guerre mondiale ont conduit à un modèle de société libéral et libertaire qui donne l'illusion aux peuples occidentaux et au individus d'être souverains et disposer d'une société bien régulée. Au-delà des apparences, les pouvoirs sont aux mains de puissantes entreprises et lobbys qui nous entrainent à une surconsommation et une surexploitation des ressources, ainsi qu'à des inégalités sociales croissantes.

Les croyances clés

La dernière phase de l'ère matérialiste est dominée par le phénomène de mondialisation. Ses conséquences furent une accentuation des **déséquilibres dans la répartition des richesses, des phénomènes de délocalisations d'entreprises, des problèmes liés aux mouvements de population (migrations), des problèmes de surexploitation des ressources naturelles et de destruction**

de l'environnement.

Plusieurs modèles d'interprétations se sont développés face à cette situation. Globalement, les grands blocs de croyances liés aux questions économiques n'ont pas changé. L'opposition habituelle entre les détenteurs des pouvoirs et ceux qui les subissent continue de s'appuyer sur deux modèles qui s'affrontent. D'un côté, certains condamnent les inégalités qu'ils trouvent injustes et considèrent qu'il faut défendre les faibles, les minorités, les pays en voie de développement, les immigrés. De l'autre, les conquérants voient dans leur victoire et leur domination le résultat naturel et sain du progrès et de l'évolution qui auraient toujours favorisé les meilleurs, pour le plus grand bien de la collectivité qui profite de cette émulation. La délocalisation des entreprises permettrait un rééquilibrage progressif de la répartition des richesses en fournissant des emplois dans les zones les plus défavorisées, par exemple.

Vis-à-vis des questions environnementales, comme la pollution ou le réchauffement climatique, les interprétations confortent conservateurs et progressistes dans leurs visions respectives. Selon les progressistes, la dégradation de l'état de la planète est un fait démontré scientifiquement qui pointe notre responsabilité. Nos modèles de consommation auraient outrepassé les capacités de régénération de la nature, ce qui implique de revoir nos politiques agricoles, énergétiques, industrielles, etc.

Les conservateurs minimisent pour la plupart l'ampleur de ces évolutions, allant, dans les cas extrêmes, comme celui du président américain Trump, jusqu'à nier leur existence. Selon eux, les analyses alarmistes seraient de simples propagandes écologistes, c'est-à-dire des affirmations plus politiques que scientifiques. Du point de vue des conservateurs, au fond, nous devrions garder confiance dans l'ordre naturel, voire la protection de Dieu.

Face aux problèmes des mouvements de population, certains les interprètent comme la triste conséquence des inégalités dans le monde. Le problème serait donc de renforcer les économies des pays de départ en favorisant des démocraties porteuses de progrès. Dans les pays d'accueil, des efforts d'intégration devraient permettre d'absorber une partie de la misère de ceux qui ont dû fuir leur pays.

Les conservateurs pensent au contraire qu'il faut renforcer les pouvoirs forts dans les pays en voie de développement afin de leur permettre de contrôler leur population. Pas question selon eux d'héberger tous les candidats à l'immigration qui déstabiliseraient les économies et aggraveraient les problèmes de chômage, de pauvreté et de délinquance déjà importants dans les pays d'accueil.

Les valeurs

Aujourd'hui la mondialisation en est à son point culminant, celui qui précède un nouveau basculement culturel.

Le **commerce et ses promoteurs multinationaux** ont pris le contrôle de l'ensemble de la planète qui tend à dépendre de règles économiques internationales. Au cœur de ce système trônent les réglementations sur la concurrence, des normes techniques, des normes de sécurité, des normes de propriétés intellectuelles. La codification matérialiste a conduit à une privatisation extrême, allant jusqu'à définir des droits de propriété intellectuelle sur le code génétique des espèces végétales, privant déjà quelques paysans des pays en voie de développement du droit de cultiver librement leurs champs avec les cultures de leurs ancêtres. Des populations rurales entières sont passées dans un système de dépendance les poussant à vendre leur terre pour rembourser des emprunts, à devenir des employés alors qu'ils avaient pu vivre en propriétaire libres et dignes jusque-là.

Ces pratiques dont le caractère scandaleux est assez évident sont d'autant plus préoccupantes que le modèle de société de consommation qui s'étend et qui s'aggrave avec la croissance démographique dépasse la capacité de régénération de notre planète. L'épuisement des énergies fossiles n'est qu'une petite facette du sujet. Il nous faudra faire face au manque d'engrais pour les cultures, à la surpêche dans les océans, au manque de métaux pour les produits électroniques, aux problèmes de pollution des eaux, des sols et de l'air avec leur conséquence sur la santé des humains, des animaux et des plantes.

La réaction à cette situation s'incarne dans un mouvement altermondialiste, qui a longtemps d'abord été dominé par un esprit contestataire peinant à proposer de véritables alternatives. Il comptait parmi ses rangs un grand nombre d'opposants aux guerres, aux valeurs traditionnelles austères et aux inégalités sociales. Cet altermondialisme qui fut dans un premier temps une réaction contestataire s'est ensuite organisé autour de projets constructifs. Mieux gérer les ressources de notre planète en réduisant le gaspillage et la surconsommation est un objectif qui s'est traduit par des modèles d'agriculture agroécologique, des modèles énergétiques basés sur les énergies renouvelables, des modèles de santé basés sur la prévention, des modèles économiques basés sur ce que l'on nomme « la décroissance ». L'objectif de mieux partager les richesses se concrétise par de nouveaux modèles financiers basés sur les monnaies locales, la promotion de systèmes coopératifs, le rehaussement du poids de la parole des représentants de la société civile.

Dans tous ces modèles, les normes internationales tentent d'être révisées, afin qu'elles ne soient plus au service de la seule prospérité des manœuvres financières et des échanges commerciaux, mais servent plutôt à baliser et garantir des protections : règles d'équité, règles de transparence, normes de santé, normes environnementales.

Dans l'imaginaire collectif, on rassemble ces valeurs sur le vocable d'écologie, qui révèle assez bien la nouvelle optique en jeu : le souci d'un équilibre avec l'environnement dans lequel nous avions puisé sans jusque-là nous poser de questions.

Entre l'idéal de privatisation et celui du partage équilibré, un troisième idéal tend à se réactiver : le nationalisme. La logique qui prévaut est toujours celle de la diabolisation de ce qui est étranger, qu'il s'agisse de multinationales, d'accords internationaux et d'entités supra nationales, ou encore d'étrangers venus s'installer. Cet idéal de repli sur soi se manifeste en particulier sur la question de l'immigration, cible désignée de tous les maux.

Dans le contexte d'accroissement des flux migratoires et de crise économique, cet idéal protectionniste qui stigmatise tout ce qui provient de l'extérieur du point de vue économique comme humain prend facilement de l'ampleur. Le chômage est interprété comme conséquence d'une concurrence avec la main-d'œuvre immigrée. L'insécurité est vue comme une conséquence de la pauvreté et de l'échec d'intégration d'étrangers. La faiblesse du pays est interprétée comme la conséquence de sa perte d'identité culturelle. Le remède et la voie sont tout tracés : renforcer les frontières, bloquer ce qui entre, et expulser les étrangers.

Cet idéal nourrit des divisions et aggrave les tensions entre deux catégories de personnes : celles bien intégrées et celles mal intégrées. Le clivage qui s'instaure en vient à dépasser les simples identités de pays d'origine et s'étend jusqu'aux questions culturelles. Les discours d'extrême droite renvoient aux identités culturelles traditionnelles et s'opposent aux religions « étrangères ». Ce fut le cas sous l'Allemagne nazie avec le rejet du judaïsme, et c'est aujourd'hui le cas avec l'islamophobie dans beaucoup de pays occidentaux. En réaction, tous ceux qui se sentent exclus des sociétés occidentales tendent à se reconnaître dans ces persécutions et rallient des alliances communautaires qui aggravent la division sociale.

Nous avons donc aujourd'hui trois grands systèmes de valeurs de référence dans les pays occidentaux : le mondialisme ultra-libéral, l'écologie régulatrice d'équilibres et le nationalisme de repli. Il semble relativement évident que seule l'option orientée vers l'équilibre pourra fonctionner. L'avenir appartiendra à l'écologie qui bouillonne déjà d'initiatives et de mouvements dans le monde. Sa richesse est probablement dans son ADN même : l'éloge de la diversité. Cette diversité est une clé du vivant et aller dans son sens est un atout qui ne peut que triompher face aux tentatives de standardisation/uniformisation à l'échelle mondiale comme nationale. Cependant, si le développement de notre culture n'a d'autres perspectives que de s'orienter à terme vers l'écologie au sens large, les risques accidents de parcours restent réels.

Nous avons vu dans le chapitre consacré à la Seconde Guerre mondiale que les intérêts industriels s'allient volontiers avec les partis nationalistes et il est à craindre que le nationalisme soit instrumentalisé à nouveau contre l'intérêt des peuples pour les détourner des préoccupations écologiques. Comme nous allons l'illustrer dans le chapitre suivant, il est pourtant nécessaire de passer à d'autres modèles de société, « nécessaire » à prendre au sens fort du terme.

Vers une sortie du matérialisme
(Pollution, épuisement des ressources, qualité de vie, répartition des richesses)

Les limites des approches matérialistes sont connues de tous et alimentent bien des discussions entre amis qui refont le monde dans l'intimité de leurs soirées. Les collectifs de la société civile se mobilisent aussi pour dénoncer un ensemble de conséquences de notre « système ». Nous allons regrouper ces problèmes en quatre catégories : l'épuisement des ressources de la planète, son empoisonnement par les facteurs de pollution, l'atteinte à notre santé et le problème de la répartition des richesses.

Commençons par le danger le plus imminent : celui de l'épuisement de ressources vitales de nos sociétés. Cet épuisement est à mettre en relation avec l'augmentation de la taille de la population mondiale et les besoins croissants pour la nourrir et lui permettre de vivre. Lorsqu'on parle d'épuisement des ressources, on songe immédiatement au pétrole, car cela fait des décennies que l'on connaît la pénurie vers laquelle nous nous acheminons. Il faut lui associer également le gaz naturel, autre énergie fossile aux réserves limitées, qui fait l'objet d'une intense exploitation. Nous avons eu le loisir de citer à plusieurs reprises l'importance du pétrole dans les politiques internationales, avec ses conséquences économiques et géostratégiques ayant abouti à de nombreuses guerres. Le passage aux énergies renouvelables et éventuellement au nucléaire pourra éventuellement réduire les besoins en pétrole pour notre approvisionnement en électricité et le fonctionnement des moyens de transport, mais les défis sont considérables et il y a fort à parier que nous aboutirons à une crise des hydrocarbures qui surviendra bien avant que nous ayant pu réussir notre transition énergétique.

Quoi qu'il en soit, d'autres ressources sont concernées par l'épuisement de leur exploitation. Les métaux y figurent en bonne place en raison des besoins notamment en cuivre pour les réseaux électriques, mais aussi le Lithium (batteries), l'argent ou le platine. On estime que toutes ces ressources seront épuisées avant 2100. Est-ce que nos procédés de recyclage nous permettront de faire face à cette situation ? C'est peu probable dans la mesure où les besoins de la planète ne sont pas stationnaires, mais en augmentation constante.

Enfin, nous nous acheminons vers une insuffisance de la production alimentaire. La raison est assez simple : le modèle agricole occidental repose sur l'utilisation de deux ressources auxquelles nous devrons progressivement renoncer : les engrais et les pesticides.

Les engrais sont en effet fabriqués soit à partir de gaz naturel (pour les engrais dits « azotés »), soit à partir de roches et en particulier du phosphate. Nous l'avons déjà signalé en quelques lignes : les réserves en gaz naturel tendent à s'épuiser. Or 5% de la consommation mondiale de gaz naturel est mobilisée pour la fabrication d'engrais. Les agricultures devront donc trouver d'autres sources pour apporter de l'azote sur les parcelles agricoles. Pour le phosphate, la situation est encore plus préoccupante, puisqu'on estime qu'à partir de 2030, son exploitation commencera à diminuer très rapidement. Or sans cet élément, les engrais seront sans efficacité. Pour faire face à ces pénuries, nécessairement, les agricultures devront fonctionner sur d'autres modèles et le seul que l'on connaisse aujourd'hui et qui puisse apporter une solution est celui de l'agroécologie. Comme pour la transition énergétique, il faudra réussir la transition agroécologique, qui requière aujourd'hui à la fois une réorientation des politiques agricoles et des progrès au niveau des connaissances scientifiques. L'agroécologie doit en effet permettre de répondre à un autre défi de taille, outre celui de nous affranchir de l'usage des engrais industriels : le passage à une agriculture sans pesticides.

Les pesticides sont des substances chimiques destinées à tuer toutes formes d'organismes vivants qui pourraient réduire la production agricole. Les herbicides servent à tuer les herbes qui poussent entre les rangs et consomment l'eau et les engrais dont ont besoin les cultures. Les insecticides servent à tuer les insectes qui consomment les feuilles ou les grains des productions agricoles. Les fongicides servent à tuer les champignons qui provoquent des maladies sur les plantes, telles que le mildiou pour la vigne. D'autres pesticides servent encore à tuer des vers microscopiques qui affaiblissent les cultures (nématicides) ou des organismes plus petits que les insectes appelés acariens (acaricides). Toutes ces substances ont été mises au point juste après la Seconde Guerre mondiale, en recyclant les gaz de combat utilisés à des doses réduites et en en modifiant les propriétés. Elles ont montré une grande efficacité et l'on se réjouissait de leur usage jusqu'à ce qu'on découvre les premiers effets secondaires. On constata d'abord ce que l'on nomme une bioaccumulation : le DTT, utilisé massivement sur les cultures, mais aussi pour tuer les moustiques, passa dans la chaîne alimentaire en s'accumulant dans les organismes en bout de chaîne. Au final, la consommation des animaux pouvait représenter un danger pour la consommation humaine. On interdit donc l'usage du DTT, puis d'autres insecticides comme le lindane, puis certains herbicides qui se retrouvaient dans l'eau de consommation (atrazine) et de plus en plus de pesticides. Le dernier en date, au sein de la communauté européenne du moins, est le glyphosate, une substance utilisée dans l'herbicide le plus utilisé au monde et produit par la firme Monsanto. Il fallut des années pour faire reconnaître la dangerosité de cette substance sur laquelle plusieurs études avaient été soit étouffées soit falsifiées. Ce cas ne reste cependant qu'un cas parmi d'autres. Nous connaissons aujourd'hui deux principes fondamentaux des pesticides :

- Il faut en augmenter le dosage chaque année pour conserver leur efficacité ou mettre au point de nouvelles molécules pour faire face à l'adaptation des ennemis des cultures, de plus en plus résistants.

- Ces substances, même à des doses infimes, passent dans l'alimentation, et ont des impacts à long termes considérables sur la santé des consommateurs.

Ces deux principes à eux seuls permettent de comprendre pourquoi les agences des Nations Unies déclarent aujourd'hui qu'il est urgent de passer à des modèles agricoles sans pesticides.

Et puis, il existe une troisième raison fondamentale pour laquelle nous devrons renoncer aux pesticides et que nous allons mettre en lien avec notre deuxième sujet sur les limites de notre société de consommation ; la pollution. La pollution a des répercussions sur l'être humain, intoxiqué par les résidus d'insecticides et d'herbicides. La pollution a aussi de graves répercussions sur les équilibres biologiques ; ce que l'on nomme les écosystèmes. L'exemple le plus emblématique de ce problème est celui de la disparition des abeilles, qui comme chacun sait, permettent la pollinisation de nombreuses plantes. Les pesticides, en affaiblissant les défenses immunitaires des abeilles ont provoqué d'une chute de leur population partout sur notre planète. Cette diminution est allée jusqu'à la disparition totale en certaines parties du monde, comme dans des régions de Chine où l'on peut assister à un spectacle aussi rocambolesque que désolant : la pollinisation des arbres fruitiers par des ouvriers montés sur des échelles et faisant le travail des abeilles avec des cotons tige !

La pollution par les pesticides n'est bien entendu qu'une facette de la pollution. À la pollution directe des organismes vivants par les pratiques agricoles (plantes, insectes et toute la chaîne alimentaire), s'ajoute celle de l'eau avec les déjections des usines et des égouts. Les métaux lourds s'accumulent dans les rivières et, lorsqu'elles ne tuent pas directement les poissons, les rendent néanmoins peu recommandables à la consommation. L'air est également touché par les rejets des usines et surtout les gaz d'échappement. Les limitations de la circulation des véhicules se sont généralisées dans toutes les grandes villes du monde, où la population, et notamment les enfants, sont touchés de plein fouet par des maladies respiratoires. La Chine fait encore office de terrain extrême sur ce plan, avec une capitale dont l'air est pollué jusqu'à la limite du supportable. Et puis, après avoir évoqué l'eau et l'air, nous devons parler de la terre et des sols. Les sols sont menacés doublement. Ils sont touchés d'abord par l'érosion, c'est-à-dire par les pluies qui entraînent la terre dans les rivières et par les vents qui emportent des « poussières de sol » vers des espaces non agricoles. La couche de sol fertile, propice à la production agricole, s'affine particulièrement dans les pays industrialisés où le labour mécanisé accélère ce processus. Les sols sont également pollués par les herbicides et le nombre de vers de terre est passé en moyenne de deux tonnes à l'hectare à moins de 100 kg en quelques décennies. Ces vers de terre sont la partie visible de ce que l'on nomme la faune du sol, l'ensemble des êtres vivants qui recyclent ses éléments et lui assurent une fertilité naturelle. Sans cette faune, les sols sont fragiles et facilement érodables, et sont incapables de permettre une production agricole sans le recours aux engrais. Le système se mord ainsi la queue : notre agriculture industrielle nous a placés dans une impasse.

Après ce survol des questions liées à l'épuisement des ressources naturelles et à la pollution, nous poursuivons ce chapitre par les impacts de notre modèle de société de consommation sur notre qualité de vie. Cette qualité de vie est atteinte en premier par le problème de la santé. Les facteurs de pollution que nous avons décrits ont des conséquences connues sur nos états de santé. Des études ont montré les conséquences des pesticides sur la fertilité du sperme humain, sur le fonctionnement des systèmes hormonaux (perturbateurs endocriniens), sur la fréquence des cancers et des maladies dégénératives. Plusieurs études concluent aujourd'hui à une réduction de l'espérance de vie en bonne santé d'une dizaine d'années à très court terme[102]. Même sans ces perspectives dramatiques, nous sommes déjà tous largement conscients de vivre dans une société qui maltraite notre corps. Les horaires de travail auxquels nous sommes soumis sont peu compatibles avec les besoins de repos et de récupération qui sont les nôtres. Se lever au son d'un réveil matin alors qu'il fait encore nuit est une réalité pour beaucoup d'entre nous. Est-ce que les organismes vivants sont en mesure de supporter ces rythmes artificiels ? La réponse est évidente. On parle de fatigue chronique, de surmenage, avec des expressions comme « piquer du nez » pour ceux qui ne parviennent plus à lutter contre le besoin de sommeil. Pour la plupart des citadins, la sieste à laquelle s'adonnent naturellement tous les mammifères après leurs repas, n'est tout simplement pas possible. Les chronobiologistes ont beau clamer haut et fort l'intérêt de cette récupération non seulement sur la santé, mais même sur la productivité au travail : nos sociétés ne ménagent même pas cette nécessité biologique. Pour aggraver le tout, le bruit vient renforcer le dérèglement de nos rythmes biologiques. Il est omniprésent dans les villes, perturbant le sommeil et sa qualité, que l'on en soit conscient ou non. Face à ces agressions et au poids de la fatigue, les organismes succombent. Mais au lieu de répondre de manière appropriée par le repos, nous gavons les malades de drogues qui leur permettent de supporter leur condition. Les tranquillisants et somnifères sont consommés dans des proportions considérables. Plus ou moins consciemment, nous recourons à des substances stimulantes comme le café pendant les heures de travail ou l'alcool et la cigarette (pour le moins) dans la sphère privée. De véritables addictions peuvent en découler avec des conséquences lourdes sur la santé, dont il n'est pas nécessaire de faire ici le détail. Deux jours de trêve par

---

[102] Ce sujet est abondamment discuté dans la partie agriculture du MOOC « développement durable » sur la plateforme France Université Numérique.

semaine et un mois de coupure par an suffisent visiblement à nous permettre de tenir le coup. La plus extraordinaire conséquence de ce mode de vie est que la majeure partie d'entre nous rêvons d'un temps de repos que, en attendant celui qui sera définitif, nous pourrons satisfaire à l'issue de la vie « professionnelle » : la retraite. Outre le fait que d'espérer profiter de la vie à un âge qui n'est sans doute pas idéal est discutable, ce principe de la retraite fait peser sur la société un poids considérable. Le financement des retraites dans toutes les sociétés occidentales est un des principaux problèmes économiques. Dans le système par répartition, il fait peser un poids considérable sur les travailleurs qui doivent subvenir par les impôts aux besoins de leurs aînés. Dans le système des fonds de pension, ce sont des organismes financiers qui génèrent de revenus en spéculant sur les économies et en contribuant aux grandes crises financières. Dans tous les cas de figure, la charge que représente le financement des retraites est de plus en plus difficile à gérer, et le vieillissement de la population dans les pays industrialisés aggrave le problème. En France, un salarié actif subvenait au besoin de 4 retraités durant les périodes de croissance. On estime qu'il ne subviendra qu'à 1.2 personnes à brève échéance. Autrement dit, la moitié du temps de travail des actifs servira au seul paiement des retraites ! Cette situation ne sera évidemment pas tenable.

Nous venons d'aborder ici le quatrième point sur les insuffisances du modèle matérialiste : celui d'une impossible répartition durable des richesses. Au sein des pays les plus développés, l'évolution démographique pose un problème insoluble d'équilibre entre les générations. Le système de retraite par répartition ne pourra perdurer. Or l'autre alternative, celle des fonds de pension n'est pas plus viable. Espérer que la croissance des économies pourra permettre à des investissements de rapporter de quoi financer les retraites est illusoire. Pour parvenir à générer suffisamment de profits par leurs placements, les fonds de pension requièrent que les entreprises aient des performances extrêmes, qui impliquent une exploitation indécente de leurs employés. Il n'y a pas de mystère : les entreprises ne peuvent pas à la fois verser de bons dividendes aux fonds de pension et payer les salaires à leur juste niveau.

Ce problème de répartition des richesses se pose également à un niveau plus large, entre les pays. On voit les États se concurrencer sur l'imposition des grandes entreprises pour attirer l'implantation des grandes multinationales et de leurs sièges. Ces multinationales jouent sur ce système pour pratiquer « l'optimisation fiscale », et ne pas contribuer en réalité aux impôts des pays où elles génèrent leurs bénéfices. Ces mêmes multinationales exploitent la main-d'œuvre des pays où le coût du travail est le plus faible et où les droits des salariés sont les moins développés. Ces stratégies, aussi odieuses soient-elles, nous questionnent sur la possibilité de fonctionner autrement. Est-ce que les économies des pays développés, construites sur l'exploitation des richesses de leurs colonies par le passé et par l'exploitation des richesses de pays en voie de développement aujourd'hui, peuvent fonctionner durablement dans le cadre de relations « équitables » ? Qu'adviendrait-il si l'on supprimait les paradis fiscaux, si l'on uniformisait les taxes sur les multinationales, si l'on garantissait partout un droit égal pour les salariés ? Les coûts de production augmenteraient considérablement et le coût de la vie aussi. Nous aboutissons ainsi à une conclusion qui est somme toute assez évidente : une meilleure répartition des richesses aurait des impacts sur le niveau de consommation dans les pays les plus développés, là où déjà la qualité de vie nous apparaît déjà fortement insatisfaisante. Nos systèmes économiques ne génèrent ainsi pas assez de richesses pour en permettre une répartition à la fois satisfaisante et équitable.

En termes triviaux : le gâteau n'est pas assez grand pour tous. Notre planète ne peut satisfaire les appétits de tous, parce que notre pression démographique ne lui permet pas de se reconstituer, de se régénérer. Le modèle matérialiste nous condamne ainsi à épuiser nos ressources et à nous exploiter entre peuples, par des guerres militaires ou simplement économiques.

L'ère matérialiste

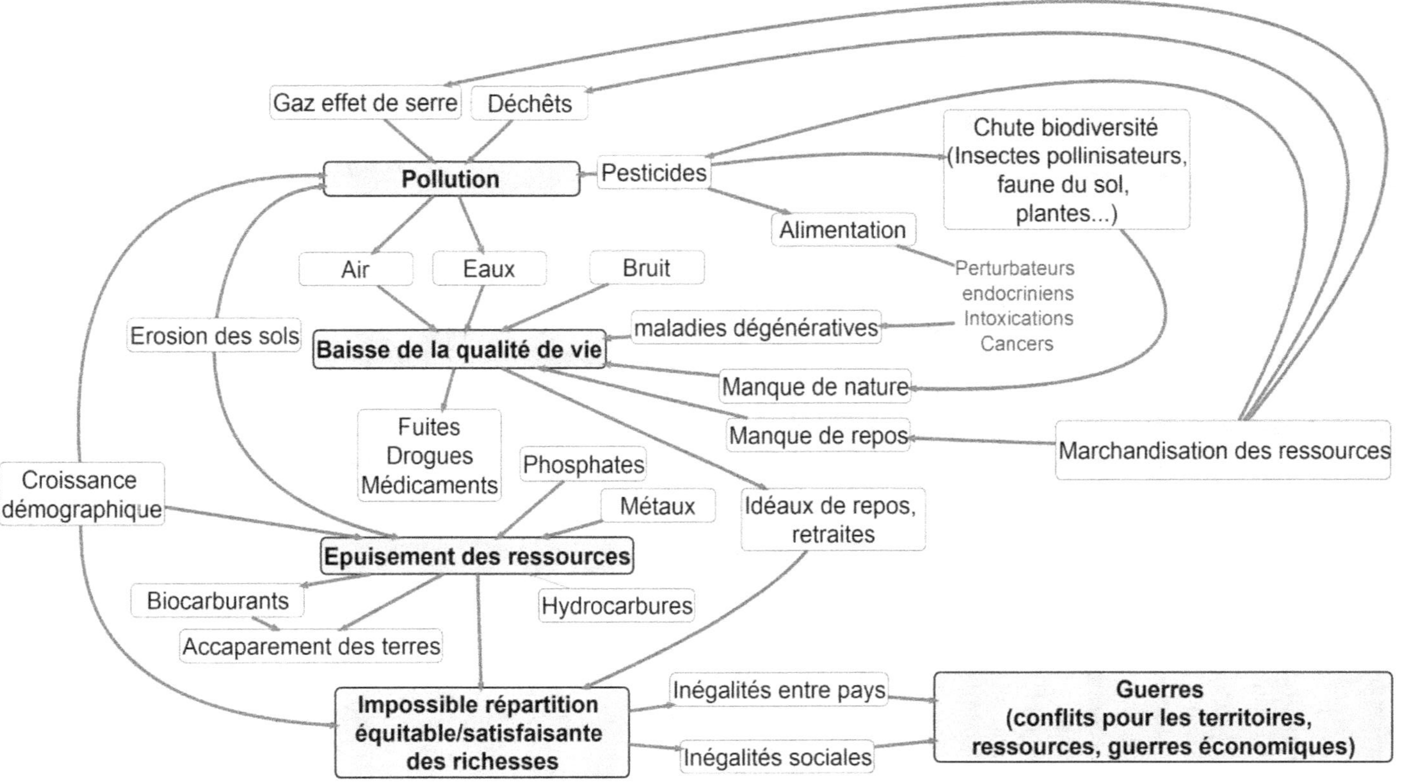

Par la force des choses, nos sociétés devront trouver un moyen de se développer de manière plus équilibrée avec la nature et entre les peuples. Nous devrons consommer autrement, répartir nos richesses différemment au sein de notre société et avec les autres pays. Plusieurs transitions sont en cours comme la transition énergétique et la transition agroécologique, mais d'autres défis de nature culturelle se présentent sur notre rapport à la consommation, à l'argent et à la solidarité. Ces défis exigent une transformation de nos modes de pensée. Certains pensent encore que le modèle de charité judéo-chrétien peut apporter une réponse satisfaisante à la question de la solidarité. Certains pensent qu'en transmettant les valeurs occidentales aux pays en voie de développement, ceux-ci apprendront à sortir du cercle vicieux des guerres et contribueront au progrès de l'humanité. D'autres pensent qu'il faut passer à des modèles égalitaires inspirés des idéologies socialistes. Tous ont probablement raison et tort à la fois. Leurs solutions apportent des éléments de réponses, mais esquivent le véritable défi : savoir remettre en cause nos croyances et nos valeurs. Les contraintes auxquelles sont soumis les individus et les peuples sont probablement d'abord celles-là. Des siècles durant l'occident a mûri, s'est transformé, en passant par des ères successives. Ces évolutions ont permis de faire face aux défis des différentes époques, mais nous devons aujourd'hui aller plus loin :

Survol des conséquences de nos repères culturels

Les croyances et valeurs qui portent aujourd'hui notre culture ont permis à nos sociétés de faire face aux défis du passé. Ceux de l'avenir se présentent sous d'autres aspects. Nous allons dans cette partie souligner les insuffisances de notre système de croyances/valeurs et analyser comment il se perpétuent malgré tout. Nous ouvrirons une réflexion sur les changements de croyances et valeurs qui semblent devoir s'imposer. Cette partie se termine sur un questionnement sur le sens de l'évolution des cultures et des sociétés.

Chapitre 19 La cartographie des idées qui minent l'épanouissement individuel
Le temps qui passe
L'ordre divin
La vision darwiniste
Le matérialisme
Synthèse sur les blocs de croyances dépréciant les individus

Chapitre 20 La transmission des croyances/valeurs
La transmission spatiale et émotionnelle
La transmission temporelle
La cyclicité des ruptures de croyances/valeurs

Chapitre 21 Quelles seront les évolutions à venir ?
Le concept de pureté
Le concept de bien
Le tabou sur les questions échappant aux explications scientifiques

Chapitre 22 Quel sens donner aux évolutions culturelles ?

La démarche que nous avons adoptée dans cet ouvrage a été de chercher à comprendre comment un certain nombre de croyances et de valeurs se sont mises en place dans notre culture au fil du temps. Cet exercice visait à permettre à chacun de prendre conscience d'où lui viennent les repères qui sont les siens. Ces repères, nos repères, ont une justification et une utilité. Ce sont des constructions mentales qui ont servi le développement des sociétés et qui au fil du temps ont évolué pour faire face à de nouveaux défis. Ces repères ont été utiles et continuent de l'être. Tel un médicament aux effets secondaires déplaisants, les croyances qui nous servent de référence ont cependant des effets secondaires, pourrait-on dire. Chaque croyance soutient des valeurs qui servent l'ordre social, mais chaque croyance a aussi des répercussions sur notre ordre intérieur, notre équilibre. Or, souvent, ces deux **objectifs d'épanouissement collectif et individuel s'opposent ou se jouent au détriment l'un de l'autre.** Un exemple emblématique est celui de la confiance en soi, facteur d'émancipation et propice à la rébellion, que les gouvernants n'ont pas intérêt à voir se développer outre mesure au sein du peuple, et dont chacun a pourtant besoin pour s'épanouir.

Fondamentalement, et c'est là sa grande défaillance, notre culture repose sur l'idée d'un ordre naturel basé sur la compétition entre peuples et l'opposition entre intérêt collectif et individuel. En conséquence nos modèles culturels frustrent les individus au nom de l'intérêt supérieur. Il est donc logique que l'individu voit en la société la source de ses problèmes, s'oppose à elle, ce qui justifie en retour l'idée d'une contradiction naturelle entre l'individu et la société, l'être humain et son environnement. Le principe de la prophétie auto-réalisatrice s'accomplit ici, comme c'est souvent le cas pour les croyances. On peut ainsi en déduire que même avec des régimes démocratiques où les peuples élisent leurs dirigeants, il demeurera toujours une opposition avec le pouvoir, parce qu'il incarne fondamentalement la contrariété, la régulation, la contrainte et la frustration. Pour qu'il en soit autrement, il faudrait que le pouvoir se mette au service de l'épanouissement des individus, pour les aider à mieux vivre, à se sentir mieux dans leur peau. Cela n'est encore jamais arrivé.

Pour que la situation évolue au profit de tous, il nous faut donc nous libérer de certaines conceptions pour aller vers une meilleure harmonie intérieure qui puisse se traduire ensuite par une harmonie sociale. Or les conceptions dont il est question, les croyances qui entravent notre épanouissement, sont nombreuses. Nous les avons rencontrés et examiné leur histoire : nous allons à présent voir comment elles s'associent et nous portent préjudice. Nous allons ensuite revenir sur le mécanisme de transmission de ces croyances et valeurs au fil des générations, à travers l'éducation et ce processus de normalisation qu'on appelle socialisation. Nous terminerons ce chapitre par une synthèse générale qui détaille comment cette transmission déraille cycliquement et nous permet d'évoluer au fil des générations et des époques.

La cartographie des idées qui minent l'épanouissement individuel

Les croyances toxiques qui perturbent notre équilibre sont nombreuses et leur nocivité est d'autant plus forte qu'elles forment des blocs cohérents où chacune justifie l'autre. Il n'existe pas de croyance « isolée ». Elles sont liées entre elles, et leur stabilité repose sur cette cohérence globale. Nous allons distinguer dans cette partie, quatre ensembles, blocs de croyances ou référentiels.

Le temps qui passe

Nous avons d'abord les croyances qui découlent de notre conception du temps et qui ne nous laissent espérer obtenir une vie meilleure que dans un espace extrêmement réduit, entre l'enfance durant laquelle nous sommes dépendants du bon vouloir de nos parents, et la vieillesse à partir de laquelle l'énergie nous manquerait pour tout changement important. Nous avons ainsi le sentiment de disposer d'une étroite fenêtre de liberté entre l'âge de 18 ans et la cinquantaine, en dehors de laquelle nous n'aurions plus vraiment de marge de manœuvre. Même à dix-huit ans, certains ont déjà le sentiment qu'une grande partie de leur vie est plus ou moins jouée, en fonction des études qu'ils ont pu entreprendre, du milieu dont ils sont issus, de la beauté ou force physique dont ils sont dotés… Avec l'obtention d'un travail, l'achat d'une maison avec un crédit à rembourser, la charge d'enfants, on se sent ensuite encore moins libre de changer de vie. Le temps passe et au seuil de la cinquantaine, on entend souvent des personnes se lamenter que leur vie est derrière eux, avec un air de résignation douloureux… Ces lamentations sont la conséquence de cette conception du temps qui s'écoule inexorablement et de l'idée que nous sommes prisonniers du passé.

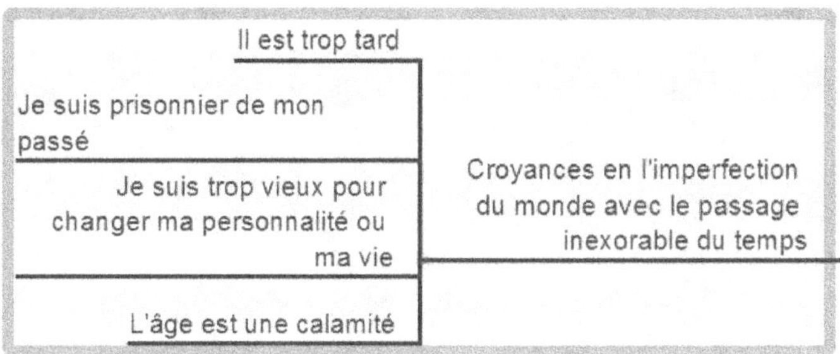

Croyances négatives liées à notre conception du temps et de la réalité unique (à gauche : exemples de croyances découlant de l'idée « d'une imperfection du monde avec le passage inexorable du temps »).

Nous pourrions remplacer cette vision pessimiste par des idées plus réjouissantes. Nous pourrions penser aux exemples de succès tardifs, dans la littérature, dans la musique, dans la politique et bien d'autres domaines. Ils nous montrent que la vie reste ouverte et qu'il ne tient qu'à nous de suivre l'exemple de ces cas qui tiennent malheureusement lieu d'exception. À supposer qu'on n'ait pas de grandes ambitions, il nous est possible de trouver au moins la sérénité, un équilibre familial, un équilibre de vie satisfaisant, et de réaliser quelques rêves auxquels on tient encore ou aider d'autres à les accomplir pour nous. Nous pourrions aussi considérer l'existence comme une succession de tranches de vie ayant chacune un intérêt particulier pour elle-même, correspondant à des expériences de vie toutes aussi précieuses les unes que les autres.

Une autre manière d'envisager le temps est encore d'interpréter la vie comme un terrain d'expériences, une exploration, une aventure, un voyage. Il nous revient d'en profiter le mieux possible, en en savourant les plaisirs et en en affrontant les défis. Nous pouvons vivre la vie avec le sentiment que ce que nous y vivons nous enrichit, nous offre chaque jour la possibilité de croître, mûrir, nous élever et corriger nos « travers » et nos inhibitions. Notre vie vaut par ce qu'elle nous permet d'expérimenter, ressentir et partager. Elle vaut pour ce qu'elle nous apporte et pour ce qu'elle apporte aux autres. Quant à la prochaine étape, trouvons-lui la saveur du mystère, sans douter que l'espoir que nous portons au fond de nous présage une continuité sereine.

L'ordre divin

Lorsque Friedrich Nietzche s'attaqua à la morale traditionnelle castratrice, il pointa avec justesse la perversion d'un système religieux basé sur la culpabilisation, affaiblissant les élans naturels de la vie, brimant les individus et générant une frustration générale. Nous sommes pris dans une architecture impressionnante de croyances héritées des monothéismes qui nous incitent à nous résigner et supporter la souffrance au lieu de réagir en changeant ou en affrontant les difficultés. Ces croyances nous culpabilisent de nos désirs naturels et sains, nous culpabilisent sur la recherche des plaisirs et de notre satisfaction. Elles nous imprègnent d'images déprimantes sur nous-mêmes et sur les autres, en nous complexant par l'idée d'être mauvais, ou en projetant sur d'autres l'idée du mal. Ces croyances nous détournent des vraies causes de nos frustrations et nous désorientent en canalisant notre souffrance dans une haine de personnes jouant le rôle de boucs émissaires.

Nous avons représenté la structuration de ces nombreuses croyances sous la forme d'arbre ci-dessous. On y distingue un premier grand ensemble lié à la croyance au bien et au mal par rapport à l' obéissance à des principes absolus (divins) et un deuxième ensemble lié à l'idée d'une hiérarchisation (hommes-femmes, esprit-corps).

Le premier ensemble, celui des croyances liées au bien et mal se décline en de nombreuses autres croyances générales : la conception de la vie comme une épreuve, la croyance en une culpabilité naturelle et en la nature « mauvaise » de

l'être humain, et cette idée qu'il faudrait combattre le mal personnifié par certaines personnes (les juifs, les homosexuels, les délinquants…).
Le deuxième grand ensemble porte sur la conception d'un monde hierarchisé sous l'emprise d'une volonté divine. Ces idées se traduisent par des préjugés sur les rôles respectifs des hommes et des femmes, prédisposant aux violences conjugales. Elles se présentent aussi sous formes de préjugés sur les instincts et la sexualité favorisant la culpabilité, l'homophobie et les désordres affectifs.
Toutes ces idées alimentent un ensemble de pensées hautement déprimantes qui passent malheureusement aux yeux de beaucoup pour des évidences, listées sur la gauche de la figure pag suivante.

Pag suivante : Croyances négatives issues des monothéismes (à lire de droite à gauche)

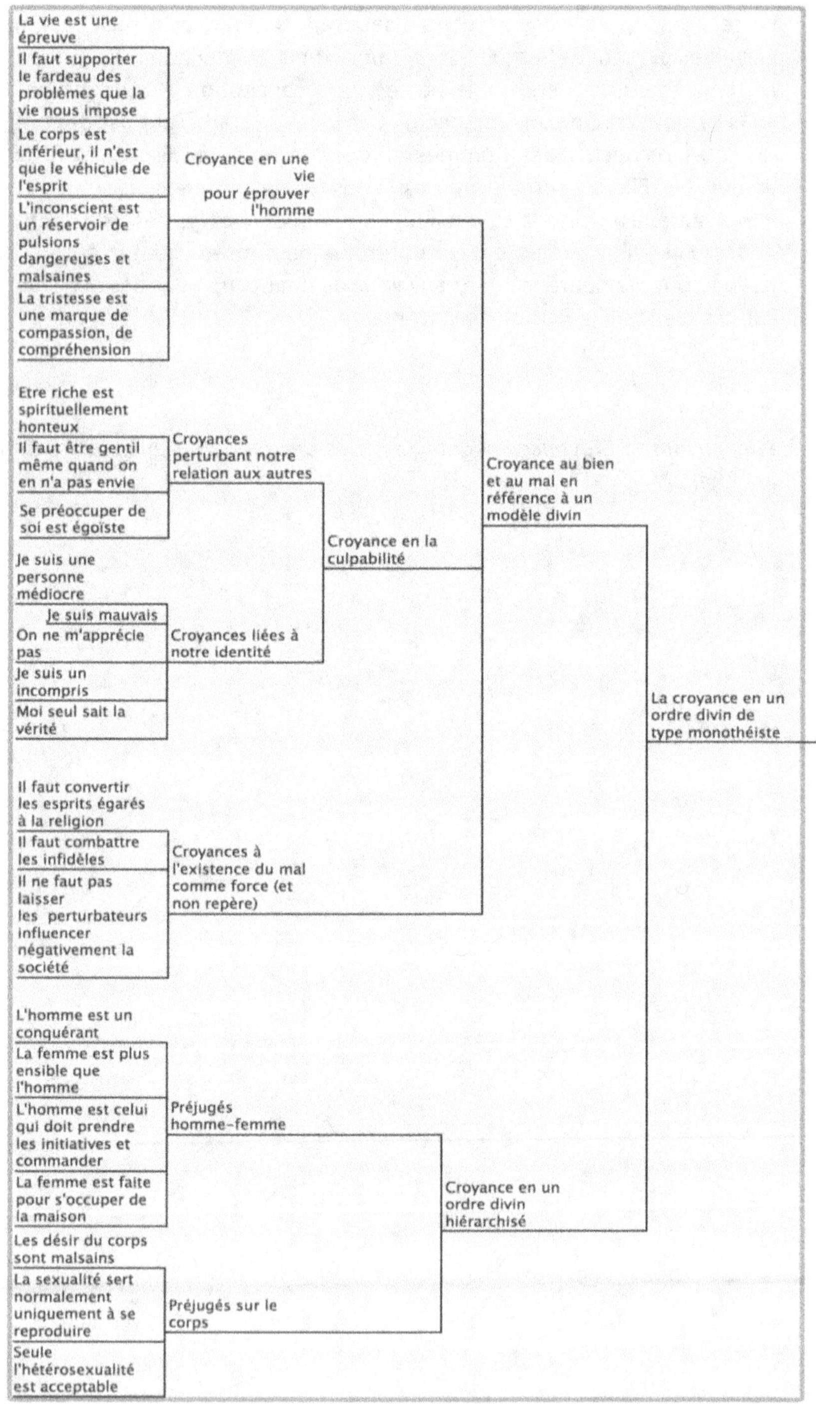

La vie est une épreuve
Il faut supporter le fardeau des problèmes que la vie nous impose
Le corps est inférieur, il n'est que le véhicule de l'esprit
L'inconscient est un réservoir de pulsions dangereuses et malsaines
La tristesse est une marque de compassion, de compréhension
Croyance en une vie pour éprouver l'homme
Etre riche est spirituellement honteux
Il faut être gentil même quand on en n'a pas envie
Se préoccuper de soi est égoïste
Croyances perturbant notre relation aux autres
Je suis une personne médiocre
Je suis mauvais
On ne m'apprécie pas
Je suis un incompris
Moi seul sait la vérité
Croyances liées à notre identité
Croyance en la culpabilité
Croyance au bien et au mal en référence à un modèle divin
Il faut convertir les esprits égarés à la religion
Il faut combattre les infidèles
Il ne faut pas laisser les perturbateurs influencer négativement la société
Croyances à l'existence du mal comme force (et non repère)
La croyance en un ordre divin de type monothéiste
L'homme est un conquérant
La femme est plus ensible que l'homme
L'homme est celui qui doit prendre les initiatives et commander
La femme est faite pour s'occuper de la maison
Préjugés homme-femme
Les désir du corps sont malsains
La sexualité sert normalement uniquement à se reproduire
Seule l'hétérosexualité est acceptable
Préjugés sur le corps
Croyance en un ordre divin hiérarchisé

Vous avez pu constater, sur la figure précédente, l'impressionnante architecture d'idées déprimantes qui découlent du référentiel monothéiste. Se libérer de cet ensemble peut sembler relever de l'exploit. En réalité, tout repose simplement sur une manière descendante d'appréhender l'existence, du haut vers le bas. **Considérer que le pouvoir de diriger nos vies provient de nous-mêmes, de notre intériorité, est une manière de renverser cette logique.** En prenant conscience de la puissance de nos croyances et des mécanismes par lesquels nous projetons dans notre vie des schémas d'abord contenus en nous, nous nous libérons. Au lieu d'étudier les lois d'un monde extérieur à nous-mêmes, observons comment nous fonctionnons, comment se concrétisent nos élans, nos espoirs et nos doutes. Il n'y a pas d'opposition fondamentale entre l'idée d'un ordre universel et la puissance individuelle de chacun. On peut considérer que le « divin » s'exprime à travers les individus. Cette idée n'est pas du tout incompatible avec le fait que la vie puisse être emplie de défis et de difficultés pour peu que l'on accepte l'idée que le divin n'est pas nécessairement « parfait » ou « omniscient ». Nous pouvons plutôt l'envisager comme une énergie d'une créativité continue explorant une large diversité d'aspect, y compris les plus déplaisants. Après tout, il est assez logique que l'exploration aboutisse à des expériences aux conséquences variées. Il nous revient d'abréger celles qui nous déplaisent en sortant des sentiers sur lesquels nous nous sommes aveuglément engagés et préférer d'autres voies. C'est évidemment plus facile à dire qu'à faire, mais aimerions-nous autant la vie si elle n'était faite que de petits défis ?

La vision darwiniste

Nous sommes aussi piégés par les croyances qui, tout en nous libérant des systèmes religieux, nous ont aussi fait sombrer dans une vision déprimante de l'existence, basculant vers l'absurdité, le cynisme et le désespoir. Il s'agit des idées ultra-rationalistes associées à la théorie de l'évolution, la compétition entre individus comme moteur du « progrès », le remplacement de la finalité divine par l'idée que le monde dépendrait du « hasard ». La posture d'opposition à l'idée d'un monde créé par une intelligence divine a en effet été celle d'un monde dirigé par des forces aveugles. Bien qu'on puisse tout à fait concevoir des théories intermédiaires accordant même aux êtres humains une part de responsabilité et de pouvoir, le référentiel rationaliste défend une posture extrême visant à ne laisser « aucune emprise » à la religion.

En conséquence, les idées rationalistes nous privent de la possibilité de trouver un sens ou une finalité à l'existence. Elles nous exposent donc à l'angoisse d'une destinée liée au hasard, à l'idée qu'il faille lutter contre les autres pour faire sa place, à l'idée que rien n'existerait après la mort. S'il existait en effet un au-delà, on imagine qu'il y aurait une évaluation de l'existence passée, avec une récompense ou une sanction, qui nécessairement serait définis par rapport à des repères moraux, une conception de l'ordre et du bien, ce qui ramènerait à Dieu.

Sans perspective sur ce qui advient après la mort, sans intuition sur l'au-delà de l'horizon, les individus errent dans l'existence. Tout peut sembler dès lors futile, dévalorisant le plaisir de se sentir utile, dévalorisant la vie dans son ensemble.

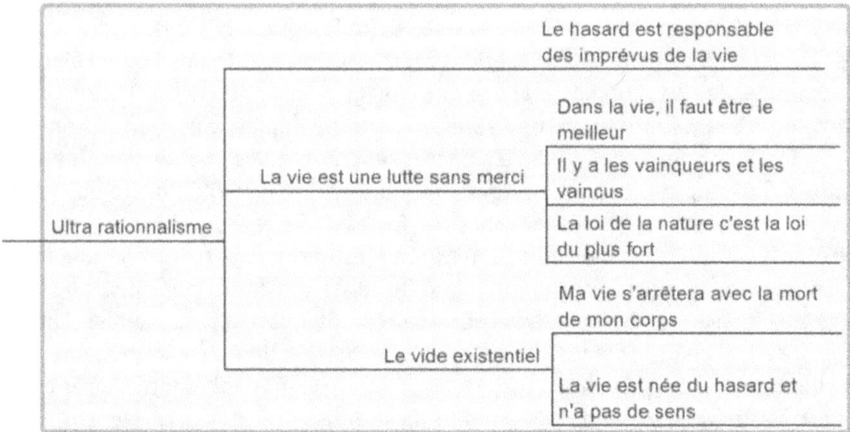

Croyances négatives issues des réactions antireligieuses et des valeurs humanistes (lire de gauche à droite)

Se libérer du référentiel ultra-rationaliste exige un effort d'ouverture courageux qui peut s'apparenter à une forme de rétropédalage culturel. Il semble en effet qu'il nous faille réévaluer tout un ensemble d'idées qui ont été balayées sans distinction et rangées dans la catégorie des croyances archaïques. Tout ce qui est lié à la médiumnité, à la communication avec les défunts ou des « entités », la communication d'ordre télépathique, fait l'objet d'un tabou dans le camp ultra-rationaliste. Il semble pourtant assez évident que les explications sur le sens de la vie et les mécanismes d'évolution sont liés à des forces créatrices dont nous ignorons tout pour le moment. Ce n'est certainement pas en niant leur possible existence qu'on va les connaître davantage. Le simple fait d'accepter d'envisager que des forces qui nous sont inconnues participent au développement de la vie nous permet de sortir de la vision darwiniste. Nous ne savons pas si ces forces sont des émanations de nos âmes ou sous l'influence « d'architectes » résidant ailleurs. L'essentiel n'est pas d'avoir des réponses claires, mais de savoir qu'elles existent et remettent en cause le modèle rationnel tyrannique « hasard et nécessité ».

Le matérialisme

Et pour finir, l'évolution vers le matérialisme nous a orientés vers une manière d'interpréter le monde basé sur les questions d'argent et de possessions physiques qui nous piègent dans des logiques infernales. Nous cherchons mécaniquement à compenser tous nos manques par des comportements soit de consommation pour répondre à des frustrations, soit d'accumulation pour répondre à des angoisses.

Notre rapport à la consommation est compulsif. Nous réagissons aux privations par une compensation alimentaire qui repose sur la dimension affective de l'alimentation. Manger, c'est téter le sein, retrouver du réconfort. Nourrir c'est donner, offrir, partager, renoncer, montrer son amour. Physiquement, les centres nerveux qui gèrent les émotions et l'alimentation sont liés et se nourrir déclenche une sensation d'apaisement équivalente à celle d'un réconfort affectif. Il existe donc des éléments physiologiques et psychologiques qui exposent à une confusion entre besoins affectifs et alimentaires et nous savons d'ailleurs tous que les problèmes d'obésités sont en grande partie liés au stress et à la compensation par la nourriture. Les produits alimentaires ne sont pourtant qu'un des éléments de compensation affective. Les objets en sont un autre. Là encore, nous pouvons comprendre que les cadeaux sont une forme de don d'affection et que par extension, s'offrir des biens matériels donne le sentiment de recevoir de l'amour. Un objet peut aussi cristalliser un désir, celui d'un objectif que l'on s'est donné, celui d'un plaisir fantasmé. Par mimétisme, nous chérissons ce que la société idéalise. Les voitures sont un signe de puissance qui sert d'étalon à la virilité. Les apparats de beauté, bijoux, chaussures et robes étalonnent en contrepartie la féminité. Nos valeurs sont ainsi ramenées de diverses manières à la possession de biens matériels, pour satisfaire nos manques et nos besoins.

La richesse est aussi un symbole de sécurité, car on sait que l'argent permet de faire face aux problèmes de santé, aux risques d'accident, d'aider éventuellement ses enfants et permet de tout simplement vivre les dernières années de nos vies sans avoir à trop se priver. Plus on est riche, plus on se sent en sécurité.

Que ce soit pour consommer ou accumuler, l'argent est au cœur de nos préoccupations. En posséder rend la vie meilleure et en manquer conduit à toutes les souffrances. Nous avons besoin d'argent et la société est organisée suivant ce principe en marchandisant absolument tout.

Le travail est marchandisé, ce qui est normal et ne pose en soi pas de problème particulier. Le temps l'est aussi, ce qui est pratique, mais est déjà plus discutable sur le plan éthique. Qu'on rémunère la création d'une richesse est en effet logique (construire, réaliser), mais le lien avec le temps repose sur une équivalence pas forcément exacte (pourquoi rémunérer au même prix des personnes dont la qualité du travail est différente ?). Le fait d'imposer une durée de travail hebdomadaire aux employés est philosophiquement encore plus étrange, car on s'attendrait à ce que chacun puisse travailler le nombre d'heures qui lui convient pour gagner l'argent dont il a besoin. Cette dérive va parfois très loin, poussant jusqu'à considérer qu'une personne qui doit l'essentiel de son temps à son employeur, finalement lui appartient. Par le passé, ces logiques ont conduit à l'esclavage pour dette et se traduisent aujourd'hui par des pratiques managériales allant jusqu'à l'exploitation des personnes soumises au chantage implicite « ou tu fais ce qu'on te demande, ou tu vas trouver du boulot ailleurs ». Mais finalement, dans le modèle de société de consommation qui est le nôtre, les différents partis se sont accordés sur l'objectif de gagner autant d'argent que possible, donc de travailler autant qu'on peut. Avec les mécanismes de crédits, les gens croient faire encore de bonnes affaires en s'endettant pour acheter une maison et éviter de payer un loyer, ce qui les contraint cependant à devoir rembourser tous les mois d'importants montants. Les entreprises sont prises dans le même piège, devant emprunter pour investir, pour être en mesure de rembourser. Finalement, pour tous, gagner autant d'argent qu'on le peut est devenu synonyme de gagner de quoi survivre.

L'argent, facteur d'aliénation, devient paradoxalement un symbole de liberté. Celui qui en possède n'est plus obligé de donner son temps et peut profiter de la vie sans avoir à supporter la fatigue, le stress, la peur de manquer.

En réalité, nul n'est jamais à l'abri du manque. Les riches s'angoissent de leurs responsabilités, de la peur d'être volés, des taxes à payer, des sollicitations de toutes parts, de la jalousie de l'hypocrisie des faux amis, des héritiers en embuscade… L'évolution matérialiste de la société nous a entraînés dans une spirale inextricable.

Outre la question de la dépendance à l'argent, nous sommes aussi entraînés dans des dérives de conflits. L'argent est l'enjeu d'une compétition féroce qui pousse les individus à se considérer comme des rivaux. Même au sein de petites entreprises, les employés se jalousent et rivalisent pour obtenir un meilleur poste. Ce que nous gagnons finalement se fait au détriment des autres. Au lieu d'éprouver de la compassion, nous sommes enclins à nous sentir coupables, ce à quoi nous surréagissons en nous repliant davantage sur un esprit de compétition. Celui qui est jalousé n'a pour sa part plus rien à attendre de ceux qui se présentent comme ses rivaux, ce qui justifie son indifférence. La quête de l'argent nous prédispose ainsi à l'égoïsme, à l'indifférence quand ce n'est pas carrément la haine, la jalousie ou le mépris.

Ainsi, le matérialisme, par une succession de biais, perturbe lourdement nos équilibres liés à la santé physique et affective.

Croyance au bonheur matériel	Le bonheur se gagne par ce que l'on possède matériellement	La source de l'insatisfaction est le manque de moyens
		Plus on est riche, plus on est heureux
		La richesse est le signe de la réussite et du prestige
	Tout à une valeur marchande	Tout peut s'acheter
		Le temps c'est de l'argent
		L'argent rend libre

Croyances négatives issues de l'évènement des valeurs matérialistes.

On parle parfois pour décrire notre culture de société de consommation et ce qualificatif n'est pas excessif. Conditionnés par la publicité et les discours commerciaux nous pensons souvent pouvoir compenser toutes nos frustrations par des acquisitions matérielles. Produits alimentaires, vins, vêtements, voitures, habitations, gadgets informatiques : tout peut focaliser les désirs et conduire à leur apaisement par l'acte de possession. Outre le fait que ces satisfactions nous paraissent finalement bien futiles dans nos instants de lucidité, elles nous poussent à une surexploitation de la planète menaçant notre propre survie. Nos enfants, à qui nous sommes si fiers d'avoir donné la vie, hériteront des conséquences nos excès. Davantage de bienveillance et de respect des équilibres nous permettraient de tirer, au fond, une satisfaction bien plus profonde, la satisfaction d'avoir préservé la beauté du monde et d'avoir permis à ceux que l'on chérit d'en profiter.

L'intérêt porté aux autres, aux arts, à la connaissance, à la nature sont des exemples courant d'un affranchissement des valeurs matérialistes. Les rêves des personnes altruistes, des artistes, des sportifs, des aventuriers sont autant d'idéaux d'ouverture.

Synthèse sur les blocs de croyances dépréciant les individus

Nous venons d'examiner quatre grandes familles de croyances ou référentiels :
Le fatalisme face à l'écoulement du temps, la croyance en un ordre naturel hiérarchisé et organisé auquel nous devrions nous conformer, la vision darwiniste d'un monde impitoyable de cruauté, la perception matérialiste de l'existence centrée sur l'argent. Ce sont comme les quatre bras d'une pieuvre nous étreignant. Nous avons vu qu'elles se sont affirmées au cours de grands stades de notre évolution sociale et nous devons à présent être conscients qu'elles nous font toutes converger vers une même difficulté existentielle : le sentiment d'impuissance.

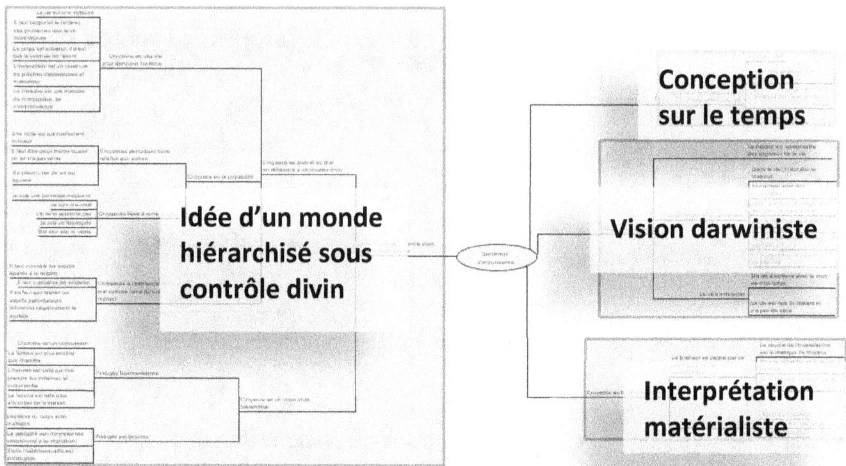

Convergence des blocs de croyances générant un profond désespoir chez les individus, source de violences à tous les échelons de la société ; au niveau de la psychologie individuelle (équilibre intérieur), les relations familiales, les relations entre couches sociales et peuples.

Fondamentalement, le sentiment d'impuissance peut s'identifier comme la plus terrible conséquence de nos repères culturels. Les croyances issues du modèle traditionnel comme progressiste alimentent ce désespoir avec une intensité comparable et nous emprisonnent entre deux visions qui ne peuvent pas conduire à notre épanouissement. Se sentir impuissant, se sentir victime, conduit nécessairement au désespoir, à la violence, au conflit et à la destruction. Nous pouvons même soupçonner que la souffrance générée par ces frustrations vise foncièrement à nous sortir de ces idées et à nous reconstruire sur d'autres repères.

En d'autres termes, **la principale source de nos souffrances, aujourd'hui, n'est pas liée à ce qu'est le monde où nous vivons, mais à notre manière d'interpréter le monde.** Ce sont nos croyances qui sont à l'origine de la plupart de nos difficultés individuelles comme collectives, et nous ne les résoudrons donc jamais sans changer notre manière d'appréhender la réalité. Pour cela, il est utile d'avoir identifié les croyances qui nous minent le moral et analysé comment elles sont organisées. Il est aussi utile de comprendre comment ces croyances se sont transmises et développées au fil des générations. C'est ce que nous allons tenter à présent.

La transmission des croyances/valeurs

Les croyances, quelles qu'elles soient, ne sont pas de simples objets qu'on pourrait prendre ou laisser, retailler ou polir pour les améliorer. Nous sommes liés à elles. Elles structurent notre manière de vivre à toutes les échelles de la société. S'attaquer à des croyances c'est agresser et menacer ceux qui les partagent. Pourtant, nous avons vu qu'elles ont évolué au fil du temps.

Il est temps pour nous d'essayer de dégager les mécanismes généraux qui entrent en jeu dans ces transmissions et ces évolutions. Pour commencer, abordons la question de la transmission. Cette transmission s'opère en fait à plusieurs niveaux et sous différentes formes.

La transmission spatiale et émotionnelle

La première de ces formes est émotionnelle. On pourrait aussi parler de contagion ou propagation affective, allant de notre intimité personnelle jusqu'aux grands ensembles humains. Commençons donc par le niveau corporel :

Les croyances que nous adoptons ont en effet d'abord des conséquences physiques sur notre corps. Nous somatisons les souffrances qui résultent de nos interprétations et du sens que nous donnons aux évènements. On peut aussi bien guérir que tomber malades en fonction de nos idées et l'exemple le plus évident que vous connaissez est sans doute celui de notre réaction face au décès d'un proche qui, selon la manière dont on gère psychologiquement l'évènement, peut se passer relativement bien ou conduire à une dépression pouvant aboutir à des maladies graves. Plus indirectement, nous adoptons des comportements qui affectent directement notre santé, en fonction de nos croyances. L'alcoolisme et toutes les addictions, les problèmes de poids, de surmenage et de stress sont directement liés à notre manière d'interpréter les évènements de la vie, à un découragement qui nous incite à fuir au lieu de faire face. Celui qui se surmène en pensant que son travail est plus important que de prendre soin de sa santé est également victime de ses interprétations sur le sens de la vie. Il paye les conséquences de ses convictions à travers des coups de fatigue et des problèmes de santé.

À un niveau plus large, les violences physiques sont aussi celles des couples et des familles qui se déchirent. Les violences conjugales sont une conséquence directe des conceptions des rôles de la femme et de l'homme. Un homme contrarié par sa compagne est naturellement poussé à lui faire violence s'il croit qu'elle doit lui obéir. Une femme qui se croit en situation d'infériorité risque pour sa part d'entrer dans des logiques de provocation et de générer des conflits qu'elle sent nécessaires pour libérer sa frustration. Les idées qu'on se fait sur les rôles respectifs des hommes et des femmes peuvent ainsi déboucher des violences allant de la simple brimade à des situations tragiques. Sans s'en rendre compte, les adultes transmettent par là même les émotions liées aux scènes de ménage à leurs enfants qui les absorbent et développent une agressivité exacerbée qui les prédispose à la délinquance. Le mécanisme est connu de tous : le sentiment de malaise prédispose au rejet social, un rejet réciproque entre l'individu et la collectivité, à des comportements « antisociaux », un attrait pour les interdits et notamment l'usage des drogues. Puis la nécessité de trouver de l'argent sans disposer de moyens légaux conduit à la délinquance, avec d'autant plus de facilité que les trafics conduisent à intégrer des « groupes rebelles » solidaires dans leur rejet de la société et privant les individus de leur autonomie. La propagation émotionnelle agit également comme un catalyseur social. Quelqu'un que la vie désespère parce qu'il ne lui trouve pas de sens, subit les conséquences de sa vision du monde et propage une souffrance qui fait écho chez certains de ses proches. S'il croit en la nécessité de se battre pour vivre, il expérimente le conflit et entraîne avec lui ceux qui partagent son modèle, ce qui se traduit par des mouvements sociaux, le choix de dirigeant combatifs qui peuvent emporter jusqu'à des peuples dans les spirales de guerres.

Tous les exemples que nous venons de citer, et que nous avons largement développés dans un précédent ouvrage, illustrent l'idée d'une contamination, d'une propagation des émotions générées par les croyances à tous les échelons de la vie. Pour prendre une image, nous pouvons parler d'un étalement, d'une diffusion horizontale, depuis les cellules de mon corps jusqu'aux instances internationales.

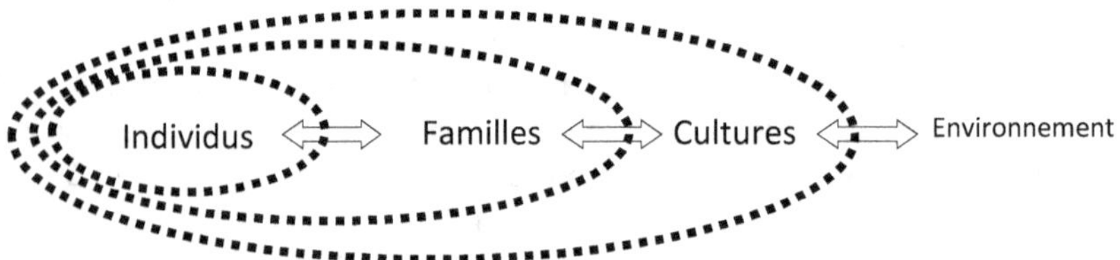

Les croyances ont des effets émotionnels directs sur notre corps (somatisation des émotions, comportements addictifs…), nos relations familiales (relations conjugales conflictuelles, transferts d'émotions violentes aux enfants) , culturelles (projections de frustration contre les étrangers ou contre une fraction de la population jouant le rôle de bouc émissaire), avec des conséquences allant jusqu'aux guerres religieuses ou nationalistes.

Vous vous en doutez probablement, si nous venons d'aborder cette dimension horizontale, c'est avec l'idée de présenter à présent l'autre dimension, verticale.

La transmission temporelle

Cette verticalité est relative au temps, au passé et à l'avenir. Elle porte sur une transmission non plus des émotions, mais plutôt des croyances et des modèles de comportement à travers les générations, en subissant d'ailleurs quelques évolutions comme nous l'avons vu dans cet ouvrage. Cette transmission intergénérationnelle de l'héritage culturel s'opère essentiellement à deux niveaux : les familles et la société au sens large.

La transmission familiale est principalement une affaire de mimétisme entre les enfants et leurs parents[103]. Elle se joue dans nos tendres années, sans que nous nous posions de question et sans que nous ayons le choix puisque l'enfant reproduit les comportements qu'il observe, avant même d'en comprendre le sens. À partir de l'adolescence, l'environnement social commence à être plus influent. Le jeune adulte découvre la diversité et rencontre des personnes différentes de celles qui l'ont éduqué. Il fréquente différents cercles d'amis, camarades de classe, partenaires de son club de sport, associations… Il a la possibilité de rester fidèle à ses traditions familiales ou d'en dévier et s'aventurer à suivre d'autres modèles plus proches de ses rêves et ses aspirations, ou du moins ce qui lui *semble* plus conforme à ses propres rêves et aspirations. Cet éloignement est habituellement favorisé par une insatisfaction affective d'origine familiale (sentiment d'insécurité en réaction à des violences familiales, ou à un manque de repères sécurisants).

L'idéalisation joue ici un grand rôle. L'adolescent et le jeune adulte cherchent à suivre ceux qu'il reconnaît comme les siens. Il suit ce qu'il admire, ce qu'il aime, ce qui représente ce à quoi il aspire. Ce peut être un père, une mère, un frère, une sœur, quelqu'un dont on a fait la connaissance hors du cercle familial, ou même un auteur dont la lecture fut passionnante et dont les mots et les idées ont apporté du réconfort. Le rôle des personnalités charismatiques qui rayonnent l'énergie qui nous séduit est à ce titre essentiel. Les évolutions culturelles, en grande partie, sont le résultat d'un parcours individuel qui a fait école, qu'il s'agisse de celui d'un personnage « modèle » que l'on prend pour un prophète ou un simple personnage qui nous fascine. En cela, l'individualisme si décrié au nom de valeur de solidarité, est bien plus essentiel qu'on le prétend souvent. C'est bien à partir d'individualités fortes qui véhiculent la passion ou l'apaisement que les mentalités des sociétés évoluent, aboutissant ensuite, mais ensuite seulement, à des mouvements collectifs. Ces individualités fortes, nous l'avons vu, sont souvent des personnes ayant connu de fortes épreuves et qui sont parvenus à se reconstruire à l'aide d'idées nouvelles. Elles sont capables de séduire jusqu'à entraîner dans leur sillage les insatisfaits en quête d'autres modèles que ceux dans lequel ils ont grandi. Ils proposent une nouvelle voie que le succès contagieux érigera en nouvelle référence. Par mimétisme, les masses pourront adhérer à ce nouvel espoir.

---

[103] Les théories sur l'apprentissage par mimétisme, qui furent développées par plusieurs auteurs (René Girard, notamment) sont aujourd'hui confirmées par les connaissances sur les neurones miroirs, qui montrent que l'imitation est un processus naturel, quasi-inconscient, notamment amplifié dans les relations intimes.

Héritages de valeurs et croyances

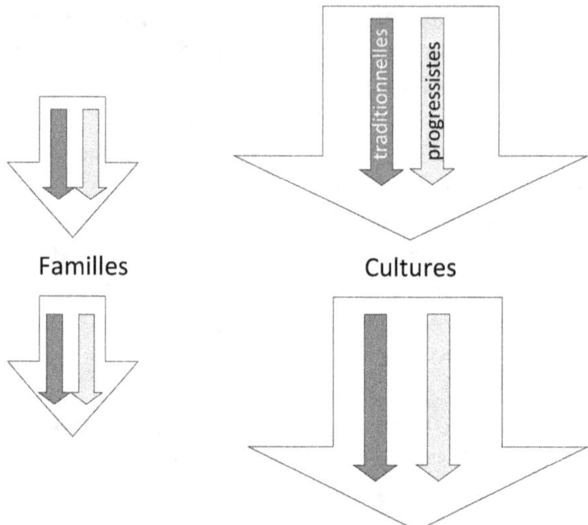

Les croyances et modèles de comportements associés se transmettent par mimétismes d'abord au sein de la famille, puis au sein de la culture à laquelle on adhère suivant les affinités que l'on développe. Ces identités culturelles peuvent se rattacher à une culture traditionnelle ou progressiste avec toutes leurs variantes religieuses/politiques.

Pour nous résumer, nous allons représenter ces différentes dimensions sur un schéma qui synthétise à lui seul un large ensemble concepts. Les relations temporelles et spatiales avec les idées (croyances/valeurs) et émotions peuvent se représenter suivant deux axes :

- Horizontalement, nous avons les individus, à l'intérieur de familles, de cultures et d'ensembles plus vastes (leur environnement : d'autres pays notamment avec qui peuvent exister des guerres) : ces ensembles se transmettent des **émotions** découlant de leurs croyances (sur le sens de la vie, le rôle des hommes et des femmes, le rôle du travail de la solidarité...).
- Verticalement, les **croyances** s'héritent des parents aux enfants (au niveau des familles), tout en nourrissant des identités qui se perpétuent au sein de cultures. Ainsi, les logiques d'interprétation du monde se sont transmises au fil du temps et se partagent/interagissent entre individus-familles-cultures-environnement.

Toutes les croyances et valeurs que nous adoptons reposent sur ce double mécanisme spatial et temporel.

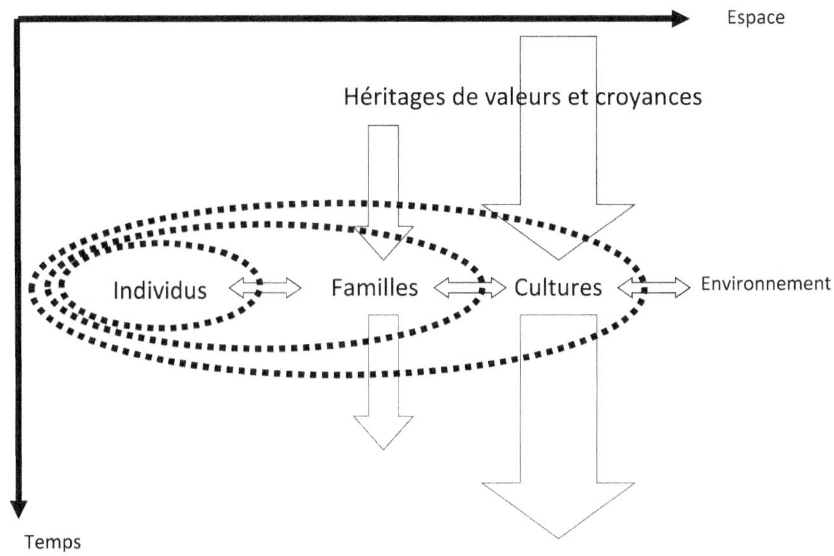

Transmission par héritage des repères culturels (au fil du temps), partages et transferts d'émotions entre les différentes échelles sociales (dans l'espace). Toutes ces relations reposent sur des modes d'interprétation, c'est-à-dire des systèmes de croyances.

Ces mécanismes de transmission, ainsi exposés permettent de cerner le processus de transmission des valeurs et croyances, mais pas encore de rendre compte des mécanismes de transformation qui entrent en jeu. Pour cela, nous devons prendre en compte non plus simplement des dynamiques linéaires, mais aussi cycliques. Nous le savons, sur Terre, rien n'est éternel et tout a une durée de vie limitée. Les cellules de notre corps se renouvellent à des vitesses variables de quelques jours à plusieurs années selon les tissus, les individus vivent tout au plus une centaine d'années, les familles plusieurs centaines d'années, les cultures parfois un peu plus et notre environnement davantage encore.
Toutes ces entités ont des cycles de vie qui s'imbriquent les uns dans les autres, un peu à la manière d'engrenages, comme sur la figure suivante.

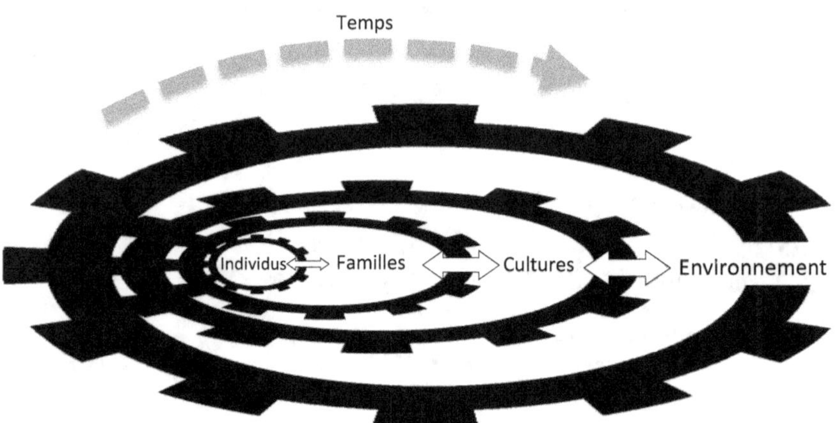

Les renouvellements des individus, familles et cultures sont imbriqués et véhiculent des transmissions/évolutions de repères culturels.

Les individus sont comme des courroies de transmission de repères, qui évoluent au sein des familles ou se diversifient (puisqu'on peut trouver plusieurs types de valeurs contradictoires au sein de la même famille : Les repas de noël et réveillons sont pour nous tous assez révélateurs de cette diversité avec les inévitables querelles morales et politiques dont le ton alterne entre sérieux et farce). Hors du cercle familial, les repères culturels font encore l'objet d'échanges au cours des soirées entre amis autant que des discussions qui parsèment notre quotidien. À certaines occasions, des évènements de masse viennent bousculer la pensée dominante et provoquer des transitions culturelles importantes comme nous en avons décrit lors de la Révolution française, des réactions marxistes, de la montée des nationalismes ou des révolutions culturelles des années 60. Ces changements sont à mettre en lien avec de grandes évolutions collectives d'ordre planétaire, dues à des guerres, des prises de conscience d'injustices (ordre féodal, esclavage...) ou risques écologiques.

Les individus, les générations, les civilisations passent et se transmettent ainsi des idées et des valeurs. Le plus passionnant est probablement de comprendre par quels mécanismes apparaissent les ruptures qui perturbent la reproduction à l'identique des modèles au fil du temps :

La cyclicité des ruptures de croyances/valeurs

Nous avons fait un inventaire des croyances qui perturbent encore aujourd'hui l'équilibre des individus et nous avons ensuite détaillé les mécanismes de transmission familiale et sociale de ces repères ou référentiels.

Comme nous avons pu nous en rendre compte, les croyances et valeurs évoluent et basculent dans des modèles différents. Il est intéressant de distinguer les éléments en jeu dans ce processus. Nous pouvons ainsi considérer que les grandes croyances qui ont façonné notre culture se sont intégrées dans un cycle indéfiniment parcouru et dont on peut distinguer les différentes phases constitutives.

La première phase est liée à une intuition ou **inspiration** dont la source demeure souvent mystérieuse : rêve, illumination, vision prophétique ou révélation. Cette inspiration est **interprétée** par son auteur, chamane, prophète, philosophe, scientifique ou politicien, qui lui donne une signification s'intégrant dans le cadre de pensée de son époque. Cette interprétation se poursuit par des développements qui s'écartent plus ou moins de l'idée initiale. À partir d'une étincelle parfois géniale, les auteurs élaborent de nouvelles visions du monde, une reconstruction plus ou moins cohérente. Certaines relient l'humain à l'idée d'une volonté divine et d'autres tendent vers l'égalité avec un monde sans privilèges héréditaires, sans inégalité raciales, sans discriminations de sexe, voire sans tabou vis-à-vis des instincts...

Puis les idées sont diffusées et sont **réceptionnées** par des personnes qui interprètent et transforment les concepts en fonction de leurs intérêts communs. Ce passage de l'idée d'un individu à l'idéologie de groupes sociaux fait subir une seconde déformation à l'inspiration d'origine. On peut assimiler cette étape à une politisation, récupération ou instrumentalisation par des intérêts particuliers. Dans les religions, la mise par écrit des paroles des prophètes correspond à cette étape.

Enfin vient la **traduction pratique**, la mise en application à large échelle qui s'accompagne d'une transformation du monde, souvent à la faveur d'un groupe social au détriment d'un autre. La classe religieuse, la bourgeoisie, les révolutionnaires marxistes incarnent des exemples de classes sociales ayant respectivement mis à leur profit des concepts religieux, humanistes et économiques, par exemple.

Cette confrontation avec la réalité constitue une forme de **d'épreuve de vérité** du modèle culturel idéalisé. Et puisqu'aucune idéologie n'a encore concrétisé le miracle de donner satisfaction à tous, les humains continuent de chercher l'inspiration. Le cycle se poursuit, la boucle est bouclée.

Ce cycle se renouvelle continuellement au sein des religions et leurs mouvances, au sein des courants intellectuels philosophiques, politiques et économiques.

Nous l'avons représenté au centre du schéma ci-dessous qui reprend le modèle général des cycles culturels d'abord d'une manière simplifiée. On peut y déceler trois couches concentriques : au centre les concepts portés par des individus et en périphérie les couches sociales, populaires et gouvernantes.

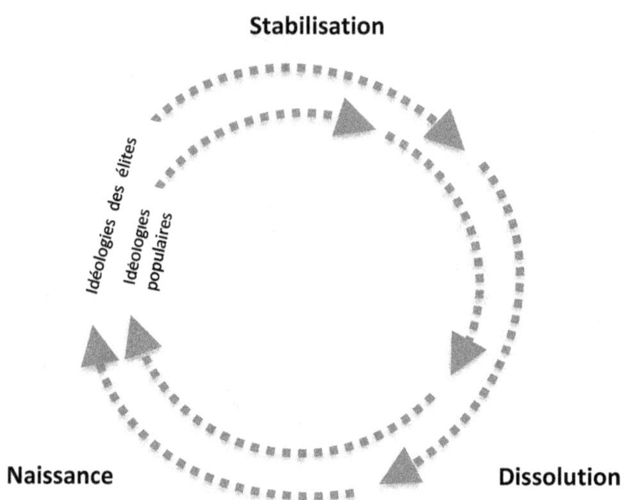

Cycles des croyances, idéologies populaires et politiques des élites

Nous allons à présent enrichir ce schéma de base en faisant figurer les différents niveaux individuels, familiaux et culturels, dont nous avons vu qu'ils s'entraînaient les uns les autres à la manière d'engrenages.

À chaque crise, un individu ou un petit groupe inspiré propose une nouvelle interprétation des systèmes, développe une idée de rébellion basée sur une réinterprétation du monde (scribes, Jésus, Mahomet, Philosophes des lumières, Darwin, Marx, Hitler, Gandhi…). Son modèle est ensuite réceptionné à différentes échelles sociales, en court-circuitant généralement l'échelon familial puisque l'acte de rébellion se construit justement pour sortir de la culture familiale. Tous les personnages porteurs d'idée révolutionnaires ont en effet été des rebelles en désaccord avec les valeurs de leur famille. Ils ont aspiré à une transformation de leur environnement en échappant au carcan familial et les croyances/valeurs dans lesquelles ils avaient été élevés.

Le groupe social réceptif à leur message fut celui de la jeunesse, celui du peuple ou des élites dissidentes. Pour qu'une transformation sociale opère, il est nécessaire que tous ces niveaux adhèrent à la nouvelle idéologie, souvent pour des raisons différentes comme nous l'avons souvent remarqué (cas de l'appel de la liberté : interprété comme un recul des contraintes fiscales par les uns et davantage d'égalité sociale par les autres). L'innovation idéologique passe ensuite en pratique ; c'est sa phase de traduction, l'épreuve du pouvoir. L'idéologie en qui tout le monde a placé ses espoirs est confronté à la réalité. Mais puisqu'il y avait divergence d'interprétation dès le départ entre les attentes des uns et des autres, chacun fini par être déçu en découvrant que le consensus de départ était une illusion. Le malentendu idéologique aboutit nécessairement à une nouvelle crise et le cycle reprend de plus belle.

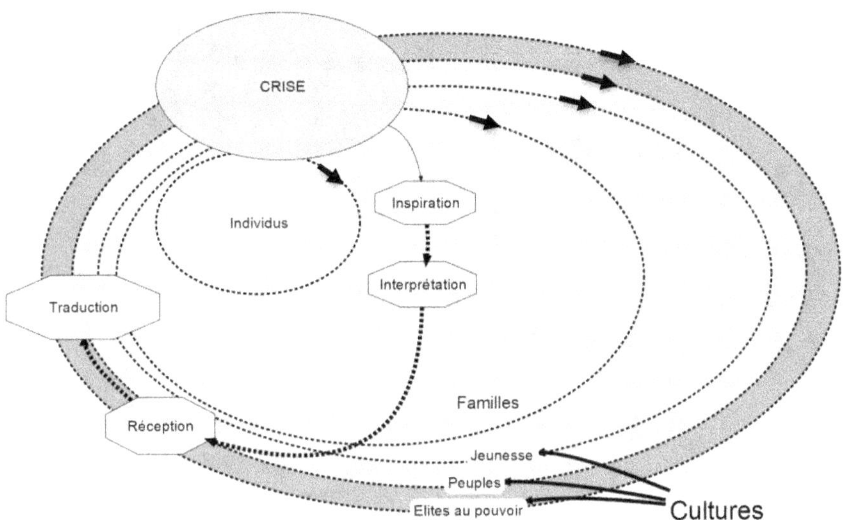

Les évolutions culturelles passent par des phases successives tout en sautant du niveau individuel à celui de groupes sociaux (peuples et/ou élites), en court-circuitant l'échelon familial.

Nous allons, pour conclure, proposer un dernier schéma qui met en lumière les interactions entre couches populaires et gouvernantes au cours des étapes d'évolution des repères culturels. Partant du schéma ci-dessus, nous allons donc simplifier la représentation des différent échelons sociaux et n'en garder que deux : la couche populaire et celle du pouvoir. Ces deux couches sont animées par des intérêts qui sur le fond sont en opposition, mais qui sur la forme se rejoignent au cours de phases d'espoir de changement. Les peuples aspirent au changement pour sortir de la misère, tandis que les élites aspirent à être califes à la place du calife, c'est-à-dire, passer de l'ombre à la lumière, de prétendant à gouvernant.

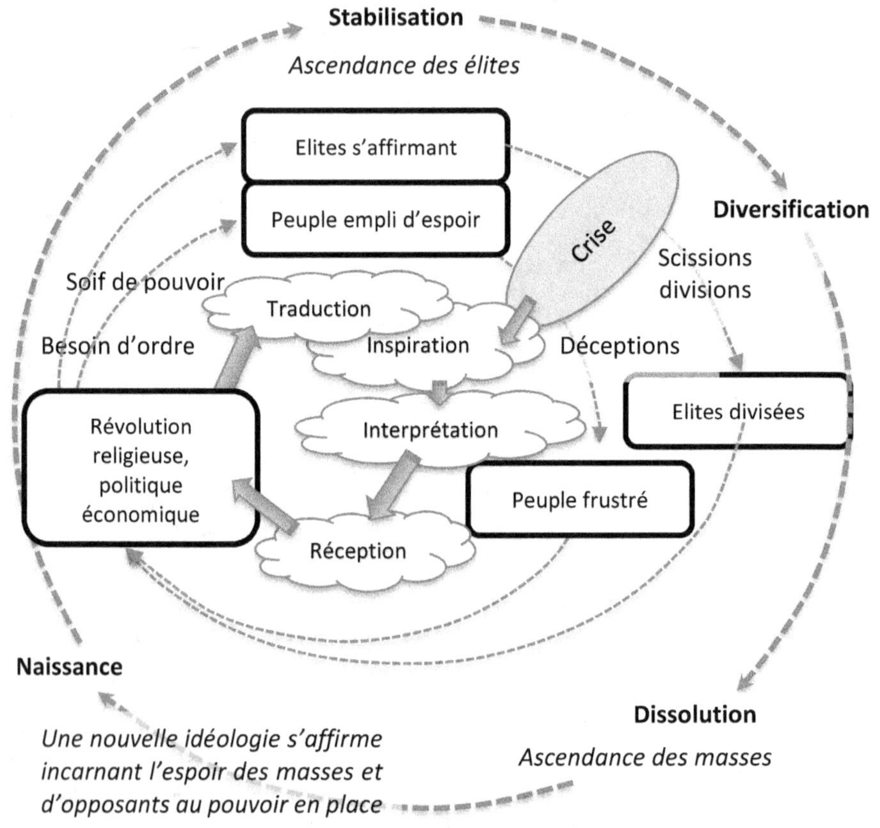

Représentation simplifiée des cycles d'évolution culturelle.

Nous pouvons considérer que la phase clé de l'évolution des systèmes de valeur et de croyance est celle durant laquelle se combinent mécontentement des masses et fragilisation du pouvoir et où les uns et les autres sont en recherche d'un renouvellement. Au cours de ces phases, les conceptions développées par des révolutionnaires servent d'instrument ou de support aux révoltes sociales. La jeunesse, toujours plus ouverte à la nouveauté, se laisse volontiers entraîner par ceux qui auront trouvé les mots pour lui plaire et incarné les espoirs dont elle rêvait. La jeunesse porte les changements de mentalité entre générations ; elle se rebelle volontiers contre les modèles parentaux, jugés soit trop injustes et rigides, soit jugés au contraire, dégénérés et pas assez ambitieux (et conduisant à un retour aux valeurs traditionnelles).

Quelles seront les évolutions à venir ?

Nous avons décrit les limites des repères culturels dominants actuels et les mécanismes qui entraînent les évolutions culturelles. Sur cette base, nous pouvons nous risquer à anticiper ce que l'avenir nous réserve.

Nous avons pu tout au fil de cet ouvrage observer comment les sociétés ont dans un premier temps structuré leur organisation de manière pyramidale avant de rétablir un ensemble d'équilibres en réduisant les inégalités, étape par étape :

- Les rois ont disparu,
- les ordres féodaux ont été dissouts,
- la religion et ses prêtres ont été écartés de la gestion du pouvoir,
- les inégalités raciales ont été abolies,
- l'autorité du chef de famille a été modulée par l'affirmation des droits des femmes,
- la jeunesse s'est émancipée et la sexualité a été dédiabolisée

Au fil du temps, nous apprenons à vivre avec une plus grande souplesse et davantage d'humanité. D'autres étapes restent à franchir. Il est difficile d'anticiper quand elles se présenteront et sous quelles formes. Seront-elles incarnées par un nouveau leader politique, un militant, un artiste, un collectif d'intellectuels ? Peut-être que les défenseurs des causes écologiques reconnaîtront dans ces nouvelles approches un puissant moteur de ralliement. Peut-être que de simples lecteurs… ?

Bien malin qui saurait prédire comment tout cela arrivera. En revanche, nous disposons de suffisamment d'éléments pour anticiper sur quoi porteront probablement ces nouvelles évolutions. Parmi les concepts les plus aliénants de notre culture, nous relèverons en particulier trois principes particulièrement sournois :

- la notion de pureté
- le concept de bien tel que nous le percevons dans notre culture
- le tabou sur les questions échappant aux explications scientifiques.

Nous allons en préciser à nouveau les contours :

Le concept de pureté

Nous avons vu que le **concept de pureté** s'est historiquement développé à des fins de justification des inégalités et de centralisation du pouvoir royal. Le concept de pureté a servi à justifier la mise à l'écart du peuple dans les affaires religieuses : L'hégémonie des prêtres s'est ainsi justifiée dès les premières formes de religions dans les cités antiques. Seuls les prêtres, par leur pureté pouvaient en effet communiquer avec les dieux, tandis que le peuple souillé devait se contenter de leur médiation.

La notion de pureté permit la structuration de la société. Elle a été utile pour faire face à certaines contraintes d'organisation et servi certaines ambitions de pouvoir dans des sociétés en construction, dans le Proche Orient ancien. Ce concept est devenu ensuite un repère ambigu au service des replis identitaires des peuples, les uns se prétendant plus purs que les autres ou d'une race supérieure. Il doit être considéré avec méfiance car il soutient des valeurs incompatibles avec un respect de la diversité nécessaire à la coexistence harmonieuse entre différentes cultures. C'est-à-dire, en d'autres termes, qu'il n'est pas compatible avec un objectif de paix.

Dans notre sphère intime, le concept de pureté cautionne aussi un rejet d'une partie de nous-mêmes, animale, considérée comme inférieure ou « sauvage », alimentant une souffrance et une violence dangereuse. Le concept de pureté est à l'origine du développement d'un tabou sur la sexualité qui a été théorisée comme une fonction exclusivement reproductrice, en dénigrant le plaisir et les soulagements qu'elle apportait. Ce tabou de la sexualité affecte évidemment le développement des individus, perturbe les relations hommes-femmes, et amplifie la frustration et la violence dans les modèles de sociétés. L'idéal de pureté est au final aussi inconciliable avec la paix intérieure (intime) qu'avec la paix extérieure (sociale).

Le concept de bien

Un autre repère commun alimente les violences : **L'idée que le bien et le mal se définissent par rapport à des règles figées.** Beaucoup croient qu'il existe des modèles de société ou modes de vie qui sont fondamentalement bons et d'autres mauvais. Cette interprétation fut d'abord incarnée par des codes religieux avec leurs tabous sur la nourriture, sur certaines pratiques sexuelles, sur la cyclicité des jours dédiés au culte, les règles d'organisation sociale par classe avec des droits et devoirs particuliers. Cette interprétation générale suivant laquelle il existe des normes parfaites à suivre par tous se présente aujourd'hui sous le noble concept « d'universalisme ». Il cautionne socialement toutes les formes d'impérialisme, aussi bien culturel que politique et économique. Il justifie l'universalité des règles commerciales au service de pouvoirs aliénants qui accentuent les inégalités, contribuent à l'exploitation des faibles et attisent la colère des peuples. C'est aussi au nom de cet universalisme qu'on croit bon d'imposer la « démocratie » comme remède miracle dans tous les pays, alors même que leur population est parfois encore divisée en ethnies tentées par l'élimination des minorités. On se permet aussi de vouloir imposer des normes d'égalités hommes-femmes dans des cultures qui supportent très mal qu'on leur donne des leçons et réagissent par un radicalisme religieux qui ne fait qu'empirer la situation. L'idée selon laquelle il existerait un modèle universel valable ou applicable pour tous, partout et à toutes les époques est un mythe. Les sociétés ont besoin d'évoluer au gré des changements liés à leur dynamique interne et leur relation avec ce qui les environne. Il est illusoire de penser les schémas de fonctionnement des sociétés sans prendre en compte les croyances et valeurs existantes des individus. L'histoire nous a, par exemple, cruellement montré avec le cas de l'accession du nazisme au pouvoir que la démocratie n'est pas une panacée. Les démocraties amplifient à l'échelle d'un pays ce que sont les individus. Des individus aux schémas de pensée radicaux peuvent ainsi précipiter les continents entiers dans des massacres. Ces exemples nous montrent qu'il n'existe pas de voie idéale, de chemin à suivre, de solutions universelles. La vie est une exploration qui requiert un questionnement permanent et un sens de l'adaptation. Il en est de même au niveau de la sphère familiale et intime. Chaque personne, chaque famille, chaque ville, chaque pays, chaque continent doit faire face à ses défis en s'organisant suivant les circonstances. Ce qu'on appelle le bien est en réalité relatif. Nous devons aussi admettre que ce qui était bon hier n'est pas nécessairement bon aujourd'hui. Nous sommes confrontés à la responsabilité de nos choix tout en sachant qu'ils ne prendront pleinement leur sens qu'en connaissance de leurs conséquences ultimes (souvenez-vous de l'histoire du cheval blanc de Lao Tseu). Notre vie privée est particulièrement touchée par les limites de ces croyances rigides. Nous sommes des êtres sensibles qui devrions nous laisser guider par l'empathie, l'intuition et cette « lumière intérieure » qui fut si souvent mise à l'honneur par les plus grands de nos penseurs.

Nous avons aussi souligné que **le concept même de bien** doit être considéré avec méfiance. Socialement, il pose déjà un certain nombre de problèmes. Lié par nature à **la défense de l'intérêt d'un groupe**, il est d'autant plus ambigu qu'il **nourrit les replis identitaires** (groupe) et justifie facilement les conflits entre différentes cultures. Qui dit « bien » dit en réalité « intérêt d'un groupe ». Cet intérêt peut sembler être celui d'éliminer les ennemis potentiels ou de les dominer et les soumettre. C'est ainsi souvent au nom du bien que sont commises les pires atrocités, et cela est inhérent à ce concept. La notion de « bien » est utile et nécessaire, mais son usage aveugle comporte ainsi de grands dangers. De même que l'on peut écrire le mot « blanc » avec de l'encre noire, le mot « bien » nous induit en erreur sur ce qu'il représente : le concept de « bien » au sens de « juste » n'est pas nécessairement bien au sens de « bénéfique » et ce piège tendu par notre langage est redoutable.

Par ailleurs, l'intérêt du groupe est celui de la cohésion et du respect de son mode d'organisation, mais nous savons aussi que les groupes doivent s'adapter et « s'améliorer ». Ce sont les individus qui les déstabilisent pour les faire évoluer au nom de leurs propres aspirations. L'individu ne doit pas se plier et obéir aveuglément, mais revendiquer ce dont il a besoin pour s'épanouir (plus de temps, plus de liberté, plus de choix). Sans doute est-il bon pour la société que chacun se donne à elle pleinement, mais nous avons aussi une vie à vivre. Il nous faut entendre nos aspirations, nos rêves, nos frustrations pour ne pas nécessairement faire ce qui est moralement bien. Nous devons être capables d'affirmer nos différences et nos besoins parce que nous ne sommes pas les chèvres d'un troupeau, mais des êtres humains.

Le tabou sur les questions échappant aux explications scientifiques

Comme nous l'avons déjà mentionné, l'étymologie du mot paranormal (« à côté » du « normal) est en soi significative. Parmi les réalités, nous considérons que certaines sont normales et d'autres non. Cette étrange distinction est le résultat d'un historique chargé qui remonte très loin dans le temps. Nous avons vu que lors de l'unification religieuse des premiers rois israélites, tous les cultes rivaux de celui du roi ont été pourchassés comme des pratiques infâmes. Le monothéisme a poursuivi cette voie en diabolisant toutes les croyances associées à des forces invisibles autres que celle du Dieu autorisé. Cette chasse aux croyances s'est poursuivie durant la période humaniste, non plus au nom de la religion, mais du positivisme et du rationalisme. À la faveur des révolutions des années 60, ces tabous ont reculé et les Occidentaux se sont intéressés à tout un ensemble de sujets mystérieux. Malheureusement, la science a échoué à progresser dans ces domaines. La faculté de certaines personnes à accéder à des informations non transmises par les sens est restée sans explications. Et puisque de nombreux charlatans profitaient de la naïveté de personnes désespérées en quête de réponses, on continue de considérer tout ce qui touche à la médiumnité, à la clairvoyance ou à la télépathie avec suspicion. Le domaine des rêves, considéré dans toutes les autres civilisations comme une frontière avec le monde des esprits et des dieux, reste pour les occidentaux un temps d'archivage ou de libération de pulsions refrénées. L'existence de rêves prémonitoires, malgré leur fréquence, semble-t-il élevée est, quant à elle, contestée. La plupart d'entre nous ignorions que nous connaissons au moins 2 ou trois personnes dans notre entourage qui possèdent le « don » d'avoir des flashs de voyances, mais qui n'osent en parler qu'à de rares confidents, par peur de passer pour fou. Imaginez-vous un instant à leur place, subissant de visions soudaines incontrôlables surgissant au cours du quotidien et ne sachant absolument pas comment gérer cette différence. De manière plus ouverte, quelques cas de célèbres médiums ont mis sur la place publique l'existence d'une communication entre notre monde et une autre réalité. Ils ont montré qu'il est possible d'y puiser des informations précieuses qui nous éclairent en partie sur ce qu'est la vie. Pour ne pas rester dans le domaine des généralités, nous allons citer au moins deux exemples relativement récents et bien documentés qui illustreront notre propos. Le premier cas est celui d'Edgar Cayce (1877-1945), le « médecin endormi ». Ses compétences largement reconnues interrogent sérieusement nos certitudes sur le temps et l'espace. Ce personnage avait indéniablement la faculté de voir à distance et diagnostiquer des malades même en leur absence physique, sur la base de simples courriers. Il a obtenu de très nombreuses guérisons improbables et inespérées, y compris pour des personnes de sa propre famille. En marge de ses « lectures » médicales qu'il prodiguait en état de transe, d'une fiabilité incontestable[104], il fit des prédictions dont seule une partie s'est avérée exacte. Des informations sur l'archéologie ou des emplacements sur des puits de pétrole à creuser se sont en effet avérées en partie erronées. Il est très difficile d'expliquer comment l'esprit de ce médium a pu à la fois accéder à des informations d'une extrême pertinence et d'autres qui soient fausses, sans que lui-même ne soit en mesure les distinguer. L'existence de réalités parallèles peut constituer une explication. On peut supposer qu'il existe en effet des liens entre plusieurs réalités parallèles et que notre esprit peut y accéder sans toujours parvenir à distinguer l'origine des informations. Un médium pourrait ainsi confondre les informations liées à l'univers où il vit avec celle d'autres réalités où vivent d'autres versions physiques de lui-même.

Un autre éminent médium du 20ᵉ siècle, Jane Roberts (1929-1984), porta un message en ce sens. Elle n'accomplit aucun prodige comparable à ceux de Cayce, mais se contenta de dicter une série d'ouvrages dont le contenu a fasciné le public et continu de nous intriguer, par la richesse et la précision de ses explications sur le temps, l'espace, les rêves, le sens des évènements collectifs et bien d'autres sujets. Ces dictées furent en partie publiques et complétées par des séances de questions-réponses avec des auditoires comptant quelques personnalités de renom, pendant des dizaines d'années. Ses ouvrages et les vidéos tournées à son époque et rendues aujourd'hui accessibles sur internet, la qualité des textes dictés et l'originalité des concepts développés, la pertinence et la profondeur des messages laissent pantois. Elles inspirent l'admiration et nous invitent à remettre en cause nombre de nos certitudes. Curieusement, la vision du temps et de l'espace exprimée par ce médium rejoint les modèles auxquels nous invitent les scientifiques du 21ᵉ siècle, notamment au sujet d'existences parallèles et de la nature multidimensionnelle[105] de la réalité. Nous aurions la possibilité de communiquer avec d'autres versions de nous-mêmes, certaines vivant dans nos passés, d'autres dans nos avenirs, à travers les rêves, mais aussi à l'état de veille.

---

[104] Un mécène finança la construction d'un hôpital entièrement consacré à l'exercice d'Edgar Cayce. Il existe encore aujourd'hui un centre documentaire où sont répertoriés toutes les « lectures » du médium et qui permet notamment d'étudier les nombreuses prescriptions médicales qu'il a formulées. En raison de l'efficacité de ses traitements, Cayce a pu œuvrer publiquement toute sa vie malgré les charges d'exercice illégal de la médecine qui avaient été déposées contre lui, mais qui ne furent pas retenues.

[105] Outre les 4 dimensions qui nous sont connues et accessibles par nos sens, nous pouvons effectivement considérer qu'il puisse en exister d'autres, ce qui revient à envisager l'existence de mondes « parallèles ». Cette idée soulève la question du lien entre ces réalités. Il est intellectuellement difficile de penser le monde autrement que nous le percevons par nos sens, mais comme Platon le suggérait dans le mythe de la caverne, l'apparence du monde relève probablement d'une perception très simplifiée que nous en avons par rapport à ce qu'il est réellement.

Cette perspective bouleverse nos repères et notre conception de la notion de vie et de mort. Si nous existons en différents mondes et à différentes époques, notre vie consciente apparaît comme une simple extension de notre « âme ». Notre mort ne serait que la fin d'un épisode parmi une multitude d'autres qui composent notre véritable existence. Suivant cette perspective, la mort n'aurait pas un caractère si dramatique et ne serait pas le signe d'une « imperfection » du monde[106]. La conclusion ultime à laquelle conduit ce modèle, est qu'il ne serait pas indispensable de chercher une explication à « l'injustice » du monde, notre réalité procédant d'un choix exploratoire[107].

Les cas des deux médiums que nous venons de citer sont importants dans la mesure où ils illustrent des concepts essentiels sur l'espace et le temps qui tout en rejoignant les modèles les plus modernes de la physique, sont beaucoup plus accessibles au grand public. Ils remettent en cause deux croyances profondes sur lesquelles repose notre culture et que nous avons commentées en début d'ouvrage ; l'unicité de la réalité et la linéarité du temps. Une très grande partie de nos erreurs d'interprétation sur le sens de l'existence découle de ces croyances qui forment la base de l'édifice des idées sur l'ordre divin du monde. Considérer qu'une partie de nous-mêmes est extérieure à la réalité physique, communique avec d'autres « esprits » et a accès à des informations issues du passé comme de l'avenir conduit à une remise en cause majeure de nos interprétations sur la vie.

---

[106] Rappelons que les expériences de mort imminentes, celles de personnes ayant pu garder des souvenirs après une réanimation, suggèrent effectivement que la mort n'est pas une expérience douloureuse, mais plutôt une libération apaisante.

[107] Pour prendre une image que nous avons largement développée dans l'ouvrage « Amour, violence, vus par le bouddhisme » [107], nous pouvons imaginer qu'il existe deux niveaux de réalité : dans le premier que nous appellerons celui de « l'équipe artistique », des auteurs composent des scénarios, travaillent sur différentes hypothèses, tournent une multitude séquences avec plusieurs répétitions, en modifiant plus ou moins les angles de vue, les dialogues, etc. Le deuxième niveau de réalité est celui du « film » dans sa version finale, spectacle unique, avec un déroulé chronologique conforme à toute histoire classique. Celui qui visualise le film ne perçoit que cette réalité-là, oubliant qu'elle est le produit d'un travail de composition et d'essais erreurs multiples. Nous pourrions même pousser cet exemple encore plus loin, en considérant, que ce qui s'est passé durant la production du film peut avoir été filmé pour réaliser un making-of, voire même un making of du making of : on peut ainsi mesurer que tout ce qui est produit dans la réalité peut avoir été testé et été produit préalablement, avant qu'un montage final soit effectué, aussi bien pour raconter une histoire, que raconter comment on a construit cette histoire, construit l'histoire de l'histoire... etc. Au final, on peut se perdre et ne plus discerner qu'elle est la véritable histoire à laquelle il faut accorder de l'importance, selon que l'on s'intéresse à un produit artistique, une œuvre, ou au travail qui a conduit à sa composition. La question se pose aussi pour nous ; vivons-nous simplement en tant que personnage du film de notre vie ou en tant que créateurs du scénario que nous interprétons ?

Quel sens donner aux évolutions culturelles ?

Notre exploration de l'histoire de nos croyances, valeurs et systèmes d'organisation serait incomplète si nous n'abordions pas la question du sens de ces évolutions. Comment peut-on interpréter toutes ces transformations ? Sont-elles la marque d'un progrès continuel ou d'un genre de cycle parcourant, comme nous l'avons parfois suggéré, divers modes de fonctionnement symbolisables par des éléments (feu, air, terre, eau) ? Cette question nous semble importante et vouloir y répondre semble naturel. Pour y parvenir, nous devons oser sortir des sentiers battus. La piste que nous proposons d'explorer commence là où s'arrête aujourd'hui l'ultra-rationalisme et nos connaissances respectables. Si nous voulons mettre en perspective la vie et l'existence, il nous faut envisager ce qui se trouve au-delà de ce que nous percevons avec nos sens physiques. Cet univers de l'extra-sensoriel est malheureusement encore fortement connoté et tabou. Cet aveuglement a un côté sécurisant, car notre imaginaire a été formaté pour associer l'inconnu à l'obscurité, au danger et au mal. Cet aveuglement nous prive cependant aussi de la possibilité de comprendre le sens de la vie. Il est évident pour tous que l'esprit des morts ne demeure pas dans le monde visible. Or si l'on ne s'intéresse pas à cette dimension de la réalité, nous ne pouvons pas interpréter le sens de la vie. À moins bien entendu de se satisfaire d'explications nihilistes, forme simpliste et désespérée de représentation du monde qui coupe court à toute réflexion.

Si nous acceptions de prendre le risque de nous aventurer dans l'univers de l'inexpliqué, nous pourrions en revanche entrevoir des interprétations intéressantes. L'une d'entre elles semble mériter une attention particulière parce qu'elle traite la question du temps sous un angle qui tient compte de différences entre le monde visible et invisible. Si nous considérons en effet que le temps fonctionne de la même manière dans ces deux ensembles, il semble inconcevable de trouver un sens philosophiquement satisfaisant à l'existence. Si la vie repose en effet sur le cycle des naissances et du renouvellement des générations, il est contradictoire d'espérer un jour pouvoir vivre comme sur Terre, mais en étant éternel. Cela impliquerait par exemple qu'il n'y ait plus d'enfant.

Si en revanche le temps ne fonctionne pas de la même manière sur Terre et dans « l'au-delà », alors nous pouvons envisager des hypothèses passionnantes. Nous pouvons par exemple envisager le monde physique comme une production de type artistique.

Pour prendre une image, prenons l'exemple d'un spectateur assistant à une représentation théâtrale. En assistant au spectacle, il voit et entend se dérouler une histoire distrayante qui a l'apparence d'une réalité commençant par la scène 1 de l'acte I et finissant par la dernière du dernier acte. Pour autant, cette histoire n'a pas forcément été écrite dans cet ordre. Le compositeur, l'auteur de la pièce a probablement commencé par imaginer une histoire, puis écrit quelques scènes clés qu'il a complétées. Il a ensuite pu retirer des séquences et en rajouter de nouvelles. Peut-être a-t-il complètement changé ensuite le début de sa pièce. Ensuite, en passant à la mise en scène, les acteurs lui ont éventuellement suggéré quelques améliorations. Puis les acteurs ont travaillé leur texte pour en donner une version la plus plaisante possible. Au final, la pièce à laquelle assistent les spectateurs n'a rien d'une construction linéaire qui aurait été composée d'un trait, scène après scène dans leur ordre final.

Notre vision de l'histoire elle aussi est probablement biaisée par l'illusion du temps et la conception que nous persistons à en avoir. Nous ne savons pas si les différents âges de l'humanité sont la conséquence d'une succession d'enchaînements plus ou moins aléatoires, ou s'il s'agit d'un scénario construit dans une autre dimension, par nos « âmes », par des « esprits supérieurs », voire des genres de divinités. La réalité que nous vivons est peut-être une co-construction où nous avons consenti à jouer un rôle.

Nous ne savons pas non plus s'il existe d'autres versions de la réalité et quelles sont les relations entre ces versions. L'idée d'un monde unique, que les scientifiques appellent le « mythe de l'un », n'est selon eux plus supportable. La science nous a révélé que la terre n'était pas le centre du système solaire, puis que le soleil n'était pas le centre du cosmos et elle nous affirme aujourd'hui que le monde où nous vivons n'est pas le seul existant. Ce gain conceptuel permet non seulement aux scientifiques d'expliquer un certain nombre de phénomènes en physique, mais aussi aux philosophes de sortir des impasses auxquelles ils avaient été confrontés. Même si nous ne savons pas précisément ce que sont les autres mondes, ni comment s'articulent les liens entre les différentes réalités, nous devons prendre en compte leur existence. Cela nous incite à penser que la vie suit un modèle exploratoire, dans plusieurs directions et non une seule.

Il n'existe donc pas nécessairement une morale de référence suivant laquelle nous pouvons juger si le monde évolue dans le bon ou le mauvais sens, puisqu'il explore peut-être simultanément plusieurs pistes. Certains systèmes de croyances et de morales conduisent à certains types de situations, certaines contradictions, certains déséquilibres. D'autres sont plus cohérents, permettent d'associer des milliards d'individus dans des relations qui épargnent davantage les souffrances. Puisque le bien est lié à l'intérêt collectif, nous serions tentés de conclure qu'un ordre mondial en harmonie constituerait l'apothéose de la vie. En réalité, tant que nous ne savons pas ce qui se joue au-delà du monde matériel, nous n'avons qu'une vision partielle qui ne permet pas de jugement définitif. Dans un théâtre, les acteurs se sentent au centre du monde, mais pour les spectateurs, ils ne sont qu'une distraction de courte durée. Quel sens a donc la vie d'un point de vue extérieur au monde que nous percevons avec nos sens physiques ? Nous n'en savons à vrai dire pas grand-chose… et si cela peut nous préserver d'idées qui nous enfermeraient dans des idéologies réductrices, c'est probablement très bien ainsi.

Conclusion

Les récits historiques que nous avons tenté de synthétiser en précisant les évolutions culturelles qui les ont accompagnés, nous ont montré que les valeurs promues dans les sociétés correspondent à leurs besoins particuliers. Ces valeurs évoluent selon les contextes : elles se diversifient, s'affaiblissent ou se renforcent au gré des circonstances et des changements géopolitiques. Nous avons détaillé ces transformations, partant des premières formes culturelles animistes jusqu'à celles de nos sociétés « modernes » occidentales.

Partant d'une cartographie de nos valeurs actuelles que nous avons représentées sous forme d'arbre, nous avons retracé comment tous nos repères se sont mis en place à travers plusieurs millénaires d'évolution sociale. Rappelons les étapes clés que nous avons identifiées.

Nous sommes partis des fondements animistes qui furent à l'origine des développements de systèmes d'interprétation du monde. Dans ces modèles, le monde physique est un intermédiaire entre les sphères célestes et les mondes souterrains. Il est alimenté par des énergies provenant du monde invisible d'où les doubles spirituels insufflent la vie. À la mort d'une personne, le corps physique se dissout libérant les doubles spirituels. Certains disparaissent, d'autres descendent dans le monde souterrain ou cheminent dans les sphères célestes après avoir traversé de difficiles épreuves. Les rituels funéraires visaient à favoriser cette ascension. Dans les cultures animistes, les croyances soutenaient des valeurs de solidarité, de dévouement et d'obéissance aux aînés, aux anciens, aux ancêtres.

Avec les progrès liés au développement de l'agriculture, les populations ont atteint des dimensions plus importantes et se sont concentrées dans des cités où l'adoration des dieux communs a pris l'ascendant sur les cultes familiaux des ancêtres. Les rituels funéraires sont devenus secondaires par rapport aux cultes des dieux que les prêtres honoraient directement, sans l'aide des ancêtres.

Le principe de soumission aux dieux donna lieu à une diversité de cultes qui, par leur multiplicité, se sont opposés aux intérêts d'un pouvoir centralisé royal : La division religieuse fut comprise comme une menace politique. Dans ce contexte se formalisa le judaïsme des origines, concentrant la religion autour d'un dieu unique, celui d'un peuple et de son roi. Après des siècles d'épreuves et d'échanges culturels, il se structura autour de l'objectif d'une unité sociale forte, d'abord au service de la royauté, puis de la classe sacerdotale à partir de la phase de domination perse. Le judaïsme se construisit par une synthèse de différentes traditions régionales, la rédaction d'une histoire, l'intégration de légendes et concepts des régions voisines et l'opposition à la sensualité et au rationalisme grec. Au cœur de cette culture trôna l'idée d'un Dieu unique et universel ayant légué des instructions et confié aux prêtres un rôle d'intermédiaire, reprenant en partie celui des ancêtres dans les cultures animistes.

Le socle moral s'articula autour de l'idée de l'obéissance à des règles définissant ce qui est bien ou mal. La souffrance fut interprétée comme la conséquence soit de la transgression de ces règles, soit comme une épreuve infligée pour éprouver la fidélité à Dieu. La vie n'eut de sens, dans ce modèle, qu'en tant que prélude à la vie éternelle, attendue à la résurrection des justes après la fin du monde.

Ce modèle était en phase avec une organisation centralisée et autoritaire du pouvoir, justifiant une soumission totale au roi ou à l'élite religieuse.

Comme ce fut le cas pour de nombreuses religions, une contestation de la légitimité d'une classe de privilégiés se prétendant représenter le divin conduisit à des divisions. Elles prirent la forme de courants rivaux au sein du judaïsme. Parmi eux, celui des esséniens, puis le mouvement baptiste et plus tard le christianisme ont incarné des aspirations à davantage de justice et d'équité, une reconnaissance du mérite individuel, supérieur au droit héréditaire. Initialement idéologie rebelle, anti-romains et anti-prêtres, ces idéologies se popularisèrent comme un nouvel espoir, annonçant de grands bouleversements. Le christianisme bascula pourtant quand Constantin prit le pouvoir et devin empereur romain. La religion de l'outsider triomphant devint la religion du vainqueur. Elle fut imposée à son empire, qu'elle rendit plus facile à gouverner grâce à son réseau structuré. Ce changement de main, passage de mouvement d'opposition à celui d'outil du pouvoir, était fondamentalement contradictoire. Le christianisme, qui visait à s'extraire de la domination d'une classe de privilégiés, aboutit à une religion d'État totalitaire, puissamment hiérarchisée et organisée.

En pays arabe, un homme s'inspira à la fois du judaïsme et du christianisme pour proposer un modèle qui permettrait à la fois de sortir de l'archaïsme des croyances polythéistes arabes et des nombreuses dérives contradictoires du christianisme : l'islam. Mahomet, en prétendant que le christianisme s'était éloigné de ses origines, visa à restaurer l'idéologie socle du judaïsme tout en mettant en valeur ses influences arabes tribales. Cette restauration était relativement facile à conduire dans la mesure où la Bible fut d'abord une œuvre de synthèse entre des traditions de diverses régions. Il fut donc aisé de voir dans les contributions non-arabes la cause de la dégénérescence du judaïsme puis du christianisme. On assista ainsi au retour des valeurs traditionnelles claniques, une justification de la soumission et de l'obéissance.

Par nécessité, cette idéologie d'opposition dériva vers des formes guerrières. De victoire en victoire, l'islam s'étendit. Il profita de l'affaiblissement de l'Empire romain, en pleine dislocation, pour se constituer en un grand ensemble.

Tour à tour sous influence arabe, perse puis turque, cet empire coalisé rapprocha un grand nombre de cultures, de l'Inde jusqu'au sud de l'Europe. Cette rencontre permit un essor culturel considérable aussi bien au niveau des sciences que de la philosophie, avec notamment des traductions de textes grecs qui semblaient oubliés et dont les idées furent réactivées. Ces richesses culturelles, rendues accessibles par les traductions en une langue unique (l'arabe) aux érudits de toute l'Europe, se propagèrent bien au-delà de la zone sous domination musulmane et conduisirent à la Renaissance. À des vitesses diverses, elle diffusa dans toute l'Europe. Le rationalisme grec, qui avait déjà été l'ennemi juré du judaïsme du temps d'Alexandre le Grand, servit à nouveau à nourrir des contestations contre la classe religieuse, dans une partie de l'Europe.

Avec l'imprimerie et la circulation des écrits, cette contestation se propagea rapidement. Elle sut résister à l'oppression catholique pour donner naissance à l'humanisme et au protestantisme. De violentes guerres civiles éclatèrent sur fond religieux, conflits incarnant des oppositions de modèles de société entre ceux aspirant à davantage d'égalité ou d'autonomie régionale et les tenants de l'ordre traditionnel. Face à l'impossible victoire d'un camp sur l'autre, les pays d'Europe évoluèrent vers la laïcité, libre coexistence des divers christianismes. Cette tolérance de la diversité aboutit à l'inévitable séparation des religions et de l'État, fragilisant la pyramide du pouvoir basée sur hiérarchisation des classes, et ouvrant la voie à une formidable accélération des revendications égalitaires des peuples. Aidés par le progrès des sciences, des mouvements intellectuels se mirent au service d'un nouvel ordre, en proposant une nouvelle interprétation du monde, plus mécaniste, moins dépendante d'une volonté divine.

L'étape suivante fut révolutionnaire avec l'abolition des privilèges liés à l'hérédité. Les hommes d'affaires prirent la place des religieux. Une différence d'intérêt remarquable se révéla entre ces deux catégories. Pour les hommes d'affaires, la liberté d'échange était d'un intérêt supérieur au confinement et au repli. Tandis que les pouvoirs religieux avaient cherché à contenir le peuple et le soumettre en le cloisonnant, les entrepreneurs tiraient leur puissance du commerce, de l'échange, de l'ouverture. Leurs intérêts rejoignaient ainsi les aspirations des peuples à davantage de liberté. Une société laïque, prônant l'égalité des chances, la liberté puis la démocratie se mit en place dans plusieurs pays. Cette nouvelle logique fut renforcée par un modèle d'interprétation du monde basé sur la science, réduisant la supposée puissance divine à une peau de chagrin. Les valeurs s'orientèrent vers la réussite financière et le confort, aboutissant à une société matérialiste. Désormais focalisée sur la question de production de richesse et leur distribution, cette société évolua vers des affrontements internes entre classes sociales, et des affrontements entre puissances économiques. Cette violence, canalisée et orientée dans des mouvements nationalistes, explosa en des guerres de grande ampleur au 19e et 20e siècle. Outre les terribles souffrances qu'elles occasionnèrent, ces guerres eurent des conséquences qui se prolongèrent même après la fin des combats militaires. Les grands empires fragilisés par les impacts de ces conflits, et continuant à s'affronter après la deuxième guerre mondiale par territoires interposés, éclatèrent ensuite sous la pression de poussées indépendantistes. Les peuples, des pays décolonisés comme ceux des anciens empires, revendiquèrent une plus grande justice sociale. Les idées marxistes et socialistes progressèrent. Elles se heurtèrent à d'intenses résistances à l'échelle locale avec l'opposition des classes régnantes et, à l'échelle internationale, avec la pression des États-Unis qui tenta d'endiguer la progression du communisme. Au prix de luttes collectives violentes, les idées socialistes remportèrent quelques victoires. Même dans les pays libéraux, les plus défavorisés obtinrent des améliorations de leur condition d'emploi et des protections sociales.

Puis, à la faveur d'un temps d'accalmie après les temps de guerre, éclata une révolution des mœurs conduite essentiellement par la jeunesse dans les années 60. Elle déverrouilla le cadre traditionnel moral en déculpabilisant la sexualité et en revendiquant la quête du plaisir. Cette ouverture libéra aussi le droit des femmes avec la contraception et le droit à l'avortement. Les esprits se tournèrent vers les conceptions orientales et portèrent de l'intérêt à tous les mystères inexpliqués échappant à la rationalité.

Au-delà de ces formes de libération, en Europe de l'Ouest et dans les pays anglo-saxons, les sociétés restèrent sous l'emprise de forces économiques et financières. Sous une apparence démocratique, les sociétés occidentales sont passées aux mains d'alliances combinant l'usage de la force et de la manipulation pour tenir les rênes du pouvoir. D'habiles jeux de communication à travers les médias et le financement des campagnes électorales ont permis à un libéralisme dominateur de s'imposer partout en occident.

Dans ce contexte, des entreprises de plus en plus vastes et pesantes sont parvenues à se constituer, plus étendues que les États, plus puissantes et plus riches aussi. Plus ou moins associées aux pouvoirs politiques, elles ont visé la prospérité économique à tout va, au mépris de toute considération d'humanité. Asservissant les humains dans de nombreux pays du monde, provoquant des désordres économiques et conduisant à des désastres comme les « crises financières », leur règne est incarné à travers le concept de mondialisation et de système financier international.

Pour se libérer d'une société qui les étouffe, les peuples furent et sont encore tentés de se replier sur les anciennes valeurs conservatrices. Cet élan est d'autant plus puissant qu'il repose sur un socle de croyances qui n'a quasiment pas évolué depuis la naissance des monothéismes. Le retour de régimes nationaux forts apparaît paradoxalement comme un moyen de protection contre les pouvoirs des multinationales et de l'économie mondialisée, une forme de cage protectrice. Ces courants s'appuient pour gagner les suffrages, sur le repli identitaire, le durcissement des frontières, le retour vers l'idéal familial, et la réhabilitation des religions monothéistes.

Le danger de ces modèles est de nous orienter à nouveau vers un monde divisé où les peuples s'affronteront par les guerres ; guerres civiles ou entre nations. Ces élans font s'opposer des identités culturelles cherchant à gagner de l'espace ou se défendre ; tensions entre immigrés et peuples autochtones, guerres entre blocs d'identités chrétiennes ou musulmanes, entre asiatiques et non-asiatiques... Ces batailles finissent au mieux par de temporaires victoires débouchant sur de nouvelles divisions, des revendications autonomistes/séparatistes et finalement l'éclatement, comme l'illustrent les conflits sans fin au Proche et Moyen-Orient.

Un autre système de valeur propose un rééquilibrage à tous les niveaux : Rééquilibrage des pouvoirs entre les groupes sociaux, entre les peuples, rééquilibrage entre l'humain et son environnement en réduisant la pression de nos sociétés sur les ressources naturelles. Au lieu de promouvoir toujours plus de consommation, ces valeurs visent à davantage d'attention et de soin à la nature. Ce système réoriente le pouvoir vers ceux qui sont au contact de l'environnement, c'est-à-dire les populations locales et non les lobbys perchés aux sommets de pyramides économiques.

Face aux problèmes posés par la mondialisation, les solutions de replis identitaires comme ceux des écologistes souffrent de reposer sur des modèles de croyances ancestraux d'opposition. Que l'on s'oriente sur des valeurs conduisant aux guerres entre nations ou aux conflits entre groupes sociaux, on reste dans un schéma de rivalités entre privilégiés et défavorisés où les uns et les autres tentent de se neutraliser. Dans les démocraties, les leaders tentent de représenter ces intérêts divergents en s'opposant les uns aux autres, sans jamais parvenir à tenir leurs promesses une fois élus. Dans ce décor, les jeux politiques ressemblent à des théâtres d'hypocrisies et de manipulations dont de plus en plus de personnes se lassent et le signalent d'ailleurs en refusant de voter.

Cette histoire de nos croyances et de nos valeurs peut s'analyser comme le résultat d'un processus d'entraînement. L'individu, la famille, les cercles de la jeunesse, du peuple et des gouvernants forment des ensembles imbriqués que nous avons comparés à des engrenages. Ces ensembles se renouvellent suivant des durées de vie allant de la simple génération à des périodes beaucoup plus longues. Au cours de ces cycles, les repères culturels se transmettent par mimétisme au sein des familles et au cours des processus de socialisation, sans se reproduire cependant à l'identique. La diversité de la société permet en effet aux jeunes de dévier des modèles familiaux et parfois même de suivre des directions radicalement opposées à celles de leurs parents, lorsqu'ils ont été traumatisés ou fortement déçus par leur expérience familiale. Certains s'engagent ainsi dans un processus d'exploration de nouvelles voies. Grâce à la rencontre d'autres cultures, par des réflexions personnelles, par des expériences de vie bouleversantes telles que des éclairs d'intuitions, des illuminations ou ce qui s'apparente à des « révélations », ou souvent un mélange de toutes ces sources, ils créent de nouveaux modèles. Leur volonté de réforme s'accompagne de la formalisation de nouvelles croyances et valeurs, offrant toutes les caractéristiques d'un projet de société. Ces projets rejoignent nécessairement les attentes de certains groupes sociaux et de personnalités à l'affût du pouvoir et qui ne pourront y accéder qu'à la faveur de changements. Le passage à la traduction pratique induit cependant toujours quelques transformations, avec des ajustements en faveur de ceux qui gouvernent. La réforme de Zoroastre, qui rejeta l'autorité des prêtres en proclamant que les divinités n'étaient que les facettes d'un dieu unique jugeant chaque individu à sa mort sur la base de ses actions, fut ainsi récupérée par le roi perse pour se prétendre être le représentant de ce dieu. Les prêtres israélites exilés s'inspirèrent de ce modèle pour poser les bases du judaïsme et légitimer une domination totale de la vie de leur peuple, avec des règles codifiant de l'alimentation jusqu'aux pratiques sexuelles. La réaction idéologique portée par Jésus pour à nouveau contester l'autorité des prêtres fut retournée en un système totalitaire avec l'appropriation du christianisme par les empereurs romains. Plus tard, le rejet de l'autorité papale par la réforme initiée par Luther fut récupéré par les souverains pour justifier leur autonomie religieuse. Les beaux idéaux de liberté et de démocratie portés par les humanistes furent mis à profit par les grands bourgeois profitant de la liberté économique pour accentuer leur domination. On connaît aussi comment les modèles marxistes furent détournés au profit de sanglantes dictatures dans les pays de l'Est et en Chine. Tous ces déraillements s'expliquent assez facilement par l'opposition jamais démentie entre les gouvernants et les gouvernés. Les processus démocratiques n'y ont pas changé grand-chose, sinon que les peuples ont le sentiment d'avoir librement consenti à choisir ceux qui les gouvernent, alors que les rênes du pouvoir sont ailleurs, dissimulés dans des mécanismes d'influences complexes, à base d'alliances, de corruption, de financements occultes, de pressions subtilement organisées par des lobbys...

Malgré tout, au cours des siècles, notre culture titubante nous a permis de surmonter d'incroyables défis. Nous avons réussi à vaincre les famines, les épidémies et les hordes sauvages d'agresseurs, tout en passant d'organisation clanique à celle de nations de plusieurs millions d'individus. Malgré l'ampleur de ces défis, nos sociétés ont réussi à contenir les risques d'implosion. Nous avons pour cela du remplacer les rois par des élus, supprimer les inégalités de droits entre classes sociales, races et sexe, repoussé les tabous sur la sexualité, la contraception, l'avortement, le divorce... Ces conquêtes sociales ont apaisé beaucoup de frustrations et de revendication des masses.

Mais les défis à venir sont d'un autre registre. La surpopulation et surtout le modèle de société de consommation menacent notre avenir par l'épuisement des ressources de la planète et sa pollution. Les rivalités avec d'autres cultures sont manifestes et une conquête des espaces et des ressources minières nous dirige droit vers des affrontements au moins, au moins, au moins économiques. À cela s'ajoute un aggravement des inégalités sociales de plus en plus insupportables au sein de nos sociétés, provoquant la révolte, du désespoir et de la violence. Aurons-nous la force de maîtriser les intérêts responsables de cette situation ?

Cela nécessiterait une révolution d'une ampleur supérieure à celles qui ont précédé. La révolution dont nous avons besoin ne se limite pas à des ajustements simplement religieux, idéologiques et économiques comme ce fut le cas par le passé. Il faudrait être capable de changer totalement de mode de vie par une mutation totale. Vu l'emprise de certaines forces économiques aujourd'hui, il y a peu de chance que nous y parvenions, mais sait-on jamais.

Il suffirait au fond de quelques prises de conscience qui n'ont rien de surhumaines. La première porte sur la nature des dysfonctionnements qui nous affectent. Ce qui dirige le monde n'est fondamentalement ni Dieu, ni des lois de la nature que l'on pourrait maîtriser, ni un principe créateur miraculeux qui suffirait de laisser s'exprimer en cassant toutes les règles. **Ce qui conditionne nos vies d'êtres humains sont d'abord nos croyances**. Nous devons prendre conscience qu'elles sont le moteur de notre existence, à tous les niveaux. Par leur puissance auto-réalisatrice, elles nous orientent vers les situations qui les justifient. Nous avons vu que les croyances en un ordre divin, les croyances du modèle darwiniste et les croyances matérialistes nous conduisent toutes à interpréter le monde d'une manière qui les justifient, bien qu'elles soient toutes largement erronées. Elles ont en commun de nous désespérer et de nous pousser à des comportements destructeurs. Elles sont largement responsables des souffrances que nous subissons. Si nous parvenions à nous en défaire, nos vies pourraient prendre des tournures radicalement différentes, mais ce n'est évidemment pas une question de volonté. Pour que notre monde change, il faut être en mesure de le penser autrement, le croire autrement, le réinterpréter. Nous avons en particulier vu combien il importait de se libérer de nos conceptions sur la pureté et la nature du bien tel qu'on le conçoit dans notre culture. Ces croyances à elles seules sont de puissants générateurs de violences aussi bien à l'échelle familiale qu'internationale.

La deuxième prise de conscience nécessaire est que **la transformation sociale dont nous avons besoin doit être centrée non plus sur le collectif, mais sur l'individu**. Le monde dans lequel nous vivons n'est qu'une amplification visible de nos propres contradictions, un miroir géant. L'origine des problèmes qui nous affectent n'est donc pas fondamentalement « la société », mais l'individu. Pour faire face aux problèmes de division sociale, il nous faut probablement d'abord miser sur la réconciliation de chacun avec lui-même. Réconcilier les gouvernants et les gouvernés passe probablement par le rétablissement d'une harmonie intérieure en chacun. Concrètement, cela doit se traduire par la fin d'une opposition morale entre l'esprit et le corps. Nous devons cesser de nous culpabiliser d'aimer la vie et les plaisirs, cesser de croire que nous sommes tous égoïstes et sans scrupules, cesser de nous maltraiter par un mode de vie sans répits où l'on exploite son corps comme une machine qu'on gave de dopants. En aucun cas, il ne s'agit d'une vision naïve et simpliste à l'image d'un épicurisme résigné. Être en paix avec soi-même et s'aimer ne signifie pas non plus se déresponsabiliser, renoncer à se battre et s'engager pour des causes qui nous passionnent. Bien au contraire. La bienveillance envers soi-même commence avec la confiance en soi et le refus d'accepter les limites que les autres prétendent être les nôtres. Nous pouvons réussir nos études, notre vie sentimentale et familiale, notre vie professionnelle, savoir jouer de la musique, voyager à travers le monde pour en savourer la richesse… Nous pouvons tous tout cela, nous le méritons si nous voulons bien le croire, et nous nous le devons. Nous aimons nous surpasser, réaliser des « exploits », réussir l'impossible, vaincre en réalité les doutes sur nos capacités. Ce qui importe n'est pas de triompher des autres, mais de ses propres limites. Voilà pourquoi il est bon de se battre pour ses convictions sans pour autant cibler aucun ennemi.

Pour illustrer les deux principes que nous venons de citer, un exemple me vient à l'esprit, celui d'un jaguar. Vous pourrez rencontrer des centaines de personnes qui vous expliqueront, en Amérique Latine comme en Asie ou en Afrique que les jaguars, les tigres et les lions sont de féroces prédateurs qui n'hésitent pas à tuer cruellement les humains. Les anecdotes de drames ne manquent pas pour leur donner raison. Pour moi qui ai travaillé dans un refuge pour félins et comme d'autres qui ont vécu dans leur intimité, ils sont pourtant des êtres d'une grande sensibilité, qui perçoivent nos émotions et y réagissent comme un miroir d'affection. Le simple fait d'avoir peur d'un félin ou d'avoir confiance en lui peut suffire à faire basculer son comportement de l'agression à la bienveillance. D'avoir vécu cette réalité m'a profondément marqué, en me faisant découvrir que la violence ne réside pas en nous, mais qu'elle est une réaction. Chez l'être humain, cette réaction passe par l'interprétation qu'il donne aux évènements. Il peut craindre un félin ou ne pas le craindre. Son interprétation lui donnera raison dans les deux cas. Il est essentiel de comprendre cette plasticité du monde qui n'existe pas indépendamment de ce que nous pensons qu'il est. Quand nous voyons en chaque être humain le « meilleur » de lui-même, nous le conditionnons à exprimer ses qualités. Quand nous considérons quelqu'un avec mépris, nous provoquons de la même manière un comportement négatif. **Ceci illustre comment l'image que l'on a de soi-même et des autres modifie notre réalité**. En simplifiant, nous pourrions affirmer que nous devenons ce que nous croyons être et le monde dans lequel nous vivrons demain en sera le reflet.

Cette idée que nous devons évoluer non plus en nous focalisant sur le monde apparent, mais sur notre intériorité, débouche au final sur un nouveau système de valeurs, ni religieux, ni idéologique, ni économique. À l'image de notre cerveau dont la couche la plus périphérique est le cortex, siège des idées et dont le noyau est l'hypothalamus, centre des émotions, notre plus profonde intimité n'est pas intellectuelle. Ce que nous avons de plus profond est notre sensibilité. Cette sensibilité exige d'être entretenue par l'attention aux autres et à soi-même. Elle se prolonge par une activité cruciale et vitale : la **créativité**.

Loin d'être futile ou insignifiante, la créativité est la base de la vie. Son étouffement est la source de notre découragement et de notre manque de confiance. L'expression de la créativité génère de la joie, de la satisfaction, de la force. Elle se libère par le jeu, le sport, la pratique de la musique, du dessin, des arts d'une manière générale et même simplement la parole lorsqu'elle libère notre intériorité, que nous exprimons nos douleurs, nos espoirs et nos rêves. Cette créativité ne devrait pas s'exprimer qu'occasionnellement dans nos temps de loisir, mais aussi dans nos relations sociales et professionnelles (et pas seulement dans de ponctuels ateliers).

Les racines de notre culture doivent ainsi s'enfoncer plus en profondeur, traverser la terre jusqu'à accéder à une nappe aquifère, dans laquelle nous pourrons puiser une plus grande fraîcheur. La créativité est une source d'énergie colossale qui nous protège aussi contre une des croyances souches les plus dangereuses, enracinée dans notre culture : celle de l'opposition entre instinct et conscience, de la dualité de la nature humaine, la partition des humains entre bons et méchants. Les arts jouent un rôle de lien en nous reconnectant avec notre intériorité, alors que nous sommes devenus extérieurs à nous-mêmes. La création artistique réconcilie alors que les discours idéologiques clivent et divisent. La créativité nous fait prendre conscience de notre pouvoir et du fait que notre existence n'est pas simplement définie par le monde extérieur et les force qui l'animent. Elle nous aide à percevoir le monde comme une relation dans laquelle nous sommes pleinement acteurs et responsables. Elle nous éclaire sur le fait que nous ne vivons pas pour subir une mise à l'épreuve ou prouver notre fidélité à des ancêtres, à des dieux ou à une morale qui leur est associée.

Cette créativité salvatrice est elle-même intimement liée à une autre source d'inspiration : notre capacité à nous émerveiller, aimer la vie. Tous les artistes vous diront que l'inspiration se nourrit essentiellement de **l'émerveillement**. Il agit comme un révélateur par un effet de résonnance entre l'harmonie perçue hors de nous et celle qui se rétablit en nous. Percevoir la beauté du monde c'est la reconnaître en soi. Inversement, s'aimer fait aimer, mieux voir en soi permet de mieux voir autour de soi.

Curieusement cette nécessité de l'émerveillement rejoint aujourd'hui des inquiétudes planétaires de destruction par les excès de nos activités. Cette fin du monde que nous avaient promis les monothéismes, et que l'on peut se réjouir d'attendre encore, nous pend finalement au nez. La pollution, la disparition de la biodiversité, le réchauffement climatique sont autant de menaces qui nous font prendre conscience de l'importance de notre rôle, qu'il faut désormais assumer. Pour sauver notre peau, nous voilà acculés à la nécessité d'un retour à l'harmonie, à l'amour de la nature, et au dépassement des intérêts particuliers des nations ou des multinationales. Les défis du monde multiculturel dans lequel nous vivons nous invitent ainsi à dépasser l'attachement à nos identités, à harmoniser nos repères entre différentes cultures, dans le respect de la diversité. Ces enjeux sont importants et à la fois exaltants. Ils nous entraînent comme par magie à une grande réconciliation à trois étages ; avec nous-mêmes, avec les autres, avec la vie. L'émerveillement est le principe de cette harmonie retrouvée, à l'image du spectacle d'un ciel étoilé dans lequel nous puisons naturellement un sentiment de force et paix, d'où que l'on soit.

Annexe. L'effervescence intellectuelle des lumières

Les premières pensées s'articulaient autour de la manière dont le pouvoir s'affirme et se maintien. En France, La Boetie écrivit le « discours sur la servitude volontaire » et se demanda pourquoi le peuple se soumet de son plein gré aux tyrans. Il conclut que le peuple avait besoin d'un chef auquel il s'identifiait et que le pouvoir, pour se maintenir devait être entretenu, alimenté. Vers la fin du 15ᵉ siècle, l'Italien Nicolas Machiavel écrivit pour son roi « le petit prince » où il défendit l'idée d'un pouvoir devant allier la force et la ruse, l'un sans l'autre ne permettant pas de régner efficacement. Il fonda les principes de la diplomatie, de la gestion des conflits non pas par les simples armes, mais par l'habilité. En Angleterre, Thomas Hobbes théorisa la gestion du pouvoir. Il publia en 1642 « Le citoyen » puis le « Leviathan » en 1651. Hobbes bâtit sa réflexion sur le problème du langage qui n'est qu'une représentation de la réalité et laisse place à l'erreur et au mensonge. L'être humain, navigant avec ce langage peu fiable a besoin de repères solides. Par ailleurs, Hobbes cru constater que l'homme portait un désir insatiable de domination et qu'il ne pensait qu'à son intérêt propre. Il reprit à son compte la célèbre citation de l'auteur antique Plaute « l'homme est un loup pour l'homme ». Pour que le pouvoir puisse être stable et fonctionner, il en déduisit que le pouvoir devait être fort, absolu. Quant à sa légitimité, elle devrait reposer sur un pacte. Contrairement à la réputation qui lui a été faite, Hobbes ne défendit pas le modèle monarchique, mais celui d'un pouvoir souverain. Il ne défendit pas l'idée que ce pouvoir devrait être transmis héréditairement, mais qu'il devait au contraire reposer sur un accord avec le peuple. Theodore Grossius formula également au 17ᵉ siècle une argumentation sur le droit naturel et public en définissant la société comme une association d'hommes libres où les membres doivent choisir leurs dirigeants. John Locke soutint à la même époque le principe de la souveraineté naturelle populaire en précisant qu'il devrait exister un contrat entre les membres de la société entre eux d'une part et avec leurs gouvernants d'autre part. Pour justifier son discours, il avait dû également défendre une autre idée : que l'homme n'est pas fondamentalement mauvais. C'est en effet en se basant sur le postulat de la nature mauvaise de l'homme que certains justifiaient le pouvoir autoritaire et centralisé : Si le peuple a une nature mauvaise, on ne peut lui confier la responsabilité de choisir ses dirigeants. Il était donc nécessaire pour tout théoricien de la démocratie de répondre aux idées de Hobbes et contester l'idée de la nature fondamentalement mauvaise de l'homme. John Locke fut le père du libéralisme politique, le théoricien de la monarchie parlementaire qui vit le jour en Angleterre.

Au 18ᵉ siècle, c'est dans le milieu francophone que foisonnèrent les plus célèbres réflexions politiques. Trois noms s'imposent ici : Montesquieu, Voltaire et Rousseau. Montesquieu, aristocrate, publia en 1748, « l'esprit des lois », dans la continuité des idées de Locke. Il introduisit l'idée qu'il était dangereux de concentrer les pouvoirs, a fortiori en un seul homme. Ceux qui écrivent les lois, ceux qui les font appliquer et ceux qui prennent les décisions politiques doivent être séparés, pour éviter que ceux qui dirigent n'écrivent les lois en fonction de leurs besoins, pour éviter que les personnes politiques profitent de leur pouvoir pour museler l'opposition, etc. En termes techniques, le pouvoir législatif, exécutif et judiciaire doivent donc être séparés. Ces principes sont à la base des régimes politiques modernes dans les démocraties, à quelques nuances près.

Arouet le Jeune, qui se fit connaître sous le pseudonyme de « Voltaire », alimenta pour sa part une critique virulente du pouvoir ecclésiastique, « l'infâme ». Il s'opposa à l'obscurantisme des superstitions et au cléricalisme. Voltaire était croyant, mais défendit une conception particulière de Dieu : celle d'un horloger ayant conçu le monde puis l'ayant laissé fonctionner (Deus Otius : Dieu oisif).

Jean Jacques Rousseau, Suisse, publia en 1762 « Le contrat social ». Il y contestait la légitimité du pouvoir transmis par la descendance, c'est-à-dire le modèle monarchique. Le pouvoir devait selon lui reposer sur un accord entre le peuple et ses gouvernants. Le régime idéal serait donc celui d'une république où les ministres seraient responsables devant un parlement élu par le peuple.

Parallèlement à ces discours sur le pouvoir, des idées se développent également sur les conceptions relatives à la justice sociale. Rousseau encore contribua fortement à ce travail en publiant en 1755 son « discours sur l'origine et le fondement de l'inégalité parmi les hommes ». Il y défendit l'idée que la propriété privée, étant à l'origine des inégalités économiques, serait à l'origine de tous les maux. Il étendit ainsi le droit à l'égalité devant la loi à l'égalité économique, ouvrant la voie aux idéologies politiques basées sur le partage et la répartition des richesses.

Cesaria Beccaria, philosophe italien, développa pour sa part toute une réflexion sur le traitement des condamnés dans son ouvrage « des délits et des peines ». Il souhaita humaniser le traitement carcéral et s'afficha contre le recours à la torture et la peine de mort.

Sélection de ressources

Synthèses historiques :
Plusieurs ouvrages consensuels proposent une interprétation générale de notre histoire. Les ouvrages publiés par l'**UNESCO** sur l'histoire de l'humanité forment à ce titre une petite collection de référence, avec une présentation fouillée de l'histoire sous forme d'articles, d'une lecture cependant aride. D'autres ouvrages sont d'un accès plus facile :

Ouvrages introductifs :
- La grande histoire du monde, François Reynaert, 2016, Fayard : un best-seller qui trace les grandes lignes de l'histoire de l'humanité.
- Grammaire des civilisations, Fernand Braudel, Flammarion : Un peu plus ancien, cet ouvrage propose une approche de l'histoire par grandes unités géographiques.
- Grand Atlas Historique - Edition 2011, Georges Duby, Larousse : une approche de l'histoire par des ensembles de cartes qui apportent une vision par époques.
- MOOC : Sur France Université Numérique : « Découper le temps : les périodes de l'histoire » : une approche synthétique de l'histoire et de son découpage en unités.
- DVD : Planète Bac, Quand le monde bascule : 3 coffrets qui couvrent l'histoire du 20e siècle avec une grande diversité de documents.

Beaucoup moins consensuels, certains ouvrages offrent des perspectives d'analyse intéressantes :
- Les Mondes insurgés - Altermanuel d'histoire contemporaine, Le Monde diplomatique, 2014, Vuibert : une réinterprétation de l'histoire récente sous un angle critique par rapport à la version consensuelle.
- « De l'inégalité parmi les sociétés : Essai sur l'homme et l'environnement dans l'histoire, Jared Diamond, 2007, Folio » et « Effondrement : Comment les sociétés décident de leur disparition ou de leur survie, Jared Diamond, 2009, Folio » : Ces deux best-sellers proposent une interprétation de l'histoire de l'humanité sur la base des influences de l'environnement (géographie) et analysent les facteurs conduisant à la disparition des civilisations, avec la même logique.

Sur les religions :
Le sujet religieux est si sensible que très peu d'auteurs se sont risqués à une démarche vraiment critique, qui ne serait pas couverte par des travaux académiques rigoureux. Le sujet demeure mal maitrisé par la communauté scientifique.
- Petit traité d'histoire des religions, Frederic Lenoir, 2013, Plon : un ouvrage grand public qui propose une synthèse sur la base des travaux d'un large collectif d'auteurs.
- Histoire des croyances et des idées religieuses, Eliade Mircea : une œuvre en 3 volumes qui tente une présentation détaillée de l'histoire des religions complétée par le travail d'interprétation d'un des plus grands historiens des religions.

- Le chamanisme et les techniques archaïque de l'extase, Mircea Eliade, 1983, Payot : une œuvre qui introduit au chamanisme et ses fondements.
- Et ils créèrent Adam, Abraham, Moïse… , Fabrice Lheriteau, 2017, Createspace : un ouvrage de synthèse sur les origines du judaïsme, les croyances et valeurs qu'il a propagées.
- Cours en ligne : le collège de France présente des cours sous forme de série de vidéos sur son site internet. Les cours de Thomas Römer sur les milieux bibliques sont en particulier des cours passionnants sur l'histoire de la rédaction de la Bible.
- DVD : Gerard Mordillat et Jerôme Le Prieur ont produit 4 coffrets de témoignages des plus grands experts de notre temps sur les origines du christianisme et le personnage de Jésus : « L'origine du Christianisme », « Corpus Christi », « L'apocalypse », « Jésus et l'Islam ». Ces documents mettent en lumière l'ampleur du questionnement sur l'évolution du christianisme.

<u>Autres :</u>

- La magie du cosmos, Brian Greene, 2005, Robert Laffont : cet ouvrage explique en quoi la science conteste aujourd'hui notre bon sens sur les conceptions liées au temps et à l'espace. Ce livre existe aussi sous forme de documentaire DVD.
- « Seth, évènements collectifs, un choix individuel », Jane Roberts, édition de Mortagne : une conception de la réalité basée sur une approche multidimensionnelle qui revisite nos conceptions sur le lien entre psychologie et évènements extérieurs. L'œuvre du médium Jane Roberts dans son ensemble offre une perspective originale fascinante sur le monde.
- « La fabrication du consentement, Noam Chomsky et Edward Herman, Agone » et « Comprendre le pouvoir, Noam Chomsky, Lux Edition » : des ouvrages détaillés sur la manipulation des médias par un des auteurs les plus lus dans le monde contemporain.
- La Révolution culturelle nazie, Johann Chapoutot, 2017, Gallimard : un décorticage d'historien sur les conceptions nazies et de leur justification, qui illustre les mécanismes par lesquels les mentalités peuvent s'instrumentaliser.
- Psychothérapie de Dieu, Boris Cyrulnik, 2017, Odile Jacob : une approche sur l'attirance des religions sur la base d'études sur la physiologie.

Cours en ligne : le site web du « Dessous des cartes » propose une grande diversité de cours synthétiques sur notre histoire et les enjeux de notre temps.

DVD :
- Sur la mondialisation et les modèles agricoles : les documentaires de Marie Monique Robin, notamment : « le monde selon Monsanto », « Les moissons du Futur » et « sacrée croissance »
- Sur le néocolonialisme : « Francafrique : 50 années sous le sceau du secret » (Patrick Benquet), « Afriques : une histoire du XXème siècle » (Alain Ferrari), « La face cachée du pétrole » (Patrick Barberis)

TABLE DES MATIÈRES

DANS LA MEME COLLECTION

Et ils créèrent Adam, Abraham, Moïse…
Des origines du judaïsme à l'émergence d'une morale traditionnelle (Fabrice Lhériteau, 2017)

Que de belles histoires dans la bible ! Mais qui les ont écrites et avec quelles intentions ? Comment le texte a-t-il été inspiré, transformé, travaillé pour en faire le support du judaïsme ? Comment les idéologies religieuses monothéistes se sont-elles construites sur cette base ?

Répondre à ses questions est un enjeu de taille, un défi auquel se sont attaquées plusieurs générations de philosophes et d'historiens, qui de découvertes archéologiques en progrès dans l'art d'analyser les textes, parviennent à mieux cerner le sujet. Il est en partie possible aujourd'hui de comprendre comment Adam, Abraham, Moïse et les autres ont été conçus à partir de légendes mésopotamiennes, traditions arabes et mémoires collectives de divers peuples. Cet ouvrage présente les hypothèses les plus récentes sous une forme abondamment illustrée.

Il comporte une première partie sur la naissance du judaïsme et l'histoire du peuple israélite, telle que retracée par les historiens à partir des sources archéologiques et textes extra-testamentaires. Cette partie se poursuit par une exploration du processus de création de la religion juive ; son cheminement du polythéisme à la monolâtrie étalé sur plusieurs siècles d'évolution, la construction de la saga d'Abraham, du récit de l'Exode et de la révélation des lois divines, les origines du concept sur la résurrection, etc.

La deuxième partie de l'ouvrage analyse les concepts idéologiques véhiculés par le judaïsme des origines et qui se sont transmis jusqu'à nous à travers les 3 grands monothéismes qui ont imprégné nos civilisations. Elle conduit à une réflexion sur les croyances et les valeurs qui moulent les mentalités d'Occident et du Moyen-Orient, notamment notre conception du bien et du mal. Ces héritages expliquent en partie nos tensions familiales et sociales, et la difficulté à dialoguer avec d'autres cultures, asiatiques notamment.

Cet ouvrage lève le voile sur plusieurs énigmes, autant que l'état de nos connaissances le permet. Il ouvre plusieurs voies encore peu explorées qui raviront ceux qui envisagent les religions comme un produit de l'histoire et non comme une source de vérités.

Le pouvoir de vos croyances et de vos émotions, (Fabrice Lheriteau, 2013)

"L'action mystérieuse à l'origine des coïncidences et des impondérables de la vie n'émanerait-elle pas tout simplement de nous-mêmes ? Et si les obstacles et les barrières qui semblent nous priver du bonheur étaient en nous ? "

Nul n'ignore que nos émotions sont à l'origine de nos états de santé. Elles ont tout autant la faculté de nous plonger dans la maladie que de nous en sortir. Mais est-ce là leur seul pouvoir ? Ne tiendraient-elles pas aussi les rênes de ce qu'on nomme aveuglément la chance ou le hasard ? L'hypothèse défendue dans ce livre est que leur action s'étend bien au-delà de notre simple enveloppe physique. En amour comme en affaire, notre succès semble lié à ce qui émane de nous. Malheureusement, le venin de nos émotions réprimées, l'accumulation de nos tracas et angoisses diverses orientent bien souvent notre énergie de manière négative. Notre regard sur le monde est pollué, brouillé par d'ancestrales croyances sur le bien et le mal, l'opposition du vrai et du faux, l'existence ou non de Dieu. Ce sont ces idées, transmises depuis des générations, qui contrarient notre spontanéité et l'expression de son pouvoir bénéfique. Ce livre nous invite à nous libérer de ces faux repères pour tenter de redécouvrir la vie avec notre cœur. Il nous oriente vers une nouvelle forme de confiance retrouvée en la vie, basée sur le plaisir et l'art, l'acceptation de soi et des autres.

www.ingramcontent.com/pod-product-compliance
Lightning Source LLC
Chambersburg PA
CBHW051733250726
48659CB00001B/35